"LA SOMBRA DE MI PADRE"

-Memorias-

-Julio C. Heredia-

Corrector de estilo y prologuista:
José de Rosamantes

-Año 2019-

ÍNDICE

SEGUNDA PARTE
NEYDA, SIN ESPERANZA, APRESURA SU MUERTE

-PRÓLOGO-

Encomendar, un Escritor a Otro, que le prologue, una de sus Obras Literarias, es una petición bastante comprometedora. En la que, se le confiere, por si lo ignora, el Primero, todo el poder facultativo, al Segundo. A los fines, de que, vierta, a plenitud y libertad libérrima, todos los Juicios de Valores desgajados del texto consignado, y Éste, considere pertinentes. Difícilmente, se le puede rehúsar al Peticionario, no obstante, lo complicado del caso. El Prologuista de un Texto, está compelido a navegar en las Aguas Procelosas de un mar profundo, a través de un enfrascamiento serio, desde el punto de vista del ejercicio lectoral. Para enjuiciar, con cierto nivel de erudición exegética todo el acontecer que sustenta el universo de la Referida Obra. Máxime, cuando se trata de un discurso, en el que, por real, que Éste sea en sus planteamientos, aflora, por todos sus costados, el aditivo de la ficcionalidad. Pues, ya lo dijeron los griegos. Que, "Nada Existe Nuevo Bajo El Sol". En tal virtud, y apelando, a la muy bien acertada Ley de La Relatividad, de Einstein, no hay Realidad sin Ficción, ni Ficción sin Realidad. Y esto se justifica, porque una Obra Literaria, en cualquiera de los Géneros,*en que encarne, jamás podría concebirse, al margen de la Sugestividad* y de la Subjetividad.*

El prologar, un Tejido Literatural, nos obliga a hurgar, en lo más abismal de su esencia. Auscultar, en la hondura de su performancia, sin desmedrar, ninguno de sus Aspectos, en cuanto a Lo Formal-Composicional y en lo relativo, a lo Sintáctico-Funcionalidad. Elementos, que hacen posible el Corpus de la obra, desde el punto de vista de la materialización del Hecho Lingüístico-Literatural. Es por ello, que, el Prologuista, hace acuse de recibo, en Su Oficio, sustestándose en los imperativos de la Crítica enjundiosa. Pues, se arriesga a pesquisar, de manera, que los juicios que vierta, no emerjan del desacierto. O sea, que las tesis que surjan, no sean, de tientas a la loca.

En cuanto, a la Obra, que me concierne abordar, me siento totalmente cómodo, por haber sido Yo, un privilegiado de ultramar. Siendo, que Su Autor, reside en una amplia meca de intelectuales de acendrados quilates. De manera muy particular, considero La Obra, un proyecto de polivalencia dotado de excelsa singularidad. Portadora, de una cinergia única. Que se ambienta dentro de un cuadro sombrío y si se quiere, tétrico. Pero que apuntala, hacia unas directrices de Crecimiento Personal, desde una deontología sui géneris. El Autor, pese a ser, un Escritor novel, llámese, neófito en el Oficio del Escribir, pregona, mediante este instrumental artístico-literario, una nueva ética. Dirigida, sobretodo, hacia la consolidación de la propuesta de nuevos parámetros para el regimento, desde otro ángulo, de los Nexos Filiares.

De repente, se me ocurre, a través de mi forma de visualizar los fenómenos, denominar, esta nueva modalidad, Biología Moralética. Por estar fundamentada, en una Filosofía muy personalista, reflexionada por el mismo Autor. Autor, que ocupa, en su Propia Obra, distintos planos. Pues, no sólo se resigna, al menester de plasmarla. Sino, que además, opera omniscientemente, apareciendo, casi por obligado orden, como, Actor, Observador, Testigo, Delator, Lazarillo, Cronista y todo cuanto le es posible. Estamos, frente a un Escritor, de chispeante vibra. Dotado de un intelecto fértil y vigoroso. Que, gracias, a la fluencia, torrencial y desbordante de sus palabras, en un Parto Dilatado, nace Esta Extensísima Obra.

"LA SOMBRA DE MI PADRE," es un voluminoso libro que tiene una Impronta Especial. Resultado, del devenir de una vida bosquejada por la tortura sistemática, consistente y persistente. El Autor, que a la sazón, es también, uno de sus Personajes Protagónicos, heredó el sufrimiento por ósmosis. Vale decir, por antonomasia forzada. Ya que, la hereda de Su Progenitora. Para ser franco, la Obra en referencia, más, que una Obra, netamente Literaria, es una Sociografía Parental. Descriptiva de los pormenores, por los que trashuma la infancia torturadora. Matizada, idiosincráticamente, por los desajustes transferidos, legados por un Padre de conduca obtusa.Y por qué no decirlo, de un comportamiento, con evidentes aditamentos trogloditas.

El Accionar general, a lo largo del decurso del texto de Estas Memorias Panorámicas, descansa en el empoderamiento de dos personajes. A todas luces, con-trapuestos, aunque graviten, dentro del mismo contexto socio-ambiental. Uno, muy próximo del Otro, por el hecho, de compartir, una Relación Matrimonial, que se pudiera confundir, con los saltos propios de una Montaña Rusa en pleno desplazamiento. Convulsa y contaminada, por la presencia compulsiva de la predo-minancia dispar de una pareja, en la que, marca la discrepancia, la inconsecuencia sin control del hombre, arquetípico del más cerrado de los reflejos del machismo ultra-sádico. Nos referimos, al Personaje Pachanga. Un fiel representante categórico de la atrocidad. Prototipo de la Represión Femenina a nivel supremo.Tan extremista, que termina elevando los indicadores pre-establecidos del matrato consuetudinario. Al que, La Mujer, ha sido sometida, desde el mismo momento, en que, supuestamente, Ésta, fue extraída de una costilla masculina, por Imperativo Supra-Divino. Desde Allí, nos viene, Esa Marca marginal, que condena, de por vida, a La mujer, a los Caprichos Patológicos, de los esperpentosos sujetos. Como Este Personaje Modélico del Realismo Mágico Dominicano.

En "LA SOMBRA DE MI PADRE" Neyda encarna la representación del conservadurismo femenino indefenso e inofenso. Capaz, de aclimatarse a la normativa anormal, impuesta por la ignara agresividad, que instrumenta un Sujeto, caracterizado por la indefinición y el exabrupto secular. Es evidente, pues, que, Neyda, Actuante emblemática en la Obra, vive, a contrapelo, un reality show de ribetes trágicos. Magistralmente, interpretado y recreado, por Este Escritor en ciernes. Que, por demás, es un Elemento Vital agregado, es una astilla de la villanía, que La Cultura del Machismo transmigró, en Pachanga. Y un jirón de la ingenuidad, simbolizada en Neyda.

Desde mi perspectiva, Aquella Unión, diría Yo, que, muy cercana a lo infernal, fue una película de mal gusto, filmada en Blanco y negro. De la que, el Autor testimonial y espectador, día por día, estrae las vivencias palpitantes. Las que, nos está dejando estampadas, con toda crudeza, en esta enervada Macro-estructura Letral.

Infiero, por lo que pude advertir, al enfrascarme, en un, de Tú a Tú, con el Texto en cuestión, que por los corrillos de "LA SOMBRA DE MI PADRE", quedan, impresos como estelas adversas, los rastros de los ingredientes más auténticos del Romanticismo Trasnochado, de los albores del Siglo XIX. Dentro de cuyas peculiaridades de mayor relevancia, se establece, que, "EL SENTIMIENTO, ESTABA, POR ENCIMA DE LA RAZÓN". Pues es notorio, que el Autor, tal como los Escritores de Alcurnia, de Aquel Movimiento decimonónico, no reparó, discreción alguna, para exponer, con abierta desnudez, el sufrimiento ininterrumpido que lo golpeó de la forma más aberrante conocida, constante y continua. Más, que, con tinta de bolígrafo, la Literatura Romántica, fue gestada con sangre bermeja, extraída directamente de las venas.

"LA SOMBRA DE MI PADRE", es un baúl abierto, donde todos los suroestanos y, sifrónicamente, los demás, podrán acudir, a disfrutar de las escenas pesadas, pero al mismo tiempo, refrescantes que nos dispensa, Este Vástago de Nuestra Región. Colijo, que el Autor-Actor, sin proponérselo, se adhiere a un estoisismo sinigual, Pulso vital del Escritor hondamente lastimado. En la Obra, Dicho Autor hace converger, en un punto común, todos los tópicos de un contexto social, en el que gravita, todo Aquel Conglomerado, responsable del escenario. Dicho de otra manera, el Poblado de Vicente Noble, enclavado en las mismas vísceras del Suro-este dominicano, está pictorizado, en cada una de las páginas que la configuran.

(La Obra). Sin que se obvie, el mínimo respiro de su motorización sico-social.

En Ésta, no desdeña, un solo detalle de la Sociedad Vicentenoblera. Al menos, desde el advenimiento del Autor que nos ocupa, en adelante. Partiendo, por supuesto, del mismo antecedente histórico, en que juntan Sus Vidas, los Progenitores del Autor, hasta tocar, la Etapa Prima de Su Infancia, en cónsono, con la de Sus Hermanos. Siguiendo de largo, a Su Adolescencia y, hasta que se produce, la liberación forzosa, del Muchacho, que vivió siempre, en situación reprimida. Aquí, enarbola, por encima del entarimado de su razón, la sinrazón del Individuo que lo incita y motiva, para que Esta Obra apareciera.

Por la descripción, que, en Esta Obra, se nos retrata, de Pachanga, no hay la mínima manera, de que Éste, (Pachanga), pueda evadirse de la maledicencia, el anatema y la imprecación, del Posible Lector de "LA SOMBRA DE MI PADRE". En vista, de que, Éste, reitero, PACHANGA, el de La Obra, es un personaje indeseable y repulsivo. Que, no es más, que la polución cimera, versión humana. Un personaje antinómico, que degenera en rechazo masivo. Ni siquiera, se pudiera, decir, que bipolar. Porque en Él, no hay variabilidad comportamental. Sino, una conducta prosaica y burda. Y por demás, dicotómica y llena de absurdideces.

En el glosario del diccionario ideolectal de Pachanga, el término Amor, brilla por su ausencia. Y es que, como en la mayoría de los hombres, en Pachanga, lo que es, el Amor per se, ha sido sustituido, por otro pseudo-paradigmático. El hombre, que no sabe amar, ama, desamando. Y, en consecuencia, su manera de amar, es levantisca y díscola.

El hombre del Mundo Actual, hereda, de los Antepasados, esas controversialidades confusas. Por lo que, emplea la inmediatez del Maltrato, para justificar su errónea forma de amar a mujer alguna. Que, no es más, que una manifestación tergiversada, del verdadero Amor. En tal virtud, el Cosmos Humano, está infestado, de bestias incubadas en hombres, que jamás aprenderán a ofrendar especial trato a La Mujer. Y, los hijos, que, de Aquella mancuerna desgajasen, por imperación dialéctica, serían los genes portadores del sufrimiento seriado de sus madres. "LA SOMBRA DE MI PADRE" es una vasta Memoria, a Mi Juicio, novelada, por estar orquestada sobre los tinglados de una narrativa vivaz e interesante, aunque, no prolífica en inventiva.

Ya, hemos establecido, en otras palabras, que, Por Esta, desfila, una serie de episodios engarzados, acaecidos contextualmente, dentro de un Núcleo Familiar, abismalmente disfuncional. El referente primordial, gira en relación a la azarosa existencia de una mujer victimizada por el espectro pernicioso del machismo personificado. Por su tesitura, es una literatura evocadora. Impregnada de una nervadura apasionante, que Su Autor, desde su ostracismo diaspórico, supo plasmar con desgarrante febrilidad. Neyda, es encumbrada hacia al último peldaño de bea-tificación femenina, desde el onirismo apesadillado de un hijo, que cargó, junto a Ella, La Cruz de un martirologio herodísico.*Así, el Autor, termina, condecorando, con Esta Humana Obra, a la mujer, vapuleada y escamoteada, que, en vida real, fuera del orbe de la ficcionalidad, fue Su Madre. Sin duda, alguna, Neyda, es, simbólicamente, la representatividad universal, de la mujer, que sufre las embestidas de un hombre luzbélico.

De alguna manera, la Teoría Freudiana* hizo asomo en la men-talidad de este Autor precoz, al momento de bordar Esta Obra, con el entrecruce de los hilos de la remembranza añoradora.Tras el largo pasadizo de "LA SOMBRA DE MI PADRE,"se atisba un colage,*en el que se aúnan, sincrónicamente, los elementos: Instrospectivo y Retrospectivo. El Costumbrismo y la Estampa. Lo Mágico-religioso y el Folclorismo. El Lirismo y la Epicidad. Lo Trágico y lo Satírico. Lo Etopéyico y lo Prosopográfico. Estos Categorizadores, son los conceptos que imprimen revitalización al dramatismo que merodea por los trillos de La Obra. Complementados estos, con el binomio: Artificialidad/ Profundiadad. Muy acertada, en lo referente a los Valores Temáticos y Lingüísticos, que sostienen los pilares de la Obra que nos ocupa.

En Esta, se lacra una huella sintomática, que ha permanecido reverberando en la mente de Un Alguien, tras un eco cruel y perseguidor. Como si fuera, un fantasma espía, que asoma en el instante menos esperado. Afectando, a Ese Alguien, de tal forma condenatoria, que lo empuja a un Ir y Venir, desde Su Pasado Reciente, hasta Su Presente Genealógicos. Siempre, anclado en la ensenada de una monomanía maniqueísta. Y en el caso extremo, no sólo, hay una persecución fantasmagórica dual. Pues, de una parte, la sombra de Un Papá sicótico.Y de otra, el visaje bonachón, de una Madre, sorprendida por la precoz visita de Tanatos.*

Debo compartir, con los eventuales lectores de Esta Interesante Obra, el criterio, de que, el Escritor que patentiza Esta Memoria, no es un abanderado de la inveteranía en asuntos de la Glosemática Literaria.

Empero, es un maniobrador de la Praxis Lingo-literatural, al encarar, los sociolectos de Su Comunidad de Origen, con suelta destreza. Creador, de una modalidad sencillísima, en lo referente a la homosintaxis y a las presuposiciones, inventadas con espontaneidad, dentro del lenguaje de la cotidianidad coloquial. Con la que fotografía, los pasajes más impactantes del trayecto de Su Vida, al conexar con la debacle interna que afecta a Sus Progenitores. Y que, por antonomasia, es extensiva, inexorablemente, hacia la prole, de la que, Él es parte.

Por la connotación del Título, se delata, evidencialmente, que "LA SOMBRA DE MI PADRE,"es un macro-boceto autobiográfico inclusivo. Que preconiza un augurio estigmatizado, de antemano, de los miembros de su mismo Núcleo Filial.

El Autor, que es, tal vez, el mejor premiado, con el galardón conflictivo, que generó aquella dicotomía familiar. Por la arteria de hondo sentimentalismo que trae archivado en su bitácora mental. Producto de aquel vórtice bullente que caracterizó su Vida Hogareña. Emprende una búsqueda incesante, de algún conducto que le permitiera, algún día espectar esa carga pesada, que, cual Sísifo* venía sobre sus espaldas. Hasta que, por fin, halla desahogo, cierta vez, mientras se transportaba en un tren intramuro, en la ciudad Nueva York. Lo asalta la idea, de dejar constancia escrita de la incertidumbre que lo perseguía, desde aquellos momentos pueriles de Su Infancia. Logra desdoblarse, en procura de la consecución de la catarsis. Y ante el agobio que lo golpea sin pausa, emerge Esta Obra. Quedando develado, no sólo, como Memoriógrafo. Sino, además, como, Biógrafo, Estampista y Novelista de fácil acceso.

Dejo, en abierta proclama, que la Bibliografía Activa Dominicana, con Esta Obra, manufacturada fuera del Universo Criollo, por un emigrante ebrio de nostalgias, se evidencia, una vez más, que Nuestros Escritores de La Diáspora, mantienen Su Pluma en ristre y activa, hacia la atención de sus raíces autóctonas. Ya que, aunque se alejen de Su Lar Querido, siempre se quedan enfermos de añoranzas y de recuerdos, que luego, recrean y vivifican, cuando escriben. Es el caso, del amigo. Coterráneo y homólogo, Julio C. Heredia Así que, dejamos en carpeta, a la exigua Comunidad Lectora, la encomienda, de que, se dé un paseo detenido, por los zaguanes de Esta. Una Obra Literaria, que escribe un peregrino del trotamundismo dominicano. Leerla, sería, como viajar hacia al interior de nuestros propios yoses. En otras palabras. Dicho en otra sintaxis, auto-descubrirnos, en el fragmento de un cristal prestado.

MUCHAS GRACIAS

José Roberto Ramírez Fernández, M. A., Prof. Lingüística Aplicada y Literatura Española, Universidad Autónoma de Santo Domingo, Santo Domingo, Rep. Dom.
Mayo, 2019.-

"LA SOMBRA DE MI PADRE"

-Memoriografía Novelada-

DEDICADO A:

Julio César, Hijo.
Quien, desde niño, se ha referido a Mí, como "Papi"
Y, siempre que le oigo, me siento afortunado.

AGRADECIMIENTO A:

María Mimiro,

Por, haber sido, solidaria con Mi Madre.

"No habría, ningún placer en Escribir, si

el Autor, no pudiera, dejar en lo que

escribe, una parte de Su Propia alma".

-Indio-

PRIMERA PARTE

NEYDA, MI MADRE HUMILLADA.

CAPÍTULO I

La última vez, que la ciudad de Nueva York me vio entrar por el Kennedy, fue el 19 de Mayo de 2005. Antes de eso, ya había venido en más de una ocasión, interesado en conocer sus Lugares Icónicos. Y fue, en uno de esos viajes, donde me convencí, por fin, de que, por más que Uno regresa, nunca se acaba por conocerla. Hay quienes conciben a esta ciudad, como La Madre de todas las ciudades del mundo. Otros las ven, como la Babel de acero. Mientras que algunos las contemplan, como la Gran Manzana, de la que todos quieren un mordisco. Como en la mayoría de las ciudades superpobladas, parece normal que sucedan acontecimientos, que pasen desapercibidos, frente a muchas personas. Esto, es así, por el modus vivendi, de una gran parte de Los Neoyorquinos. Quienes, por su estilo de vida, se conducen tan a prisa, que terminan sumergiéndose en sus propias realidades: absortos, o ajenos, a quienes hablan, caminan y se sientan a su lado. En verdad, eso suele pasar. Aunque en mi propia experiencia, fui testigo de un incidente, que por ocurrir frente a mis narices, no lo pude evitar, a pesar, de que no me faltaron ganas de voltear a otro lado. Se están preguntando ¿por qué? Bueno. Ya que han empezado a leerme, porque están, en Esta Página, pienso que ha llegado el momento de contarles.

En el verano de 2008, mientras iba en el Tren, que me conducía, desde la Península de Rockaway, a la 34 Street en Manhattan. En el vagón que yo iba, me fue imposible observar, a una pareja con grandes problemas. Miré alrededor, tratando de encontrar curiosos, que vieran lo que estaba pasando. Pero estaban concentrados en sus asuntos. Había personas que escuchaban música. Otros hojeaban algún libro. Unos estaban pendientes de la pantalla de su celular, mientras que otros miraban a lo lejos, más allá de los cristales. Al parecer, sólo yo veía lo que estaba aconteciendo: Un hombre de color* castigaba a una muchacha con fuertes golpes entre cara y cuerpo. Le reclamaba cosas, mientras la arrastraba por el pelo. Parecía indefensa e intentaba proteger su rostro, sin lograrlo. Era un individuo corpulento. Que se mostraba lleno de ira. La mujer, de ninguna manera podía pararle. La vi esconderse tras unas manos frágiles que no les servían mucho de muro de contención. Observé, como su piel le cambiaba, de blanca a roja con cada golpe. De repente, se me hizo un nudo en la garganta, cuando en un instante muy breve, Ella vió que yo la miraba, mientras retenía sus gritos, tapando su boca con las manos.

No pude evitar, que una especie de crisis, me hiciera perder el control. Ni tampoco, que mis lágrimas calleran mientras me encontraba tan incómodo. ¡Sentí, que un frio insólito me cubría! Me levanté de allí, separándome del lugar, lo más a prisa que pudieron mis pies. Del vagón en el que iba, pasé al siguiente. Y de éste, sin advertirlo, crucé a los que faltaban, hasta llegar al último. Me di cuenta, entonces, que me detuve, porque ya no tenía más espacios que me permitieran continuar huyendo. Me sentí aterrado. No me di cuenta, que había asientos dis-ponibles. Hasta minutos más tarde, en que sosteniendome de una barra de metal, tomaba aliento para reponerme. Olvidé, que pasar de un carro a otro con el tren en movimiento, no era bien visto.Yo solamente, no deseaba haber estado ahí. Mis ojos dudaban en mantenerse abiertos, ante aquel maltrato, que de alguna manera, me colocaba en una posición de complicidad.

En aquel momento, parecí que huí de aquella escena, por temor a lo que me hubiese ocasionado, el mediar entre ellos dos. Pero no. Esa no fue la razón. Me retiré, dando la impresión a los que me veían correr, de que tal vez, escapaba de algo y es totalmente cierto. Escapaba, porque no quería continuar viendo la manera, en que aquella mujer, usaba sus manos para cubrirse la boca, en vez de usarlas contra su Agresor. Al hacer eso, me recordó a Mi Madre. Y, con esto, me transportó, a una época que yo me había esforzado no recordar. A un pasado, que incluye a otras personas, y también a hechos, que aunque, no olvidados del todo, el acto mismo de ignorarlos, me brindaba paz. Admito, que en lo personal, entro en pánico, cuando veo que abusan de una mujer. Es una impresión que me aturde, provocando que haga mio, el sufrimiento de la maltratada. Aunque ésta, no sea mi pariente o conocida.

Ya ha pasado, más de tres décadas, desde aquel nefasto día, en que Mi Madre, apresuró su muerte, al escuchar un diagnóstico que tuvo su origen en los abusos de Mi Padre. Nunca imaginé, que estando tan lejos en Esta Ciudad atestada de personas; entre tantas distracciones, mis malos recuerdos me buscarían un día para encontrarme aquí. Ahora comprendo, que estuve equivocado. Que nunca me deshice de Ellos y que siempre estuvieron conmigo. Por eso, cuando me di cuenta, que me encontraba en el último vagón, comprendi por fin, que debía parar de correr. Y enfrentar, de una vez, los motivos, que me han empujado a escapar desde siempre. También íntui que una buena manera de enfrentarme a estos, era en la forma que lo estaba haciendo ahora: Escribiendo sobre Mi Pasado. Me he mantenido, huyendo del fantasma, de lo que Mi Padre representó en mi ida. No he hecho otra cosa, que repetir por instinto, el mismo comportamiento; siempre que me encuentro con una situación idéntica, a la que llevó a Mi Madre a convertirse en victima. Despues que esto pasó, había perdido el interés de llegar a donde iba. Sentí la más urgente necesidad, no sólo de alejarme de aquel tren. Sino, tambien del subsuelo. Pero decidí quedarme en La 14th. St. Disipando el golpe, mientras miraba, la colección de esculturas de bronce que se ven dispersas por todo el andén.

¿Piensan Ustedes, que ignoro de dónde provienen los temores que padezco? ¡No lo ignoro! Aquellos sucesos que me han traumado, tienen que ver con los días cuando transcurrió mi infancia. Por lo que, en esta ocasión, me encuentro dispuesto a enfrentar al viejo sillón de Freud,* Ese, del que, otras veces, me he escondido. Créame, que sin haberlo planeado, me he puesto a reflexionar en estos días, sobre aquellas horas de estudios cuando estuve en La Secundaria. Juro, que puedo recordar, haber leído por ahí, de la tinta de los intelectuales del Mundo: que toda persona tiene, al menos, una historia interesante que contar, importando poco, lo buena o mala que haya sido. Y ahora que lo pienso bien, en mi caso, por ejemplo, no sabría decirle a Usted, qué tanto tendrá esta de un lado o del otro. Lo único que puedo asegurarles, es que, sin duda alguna, la que están leyendo ahora, es La Mía.

Vicente Noble es un pueblo perteneciente a la Provincia de Barahona. Al Sur de la República Dominicana. El Mismo, está rodeado por cerros agrestes poblados de malezas y plantas espinosas. Entre las que destaca, todo tipo de Cactus: Alquitira,* Sábila,*Maguey,*Especie representativa, de la flora natural de un paisaje, no muy privilegiado por humedad atmosférica. La Carretera Principal que da acceso a Esa Comunidad, la mayor parte del tiempo, está iluminada por un sol, insoportablemente caliente, que pica más que el mismísimo diantre. Sus montes de bayahondas*se mecen al compás de la brisa que sopla desde el Mar Caribe.Y junto con ésta, llega hasta al centro, un intenso aroma de Las Aguas Azufradas, desde aquel lugar, que sus habitantes han denominado, La Zurza.*Que,al decír de algunos abuelos, alimentados por La Mitología Vernácula, aquel aroma, se siente más fuerte, en la temporada que Esta Laguna, supuestamente, se preña.

En Aquella Comarca, la Cigua Palmera, declarada, Ave Nacional, alza vuelo libremente sobre campos y sembradíos. Incluso, se anida en los árboles frondosos de una Plaza, a la que, todos llaman: El Parque.*Sus tierras están regadas, por las aguas del río Yaque del Sur,*Un largo culebrón barroso, que serpentea por entre los demás pueblos. Irrigando sus tierras. Facilitando, a gran parte de sus pobladores, dedi-carse a Las Labores Agrícolas. Haciéndolas parir, variedades de frutos. Entre estos: Tomate y principalmente Plátano. Que constituye, un renglón importante en la actividad comercial, sostén alimenticio de muchas familias.También, el codiciado y afrodisíaco, Aguacate, tipo Mantequilla, De igual manera, Mangos de jugosas pulpas. Sus Fiestas Patronales se celebran en el mes de Junio de Cada Año. Las Mismas, se realizan en honor a Su Santo Patrón, Juan El Bautista. Siempre ha sido un pueblo con preferencia al Catolicismo; aunque. En los años 60s, y mediado de los 80s, Este Pueblo no tenía una demografía tan grande. Ni una ecónomia tan pujante, como la tiene hoy en día. Sus calles, entonces, tan polvorientas como deplorables, apenas podian contarse con los dedos. Si en algún momento, se suscitaba una discusión entre ellos mismos, o entre conocidos y forasteros, la misma no pasaba de ser una simple riña de poca importancia. Siendo ésta resuelta, en una vieja casona de aspecto moribundo, que hacía las veces de Cuartel Policíal.

El referido Cuartel, para la época, contaba con dos o tres Agentes, nadamás. En virtud de la poca demanda, que los mismos tenian. En esas Oficinas y en esas condiciones, ese diminuto Cuerpo del Orden Público, prestaba sus servicios, como Dios los ayudaba; a pesar de devengar un sueldo de malamuerte. Desde que se creó su Institución. La casona, que yo recuerde, era de tablas, con techo de zinc.Corroída por los años, el sol, la lluvia y una larga ausencia de mantenimientos. Tenía un pequeño salón, con un viejo escritorio de cuatro patas. Dos de las cuales, dejaban caer el serrín producto de las carcomas. Había también, una pieza destinada al descanso de los policias, que se agotaban por la ingesta de alcohol y el engordamiento, más que por el trabajo.

En su patio, había una pequeña celda, con tres o cuatro barrotes de metal. Con un viejo candado marca Yale,*que impedia que se escapara, quien estuviera guardando prisión. No porque las condiciones del candado fueran las mejores, sino por lo que éste representaba, ante los ojos del recluso. Entre los sucesos que pudieran llamar la atención en aquella demarcación territorial, es posible que llegara a ocurrir acciones de Violencia Doméstica.

Estas cosas siempre han ocurrido. Sólo, que no se les daba importancia, en aquella época, a este tipo de confrontación familiar. Una muestra de ello, lo es el caso específico, que tuvo que ver, con los enfrentamientos habituales de Mis Padres. Pero estos asuntos, no siempre llegaron a oídos de las personas que velaban por el orden. Y cuando en algún momento se enteraban, les daban poca importancia, por considerarlo, un desafuero parte de la costumbre, en el que, "El Hombre de La Casa" siempre tenia la razón. De modo, que Ellos Mismos sileciaban estas cosas. También lo hacian los vecinos.Y en la generalidad de los casos, lo ocultaba el resto de la familia de los hogares en donde tenían lugar. La Mujer Dominicana, tuvo que padecer, en Carne Viva, la ausencia de una Norma Legal que las protegiera de un Machismo Salvaje, por parte de su pareja, heredado al través de generaciones. No fue, hasta el Veintisiete de Enero, del 1997, cuando, por fin, el Legislador Dominicano, aprobó la Ley: 24-97* en contra de la violencia, en perjuicio de mujer, dentro y fuera del hogar. En donde se íncluyó, por primera vez, la "Violación entre Parejas".

Abandoné a Vicente Noble, en 1988. Cuando terminé La Secundaria y partía cargado de sueños, hacia La Capital del País, Santo

29

Domingo. Con la intención de ingresar a la Universidad, para estudiar Derecho. Ya en las afueras, mientras se alejaba el vehiculo en el que iba, pensé en las personas que dejaba, sólo en aquellas que veía con cariño. No sé explicarles, por qué. Pero vinieron a Mi Mente, Aquellas Leyendas Urbanas que contaban los abuelos: Los Cuentos de Caminos, que hablaban de Apariciones Fantasmales a deshoras de La Noche. Los demonios encarnados en cuerpos de cuadrúpedos, a los que llamaban Bacá*. También, las brujas buenas y las otras que no lo eran. Los Ripeos*o Pleitos Callejeros que ocurrían en los patios.

Cuando no, en medio de las calles. Entre mujeres que se halaban las greñas, disputándose el amor de un bandido*. En los Juegos de Azar, que celebraba el pueblo cada Viernes Santo, y que llamámos Vironai.*Recordé también, uno de Sus Bares de Malamuerte. Con una prostituta que incitaba, sólo con la mirada, al que entraba. Ofreciendo Sus Servicios,*por una cantidad minima. Sentado detrás de ésta, estaba el Chulo*que la regenteaba. El Sujeto tenía un Afro* bien crecido, con una peineta*encajada en su centro.Y además, con barbas, a lo Fidel Castro.*

De pronto, me aparté de aquellos recuerdos, al escuchar una voz que provenía del asiento de al lado del chofer. Por el tono de su voz, creí que se trataba de la muchacha que siempre amé en esos años. Ni siquiera pude despedirme o tan siquiera verla. Ahora lo haré, me dije a Mí Mismo. Pero en realidad, no era Ella, sino una de las tantas otras pasajeras, que viajaba con un rumbo diferente. Mi cabeza se sentía, como si tuviera un sobrepeso. No podía pensar bien, algo me molestaba mucho. En verdad, no dejaba el Pueblo, porque pretendía perseguir una Carrera Universitaria. No era por eso solamente. La verdad, es que me marchaba, porque no me era soportable la presencia de Mi Padre. El tener, que verlo cada día, no me hacía bien. Y esto sembró en Mí, la determinación de no pensar en volver.

En aquel pueblo, nació Gregorina González, Mi Madre. El 28 de Octubre, de 1940. Ése era Su Verdadero Nombre. Aunque, la mayoría de los lugareños, solían llamarla por su apodo: Neyda.*Todo comenzó en 1967, cuando Ella abandonó a esposo e hijos, cometiendo el desliz de fugarse con Nene Heredia,*sin siquiera sospechar, que pasaba a ser

La Victima de Turno. Y que, con aquella decisión, había empezado a cavar su propia tumba. Siendo niña, creció y vivió allí. En la casa marcada, con el Número No. 53, de la antigua calle Generalísimo Trujillo, renombrada luego, como Calle Libertad, A partir, del año 1961, después de haber sido ajusticiado El Dictador*que gobernó, con mano fuerte la República Dominicana. Era una casa levantada con Madera Simple y Barro. Pintada de blanco por fuera y de azul-cielo por dentro. Con cuatro puertas de tablas anchas, coloreadas en rojo. Dos al frente de la calle y dos en la parte de atrás. Techada con palmeras, y dividida en su interior, por dos cuartos. Una parte, que servía de Sala y la otra de Dormitorio. No tenía Piso de Cemento, sino, que estaba hecho del mismo suelo.Tenía un solar delante, con una cerca hecha en Pencas de Palmeras. De apariencia rústica, a la que daba acceso, una puertecita de barrotes con alambres, que se abría o se cerraba, desde el frente de la calle.

Siempre escuché a Mi Madre decír, que vivió una niñez muy tranquila en los días que tuvo en la casa de Sus Padres. Saltaba, se mecía al columpio, y se entretenía, jugando con una muñeca de trapo. Le gustaba juntarse con las niñas de su edad, para hablar de sus sueños. Mentras respiraban el aire poco contaminado de esa época. Asistió a la Escuela Primaria, hasta el Segundo Curso.* Pero no llegó, siquiera a terminarlo.Yo le oí contar, que en aquellos días, Sus Padres, como tantos otros en el Pueblo, no se preocupaban, como debían, a que sus hijos asistieran a la Escuela. Que casi siempre, se les instruían más, para el aprendizajes de los deberes del hogar, de forma prioritaria, antes que cualquier otra cosa. Cocinar, lavar, planchar, eran asuntos que debian manejar con destrezas, las jóvenes de aquel tiempo.

Quienes asimilaban con éxito, dichas lecciones, estaban entonces, preparadas para tener marido y acom-pañarlo en las riendas del hogar. Entonces, se tomaba en cuenta, que los posibles prospectos, procuraban, que sus futuras esposas los convencieran, al través de la buena comida. De una ropa bien lavada y planchada, que no se notara, un sólo ajado en la camisa. Decía Mi Madre, que aunque fue muy breve, su estadía en La Primaria, aquellos momentos los había disfrutado intensamente. La suavidad de su voz reflejaba nostalgia. Esa nostalgia se observaba más en ella, cuando expresó que le habría gustado terminar El bachillerato.

Al concluír con aquella expresión, vi, que los ojos se les poblaron de lágrimas. Pasó su mano izquierda por estos, como tratando de aclararlos y deslizó lentamente, el diminuto cuchillo sin mango por el plátano que descascaraba en el momento.

Mis Abuelos, por parte de Mi Madre, fueron: Eugenio González y Caridad Cuevas De León. El primero, se dedicaba, a la siembra de sus predios agrícolas. Y la abuela Caridad, trabajaba en la recolección de tomates, en las temporadas que abrían en la ciudad de Azua. Ambos, de Nacionalidad Dominicana y originarios también de Vicente Noble. Neyda era la mayor de cinco hijos. Su hermana Nílsida y tres varones. Mis abuelos se separaron y luego formaron otras familias. De aquellas nuevas familias. También, tengo varios tíos. Dentro de los que se destacan: Mi tia, Luz Del Alba. El Abuelo Eugenio, vendió la casa, en la que habían vivido mucho tiempo. Cuando esto sucedió, sus hijos se dispersaron por otros pueblos adyacentes. E incluso, se fueron a residir a La Capital, algunos de ellos.

A su temprana edad, Mi Madre, se amancebó en Unión Libre, con el señor Mirito González. Oriundo del Mismo Pueblo y con Él, llegó a procrear, Cuatro Hijos. Tres Hembras y Un Varón: Ana, Amancia, Angelmiro, (Este Último, apodado Gañán) e Hilda, La Menor de todos. Vivían en una casita, aparentemente, tranquilos. Tenian sus limitaciones ecónomicas, como cualquier Familia de Bajo Estrato Social y hacían una vida diaria, con intenciones de manejarse bien entre Ellos. Hasta, que Un Mal Día, Neyda dio el traspié amoroso, que la llevó a Nene.

El hombre, que la había estado filtreando,*cada vez, que se le presentaba la oportunidad. Ese Señor, que, con discreción y afanosamente, gustaba seducír a Mujeres Ajenas, Novias Comprometidas, o Damas Insatisfechas. Siempre tenía el cuidado, de que, nadie le notara el Perfíl de Seductor. Sabía cómo manejarse. Tentaba a la hembra, no sólo con palabras, que nadie más alcanzaba a oír. Sino, que para lograr Su Objetivo, se valía de otras mañas. La decisión apresurada de Mi Madre, bajo el influjo de los encantos de Aquel Hombre, la llevó, más tarde arrepentirse, no sólo, una sola vez. Hasta donde me consta a Mí, se arrepintió Toda Su Vida.

Pero ya era tarde, para volver atrás. Para intentar, tomar otro rumbo. Las constantes amenazas, que Aquel Hombre les hacía, iban en serio. Era un individuo que no prometía en vano. En el momento que le recordaba, que se la tenía jurada, la esfera de sus ojos se agrandaba. Y, siempre, en su mano derecha, sujetaba con fuerzas, el Objeto Cortopunzante O uno contuso, con el que aseguraba, hacer cumplir su advertencia. En Mi Familia, siempre se rumoró, que la alegría le duró muy poco a Neyda, en el comienzo de aquellos días que huyó con él. Amancia, la segunda, de mis hermanas, por el lado materno, era, a penas, en 1967, una niña de muy corta edad. En la actualidad, sobrepasa los sesenta años. Cuando la interrogué, sobre el tema de Su Padre y Nuestra Madre, sentí que la voz se le apagaba, con la primera pregunta que le hice. Después, hizo un gran esfuerzo para complacerme, y me dijo lo siguiente:

—Yo ví, que Mi Pai, amoló*muy bien Su Machete, y me pidió que lo siguiera. Tomé a mi hermana Hilda, que estaba muy pequeña. Me la colgué de la cintura y caminamos hasta la casa de tu abuela Irenita. Cuando Mi Pai, tocó la puerta, Neyda la abrió. Al ver que era él, huyó despavorida. Mi Pai la persiguió, tirándole con el machete, que, por poco la corta en dos. Pero ésta, amparada por la buena suerte, logró escaparse por la puerta del medio. Que por casualidad, estaba abierta. Cruzó a la Pieza* de tu abuela. Allí se encerró y pudo salvarse. Ya que, Mi Pai estaba tan molesto, por lo que ella hizo, que su intención era, Quitarle La Vida–. Así terminó, Mi Hermana, de describirme Aquel Episodio tan Amargo. Estaba totalmente conmovida. Y no era para menos. Aquellos detalles, que antes de oírla, habían sido desconocidos para Mí, me hicieron pensar un momento. Colegí, que era necesario, pedirle, que me disculpara, por arrastrarla con afán, a revolver cosas que ya estaban guardadas en su pasado. Y realmente, les pedi disculpas, Pero mi hermana me quería tanto, que me dijo, que no me preocupara por ello. Por el contrario, me motivó, a que siguiera adelante con esto, a fin de que, pudiera contar la verdad acerca de Nuestra Madre.

Pues, volvamos a esos primeros días, que debieron ser, de miel, en la vida de Neyda, y horrorosamente, terminaron teñidos con el color de la hiel. Para no pegarle en frente de las personas que vivían en la casa. O para que algunos vecinos, no les vieran hacerlo; Nene, de la misma manera que antes, lo hizo con otras, solía llevársela al río. En donde, después de aparearse*, le entraba a golpes con lo que fuera.Se dijo, que la golpeaba tan fuerte, que incluso, los que caminaban por aquellos senderos cercanos, escuchaban sus gritos clamándo por ayuda. Que, Por Amor A Dios, parara de pegarle. Luego la regresaba a la casa, con todo el cuerpo adolorido. El rostro caído.Y obligada a no mostrar su sufrimiento en público.

Metafóricamente, fue obligada por éste, a vivir en el ostracismo. Lo que siguió después, fue, que no le estaba permitido tener contacto con las mujeres u hombres de Su Familia. Aunque éstos fueran sus hermanos. La mantuvo alejada de todo y de todos. E incluso, de sus primeros hijos. Con los que Neyda no fraternizaba, para no despertar la ira de Aquel Hombre, que la había conquistado, usando un rostro de angel. Y, más tarde, cuando se peleaba con ella, le permitía ver, su verdadera cara. La que no usaba en la calle, sinó la propia, la que no podia ocultar de Nosotros, cuando estaba entre aquellas paredes. Paredes, que por cierto, siempre me parecieron grises, aunque estuvieron pintadas de blanco.

CAPÍTULO II

En toda la República Dominicana, en la mayoría de Sus Ciudades y Pueblos; se tiene por costumbre, pensar, que la mujer que ha sido infiel una vez, lo seguirá siendo por el resto de Su Vida. Y quien más persiste en esa opinión, es siempre, El Hombre. Con quien la mujer ha llevado a cabo, dicho acto. Apoyado en tal razonamiento, Mi Padre, jamás dió un voto de confianza a Neyda. A pesar de que, nunca salió más allá de los límites del solar de nuestra casa, y, muy a pesar,de que jamás cruzó estos límites, sin que él la haya autorizado previamente, como por ejemplo, cuando visitaba la tienda del frente, en busca de algun condimento para hacernos de comer. Éste siempre buscaba un pretexto, para justificar unos celos absurdos, que Ella jamás comprendió. Mucho menos lo entendimos, las personas que vivimos de cerca, aquellas terribles escenas, que parecían un infierno.

En consecuencia, aquellos brotes de violencia surgidos en las mismas entrañas de mi hogar, tenian nombre y apellido: Mi Padre. Es cierto, que a esa modalidad de "transgresión," no la conocí con la designación conque se le conoce en estos tiempos: Violencia Intrafamiliar. Pero de una cosa estoy completamente seguro. Y, es que, desde que tengo uso de razón, en Mi Familia, existió todo el tiempo. Sólamente desapareció, en Aquel Día que Mi Padre abandonó para siempre Esta Vida.

Julio César, es mi nombre, Aunque, quienes aún me recuerdan, solían llamarme Indio. Todavía lo hacen, cuando me encuentro con estos. En las Redes Sociales* que están muy de moda hoy en día, se me sigue identificando, con el mismo mote, con el que me llamaban, durante aquellos distantes años que viví en Vicente Noble. Allí, nací en la calle Emórgenes Espejo, Número 36.Y, como antes dije, me alejé de allí, hace ya tres décadas. Retornando, sólo en situaciones ineludibles de extrema urgencias. En la actualidad, resido, hace ya, unos catorce años, en el Condado de Queens, Nueva York. No puedo desplazarme a otros países, incluido el mío, hasta tanto mi estatus no adquiera un carácter acabado.

Alguien me contó, que no me extrajeron del vientre de Mi Madre, en la sala de un hospital. Sino, en el mismo piso de la casa de la abuela. Que una Comadrona o Partera, le ayudó en esa tarea. Pues, en la Comunidad, no había un Centro de Salud con las dimensiones pertinentes. En el Poblado se contaba con un sólo médico, el cual, no bastaba para atender, a toda una comunidad con grandes necesidades, a veces, de una misma naturaleza. De la misma manera, en alguna ocasión, siendo a penas un niño, me tocó ayudar a traer Al Mundo, a más de uno de Mis Hermanos. Mi deber, era sujetar la pequeña Lámpara Jumiadora*que teniamos en casa para alumbrarnos, y, mantenerla fija en mis manos. De manera, que Doña Noboa Vargas, pudiera ver, con claridad, cuando sacaba el bebé y le cortaba el ombligo. Doña Noboa, por cierto, era de ese tipo de señora bondadosa, que a quien no le hacía un bién, tampoco le hacía un mal. Residía en la misma calle que Nosotros. En cinco minutos que caminábamos, llegábamos a su puerta.Y quien la tocaba, para pedir alguna ayuda, aunque estuviese cayendo un diluvio, Ésta no se negaba.

Era, de esa clase de personas, que, como se suele decir, servía, hasta para un remedio. Tengo conocimiento, de que ejerció la Partería en muchísimas mujeres, en el Sector de Vicente Noble, denominado Parte Arriba, entre los años 60s, 70s y principio de los 80s del Siglo XX. Aunque hace ya un tiempo que murió, espero que a donde esté, disfrute de La Gracia Divina. Por todas las obras solidarias que llevó a cabo sin proponérselo. Me atrevo a describirla, tal como, si la viera en este momento, de la siguiente manera: Una señora de algunos 60 años, para cuando le conocí.

Siempre se liaba el pelo en moños, uno para cada lado de las orejas. El color de su pelo, para entonces, era negro, mezclado con hebras de canas que les eran visibles. Alta y delgada, De cara fina y ojos pequeños. Tenía las cejas diminutas, Nariz con buena apariencia. Su cuello era delgado y su piel de apariencia tostada. Tenía los brazos largos, las manos huesudas, piernas largas.Y vestía, conforme a sus años y a la época. Prendas de vestir, como: Refajo,*Mediofondo* Vestimentas, que otras mujeres no usaban, Ella las usó siempre. Era una dama honrada, decente y sin poses extravagantes. Sin dudarlo, a esta señora, la recodaré por siempre.

Mis Padres nunca pudieron tener, una casa propia por Si Mismos, un hogar estable en ese tiempo.Y sólo recuerdo, de niño, haber despertado en la cama de la Abuela Irenita, justo en el cuarto que le correspondía a Ella. Esta casa, aún está de pie en el mismo sitio. Muy destartalada por el tiempo, el mal uso, la falta de limpieza. Medio retorcida, y de apariencia embrujada. Puedo recrearla, igual que como la dejé en aquellos años. Tal como si la estuviese observando en este instante. Construída de tablas de palmeras, techada de las pencas que se obtienen de la misma palmeras, Con su piso de Concreto-armado* y una delgada acera del mismo material, alrededor de ésta; Con cuatro puertas en el frente de la calle, cada puerta, se componía de dos hojas Cuando cerrábamos una, la otra quedaba abierta. Su exterior estaba pintado de una cal hidratada, con un color amarillo el cual, ya se había descolorado, por la tardanza en darle nuevos retoques.

La lluvia también, al mojar las tablas le iba matando el color. Su interior también estaba pintado de cal blanca. Las puertas y los tragaluces, del mismo material, pero de color rojo. En sus laterales, mirando desde el frente, tenía una puerta-ventana del lado izquierdo. Mientras que, del lado derecho, una puerta regular. En su parte trasera, buscando hacía una vieja rancheta, que se usaba de cocina, la casa tenía tan sólo dos puertas. Cada una correspondía con uno de los dos cuartos en que estaba dividida. Su estructura buscaba afinidad con el estilo que tenian las viviendas rurales a principio de los años 40s.

Y no fue, hasta mediados de los los 80s, con la mejoría económica, que experimentaron algunas familias que emigraron a otros países. Las cuales enviaban remesas que se invertían en mejorar las condiciones de sus respectivos inmuebles. Algunos empezaron a darle formas a sus viviendas. Pero, más que remozarlas, la intención era ampliarlas, con la finalidad, de que pudieran cumplir con todos los requisitos de la familia que se hacía numerosa. La única transformación que recibió la vieja casa de la abuela Irenita, fue a mediado de los 90s. Cuando Mi Tía, La Negra, única mujer entre sus hijos, emigró a España e hizo diligencias para cambiar el techo de pencas, por el de asbestos. Todavía los recuerdos sobre aquel viejo techo de pencas, se mantienen intactos en Mí, a pesar de tanto tiempo. En 1979, el ciclón David, un huracán Categoría Cinco y el más mortífero de la última mitad del siglo XX, a su paso, destruyó muchas propiedades en la República Dominicana. Aquellas pencas del rancho se levantaban junto al zumbido de un viento tenebroso, que traía consigo el fenómeno de consecuencias devastadoras. En esa ocasión, hubo momentos, en los que, el miedo, tras acurrucarme debajo de la falda de Mi Abuela, me hizo pensar, que con aquel techo de palmas, se iría, tambien la vieja casa y con ella, Nosotros. Pero al parecer, la Divina Providencia tuvo piedad de Mi Familia y de otros vecinos, que con los mismos temores, luchaban por ganarle al Temporal.

Recuerdo, que la Abuela no paraba de rezar, en su clamor, le oí pedir misericordias a Dios, casi todo el tiempo que permaneció aquella tormenta sobre el territorio. Rezaba, rezaba y no paró de hacerlo, durante el tiempo que Aquel Huracan asustó al País entero. Una vez que El Fenómeno se alejó de tierra dominicana, las Autoridades Nacionales y Locales, comprobaron que había hecho grandes daños, que terminaron menguando Nuestra Economia, y por extensión, la vida de los dominicanos, enfatizándose la crisis en los sectores más empobrecidos del País. Aún guardo en mi Archivo memorial, que la mayor parte del Tendido Electrico se fué a pique. Los acueductos se deterioraron, de tal manera, que debimos acudir, a Canales y ríos, para obtener el Preciado Líquido, en las condiciones turbias con que nos llegaba.

Lo estuvimos, haciendo así, hasta que los vicentenoblenses descubrieron, norias adyacentes a los cerros y sembradíos de plátanos. Estos sembradíos, por cierto, lucían desolados y empobrecidos por la ausencia de sus cosechas arrastradas en el Temporal. Frente a Mí, los dueños de conucos, abrían sus brazos al Cielo, clamándo al Altísimo, por sus pérdidas.

La casa de la Abuela Irenita, como antes dije, contaba con dos piezas*En una, dormiamos la Abuela y Yo y Mi Prima, Carmen Matos.

Quien, tiempo después, se fue a trabajar a Santo Domingo. En la otra, estaban Mis Padres y Mis Hermanos. Había, en el medio, una puerta, por la que ambas piezas se comunicaban. Pero esa puerta, en lo que tengo de conocimiento, la mayor parte del tiempo se mantuvo cerrada y en raras ocasiones la abrían.

Soy, el mayor de cinco hermanos: Somos: dos varones y tres hermbras. Como en la mayoría de los pueblos del Sur de Nuestro País, además de nuestros nombres, también contábamos con sobrenombres. Mi Padre era quien elegía y nos ponía cada mote. Siempre quise preguntarle ¿por qué me puso el que me puso? Ya que sentía que opacaba, mi Nombre de Pila. Pero nunca me atreví a pedirle esa explicación, pensando que no sabría como iba a contestarme. A Mi Segunda Hermana, Filomena, le llamó, La India. A la Tercera, en Orden de Nacimiento, Bolivia.Y la única que se salvó, de no tener un hermano, que se llame Bolivio.

Después, a Manuel, le puso Petronilo y a Luceneyda la nombró Petronila.Tenemos otros hermanos, que Mi Padre procreó con diferentes mujeres, antes de que Yo naciera, Incluso, he sabido, por parte del Rumor Público, y de confesiones de oídos, que, además, habían otros, que Yo desconocía. El mismo Nene, nunca pudo conocerlos a todos,Ya que, algunas de sus exparejas, escaparon lejos estando embarazadas, sin que volvieran a tener ningún tipo de comunicación con él. Yo conocí siempre, como hijos de Mi Padre y que me fueron presentados, como hermanos, por el mismo A: Ramón, a Charlie y a Ricardo. Nunca hubo mucho roce entre Nosotros. Pero las veces que coincidimos, nos llevamos, como lo que supimos. Que éramos hermanos con plena conciencia, de que Nuestro Padre era, el mismo hombre que conocimos como tal.

Pachanga procuró, que yo aprendiera el oficio de Barbero. Yo no quería realizar las cosas que él hacía. Sentía que lo imitaba, o que lo copiaba como el modelo que tenía que seguir. Y esto me molestaba. Porque el hombre, en verdad no era mi héroe. Pero insistió tanto, que no tuve de donde escoger. Así que, me dijo que empezara mi aprendizaje con los niños más chicos. De manera, que las cabezas queYo talara*o dejara deforme, él, al final, se encargaría de arreglarlas. En esas prácticas, no aprendí mucho, porque en realidad no me interesaba. Y en mis adentro, rechazaba las cosas que estaban unidas a él. Pero recuerdo, que en una ocasión, falleció un señor, que antes, vivió mucho tiempo en las afueras del Pueblo.

En una comunidad pequeña, llamada Arroyo Grande. Tenía pocos años de haberse mudado al Pueblo y lo conocí en mi casa, en sus visitas temporeras a la Barbería. El velatorio, como era de esperarse para la época, se realizó en la misma casa en donde vivía. Por no haber Centros Funerarios en aquellos días. La sala de la casa estaba abarrotada, porque sus familiares eran agricultores con muchas amistades. Y, porque, además, no había otras entretenciones, que pudieran llamar gente, en La Parte Arriba del Pueblo. De modo, que una buena cantidad de la población de Aquella Zona, se trasladó a brindar sus respetos por el difunto, un hombre, por cierto tan serio, que no saludaba mucho para no ofender. No porque fuera antipático. Una vez, que el cuerpo estuvo dentro de su ataúd, vi que una mujer de su familia, intentaba afeitarlo con una navaja. Pero, cada intento que hacía, no podia.

Tomaba posiciones, alrededor del féretro y la mano se le crispaba, más por la inseguridad, que por otra cosa. En ese momento, alguien gritó, que el hijo del barbero estaba ahí. Que él podía hacer ese trabajo. Yo estaba, como los demás, al frente. Observándolo todo. La Señora me encontró, buscándome con la vista y me pidió, que por favor, lo hiciera. Ya que, El Difunto se veía muy mal, al estar con tanta barba. Me dijo la Señora, que los días que el Señor, enfermó, no tuvo tiempo para irse a Cortar El Pelo y afeitarse. El Difunto tenía Un Par de patillas*inmensamente pobladas. Pues, me coloqué detrás de su cabeza y empecé afeitarle, con gran miedo a cortarlo. A eso era, lo que realmente temía. Otra cosa. No había guantes.*Tuve que afeitarlo, con las manos descubiertas. Los presentes, que eran, más o menos, De Mi Edad, estaban mirándome con caras aterrorizadas. Porque, cada vez, que pasaba la navaja, me aseguraba, de que, no quedara pelos en el Área.

Y eso, debía comprobarlo con la mano. En un pueblo, totalmente caluroso, en plena Estación de Verano, me di cuenta, que las carnes de su cara estaban gélidas. No con aquel frío, que se siente, al sostener un pedazo de hielo entre los dedos, no. Sino más bien, un frío, que a pesar, de no poder definir entonces, ni ahora se sentía en toda la mano.

Fue ahí, donde, por primera vez, me di cuenta, de cuán fría era La

Muerte en Sí. Después de eso, tuve mucho miedo. Pero no ese miedo, que habría sentido, si la persona en vida, hubiera sido malvada. Esto me dejaba un poco tranquilo. El Difunto fue un agricutor, que nunca se vio envuelto en problemas. Jamás se le vio en el Pueblo, ni en otras partes, que no fueran, su Conuco y su Casa. En los días siguientes, se me vio lavarme mucho las manos, tanto en La Casa, como en el Canal del Pueblo. Aún, tenía la sensación de aquel frío y procuraba noí tocar los alimentos que llevaría a mi boca, con mis dedos. Sin embargo, algo pasó de ahí en lo adelante. Algunos conocidos empezaron a a solicitar mis servicios como barbero. Y, en cuanto pude, me fui proveyendo de los materiales que necesitaba: Unas tijeras de segundo uso, algunas navajas ecónomicas, y la indumentaria pertinente para ejercer el oficio. Me avituallé, más adelante, de un pequeño Estuche de Tela, que alguien me facilitó.

Los que, en inicio requirieron de mis servicios, no me pagaban igual, que a aquellos barberos que llevaban mucho tiempo en el Oficio. Pero lo que me daban, me lo encontraba grandioso, por cuanto, ya empezaba a tener más monedas en mi bolsillo. Casi siempre, reservaban el turno con anticipación. Me los comunicaban un día antes.Y esto me daba tiempo para presentarme, en sus casas, al día siguiente. Recuerdo, que entre mi exigua clientela, tambien había señoras, a las cuales, también debía acicalarles las cejas. Me ayudé, durante un tiempo, con Aquel Servicio. Pero fue sólo en pocos años, pues, no me llamaba la atención en realidad.

Y pensar, que si lo hubiese tomado en serio, aquí en Nueva York, ganaría bastante dinero. Pues, yo mismo tengo que pagar, entre 15 y 20 dólares, cada vez que voy a tumbarme el Pelo. Es uno de los oficios, que más dinero deja a quienes los ejercen. Y que conste, que hay que hacer citas previas, como si se tratara de un Especialista Médico.

Manuel Heredia, Alias, Nene. Así se llama realmente Aquel Hombre, a quien, a partir de esta página y las que prosiguen, optaré por no referirme a él, tanto, en el modo que lo he hecho en párrafos anteriores. Le nombraré con el mote que les dieran algunas personas, en sus años de juventud: Primero, para no entrar en contradición con esas personas que así los nombraron. Y segundo, porque pienso, que el apodo

41

conque empezaré a llamarle, francamente le sienta a la perfección. Sé, que Tú te preguntarás, ¿por qué ahora? Esto es así, en virtud, de que nunca antes, hizo falta que le llamase Padre. O quizás, cuando quise hacerlo, no pudo suceder. Porque desde una edad muy temprana, me inculcó el miedo.Y esto creó distancia.Tampoco me acuerdo,*de nigun momento, que él me haya pedido, que lo nombrara como tal. Como tampoco recuerdo, que me llamara de otra manera, que no fuera por mi nombre. En consecuencia, no creo que haga falta que le brinde ese tratamiento ahora. Mucho menos, después de todas las cosas que hemos padecido en La Familia, por su culpa. No sólo, en esos años que estuvo con vida. Sino después; en este tiempo, que ya no está entre Nosotros.

Al igual que Mi Madre, era originario de Vicente Noble. Allí nació, un 23 de Junio de 1936. Desde que tuve uso de razón, le vi ejercer el oficio de Barbero. Actividad que solía llevar, a la par con sesiones y consultas en su otro oficio de Chamán. Como ya es consabido, se le conocía en todas partes como Nene. Pero este nombre no era más que su alias principal, ya que, otra gran parte de sus amistades, le llamaban: Pachanga, cuando no, Fiera. Era el hombre de los Alias. El sobrenombre de Pachanga, no tiene nada que ver con aquella mezcla, de Son Montuno*y Merengue,*que se puso de moda, a partir de los albores de los años 60 del Siglo XX, y que montaron, distintos Grupos Musicales de origen latino, que estuvieron de moda en aquel entonces.

El nombre Pachanga, se refiere a una especie de chancleta vulcanizada y ordinaria hecha de goma. Que algunos hombres usaban de calzado y para azotar a sus hijos. Un instrumento efectivo para el castigo físico. El segundo alias, se le atribuía, por la forma hostil, con la que ofendía a su victima, cuando entablaba una discusión. Abría la boca tan grande y se expresaba tan alto, con el rostro endurecido, que no daba oportunidad de que se oyera otra voz, que no fuera la propia. Una voz en forma de rugido, sumado al aspecto bravucón que le resurgía cuando fruncía el ceño. Sin embargo, el apodo con el que más lo saludaban, era el primero.

De modo, pués, que no era necesario ser inteligente, para deducír por qué le habían sobrenombrado con el apelativo relativo a la chancleta. Por ser, un destacado golpeador de mujeres. A las que golpeaba, con el primer objeto que le cayera en la mano. En consecuencia, todavía sigo creyendo, que es de justicia, referirme a ese Látigo Humano.*De esa manera, para dejar establecido ante Ustedes, Amigos Lectores, que se trata de la misma persona.Y no sólo lo haré en las próximas líneas.Sino, que continuaré haciéndolo en las páginas pre-finales que concluyan Este Libro. Si es que, a caso, lo termino. Los señores. Majeño Matos e Irenita Heredia, fueron los Abuelos, del lado paterno, que conocí. Aunque, hasta donde supe, siempre hubo una especie de nube oscura, sobre la verdadera paternidad de Pachanga.

Sin embargo, todo el tiempo fui creciendo y aceptando, la familia que Él Mismo, me mostró en todo momento, como la suya, hasta relacionarme con sus parientes más cercanos. Siempre he convivido con Estos, de manera afectiva. Pues, crecí rodeado del cariño y respeto de cada uno de Ellos. Y valorando, con mucho orgullo, ser sobrino de los hijos del único Abuelo Paterno que siempre vi. Familiares, con los que siempre me he llevado bién. Y quienes, en todo momento, me han distinguido como su pariente. Por lo que, así me he sentido, con respecto a cada uno de Aquellos y su descendencia. En sus años mozos, Pachanga perteneció a dos Estamentos Militares del País. Al Ejército Nacional y a La Policia. De ambas Instituciones, salió deshonrado, según le oí decir en una ocasión, mientras le cortaba El Pelo,*a un cliente. Al que, él le confesó, que: "Nunca me gustó obedecer Las Reglas de Los Cuerpos Castrenses. Por tal motivo, se vieron en la necesidad de Darme De Baja *sin remordiemientos. Desobedecía a propósito", –afirmaba él–. Al hablar de aquellos tiempos, su cara dejaba entrever el orgullo que sentía, por haber desafiado a Sus Superiores, violando Las Reglas establecidas por Aquellos Cuerpos del Estado.

También Recuerdo* haberle oído contar, otro episodio de su vida, en un tono, como si aquello, le hubiese dejado, la mayor de las satisfacciónes. Hablaba, de que en una oportunidad, desafió a un Superior Coronel del Ejército. Para Aquella Época, en que el Dictador Rafael L.Trujillo Molina, fuera el Presidente de la República. –El Coronel Alcántara, ya no podía aguantarme. Ya que Yo, le había dado, mucha agua a beber,* no le quedó otra opción, que tomar unas tijeras y romperme el Uniforme* en frente de los otros integrantes de la Compañía. Según él, dizque porque mis actos, avergonzaban a La Institución. Pero, qué importaba eso. Aquel show que me hizo, valió la pena. Ya que, mis salidas nocturnas, se debían, a que me estaba tirando*un par de hembras*que estaban bien buenas.*Estuve con las dos, muchas veces. Aunque, fue sin saberlo. Después fue que me enteré, que ese par de mujeres eran Mellizas–.

Con la finalidad, de pasar desapercibido, mientras prestaba atención a su relato, yo me quedaba siempre a escondidas detrás de la pared. Las tablas del bohío me permitían escuchar con claridad. El señor que hacía uso de la palabra, era quien me había procreado. Yo estaba consciente de eso. Pero al mismo tiempo, en que Yo le veía, dejaba en Mí, una sensación de estar viendo al miedo personoficado, en mi propio espejo. Por lo que entonces, Yo no dejaba, que él me viera con regularidad en su camino. Sin embargo, de alguna manera, sentía fascinación por sus historias de vida. Por sus comentarios con sabores a mitos. Aunque estos últimos, no me convencieran en la forma que Él esperaba, que yo asimilara algunas de sus obras.

CAPÍTULO III

Cuando, de la Compañía, a la que pertenecía en el Ejército, debía retirarse a dormir, era el único que contradecía Aquel Mandato. Las normas, que Este Señor estaba dispuesto a obedecer, eran, las que no les estorbaban. Las que no les impedian Irse de Lechuza,*cada noche que abandonaba el Campamento. O cuando dejaba su servicio, para írse hacer diabluras…Como cuando hacía de proxeneta, amenazando a prostitutas desamparadas, con golpearlas. Y, así lo hacía, si algunas de estas, se negaban a entregarle el dinero que habían obtenido durante la noche. Haciendo con esto, mucho más miserable la vida que aquellas mujeres indefensas, ya tenian.

En cada oportunidad, que Él solía repasar esas memorias, contándoselas a la Persona de Turno que estuviese en la Barbería, sus tijeras parecían desplazarse en el aire, con una soltura que nunca antes le vi. El ritmo de aquella agilidad en sus dedos, asombraba... La emoción, de traer a la luz, aquellas experiencias, le inyectaba vida. Y el saberse escuchado por el cliente, lo convertía en semidios. A este hombre, parecía agigantársele el pecho, cuando parloteaba, en torno aquellas proezas, que parecían deslizar su nombre entre agua y fuego.

Nunca he pensado, que mi actitud sea, por los efectos nocivos que se desprenden de la acción de fumar. En verdad, siento que el humo me ensombrece…De tal manera, que me lleva a entrar en contacto con el recuerdo amargo de aquel día, en que siendo un niño de séis años, me inicié con un cigarillo en mi boca, sin que se me diera la opción de negarme a sentír aquel sabor tan malo, que, en todo momento, me provocó náuseas. Así es, Pachanga, siempre me mandó por sus cigarrillos, en todos esos años. El que me enviara por estos, es, tal vez, poca cosa. Si Yo no estaba en el momento, cualquiera de mis hermanos, sin importar edad o tamaño, debía reemplazarme. Nunca mandaba por una cajetilla entera.

Siempre encargaba, de uno en uno, prorrateados. Ya que, supuestamente, nunca tenía la totalidad del dinero para comprarse una cantidad mayor. Por lo que entonces, me parecía tedioso, ir tantas veces a la Tienda de abarrotes*en un mismo día. Pero no podía fruncir el ceño, ni mostrar alguna señal de desagrado. Porque estaría con esto, comprando un castigo. Es posible, que él no tuviera el dinero para comprarse un paquete entero. O tal vez, simplemente lo hacía, con la finalidad de jodernos la vida con aquellas agotantes idas y vueltas. Yo aborrecía esos momentos, en los que él me enviaba por ese Montecarlo.*

A veces, deseaba morirme en el camino. Este deseo, lo pedía con la clara intención, de no existír para que no me mandara más. Pues, si no estába cerca suyo, simplemente me silbaba, llevándose dos dedos a la boca. Y aquel silbato se escuchaba, con tanto pánico, que aún, en contra de mi voluntad, en segundos aparecía frente a él, poniéndome en el instante a su servicio. Desde el segundo sonido de su silbato, no podía permitir, que realizara el tercero. Ya que, tendría que explicarle ¿Adónde me encontraba?, ¿Por qué no estuve ahí a tiempo? A todo esto, con la salvedad, de que, si no le daba una respuesta que lo complaciera, me dejaba sentír el castigo con una de sus manos abierta, sobre mi cabeza.

Una vez, que regresába de la tienda, debía ponerle fuego Yo Mismo al Montecarlo.*Tomába un tizón* del fogón* que teniámos en la cocina. Y con temor, con mucho temor, le pasaba el cigarrillo. Y al mismo tiempo que lo hacía, veía mi mano balancearse. Pues, Él nunca sujetaba el Montecarlo, sin antes dedicar unos segundos a mirarme a los ojos. Una vez, satisfecho de haber visto el espanto en ellos, sujetaba el encargo, mostrando también una leve sonrisa. Aquel temblor, que en ese momento experimentaba, me invadía todo el cuerpo y me reducía, frente aquel personaje que disfrutaba el temor de quienes conviviamos con él. Y, en base a ese miedo, nos obligaba a un respeto, más por eso, que por el hecho mismo de merecerlo. Me contaron, algunos moradores del Pueblo: Amigos, Primos, vecinos, incluso hermanos del propio Pachanga, que algunas de las exmujeres que lograron resguardarse, preservando sus vidas hasta sobrevirles; fueron terriblemente humilladas por Éste. Que a cada una de ellas, les repartió golpes, desde la cabeza a los pies. Como si tuvieran Cuerpos de Goma.

Me hicieron saber, que cada una de Aquellas Mujeres, sólo vivieron para amarlo y complacerlo, en lo que Éste, quisiera. Todas, ingenua-mente, se dejaban arrullar en el oído con su estilo de enamoramiento. Y tontamente, pasaban a mudarse juntos, en donde al estar conviviendo con Él. En pocas semanas, comprendían en lo que habían caído realmente. Se supo, que varias aguantaron, hasta donde pudieron. Pensando, que la actitud de Ese Señor, era algo que tendría fin con el tiempo. La verdad es que, ninguna quería deshacerse del Fulano, Es por esto, que al principio de la relación, importaba poco, que les dejara las caras amoratadas. Ya que, después que se les pasaba el malhumor, al llegar a la intimidad, olvidaban todo, creyéndose bendecidas por las concurrentes horas del buen placer, que el Referido Señor les ofrecía. La casa de la Abuela Irenita albergó a muchas de Estas Ingenuas, Cuando no, Una pieza*de una choza, en la Parte Trasera de la vivienda de su tía Mailecasa, donde llegó a mudarse, por lo menos, con tres de Ellas.

No hubo Una, que no haya sido salvajemente, marcada, con sus horribles métodos de castigos. Ni una sola quedó, que no pasara por sus infernales suplicios. Con los que las doblegaba, hasta sumergirlas en la sensación, de sentirse menos que él. Las acorralaba entre una pared y su cuerpo. Con pocas esperanzas de escapar de la desconfianza enfermiza de Este Hombre, a quien no les bastaban las explicaciones sinceras. Sus dudas lograban imponerse, por encima de la verdad más genuina. A simple vista, se le notaba, como alguien que podía ganarse la confianza de cualquiera. Pero, si se obrservaba con detenimiento, alguna parte de su mirada, permitía develar, que tenía un pasado lleno de tinieblas...

Tal vez, un pasado tormentoso, que sólo él conocía. El Pachanga era un sujeto inaccesible. Cuando se trataba de su vida personal, era discreto y sabía escabullirse de situaciones que tendieran a encrucijarlo. En más de una ocasión, siendo yo adulto, se negó a responderme un par de preguntas que desde siempre reservé para hacérselas. Pero fue impenetrable a cada intento mio. Y en tal sentido, opté por desistir, después que me confesó a regañadientes, sólo aquellos asuntos que le importaba poco, que Yo lo supiera. Desde luego, que era un sujeto camaleónico. Hábil para escudarse detrás de las interrogantes, que tendieran ponerlo en evidencia. Marile Vargas, a la sazón, Prima de Pachanga, me contó, que en una ocasión, por allá en los años 60, del Siglo XX, siendo ella muy jóven todavía. Que este señor, sorprendió por la espalda, a Su Mujer de Turno. En las proximidades de un Lugar de Diversión, concurrido por la muchedumbre entonces, para bailar y beber. Le llamaban El Bar de Belí. Ubicado en la calle Libertad. En la parte arriba por donde viviámos en aquel entonces. La escena que mi Prima vió, en aquel momento, me la describió en su modo más simple: –Mira, Indio, esa mujé era llenita, y cuerpuda. Con eso, te quiero decir, que pesaba mucho. Tu Pai, se le acercó por la espalda silenciosamente, como el Guardia Viejo que era. Sin hacé na' de ruido. Ella no lo estaba esperando. Cuando vino a darse cuenta, que él estaba detrás. Ya la había sujetado y levantado con tal fuerza. Como cuando se levanta una pesa en el gimnasio, hasta llevarla por encima de la cabeza. Y, estando a esa altura, la dejó caé al suelo, de maldad. No sé de dónde tu pai sacó tanta fuerza. Ese hombre era un demonio. Esa mujé se levantó de allí, con mucho dolor. Con gritos de desesperación. Cojeando de sus piernas. Retorciendose como si se rompiera tó. No sé, como llegó a la casa, en esa condición. Debió se', con la ayuda de Dios, digo Yo, ¿Tú no crees? Pero, eso sí... Cuando Él la fue buscando, no la encontró por parte. Se dijo, entre los vecinos, que ella recogió sus pertenencias*y se marchó del Pueblo pá siempre. Yo no volví a ve' a esa mujé, jamás–.

Después que la Prima Marile, me contara todo aquello, senti una penita en la cabeza, como cuando a uno le quiere empezar a doler de verdad. Y no acabada de suceder. Es que, por más que pienso en las maldades que Aquel Hombre hizo en vida, no encuentro, en Aquel Pueblo donde nací, con quién comparar sus acciones. Dadas las cir-cunstancias, de que los Maltratadores de Mujeres más connotados, que yo conocí para la Época, todos ellos resultan nimios frente a Él. Pero no nos quedemos ahí, volvamos a otra más de las actuaciones siniestras de Aquel Barón. Y con sus permisos, permítanme retratarles, por así decirlo, lo que me relató una amiga de La Abuela Irenita. Confieso, que al llegar a Esta Parte, la pequeña molestia que antes sentí en mi cabeza, llegó a convertirse en un verdadero dolor, cuando le presté oído, a lo que Esta Señora Octogenaria me contó, en la manera que acostumbraba a expresarse.

–Óyeme bién, esto que te voy a contá. Lo vi Yo Misma, con Estos Ojos, que se los ha de tragá La Tierra, el día que me muera. Tu Padre se llevó*una muchacha, que vivía en el barrio El Erizal, de aquí de Vicente Noble. Se mudaron en una pieza*que rentaron por allí. Pero casi siempre, se iban a bañá al río y allí mismo, hacían sus cosas*...Tú sabes.Tenían Relaciones* dentro del mismo Río. Una cosa, que Yo nunca entendí, es, ¿por qué a Tú Pai le gustaba tanto, Hacé Eso en el Río? y no en una cama, como la mayoría de la gente. Muy seguido, Él, le daba golpes a Esa Mujé, todos los días. ¡Ofrézcome! Era raro, cuando pasaba un día, sin que Ese Demonio* le pegara a Esa Infeliz Muchacha. Un buen día, que estuvieron en el Río, depués que terminaron de acostarse,* El Maldito le escondió la ropa y comenzó a pegarle con fuerza y sin piedad. Ella se le escapó huyendo, así, sin ná de ropa. Encuerita. *Como Dios La Trajo Al Mundo. Mientras Él iba furioso, con un garrote, detrás de ella, con el deseo de continuar pegándole. La suerte, fue, que La Pobre, así encuera*como estaba, atravesó las calles del Pueblo y alguien le abrió una puerta para que se refugiara y se pusiera algo de ropa. Estaba como loco, buscándola. Pero nadie le quiso decí, a qué casa había entrao. ¡Gracias a Dios! ¡Nooo! Ese Hombre... Ese Hombre no era buena cosa. Perdona, que te lo diga en Tú Cara. Pero la verdad debe ser dicha. No te ofendas por eso–.

Claro que no, Señora. Pierda el cuidado. ¿Por qué me voy a ofender? –Respondí a la dama– .

Por el contario, le agradecí su tiempo, por la manera en que des-cribía, para Mí, lo que tenía en conocimiento. En el momento que La Señora concluyó el relato, tambien me manifestó el nombre de Aquella Mujer. Pero me pidió, que no lo publicara. Ya que, no quería que se promoviera la idea, de que tal información, me había llegado, por su conducto. Respetando esa amabilidad que tuvo Conmigo, he acatado su petición, omitiendo divulgarlo. Pero al cabo de un tiempo, me encontré con esa persona y la abordé con intención, de hacerle algunas preguntas con respecto a la relación, que sostuviera con Pachanga. La Señora, sin abundar mucho sobre el tema, que aún, en el tiempo le parecía doloroso; me confesó, que llegó a amarlo demasiado. No obstante, haberla golpeado sin motivos. Y, porque, además, el exceso de Maltrato Físico a que la sometía, le había provocado la pérdida de Una Criatura que Ambos esperaban.

En ese instante, me dió mucha pena, ver, cómo los ojos de ella se innundaron, con tantas lágrimas, que de hecho, caían hasta su blusa. Estando junto a Mí, tenía momentos, en que me miraba de frente. Después, bajaba la cabeza, siguiendo esta misma rutina, durante algunos minutos. Hasta, supuestamente, reponerse del todo. Por un buen rato, asumió ese comportamiento que expresaba, el sentír de un ser humano, muy lastimada por dentro todavía. A pesar de que, tenía una Nueva Familia. No me quedó otra cosa, que, darle mi mejor abrazo. Le manifesté, que lo sentía mucho, despidiéndome de Esta, con un, Hasta Luego.*

En aquellos primeros meses que vinieron, después de la muerte de Mi Madre, me acuerdo que oí a Pachanga hablarle a uno de sus clientes, en la Barbería, de que, a la casa visitaban con frecuencia, unos personajes interesados, en que él la hiciera de Gigoló con ellos. A cambio de un dinero extra, con el que podía contar cada semana. Como siempre, Yo andaba cerca por ahí simulando que buscaba alguna cosa y, cuando sentía que la conversación podía ser interesante, fingía que me había ido. Pero en realidad me escondía para no perderme los pormenores de lo que iba a contar. Le decía al cliente que tal cosa no era para él... Y que en ese sentido, eso mismo les decía a esos maricones,* que se piensan, que con su dinero pueden comprar cualquier cosa. Y, eso no es cierto; –decía él–. Como si estuviera molesto.

Y proseguía: –Esas cosas las he hecho Yo. Pero con mujeres sólamente; ¡Ah, sí, con Esas, sí! Con esas hago Yo, hasta lo que no está escrito todavía. Aquí han venido Ellos. Ahí parados me han esperado.

Deseando, que Yo termine rápido, para que los atienda. Aquí venía Uno, a diario. Simulando, que llegaba a darse un Corte de Pelo,*Pero en realidad, venía a suplicarme, a que me decidiera. ¿Tú has visto las cosas que les pasan a Uno? No cogí un palo* y le entré a golpes, porque Dios es Grande. Le dije, que no se volviera a presentar a Mi Casa, sino quería problemas mayores Conmigo. Si, a Él le gusta eso. Él sabrá. Esa es Su Vida. ¡Oooh, pero tá loco. ¿Qué es lo que se cree?– En esas mismas fechas, no sé lo que le pasaba...Vi, que durante las horas que se quedaba en La Casa, dejó de ponerse pantalones largos, así, por así nadamás. Optó, por usar unos Pantaloncitos Cortos color Amarillo. En verdad, que aquel pantalón, era bastante corto para usarse en otro sitio, que no fuera, un Día de Playa o De Piscina. Tan corto, que en otras oportunidades, le vi usarlo, como sustituto de calzoncillos, cuando se vestía con Ropa Formal. Por encima de estos, usaba una Camisa Mangacortas,*bien ancha. Que no le cubría totalmente aquel pantalón corto. Nunca entendí, el porqué no se dio cuenta, que Aquella Ropa no era adecuada para Su Trabajo, ni para los años que tenía. Tampoco entendí, cómo es que los hombres, que iban, en esos días, a La Barbería, no les hicieron saber a él, que aquel Pantaloncito Corto,*no estaba a su altura. Yo pensé, que, tal vez, no tenía otro que pudiera ponerse. Es posible que fuera eso.

Pero también, me dije, que de haber querido ponerse otro que fuera regular, sólo debía escoger un Pantalón Largo. Cortarlo con sus tijeras.Y, en menos, de cinco minutos, improvisaba un Corto* para usarlo entre semanas. Lo cierto es, que cada vez, que estaba afeitando. O dando el servicio que fuera, a la Persona de Turno, que estuviera en en el Sillón, le rozaba, sin querer, con El Bulto que se le hacía en la Parte Delantera. Por lo mismo, siempre que tomaba un descanso y, se sentaba, antes de proseguír con la siguiente persona, dejaba al descubierto, parte de Sus Genitales, sin que se cerciorara. Por estar, pendiente del Café o del Cigarrillo. De igual manera sucedía, con Aquellas Mujeres que solían atenderse con Él. Pues, en Aquella Época, no había en El Pueblo, Centros De Belleza, donde las damas pudieran cortarse El Pelo, delinearse Las Cejas, o rasurarse Las Axilas. Las pocas mujeres, que podían darse esas atenciones, acudían al vecino Pueblo de Tamayo. O en su defecto, a la ciudad Santacruz de Barahona.

Sin embargo, a la clientela que se componía de mujeres, Pachanga, encantado. Les daba todos esos servicios juntos, por un precio razonable. Por supuesto, a las que podían pagar. Pues aquellas, que no contaban con dinero, finiquitaban El Servicio, con un par de sonrisas, y siendo mucho más amable. –¿No tienes dinero?–, –No te precupes por eso... Esto aquí es tuyo–. –Tú resuelve, cuando puedas–. Así le hablaba Pachanga a la mujer sin dinero. Para que Ésta entrara en confianza. Cuando Una Hembra* iba a La Barbería, si Esta le gustaba, mientras estaba por su espalda, le hablaba al oído, bien bajito. Tan bajito, que Yo nunca pude escuchar, qué cosas les decía. Aunque, a pesar de ser, un poco tonto, al menos, me imaginaba de lo que podría tratarse. Mientras trabajaba en su cabeza, daba vueltas lentamente alrededor de Esta. De manera, que Ésta pudiera escudriñarlo por todos lados...Volvía a hablarle al oído. Nunca ví una, que le protestara por la actitud. Al contrario, se reían discretamente, disfrutando cada cosa que les contaba.

CAPÍTULO IV

Cuando terminaba el trabajo, y La Dama, se disponía marcharse, mientras sacudía el paño para deshacerse de los pelos; les miraba fijamente a las nalgas. Y con mucha malicia en los ojos, le decía: Ya Tú sabes, quedamos en eso. La que estaba a punto de irse, no respondía con palabras. Tan sólo sonreía. Sonreía siempre, procurando dejar en el acto un poquito de discreción. El asunto de un buen par de nalgas en La Mujer, fue una de las mayores debilidades, que tenía Este Señor. En lo que a eso respecta, así se expresó:

—Una mujer, que no tenga, un buen par de nalgas bien formadas, no me merece mucha atención. Cuando una mujer es linda, de Esa Parte de Ahí Atrás, yo siento que se levantan mis ánimos—. En mi caso, particularmente, no sé si pueda, dar tanta importancia a esas palabras, en la forma que él las expresaba. Sin embargo, siento también, una gran admiración. Y me siento atraído hacia el Sexo Opuesto que luce bien desde ese ángulo. No puedo decir, que dicha cualidad lo significa todo. Porque valoro en La Mujer otros atributos de los tantos que tiene. Que incluso, las hacen más interesantes. Y, que por demás, suelen empoderarla, para otros retos que entrañan gran importancia.

í

No ha habido, una sola persona, que no me haya alegado algo como esto... No algo como esto, sino precisamente esto: —Si Tú escribes todas esas cosas, que piensas escribír de Tú Padre, tú estás siendo injusto. Te estarías desquitando con él—. No estoy llevando a cabo un acto de venganza, si eso es lo que parece. Cuando se viene a ver, también Usted, quizás esté considerando lo mismo que quienes piensan así. Hay personas que han estado imaginando cosas... En su forma de pensar, se han ido mucho más lejos. Creen, que hasta me he vuelto loco, por lo que me ha pasado, con la suma de las diminutas tragedias que han venido devastándome, desde el mismo instante que tuve a Este Individuo como Papá. Este Señor, a quien algunas admiradoras, afectuosamente enaltecen, como El Buen Hombre, al que le debo la vida. Y es cierto, en eso tienen razón. A él debo, en parte, el hecho de estar andando por estos lugares. Pero olvidan, que tambien, le debo, el hecho de no haber vivido en todo este tiempo, de una manera plena y sana. Como lo merezco realmente. Que si no fuera con la paciencia, conque me enfrento a situaciones, que arruinan fácilmente a cualquier ser humano; no podría contarle a nadie, que en verdad, Yo no sé, qué es vivír bien. A lo más que he llegado, es a sobrevivír, tal vez.

Pero quienes piensan, que estoy siendo bastante malo con Él, y que además, estoy hablando mucha mierda, por lo que hace rato, debería cerrar mi boca; entienden tambien, que lo estoy haciendo ahora en su ausencia, porque él no está aquí para defenderse. Pues, no culpo a esas personas que siempre vieron a Nene. Aquel barbero, que cuando dialogaban con Él, dependiendo de lo que tratara la conversación, es posible, que hasta los hiciera reír a todos. Ya en los últimos años de su vida, tambien le había cambiado, un poco, la manera de enfrentarse a esta. Me he enterado, que parte de su tiempo libre, lo empleaba para ampliar su Círculo de Amigos. Que era muy frecuente, verle tomar el café, con gentes de Vicente Noble, Parte Abajo. Con los que intercambiaba su Marca de cigarrillo Preferida. Siempre que tuviera en el bolsillo de su camisa, y cuando no tenía nada que fumar, sus amistades se los ofrecían de muy buenas intenciones. Eso sí que es bueno, disfrutar de momentos amistosos, con gentes así. Cualquiera se mantiene alegre siempre.Ojalá nos hubiera tocado a Nosotros, compartír con Ese Nene tan amistoso.

No creo, que mis Hermanas, hayan sido felices, en ninguna de las etapas de sus vidas. Pienso que, después que el murió, han sido mucho más desventuradas de lo que ya eran. Algunas de ellas, ni siquiera recuerdan a ciencia cierta, lo que ha pasado con su inocencia, en los primeros años que vieron la luz. Cuando las interpelo sobre cosas que parecen no estar claras. Sus respuestas son huidizas.Sus rascaduras en la cabeza son continuas y constantes. Y sus rostros se desvian, como sintiendo vergüenza de mirarse en mis ojos, para, al fin, terminar mirando, los pulverulentos que lucen sus pies. Esta vida me ha enseñado, con el tiempo, ha echar andar mis propios métodos, para llegar al fondo de las cosas que no concibo justas. Qué pena, que La Vida, no tenga una forma de parar el nacimiento de un suceso imprevisto, que se supone, causará daños en La Sociedad. Cuánto siento, que es, Esta Misma Vida, la que resulta, a veces, tan injusta, no sólamente para aquel que murió, antes que su Reloj Biológico le señalara el tiempo. Sino, que tambien resulta triplemente inmoderado, en aquellas personas que viven, sin que parezca, que les ven la gracia al beneficio de vivír. No es que estas personas tengan la culpa de ser así. Desde luego, que nadie quiere andar con apariencia de estar muerto, claro que no. El cargar con asuntos pendientes, que no han sido resueltos y sin esperanzas de resolverse a corto o largo plazo; eso, entre otras pendejadas que producen dolor. Eso sí que influye, en que estas personas realmente, no aprecian de La Vida, la fortuna, que es vivír.

En este momento, llega a mi mente otro recuerdo. Esta vez, tiene que ver, con un Fin de Semana, en que tuve que hacer una llamada impostegable a Pachanga. Por razones obvias, que ya Ustedes conocen. Nunca fui un hijo que sintiese, alguna necesidad de buscar un teléfono para hablarle, dizque a Su Padre. Claro que no. Pero las circunstancias, me lo estaba pidiendo. Y después de meditarlo durante unas noches, sí, lo hacía o no, me decidí, que sí debía hacerlo. Había apartado ese día para hablar con él, de algo a todas luces bastante importante. No lo hacía por llamarle simplemente. Qué cosas tenía Yo que hablar con Ese Señor, donde, a ninguno de los dos, nos había surgido nunca, una plática que nos hiciera reír o abrazarnos. Por cierto, ahora, que recuerdo bien, no tengo un registro en mi memoria, que diga, que nos dimos un abrazo fuerte. ¿Usted piensa que no es cierto? Sí, en verdad lo es. A menos, que no haya ocurrido, cuando Yo era un bebé de dos o tres añitos, tal vez. De toda manera, no recuerdo, específicamente, cuál fue la vía de comunicación que se empleó, para enterarme de ciertos rumores fuertes que sonaban allá en El Pueblo. Tales rumores, llegaron a mi Lugar de Trabajo, en Santo Domingo. Es posible, que si no fue por llamada telefónica, quizás haya sido por alguien muy allegado a Mí. Porque un rumor como ese, no se desliza entre conocidos comunes.

Hice esa llamada al teléfono, con el que tenía más cercanía. al que, por razones obvias, le era más accesible. Era aquel teléfono ubicado en la misma edificación que estaba la Oficina Postal. Lugar, donde él Mismo trabajaba como Mensajero. Y después del año 1994, cuando pasé a trabajar a la Presidencia de la República, diligencié que se le promoviera a Encargado, en la misma Dependencia Local. No hice, que eso ocurriera por motus propio, no. Él mismo estuvo llamándome varios meses antes, para que Yo lo recomenedara. Para que Yo usara la poca influencia que tenía, en virtud de Mi Puesto en Palacio de Gobierno. Ya que, de esta manera, me decía él, que si el Nombramiento venía Desde Arriba,*entonces las Autoridades Políticas del Pueblo, no podían oponerse a la promoción, por más que quisieran hacerlo. No sé, por qué quería ser Encargado de Aquel Lugar. Pues hasta donde estuve enterado más tarde, el sueldo devengado Allí era tan pobre, que no se correspondía con el aumento de responsabilidades. Lo que se me dijo, en el mensaje que recibí, fue, que se estaba acusando a Pachanga, de estar enfrascado en un amorío con una adolescente,en el que, supuestamente, ya había ocurrido algunas cosas* entre Ellos.

Así que, ese día que le llamé, no hubo tiempo de formalidades de mi parte. Porque necesitaba ir directamente al meollo de la situación, que aunque no era propiamente mía, constituía vital importancia. Por cuanto, se decía, estar prohijada por Este Hombre, que al fin y al cabo, queriéndolo o no, éramos familia. No me importaba su vida, cómo la llevaba, o lo que hiciera Ese Macho siempre fue un espíritu libre, soberano e independiente. Que le gustaba bregar muy poco con tratados convencionales. Pero lo que se decía, en algún modo me afectaba. Lo que se comentaba, no me dejaba dormir tranquilo, desde que lo supe. Nuestra relación era podrida, pero no me hacía feliz que estuviera en problemas.Y suficiente problemas tenía Yo con aquellas situaciones que se presentaron en mi niñez, cuando otros niños me buleaban*comentando: ¡Miren, ese es el hijo del hombre que le da golpes tó los días a Su Mamá!.

No creo que me hiciera bien tampoco, el darme cuenta, que algunos del Pueblo, se hayan enterado del este asunto.Todas esas cosas me desagradan. Los escándalos familiares se hicieron comunes en Mi

Familia, durante largo tiempo. Por esa razón, hago siempre lo posible para evitarlos, lo más que puedo. He tratado de llevar Mi Vida, de una manera, que, a quien no le hago un bien, tampoco le hago un mal. Me esfuerzo todo el tiempo, con tal de no meter la pata. De andar en paz por mis caminos, con tal de no verme imsiscuido en problemas. A fin de cuentas, Yo mismo estoy harto de problemas que vinieron conmigo, desde el día en que la Comadrona, me hizo el favor de cortarme el ombligo*y ponerme en los brazos de una Madre totalmente abatida. A Mis Tres Hermanas, todo el tiempo, las vivo aconsejando. Para que traten de no involucrarse, en más enrollos, de los que ya han tenido en su diario vivír. Pues sus problemas, de una manera u otra, me tocan a Mí tambien.

¿Por qué? Porque dicen, que la soga siempre rompe por lo más fino. Cualquier revés que Éstas tengan, no les son reclamados a ellas. Como debiera ser. Me lo reclaman a Mí, dizque porque soy el que tiene más juicio en La Familia. Y eso no está bien. Ya que, Yo debo responder por mis propios actos, más, no por las acciones de otros. Pero olvidemos eso un momento y regresemos de nuevo a lo de Pachanga. Su voz raramente en esta ocasión, no sonaba como trueno. Es muy posible, que hubiera personas no tan lejos de donde me estaba hablando. Lo que Yo tenía que conunicarle, lo rememoro así:

–Que tal, saludé Yo–. Respirando, porque el aire es gratis –contestó él–, en el modo que siempre respondía. Me he enterado, que estás metido en un problema. Te acusan de haber estado con una Menor,* que entra a tú habitación por la puerta de atrás. ¿Qué hay de cierto en eso? –pregunté–. No, me contestó, eso no es, de la manera que lo están contando. Quiero advertirte, que si ese asunto resulta ser cierto, no cuentes Conmigo para nada. Ni como familia, ni como Abogado. ¡Noooo. Pero no hice nada grande, –me respondió alarmado–. Yo sólo se lo pasaba por Su Parte,*sin causarle daño alguno. Eso dices Tú. Pero...

como te lo he dejado bien claro. No solicites mi ayuda, en barbaridades como esa. Si Tú rompes La Ley, sabrás cómo salir, tú sólo a camino. Y no tenemos nada más que hablar.

Con esta acotación sentenciosa, cerré el teléfono, sin darle chance a que volviera a oír su voz. No sé cuál fue el giro que tomó aquel rumor, que estuvo tan sonoro en esos días. Me aparté tanto de eso, que ni siquiera me interesó saber, hasta dónde llegaron con la imputación que se le hacía y cual fué la forma en que lo habrán resuelto. Pues, su léxico, no sólo era bueno, para persuadir a mujeres. Si no también, para debilitar acusaciónes en su contra, haciendolas parecer in-consistentes. No pretendo desquitarme de nada ni de nadie. Sólo tengo cosas que contar, porque hay que contarlas, mientras Uno pueda. Mientras se tenga cordura Porque a veces, si Uno no se confiesa así, aún fuera en presencia del mismo Viento, fácilmente estalla, exponiendose a la locura. ¿A caso, no son mis propias emociones, las que confirman, que soy humano?

Lo mismo que Yo, cualquier otra persona, tiene un modo diferente al mío, Pero lo tiene, para expresar su agobio, ante un problema de mucho peso. Que tiene que contarlo en su momento. Y tendrá que hacerlo. Porque lo que se lleva adentro que nos atormenta, hasta que no se decide Uno a contarlo, no siente alivio. ¿Usted piensa que Yo quería exponer Mi Vida, y la de Aquel Hombre, así de esta manera? ¡Claro que no! Lo que Yo hubiera querido, era lo mismo que usted y cualquier otra hijo habría deseado: Sentirse orgulloso de Su Padre. Hablar libremente, sobre ese progenitor, a quien quisiera abrazar con alegría, todo el tiempo. El Padre, a quien emular, por los actos correctos de toda una vida. Y, de paso presentarlo, a cuantos amigos me hubiese encontrado por ahí. Pero, fijate como una cosa acarrea la otra, sin que Uno la esté buscando. Yo iba tranquilo en mi tren, al menos, en apariencia. Me pasó, lo que tenía que pasar, de una manera tan veloz que todo se me hizo nieblas en segundos.

Me fue imposible pelear con aquella circunstancia, que en minutos, me hizo ver que no era capaz de continuar ignorandola como yo lo hacía. Aparentando que todo estaba rondando, dentro las situaciones que son, más o menos normales. Como lo dice muy bien el refrán, en tantas ocasiones que se parecen a esta: Nada permanente oculto bajo el Sol. ¿Qué me creía yo? ¿Que podía pasar toda la vida, haciéndome la idea buena, de que me crié en un hogar modelo, en donde estaba rodeado por el amor de Mis Padres? ¿En un hogar donde jamás se peleaba, y que en consecuencia, no dejába pérdias?...¿Para que no fueran esas pérdidas, pagadas por sus hijos, específicamente, por Mí, por ser el más adulto? La vida cobra facturas…Como me las ha cobrado a Mí, en todos estos años, hasta ser injusta en cierto modo. Con mucha razón, Yo, de alguna manera, le paso esas facturas a Aquel Señor. No como desquite, claro que no; Solo a modo, de que, el compromiso de pagarlas sea compartido. El modo, todavía me parece injusto. Pero algo es algo. Cualquier cosa, antes que nada.

CAPÍTULO V

Escribir, escribir, y escribir...Hasta que haya vaciado, lo que contenga en mi memoria, sin dar chance, a que el alzhaimer sea mi complice. Estoy dando la oportunidad, de que, su impronta arrastre, aunque fuera, algo de dignidad. Muy a mi pesar, de que Ustedes se tropiecen aquí, con alguna verdad que mate dos veces. Estoy develando algunas cosas, que no pudo llevarse con él, Porque, de haber podido llevarlas, tambien se las lleva. Y no pudo hacerlo, porque siempre estuvieron guardadas Conmigo, desde cuando era un niño. Sólo, que no lo sabía. Hasta que llegué a grande. De manera inevitable, se han vuelto parte del manejo público. Por eso, se está Usted enterando ahora. Me pasé varias décadas maniobrando, para que ésto no se diera así. Pero hay un punto medio en la vida de cada ser humano. Y por más que se quiera. Ya no se puede.

Todas las mujeres, con las que, Este Hombre se unió sentimen-talmente, al final, se vieron en la inminente necesidad, de huir de su infernal carácter. Su agresividad sin motivos, que la justificara, en sus celos desquiciados, sumados a una constante falta de confianza, en cada víctima que arrimaba a su lado. Esto lo condujo a inventarse causas. A buscar, lo que Él creía, eran razones para sustentar su fascinante deseo de castigar, de la forma que fuese, a la Infeliz* que estuviera en turno. Flagelándola, mordiéndola, partiendole el antebrazo, la nariz o cualquier otra parte del cuerpo, con la que él se encaprichara. Yo tampoco puedo negarlo, aunque, tal vez, quisiera. Hubo momentos, en que llegué a ver, en los ojos de Aquel Hombre, una extraña sensación de satisfacción, cuando ultrajaba verbalmente a Mi Madre, Y cuando, de ese plano, pasaba al del Maltrato Físíco; una media sonrisa de satisfacción, se le dibujaba. Y al mismo tiempo, su ojos, llenos de luz macabra, parecían salirse de orbita. Cuando le pegaba, su figura tomaba el aspecto de un torero.

Asestaba el primer golpe. Luego, se preparaba para el segundo. Así, el tercero. Hasta someterla, de la manera más vil. Sería oportuno, por qué no, describirles a Este Energúmeno, que por lo visto, se trataba de un canalla. Da la sensación, de que es, el protagonista de Esta Historia. Cuando lo cierto es que no es así. Nunca lo ha sido, nunca lo fué y nunca lo será. Empezaré contándoles, que tenía la Tez Morena. Cabeza bien moldeada. De más joven, sus cabellos eran negros y formaban ondas, cuando le daba forma con un peine raqueta. *Su Frente era bien parecida y sentaba bién a su cara. Dos enormes cejas, como dos medialunas, les arqueaban sus ojos grandes,negros, de miradas penetrantes.

Su nariz, era una mezcla de estrecha y ancha. Y comparada con personas de su mismo color de piel, que generalmente. Las tenían ancha,*la suya no lo era tanto. Siempre usaba bigotes en forma piramidal. Y no permitia, que éstos crecieran disparejos. Su boca era de tamaño regular, y solía acompañarla de una sonrisa pícara cuando, al traves de sus ojos, mandaba señales a alguna mujer que le pasaba por el lado.De cuello fuerte y la nuez de Adán acentuada. Espalda ancha, en proporsión a su contextura física. A pesar, de que, nunca lo vi hacer gimnasia, mantenía su cuerpo en buenas condiciones.*Mantenía fuertes sus músculos. Con el pasar de los años, se hizo más delgado, a causa del ajetreo de su último empleo en la Oficina de Correos, en el que tenía que repartir las cartas, caminando, calle a calle todo el Pueblo y entregar las cartas, casa por casa.

Su estatura, era 5-8 y calzaba 8 1/2. A partir de los cuarenta años, una vez, que las canas fueron apareciendo en su cabeza, comenzó a pintarse de negro. Cada vez, que se las veía; temia terriblemente a la vejez. Creo, que de eso heredé un poco también. Lo mismo hizo con su bigote, canas que les salía, en esa parte, se las extraía con una pinza. O la teñia, en un modo apresurado, con una capsula llamada Negro Eterno.* Que me mandaba a comprar, en la única farmacia que había en el Pueblo. Era un hombre extremadamente callado, en lo que respecta a sus salidas furtivas. Enamoraba a las mujeres, a través de potentes miradas camuflajeadas, que no lo delataban. En los caminos del Pueblo, a menudo se comentaba, lo fogoso, que era como amante. Siendo, objeto del murmullo femenino, la longitud o rareza de su virilidad.

Jamás salía a la calle, sin que sus zapatos estuvieran relucientes. Él Mismo los limpiaba y no paraba de sacarles brillo, hasta no verse en estos. Siendo Yo Lustrador de Zapatos en mi niñez, nunca me confió la limpieza de los suyos. La explicación que me daba, respeto de su negativa, era que Yo, o cualquier otro Lustrador, jamás les dariamos el brillo, que sólo él sabía darles. Por su empirismo acumulado, en los años que ejerció el menester de Lustrabotas.*Antes de salír a la calle, su costumbre era mirarse a cuerpo entero, en un espejo grande ovalado con el marco en yeso. Que había adquido a crédito, de un Vendedor Ambulante. Le tomó más de un año, pagar las cuotas, una por cada mes. Atesoraba Aquel Espejo, como si fuese una antigualla invaluable. En sus propias palabras, este objeto, era para uso especial de su Barbería. Aunque, nunca se le vió sacarlo de Su Cuarto. Pues allí, lo tenía fijado a la pared, colgando de un clavo, que clavó en la referida pared, con mucha seguridad en el martilleo. Hasta quedar satisfecho, de que la pared de tablas, lo sostendría, como si La Misma, fuera de metal.

Después de asegurarse, que todo estaba bién con su figura y su imagen, no ponía un pie fuera de Aquel Cuarto, sin antes aplicarse, en Lugares Estrategicos* de su cuerpo, dosis de un perfume que venía en frasco pequeño, llamado Tabú. Dicho perfume lo comercializaban en los Cruces Fronterizos de Haití y la República Dominicana. No usaba otro, que no fuera Ese, Tenía tanta fascinación, por la fragancia Tabú, que nunca le escaseaba. Siempre se las ingeniaba para poder conseguirla. Era su complemento, para aquellos tiempos. Una vez, que se la aplicaba, practicaba una especie de ritual. Emprendiendo, posteriormente, sus andanzas lúdicas y libertina. El lavarse las manos, con una Colonia barata conocida para entonces, como Agua De Florida* era, para Él, indispensable.

En cuanto a su ropa, prefería, Pantalones Negros o Azules con Camisas Blancas mangalargas. Pañuelo Blanco. El que introducía en el bolsillo derecho de atrás del pantalón. Esto era parte del estilo ideal en su buen vestir. Todo el tiempo, le vi colocar el espejo ovalado antes dicho, delante de Él y otro más pequeño, para observarse la cabeza por detrás. No acudía a otro barbero, Puesto, que según Él, nadie sabía cortarle El Pelo, como Sí Mismo.

Con frecuencia, se le veía aseado, Su manera de conducirse, cuando conversaba con otras personas, fuera de La Casa, era asombrosa. Dejaba con la boca abierta, a cualquiera que estuviera observándolo. Ya que, exhibía mucha soltura en Su Lenguaje, respetuoso. No aparentaba una persona que sólo había cursado el Cuarto Grado de Primaria. Sabia como desplegar sus conocimientos sobre cualquier tema: Política, Gobierno, Sociedad, etc, etc. Y lo desmenuzaba, con una capacidad tan amplia, que lo disfrutaba al máximo. Podría pasarse, horas enteras entreteniendo a su interlocutor, sin que Éste mostrase pretextos por el fastidio. Se le atribuía, tener capacidad, afín con la Parasicología. El Espíritismo o la Santería. Me aseguró, en una ocasión, cuado Yo adquirí, la mayoria de edad, que Ésta, había sido aceptada como ciencia. Lo cual no era verdad. Pues, a lo más que pudiese llegar esta Disciplina, era a ser tratada como Pseudociencia.*Yo preferí dejar la discusión con él, porque pensé, que no nos llevaría a ningún lado.

Sí, muchas personas de Nuestro Pueblo y otras que no vivían allí; con la intención, de recibir orientación, sobre diversos problemas amorosos, de familias. O de algún hechizo malintencionado, del que se estuviera padeciendo, solían, visitarlos asiduamente. Esperanzadas en resolver sus asuntos, con las suspuestas orientaciones de Aquel Hombre. Por lo que, en aquel entonces, iban a sentarse junto a Él, mujeres y hombres, a confesarles cosas. Pidiéndoles, que les contara a Sus Misterios.*

A Los Espíritus con los que Él tenía comunicación, que sus problemas se solucionaran. Para ayudarse en esos fines, tenía, en una esquina de Su Cuarto,*un viejo Altar. Sobre una mesa larga, cubierta con un mantel blanco. Con abundantes manchas de aceite. Velas encendidas. Aguas de diferentes colores. Unguentos, incienso, pócimas y ramas secas. Sobre el Altar había un par de Santas o Metresas.*Piezas claves para Su Trabajo. Según Él, estos Espíritus entraban en su cuerpo y hablaban al traves Suyo, durante aquellas largas sesiones, de tiempo indefinido.

Santa Elena* y Marta la Dominadora. *Esta Última, de color, Portaba alrededor de su cuello, una serpiente Pitón. Y cada vez, que Yo, por casualidad, debía pasar cerca de aquel Altar, me daba pavor toparme de frente con Ésta en particular. Sus sesiones cobraron mucha popularidad en esos días. Y se regó como polvora, el comentario, de que, Él conocía, cómo se amarraban* las mujeres. Para hacerlas obedecer ciegamente a Sus Hombres. Tambien, amarraban* los hombres, para que respondieran a los caprichos de Sus Mujeres. Y se mantuvieran,*bobos,*ma nejables. Entre otras cosas, que supuestamente, se esconden, tras ese Mundo del Obscurantismo. Subcultura, que ha permancido, por siglos en Comunidades Remotas de la República Dominicana. Cuyas influencias, las hemos asimilado de la presencia de La Africanía, Es innegable, que Nuestro Pueblo Hermano, Haití, nos ha influenciado sobremanera.

En Vicente Noble, Mi Pueblo, existían muchas personas que se atribuian estos dones especiales de amarrar, desamarrar, o hacer conquistar amores difíciles. Ese es el caso de Pachanga. Que todas las mujeres, que habían estado con Él, de manera eventual o no, quedaban atrapadas atento a la Práctica Mágico-Religiosa. Muchas personas observaban a aquellas mujeres, alejarse y regresar de nuevo a sus pies. Sin que, el supuesto brujo tuviera que hacer gran esfuerzo. El Hombre parecía tener un don, que lo hacía especial en ese aspecto de la vida, según comentaban sus acólitos.*Los que eran capaces, de esperar a que terminara el trabajo del día en Su Barbería, para que luego los atendiera.

Cierto día, llegué a la casa, regresando esa tarde, de la Escuela Primaria. Y encontré a Mi Madre, llorando fuera de su habitación. Esto me pareció raro. Ya que, lo normal era, que Ella se bebiera sus lagrimas en silencio, sin permitir que Nosotros la vierámos. Como solía hacerlo. Había sido buena en ocultar el dolor. En no expresarse, abiertamente frente a sus hijos, mucho menos, frente a extraños. Pero en esa ocasión, lloraba desconsolada en la cocina. Estaba sola. Nadie más andaba por allí. Yo le pregunté que, qué le pasaba. Que, por qué estaba tan triste, doblegada en un rincón de aquella vieja rancheta. Como si estuviera condenada a permanecer, justo ahí escondiéndose de algo o de alguien. No habló mucho. Las únicas palabras que acompañaron sus sollozos, fueron las que en ese momento, pronunció sin mirarme:

—El cree que Yo soy una idiota, Que no sé, lo que hace, con cada mujer que se encierra. Él cree, que Yo no lo veo en la cama. Pero a Dios se lo dejo—.

Mi madre sin tal vez, desearlo, permitió que me diera cuenta de las barbaridades que Éste hacia. Yo pude haber tenido cualquier duda al respecto, antes de eso. Pero después de verla y oírla, ya estaba seguro de que, sus sesiones de espiritismo, iban mucho más lejos, cuando la persona para la que hacía el Trabajo, era mujer. Por esta razón, a la hora de sus ceremonias, la sacaba del Cuarto. Forzándola a relegarse a la cocina. Para que no les causara molestias, durante el tiempo que permanecía ocupado. Supuestamente, procurando un contacto más efectivo con los Espíritus o Luases* de otra dimensión, a los que pedía favores. Se suponía, que el espíritu invocado, entraba en el cuerpo de Pachanga. Convirtiéndose Éste, en una parte intermediaria, entre el espíritu y la mujer que procuraba el favor,

Si El Espíritu se enamoraba de la mujer, Ésta debía complacerlo con una larga sesión de entretenimiento sexual. La mujer quedaba tan complacida, que de momento, olvidaba de las razones que la llevaron a esa habitación de consulta. Acostumbradas las mujeres, a ver penes regulares en sus respectivos maridos, quedaban atonitas, perplejas, ante la virilidad de aquel hombre, a quienes consideraban, que en la repartición de los dones, en esa parte, había salido bendecido.

Mi madre, entonces, debía aguantar sumisa, eso y más. Claro, que de negarse, cada vez que esto ocurría, debía someterse al tormento que se le preparaba, como condena a su negativa. Llegué a ver, Yo Mismo, algunas situaciones antes, parecidas a esta. Pero como adolescente, jamás pasó por mi cabeza, que otros motivos, los que ya se conocían, en la boca de otras personas, fueran los que llevaran a Ese Señor, a encerrarse durante horas, en el propio techo que compartía con Su Familia. A sabiendas, de que, Su Mujer conocía aquella verdad. Que Él, no solamente, era solicitado, con tanta urgencia, por sus servicios de Superchería. O por sus conociemientos de las Cosas Ocultas dentro del Submundo de Los Misterios. Sino también, porque aquellas mujeres, venían recomendadas por otras que habían tenido constancia de lo que se hacía Allí.

Y, fue así, como, a partir de aquella información, me puse a pensar en las veces que Él me enviaba a buscar alimentos, a casas de ciertas damas. Sin llevar dinero para comprar. Me daba la impresión, de que, corresponderían a pagos por intercambios de servicios prestados. Servicios, que se apartaban, de ser lo que obedecían a una de sus consultas normales. Puesto, que al momento de recoger la encomienda, Estas Damas, me miraban con picardía. Como si Yo fuese, mayor de edad.

Cuando me veían, era como si lo estuviesen viendo a Él. No olvido, que a una buena parte de Aquellas Mujeres, las vi llegar una y otra vez, a la casa. Siempre muy seguido, en diferentes horarios. Todas venían, procurando a "Su Compadre. La palabra, compadre,*molestaba mucho a Mi Madre. Yo era aún niño. Pero pude darme cuenta, al igual que Ésta, de que aquello, era sólo, una expresión para acercarse, buscando despejar posibles dudas. Vi a Mi Madre sufrír por ello. Pues, aquellas personas se burlaban de Ella en su propia cara. Al llegar a Nuestra Casa, la miraban sin darle importancia. Como si estuviese ahí, sólo por estar y nadamás. Me tocaba verla entristecida, derrumbada. Con vida pero sin vivír, siempre. Aguardando a lo que el día le trajera. Aceptando a contrapelo. Tragando en seco, los sorbos agrios de aquellos momentos fatales, que para Ella, se volvían eternos.

Debía esperar por ahí, callada. Hasta que El Señor De La Voz Potente, le permitiera entrar a Su Cuarto. Cuando, por fin, terminaba, abría la puerta para que La Consultada se fuera. Le indicaba, que ya todo había concluido, que podía pasar. Y, aun así, Mi Madre, debía continuar observando las miradas lujuriosas, entre Él y la que se iba, con el más perverso descaro o afrenta ante sus ojos. Después, a Neyda, no se le permitía invocar nada. ¡Ay, de Ella!, sí, aunque sea, levantaba la cabeza frente a Él, en señal de algún disgusto. Él era Pachanga. Hombre Bueyero* con fama de fuetear, a cuantas hembras se osaran levantarles, siquiera la voz. Y, precisamente, Mi Madre, no era ajena a eso. La mujer, que le llevaba la contraria, en lo que Este Machazo* decidiera, estaba condenada a sentir el látigo, no sólo en su cuerpo, sino también, en Su Alma. Era bastante diestro en esos asuntos. E incapáz de conmoverse, ante el dolor, de quien recibia de sus manos un pescozón.*En consecuencia, a Mi Madre, no le quedó más, que adaptarse a la voluntad de Su Opresor. Del mismo hombre al que le permitió raptarla sucesivamente, en los dieciséis años, que mal convivieron. Sentía, de Él, un miedo horrible. No sólo, por la facilidad conque usaba sus manos. Sino, por aquellos supuestos dones paranormales que poseía. A los que ella, ciegamente obedeció. Incluso Ésta, murió sin saber, que toda la vida, Aquel Sujeto, le ponía un trabajo *Como suelen decír las personas, que sienten debilidad por esos menesteres. Que tienen inclinaciones, hacia este tipo de creencias. Practicadas, generalmente, todos los Martes o Viernes de cada semana. Ella no era curiosa en los asuntos, que Este Señor hacía en la Mesa-altar.

Tal vez, aquel mismo miedo que le tenía, la auyentaba de enterarse, de mirar, de leer encomiendas de otras personas. Algunas de las cuales, parecían expuestas ante nuestros ojos, cuando cruzábamos cerca de aquel lugar, que encerraba y liberaba deseos. Mi Hermana Bolivia, que, sí, le tenía miedo a Pachanga. Pero no al Altar, ni a las imágenes, que a través del tiempo, parecía que nunca envejecían. En una ocasión, descubrió el Nombre Real de Mi Madre: Gregorina González. En un trozo de papel maltratado, doblado y pisado. Con la imagen del Ánima Sola, volteada bocabajo. La figura del Ánima Sola, es la que aparece, como una mujer condenada a ser errante. Atormentada entre las llamas del Purgatorio. *Hay personas que las ven, como una Entidad de hacer El Bien. Mientras, hay quienes las invocan, con la finalidad de hacer El Mal. En sus indebatibles creencias, Él mantuvo afinidad con Esa Entidad, a los fines, de obtener lo que quería de Mi Madre.

Y a lo mejor, lo logró. Puesto que allí, debajo de Aquella Imagen, mantuvo aquel papelito, hasta que el tiempo lo maltrató. Aunque conservando la escritura del nombre intacta, y en consecuencia, permitiendo la lectura. De que: ¡A mis pies venga siempre! ¡A mis pies ha de venir! Parece que olvidó, que lo había dejado allí tanto tiempo. Pues, aún, después que Mi Madre falleció, aquel infame deseo, permaneció en el mismo lugar. Y sólo fue apartado de su sitio, porque mi hermana, posteriormente tomó la iniciativa de destruirlo en trocitos exageradamente minúsculos.

Para su propia desgracia, Neyda, siempre creyó, que Él era el Número Uno, en aquellos Asuntos de Brujerías o Espiritualismo. Se aferró a la idea, de que era bueno en eso. Y que nadie podía contra Él, en esa materia. Tanto así, que cada vez, que escapaba, por más lejos que se escondía, Él siempre daba con Ésta. Y por más que Ella se negaba a volver, terminaba convenciéndola. A pesar, de que sabía, de antemano, lo que le esperaba, de regreso a su consuetudinaria tragedia. Recuerdo que, aúnque fuera poca la ropa, que Pachanga tuviera, le gustaba mantenerla limpia y ordenada. En su ropero no había piezas de nadie más.

Podían distinguirse, las camisas de un lado y pantalones del otro. Siempre que se disponía, a salir por las tardes, como de costumbre, a dar sus vueltas, encargaba a Mi Madre, que le planchara la Muda*que luciría en esa tarde. Si por casualidad, Ella, a caso, no le hacía el filo*al pantalón, como Él creía, se lo arrebataba de las manos y lo planchaba Él. No sin antes, pedirle, de mala manera, que lo observara. Para que, la proxima vez, lo hiciera como a Él le gustaba.Tal reclama, se la hacía, por supuesto, en tono áspero. Por ejemplo:

–¡Mira, mira bien. Así es que se hace un filo!. *Que todo el que me vea en la calle, lo mire. Y sepa, que Mi Ropa está bien tratada e impecable–.

En ese momento, Mi Madre le obecía atenta y con mucho miedo. No por aprender, lo que ya sabía. Pues, como Ama de Casa, tenía conocimientos de los deberes y trabajos del hogar: Lavar, Planchar, Cocinar. Eran cosas que se sabía de memoria. Conocía todo eso y más. Su innegable temor al carácter difícil y explosivo de Aquel Hombre, era lo que la hacía palidecer y ponerle atención, aún en contra de su voluntad. De no prestarle la ateción que le exigía, corría el riesgo, de que, no sólo la insultase con palabras hirientes. Sino, que tambien la atacara a puñetazos. Como en efecto sucedía. O en el peor de los casos, la quemaba con la misma plancha, en cualquier parte del cuerpo. Esa pobre mujer, que fue Mi Madre, sólo vivió, para complacer a Ese Señor. Por temor, o por lo que fuera. Pero casi nunca le daba importancia, a lo que Éste hacía a sus espaldas. Se complacía con servirnos a todos. Nunca la escuché decirle un No. Aunque Ese Salvaje se lo mereciera. Y, sí que se lo merecía, Pero fue tan bondadosa en sus atenciones para con Él, que ni siquiera, le pasó por su mente, causarle un daño considerable. Teniendo tantas oportunidades de hacerlo. Por ejemplo, mientras Éste dormía. Sin embargo, jamás lo intentó.

Es importante hablar ahora, sobre mi infancia. Realmente, quiero decír tantas cosas. Y la verdad es, que no estoy seguro de, ni por donde empezar. Sin embargo, comenzaré diciendo, que no tuve una, que pudiera considerarse feliz. Pareciera, que estoy dando la impresión, de que exagero las cosas. Pero no. Soy sincero, cuando digo, que habría dado, las pocas pertenencias materiales, que tenía en ese tiempo, por sonreír, hasta experimentar mis propias carcajadas. Como lo hacían, los hijos y los nietos de los vecinos. Desde que estuve en el mismo vientre de Mi Madre ya había vivido la angustia, el dolor y el miedo. Una vez que nací, El Miedo continuó siendo mi compañero. Y en esa atmósfera fui creciendo, con todas las consecuencias que ello implica. Quise tener una infancia, lo más normal posible. Viviéndola, de conformidad y a la par con otros niños del Barrio donde nací. Yo era de esa clase de niños, que no daban tormentos a Sus Padres. No buscaba pleitos con otros. Muy por el contrario, me gustaba fomenter la amistad, entre los que convivíamos Jugando Pelota. Deslizándonos en el lodo que dejaba la lluvia. Y fabricando nuestros propios juguetes, con los recursos que nos proveía La Madre Naturaleza. Éramos capaces, de usar hasta frutas comestibles, para fabricar las ruedas de nuestros carritos.Y creábamos muñecos, con madera y tallos, de algún vegetal que nos sirviera.

Sólo, que esa gracia, se quebraba en Mí, al momento que escuchaba la voz, o en su defecto, el silbido de Pachanga. Me llamaba para lo que fuera. Podría ser simplemente, para que estuviera en Casa nadamás. Tal vez, para hacer mandados* o, a lo sumo, para castigarme por haber ignorado su autoridad. Por estar largo rato, fuera del contexto, que él creía, que era de su propiedad. No recuerdo haber fraternizado con Él, en aquellos años de mi vida. Pero sí tenía presente, que a pesar, de saber que era la persona que ostentaba la potestad sobre Mí, de un padre, evitaba hablarle, lo menos que se pudiera. Con toda mi fe, rogaba a Dios, crecer lo más rápido posible. De modo, que pudiera sentirme con libertad. Y también, feliz de saber, que ya no ejercería esos derechos parentales sobre Mí, por contar ya con los años, que me permitirían gobernarme por Mí, sólo.

De aquellos primeros años de Mi Vida, la realidad, es que la mayoría de los sucesos que asoman a mi mente, son muy tristes. Me apena confesarlo de esta manera. Pero es la verdad. Me agradaría, contar de cosas que provoquen alegrías. Pero estoy henchido de recuerdos opacos. Y sólo de Estos, puedo hablar. Puesto, que queriendo o no, forman parte de la historia de mi vida. De alguna manera, para bién o para mal, han contribuído a que Yo sea, la persona que soy. Con muchos defectos y es posible que ninguna virtud. Aunque, agradecido de saberme un ser humano, con plena capacidad, para distinguir, lo malo, de lo que es bueno. Desde mi nacimiento, hasta los doce años, la infancia estuvo llena de precariedades y bastantes sobresaltos. Me viene a la mente, un tiempo, y eso me pone muy nostálgico, en que me fue preciso, asistír descalzo a la Escuela Primaria, durante un mes. Porque se habían roto en mis pies, unos zapatos que La Abuela Irenita me había comprado hacía muchos años.

Para Mí, significaba una vergüenza, cada vez que debía presentar-me, en ese estado, en el Salón de clases, ante las miradas atónitas de mis Compañeros de Aula. Y muchas veces, ante el Profesor. Que ocultaba, con evidente discreción, su propio asombro. Y que, de seguro, se hacía, algunas que otras interrogantes al respecto. Los alumnos que íbamos a Aquella Escuela, como es consabido, no pertenecíamos a familias ricas. A excepción, de algunos que procedían de hogares, Cuyos Padres, se tomaban más en serio sus responsabilidades. Adminitrando con cui-dado, el dinero que percibían, para que no les faltara nada en días futuros. En ese tiempo, Yo pensaba, que ese tipo de familias eran ricos. Porque, comparaba la situación de solvencia de La Mía, con respecto a las de Aquellas. Y no era así. Algunas de Esas Familias, eran propietarias de ganado. Principalmente, de cerdos. O dueñas de fundos agrícolas, que les permitía obtener ganancias, con la venta de animales o productos de sus cosechas. Pero no por eso, eran altamente adineradas. Más bien, pertenecían, a La Pequeña Alta Burguesía.

En aquellos años, muchas familias, como La Mía, viavíamos en un estado de pobreza, que espantaba. Aún asi, las vi salir hacia adelante, de la miseria que enfrentaban con insólita valentía. No sucediendo así en La Mía. Soy consciente, de que, no teniámos los medios, para generar el dinero que otros generaban. Ya que Él, y saben, de quien les hablo, era solo un Barbero. Aunque, tuvo una época, en que, una gran clientela, requería de sus servicios. Y algo, que le favorecía, era, que en aquel tiempo, no proliferaban, como ahora, profesionales del Oficio. Y debo aclarar, además, el dinero que le entraba, por concepto de su labor de barbero, no lo invertía todo en nuestra casa. Tampoco lo administraba, de modo, que cubriera las necesidades más perentorias, que teniámos. Y, para hacer la situación más tétrica, nunca pensó en el ahorro.

Reiteradas veces, lo vi pagar, en una bodega que quedaba al frente de Nuestra Casa, los comestibles que nos concedían a crédito. Que conste, para preparar el almuerzo sólamente. La propietaria del Colmado,*que nos hacía el favor, a final de cada mes, esperaba su paga. Pero la mayoría de la veces, Él, no podía cumplirle en el tiempo pre-establecido. Destaco, también, y no es desmeritándolo, que fuera de aquella sóla comida, no se preocupaba de más nada. De ningunas otras cosas elementales que hacían falta en el hogar. Mi Madre nunca se atrevió a preguntarle sobre ese particular. Ni a qué otra cosa, destinaba el dinero que le sobraba. Él siempre vivió con la creencia, de que, la Abuela Irenita, debía tener la responsabilidad, de cubrir otros asuntos importantes, que siempre hicieran falta en Nuestra Casa. Como por ejemplo, el Uniforme y demás Útiles Escolares que usaba en la Escuela Primaria. Que al efecto, me los compraba ella, cuando podía. Muchas veces, el Uniforme de un Año Lectivo, tenía que repetirlo en los siguientes años. Un caso tragicómico, pues, recuerdo, con cierta nostalgia, que una vez, por viejo, mientras Mi Abuela lo restregaba lavándolo, se le deshizo en las manos.

CAPÍTULO VI

Después que Pachanga me inscribió por primera vez en la Escuela Primaria, sólo recuerdo una oportunidad, en la que me compró un Corte de Tela de Gabardina,*color caquis. Para mandar hacerme un pantalón. Puesto, el que estaba usando, como iba creciendo a la carrera, como dicen, me estaba quedando Saltacharcos.*Después que llevé la tela al Sastre, me insistió, día por día, para que le pidiera a La Abuela, lo que costó el Corte y se lo reenbolsara.!!!Barbarasasasaso!!! En esa ocasión, me explicó, que lo hacía así, porque supuestamente, necesitaba ese dinero para otra cosa más importante. A lo largo del aquel malvivir, continué mis Estudios Primarios. Y, estando cursando el Tercer Grado, me tocó volver al Salón de Clases, con unos tenis,*que salían en aquella época y que tenían mucha demanda, marca Campeón.*Me los habían comprado en la Tienda de Bobo* la única Tienda que había en Mi Pueblo, en Aquel Entonces. Llamada así, porque el nombre de su propietario era Teódulo Sánchez, y de apodo le decían Bobo.

Yo seguía creciendo vertiginosamente. Y los Tenis Campeón, estaban de moda. Los llegué a amar tanto, que me encariñé apasio-nadamente con ellos. Los hice, parte de mi vida. Y porque, de alguna manera, contribuí a comprarlos, con lo poco de lo que ganaba como Lustrador de Zapatos. AquellosTenis, llegaron, a Mí, justo en el momento, que más me hacían falta.Y me abandonaban, porque mis pies, se pusieron demasiado grandes. Muchos más que Ellos. Nunca se me ha olvidado, que la solución salomónica, que Pachanga encontró, para que no dejara de ir a Clases, fue cortar la parte delantera de los referidos Tenis, donde se escondían los dedos de mis pies. De modo, que así me los ponía e iba a la Escuela. Con los dedos afuera. Menos mal, que Las

Medias*me cubrían los dedos. Asistí, los cinco días a la semana, con estos, durante un tiempo largo. Hasta que, gracias al Todopoderoso,*y Mi Salvadora de siempre Mi Abuela, pudo comprarme, otro par de zapatos de muy Pobre Calidad.

La niñez, como parte del ciclo, en la vida de cada ser humano, muy frágil, sana y naturalmente, cargada de inocencia. Esa inocencia, precisamente, se puso de manifiesto en Mí, en algunos episodios, con los cuales lidié, sin siquiera darme por enterado, de los que encerraban en sí, hasta tiempo, en que me converti en un jóven. En mi recuerdo vivi un episodio que me marca de manera especial. En cierta ocasión, en que estaba parado junto a Mi Madre y La Abuela Irenita, me surgió preguntar repentinamente. Les pedí, que me explicaran, por dónde venian los niños al Mundo. En ese mismo instante, sin nadie llamarlo, se apareció Pachanga entre Nosotros. Y, sin dar chance, a que Las Mujeres de Mi Vida, repondieran a mi curiosidad, se adelantó y contestó mi pregunta, así:

–Los hijos vienen al mundo por ahí–. –Señalaba y sujetando grotescamente el sexo de Mi Madre por encima de su vestimenta–.

La Abuela, cuando vió, que Mi Madre no decía nada, porque la sola presencia de Pachanga, dirigiendo nuestra conversación, la intimidó; se apresuró a explicarme, en su modo más tierno, lo siguiente:

–Indiecito,*Mi Hijo–, todos los muchachos nacen por aquí… –La Abuela señaló, con su dedo Índice, la axila de su brazo izquierdo–.

Pero, Pachanga, tercamente, insistía en que la cosa no era así, como lo decía La Abuela. Y con cara de enojo, me indicaba que era Él quien tenía la razón. Una forma de asegurarse, de que Yo entendiera de una buena vez. Nuevamente, volvió y señaló el sexo de Mi Madre, con su mano izquierda. Mientras Apretó el bulto, aterradoramente grueso, al frente de su pantalón; describiéndome, al mismo tiempo, que juntando Aquellas Dos Partes, fue como me hicieron,*La Abuela insistía, en que, como Él decía, era mentira. Pero Él ratificaba, que era, como Él me decía. Lo que habia sido, para Mí, una simple curiosidad de niño, producto de aquella inocencia, terminó en eso. En una discusión de mal gusto para Mi Abuela.Quien se fue de allí, con el rostro bajo, lleno de vergüenza. Y sintiéndose mal, por la actiud de su hijo.Yo comprendo que Ella, sólo pretendía, que continuara viviendo aquella inocencia. Consideró, no prudente, la demasiada información que me dió Su Hijo. Sin embargo, lo cierto es que, aunque Ella no lo sabía, mi mente continuaba, sin una respuesta acabada sobre lo que pregunté. Me sentí, como si estuviera ante tres lealtades y sin saber realmente, a quién había de creerle. Entonces, decidí dejar en blanco mi mente sobre aquel asunto.Y no fue, sino con el pasar de los años, cuando entendí, por fin, la realidad de mi inquietud.

De mi infacia, tengo otras vivencias que no son menos tristes. Por ejemplo, gran parte de estas, las pasé, sin saber lo que era, tener en mis manos un juguete de mi propiedad. Que no fuera prestado, sino que realmente me perteneciera sólamente a Mí. Sé, que algunos de los que crecimos juntos, en Aquel Barrio de Mi Pueblo, guardábamos la tradición de cortar pastos, que poniamos luego debajo de la cama, supuestamente, para que los comieran, los camellos que montaban Los Tres Reyes Magos, para que nos trajeran los juguetes.Fueron varios años, los que pasé rezando antes de acostarme, para el que se me cumpliera el deseo, de que, Los Mismos Reyes, que les llevaron juguetes al Niño Jesús, también me los trajeran a Mí. Pero no fue así en mucho tiempo. Los juguetes que Yo realmente pedía, nunca me los dejaron.

En los Días de Reyes, que en República Dominicana, su celebra-ción contempla tres días, empezando desde, el día séis de enero de cada año,Yo me despertaba temprano en la mañana. Y me afanaba buscando algún juguete debajo de la cama. Pero siempre, sólo encontré un Pan con Mantequilla. Aquello me entristecía y me preguntaba, por qué me pasaba esto a Mí. Yo les había dejado por escrito, lo que deseaba.Y, si tal vez, no se podía, me conformaba, con el simple hecho, de que fuera, simplemente un juguete cualquiera, lo que me dejaran. Siempre que esto pasó, no me gustaba que los otros niños me vieran. Pero tampoco me gustaba mentirles, sobre lo que había recibido. Así que, mostraba mi pan untado de mantequilla, dentro de una bolsa de papel color marrón. No lo comía, por más hambre que tuviera, hasta que no pasaran, las primeras horas de la mañana. Ya que sentía timidez, que otros me preguntaran, qué me habían dejado Los Reyes, y Yo no tuviera nada que mostrarles.

Hay quienes, llegaron a decirme, que eso no era un juguete. Tampoco me gustaba, ver las caras de asombro que ponían. Y esto definitiva-mente, aunque no estaba seguro, me llevó a pensar, que lo que Yo recibía cada año, no tenía nada que ver con Melchor, Gaspar y Baltazar.* Sino, que tal vez, habían sido Mis Padres quienes dejaban, en una bolsa de papel grasoso, el singular regalo. Porque a lo mejor, no tenían para comprarme algo más importante. Aún así, no perdía mi fé en esosTres Barbudos que montaban camellos. Generalmente, siempre pensaba, que aunque no tuve suerte en el Primer Día, la tendría en Los Dos Últimos. Es posible, que en Aquellos Dos Días, me trajeran lo que les pedí. Eso me decía Yo. Empezaba de nuevo a buscar yerbas frescas y un pequeño envase con agua para que Los Camellos comieran y bebieran. Ese Segundo Día y el Tercero, pasaban, sin queYo lograra mis deseados juguetes. Ni siquiera el Pan con Mantequilla estaba allí. Que, al menos, siempre lo vi, como un consuelo.

Durante aquellos tres días, nada parecía divertirme. Porque me las pasaba, viendo a otros jugando, sin que me permitieran tener en mis manos, los distintos juguetes conque contaban. No a cualquier niño, le gusta prestar su juguete nuevo. Así, que me conformaba, con mirar en manos de otros niños, las pistolas chispeantes, carritos de Carrera. Pelotas, Discos Voladores y bates de béisbol.Todos, jugando en la calle y en los patios. No fue, sino hasta un tiempo después, en una ocasión, de aquellas, en las que Mi Madre, como siempre, escapaba de los abominables maltratos de Pachanga. Ella se traslaló a Santo Domingo.Y cuando estuvo trabajando un tiempo, en los Quehaceres Domésticos de una Casa de Familia, nos envió alimentos a Mis Hermanos y a Mí.Y algunos juguestes, que llenaron nuestros rostros de alegría. Al momento vimos, que los sacaron, junto a una nota escrita. De una bolsa plástica color negro. En en papel escrito, se nos decía, que nos quería mucho. Que esperaba, que nos encontráramos bién. Decía, que estaba tranquila.Y que esperaba, que nos gustara mucho sus regalos.

En las horas que siguieron a la entrega de aquellos obsequios, mi alegría desbordaba, aunque no haya sido, precisamente, la temporada de celebración de Los Santos Reyes Magos. Entre esos juguetes, había muñecas para mis hermanas, India y Bolivia. Éramos tres niños en la casa. Había también, una pistola, acompañada de una correa con pequeñas balas de polvora,*Que, al estallar, me hacían sentír como un diminuto vaquero, de una de esas películas, en la que el Alguacil, perseguía a los Bandidos que asaltaban La Diligencia. Hasta donde Yo recuerdo, aquel fue el único juguete fabricado que tuve en esos dias. Me sentía tan contento con aquella pistola, que deseaba que Mi Madre no pudiera ser encontrada por Pachanga, nunca más. De esa manera, no tendría que volver a la casa. Sabremos de Ella, cuando escriba. Cuando nos envíe algo. Como lo acababa de hacer. Lo único que no me complacía, cuando Mi Madre estaba ausente, era, que, por ser, el mayor de todos, debía encargarme de las cosas, que mis hermanos no podían hacer por sí sólos. Tenía que bañarlos, cambiarles ropa, Además, prepararles de comer, sí Pachanga traía algunos víveres u otra cosa. La responsabilidad de cuidarlos, no me venia por así nadamás. Sino, que me era impuesta. Aunque, no era nada de otro mundo, que Yo no pudiera hacer.

Pienso, que siempre atendí a mis hermanos, lo más bien que pude, en cada ausencia repentina de Mi Madre. A pesar, de que, cuando estas ausencias ocurrían,Yo no tenía edad para cuidar de nadie. Sino, que más bién,Yo mismo necesitaba ser cuidado, como lo necesitaban mi hermanos. Pero, desde el mismo momento, que Neyda nos mandó aquella bolsa, me hizo pensar, en lo mucho que nos tenía presente. Lo tanto que nos extrañaba. Y que, si no estaba en La Familia, no era por su culpa. Sino, por culpa del hombre, del cual se estaba escondiendo. Yo estaba decidido a cargar, con cualquier otra obligación, que se me impusiera por encima de las que ya tenía. Sólo quería sentirme complacido, de que Nosotros, en lo adelante, seguiríamos recibiendo más bolsas de parte de Neyda.

Otra cosa que me hacía falta, y que formaba parte de nuestras carencias, era, cuando se abría el Año Escolar. La imposibilidad de encontrar con qué desayunar, antes de irme a las Clases. Era un tormentoso problema. La mayoría de las veces, me iba a la Escuela sin desayunar. Me levantaba primero que Mi Madre.Y cuando Ésta lo hacía antes, era porque estaba obligada a hacerlo de manera urgente.Tenía que estar recien hecho el café, ante que caulquier otra cosa. Si Pachanga se levantaba de la cama, y no estaba el café caliente, en la cafetera, eso significaba, que Mi Pobre Madre, tendría asegurado un puñetazo en su cara. Poco importaba, que la noche anterior, haya recibido la peor golpiza, que podría Uno imaginarse.

De modo pues, que cuando encontraba un pedazo de plátano, una mañana cualquiera, aun fuera vacio, me lo comía y tomaba agua, para digerírlo con rapidez. De manera, que mi estómago se sintiera con algo. Si por el contario, lo que encontraba, era un poco de café, con un pan de los que vendían los haitianos,*conocido con el nombre de Biscuite,*pués Estaba de Suerte.Ya que, por muchas veces, Mi Madre no tenía para darnos, ni siquiera eso. Todo dependía, del poco dinero que Pachanga le daba. Teniendo que hacer malabares, para alargar el peso, de manera que le alcanzara, para preparar, aunque fuese, un sólo bocado en todo el día. En verdad, es bueno contar estas cosas, por más que Uno tenga pena. ¿Cómo olvidar, que nunca vi en Mi Casa, que se preparara esa Comida, que en distintas partes del Mundo, se conoce como, La Cena?

Claro, que Yo me fijaba, que otras familias, las preparaba cada noche o tarde. Que incluso, olian tan bien, que inundaban toda la vecindad. En ocasiones, provocaron que se humedeciera mi paladar, haciendo que Yo me pasara la lengua, una y otra vez, sobre los labios, imaginándome percibirla en mi boca. Consecuencia de eso, los jarros de Agua de azúcar, que me preparaba Yo Mismo, cada noche al acostarme, con la finalidad de sentír mi barriga llena de algo. Y que, al mismo tiempo, me permiía dormir a la mayor brevedad posible, Y así, librarme de escuchar, los ruidos de las ventosidades tormentosas de mis tripas. Hacía estas cosas generalmente, Salvo algunas excepciones, cuando visitaba la casa del primo Dolore Momota. Quien, cuando sobraba comida en su casa; me invitaba a hablar sobre algún tema y allí mismo, terminaba comiéndome, de cena, lo que había restado del almuerzo en esa familia. Sin embargo, se lo agradecía mucho. Pues Yo sólo quería, comer lo que fuera, siempre que se dejara comer y no me hiciera daño.

Aquí en Nueva York, he tenido momentos, en los que he llorado, sin que pueda evitarlo. Esto me ha ocurrido, precisamente, en los distintos Establecimientos Comerciales donde he trabajado. Desde que llegué a Este País, he trabajado, en restaurantes irlandeses, la mayor parte de mi tiempo. Siempre, cada noche, al terminar la jornada, la comida que sobra se debe tirar. Pues, es prohibido, por normas de salud, en Este Estado, reusarla al otro día. Cada vez, que veo arrojar en la basura tanta comida, me produce dolor. Puesto, que pienso en tantas personas con tanta necesidades de alimentos. Como las tuve Yo en épocas pasadas. Tengo que recordar a papás, que se les hacía difícil encontrar qué comer. Que no tienen nada para darles a sus hijos.

Mucho de estos, que eran, incluso, pequeños. A menudo, sue-lo mencionar el tema, cuando hablo de aquellos días, con amigos entrañables, que hace tiempo dejé de ver y que nos hemos reencontrado por medio del Internet. Les contaba, entonces, como les cuento a Ustedes ahora. Que hubo un tiempo, en que, aquellas mañanas, en las que me iba a Mi Escuela, siempre que salía de la casa, pasaba por el solar, donde vivía un par de primos. Que gracias a Dios, y a la responsalidad de Sus padres, siempre tenían la suerte de desayunar, antes de asistír a la Escuela.

Su Mamá, doña Cunefa Oviedo, esposa, para aquel tiempo, de mi Tío Botellón, preparaba, cada mañana temprano, sin falta, unos sandwiches en la Tostadora. Yo no había visto antes, tal Aparato Electrónico. Pero le oí decir a alguien, que los familiares que Ella tenia en Nueva York, se lo habían mandado. El Aparato en cuestión, se que abría en dos partes. Una quedaba fija a la mesa. Y la otra hacía de tapa, para presionar el Pan. Estaba cubierta por dentro, de un material color del chocolate. Para Mí, era algo asombroso, porque dejaba el Pan aplástado con apariencia sabrosa. Mis primos comian aquel Pan, con mucho entusiasmo. Un bocado, y la otra parte que dejaban, la miraban entre sus dedos, dándoles vueltas. Hasta que volvían a morderla, para luego, limpiar la mantequilla que quedada en sus labios. Cuando ingerían un espeso Café con Leche, quedaban con dos caras de adolescentes alegres y satisfechas.

Yo siempre me ocultaba, para ver a Doña Cunefa, preparles el Desayuno. Pero, en uno de aquellos momentos, me prometí a Mí Mismo, que un día, no sólo lo probaría. Sino, que comería muchos de estos, hasta llegar a saciar mi curiosidad, en torno a ese tipo de Pan. Hubo de pasar mucho tiempo. Para que eso se me cumpliera. Lo hice, justo como me lo había prometido. Porque aunque, a nadie se lo dije nunca, Yo tenía el deseo de saber, cómo se sentía en el paladar un Pan Tostado, con eso que llamaban, Jamón y Queso. Fue en 1994. Ya me había graduado en la Universidad. Empezaba a trabajar en la Presidencia de la República. Próximo a la casa en que renté, en el Distrito Nacional, había un señor con un pequeño negocio. Que preparaba, solamente, ese tipo de sándwich. Así que, hice un acuerdo con Éste, para, que cada mañana, antes de irme al Trabajo, me diera dos de estos, con un vaso de limonada. A cambio, Yo me comprometí, a pagarle a final de cada mes

Así estuve, durante un buen tiempo. Haciendo, de Aquella Comida, mi desayuno de cada mañana. Sentía una gran satisfacción por la posibilidad de tenerlo, a la misma hora cada día. Eso, por un lado. Y por el otro, porque ya podía pagarme esa satisfacción, con dinero producto de mi trabajo. Un buen día, sin proponermelo, sin que me diera cuenta, dejé de extrañar esa clase de desayuno. Aquella mañana, me desperté con preferencia de alimentarme con algo diferente. Más tarde, llegué a sentirme un poco mal, cuando mi antiguo suplidor notó que ya no buscaba el desayuno, que antes me habia despachado durante meses. Otra mañana, que me vio pasar frente a Su Negocio, me hizo tomar una limonada y me rogó que la aceptara gratis. Al mismo tiempo, me hacía saber, que había perdido a uno de sus mejores clientes. En lo que respecta a Doña Cunefa, estoy seguro, que, de haberme dejado ver de ella en aquellas ocasiones, me habría invitado a sentarme y puesto un plato para Mí, en su mesa.

Para sorpresa mía, descubrí, que era la esposa de un Tío Mío y Mamá de Mis Primos, José y Chireny Heredia. Me imagino, que ya pasaba los cuarenta años. Recuerdo que era una dama con una altura de 5' 7. Mulata, con cabello negro-crespo. Cara redonda y frente amplia. Con las cejas arqueadas, de nariz bien parecida y con el labio inferior carnoso. La veía siempre buscar el dinero para el susento de Su Familia. Pues, mi tío, casi todo el tiempo, residía en La Capital y retornaba Al Pueblo, por temporadas. Nunca la vi pelear en público, por esta razón u otras. Era una mujer tranquila. Amorosa con los hijos y amable con sus vecinos. La vi trabajar en su casa, preparando Conservas de Naranja. Y también, tuvo un tiempo en que, incurrió en el Juego de Dominó, donde los participantes se inscribían por turno, pagando una cuota por cada mano a jugar. El Frente* que ganaba, se llevaba como Premio, una barra gigante de dulce y panes. De esta manera, La Casa,*que era ella, no perdía. Venía siendo, como un intercambio que generaba diversión entre amigos y conocidos, y algo de dinero para Ella. Con lo que mantenía a los hijos y preparaba, aquellos Dulces de Coco, que se llevaban los ganadores al final, como si fuesen trofeos.

Un día, me presenté a su vivienda, con un huevo que había espe- rado, durante dos horas, al lado de una Gallina Criolla, que La Abuela Irenita me había comprado. Le dije, que quería cambiarle el huevo por un Mabí,*una especie de soda casera, de los que Ella, a veces, preparaba de limones, tamarindos o coco. Ella me dió el mabí, que costaba, menos, que el huevo en Aquel Tiempo. Pero me miró a la cara y se dió cuenta que Yo también quería el pan, para hacer la combinación. Yo no tenía nada más que ofrecerle y necesitaba el pan. Volvió a mirarme y me dijo con mucha dulzura: Yo sé lo que Tú quieres...No te preocupes y tómalo. Agarra Tu Pan.

Les di, Las Gracias por ello y me sonrió, con la misma ternura de siempre. Muchos años después, nos econtramos aquí en Nueva York, en donde hemos compartido en familia, reunidos en Su Casa o en La Mía. Sigue siendo, esa misma persona. Amable, cariñosa y mesurada. No hace mucho, le hice saber, que todavía, tenía en mi cabeza, aquella ocasión, en que Su Suegra, la Abuela Irenita, viajaba, por primera vez, a La Capital. Y eso era un acontecimiento importante. Cuando alguien viajaba desde los pueblos del interior a Santo Domingo. Recuerdo, que Doña Cunefa, siendo Yo niño todavía, puso a calentar dos peines de metal, para trabajar con estos, el Cabello Duro de La abuela. La cabellera de La Abuela era difíl de desenredar, pero no imposible. Así que, empezó moño* por moño, con un peine. Y cuando ése se enfríaba, usaba el Otro.

Simultáneamente, le untaba vaselina. Yo nunca antes, había visto, lo que a Mí me pareció un experimento, que dejó un resultado excelente. La Abuela aparentaba, mucho más jóven de lo que era. Su pelo, de estar, como una roca, ahora estaba lacio, delgado y le caía hasta al cuello.

Fue, la primera y la única vez, que La Abuela se hizo aquel acondicionamiento en su cabeza. Doña Cunefa estuvo contenta, por lo bien que le había quedado a Su Suegra, aquel trabajo, que con tanto esmero le hizo. Le buscó un pequeño espejo, de forma circular, que cabía en una de las manos de La Abuela. Se veía irreconocible, pero sintiéndose a gusto con su nuevo look.*Aquella Misma Noche, cuando llegó el Transporte a recogerla, ya era, más o menos, las 5: a.m. Y, en frente a los pasajeros que estaban esperando, tuvo una discusión con el chofer del auto, porque se negaba a admitirla como pasajera. Le oí decír al chofer, que Ella llevaba demasiado equipaje, que no cabían entre las demás cosas. Pues, el baúl era demasiado angosto. En aquel tiempo, no había servicios de autobuses en el Pueblo. Y el Transporte, estaba a cargo, de dos o tres automóviles, si no me falla La Memoria.*

Estos autos, hasta donde puedo recordar, tenian apariencia de estar muy trabajados. En verdad, lucían tan viejos, como el mismo Matusalén.*La confrontación con palabras, duró, como hasta las 5:20 A.M. Con lo que, el Chofer, ante la negativa, de no dejarlo ir, debió ceder ante La Abuela colocando. Empujando, encima de otras, las pertenencias*hasta acomodar el saco repleto de víveres y tilapias que Ésta llevaba a Mi Tía La Negra, quien vivía en La Capital

En ese mismo sentido, tambien se me hace fácil recordar, que cuando una persona solía viajar a otras ciudades del País, algunos vecinos miraban por sus respectivas ventanas, importándole poco la hora que fuera. Se mantenían así, hasta que despegaba el Transporte. Luego, cuando el viajero retornaba al Pueblo, se presentaban en Su Casa, mayores y niños. Con la clara intención, de que, quien llegaba le obsequiara algo. A veces, eran familiares de la persona que regresaba.

Pero, otras veces, no eran más, que conocidos del Mismo Barrio, que perseguían el auto, que traía al recien llegado, para pedirles dulces, bizcochos y otras tonterías que compraban en las estaciones de gasolina, donde el auto se abastecía. No recuerdo haber visto nunca, una relación de tanta unión, entre La Abuela y Doña Cunefa. Pero no creo, que haya sido por la segunda. Me consta, que siempre que podía, Cunefa procuraba el bienestar de La Abuela. Fueron muchas las ocasiones, en que vi, a diario, que le enviaba Plato de Comida, para que no se quedara sin comer.

Una, de las características, por la que continúo admirando a doña Cunefa, es que, a pesar de ser una persona que no llegó a más, que a un Primer o Segundo Grado de Primaria; después de sobrepasar los setenta años de edad, sigue siendo mucho más respetuosa. Mucho más comedida y con mucho más prudencia que cualquier estadista de un país caribeño. Nunca la he visto hablar de temas, que en algún modo ofendan a sus semejantes. Aunque tenga conocimiento sobre un evento del pasado, si en sus adentros, piensa que lo que saldrá de su boca, puede lastimar a alguien; mejor fuma su cigarro artesanal. Al mismo tiempo, que se le ve trabajando en el enjuague de sus trastos. Eso fue, lo que Yo vi que Ésta hacia, unas décadas atrás. Cuando todavía fumaba. En la actualidad, cuando ya no fuma, porque su Médico se lo ha prescrito. Cuando alguien le hace una pregunta indiscreta, voltea para otro lado o mira hacia al Cielo, para no hablar de asuntos que prefiere que se olviden de una buena vez y para siempre.

El hablar, de la amistad, siempre me resulta importante. Precisamente, de eso quiero hablarles en estas páginas. Sobre La Amistad Verdadera. No podría permitirme, dar por terminado el relato, cuyo contenido hace referencia, mayormente, a pasajes relevantes de mi propia existencia; sin antes hacer un esbozo, sobre el tema y mi concepto, sobre este pilar fundamental de las relaciones interpersonales. Relaciones, que hace a los amigos, con el tiempo, grandes compañeros de vida. Generalmente, he pensado, que la amistad, abarca un contexto más amplio. Que va, más allá de una simple relación de afecto y simpatía. Así como el amor, es el sentimiento más puro, cuyos cimientos se encuentran en las personas. Así la también, la amistad necesita de los seres humanos, para fortalecerse, crecer y madurar.

El tiempo juega un papel importante, en la fortaleza de ese vínculo que nos lleva a compartír: Tragedias, Sueños, Pérdidas y Logros. En mis días de la Escuela Primaria, contaba con dos o tres amigos, con los que solía jugar durante El Recreo. Con Aquellos, compartía, a veces, la merienda que podiamos comprar, en las horas de brincos, saltos y juegos locos. Comíamos, con un inmenso deseo. Basicamente, lo que comprábamos, no pasaba de ser un Frío-frío.*Que no era más, que hielo guayado con colorantes líquidos, hechos a base de sabores de Fresas, Limón, y tal vez, Coco. La parte fuerte de aquella Merienda Escolar, era el famoso Yaniqueque. *Hubo un tiempo, que la Escuela nos daba gratis una jalea, que gustaba mucho entre la Clase Estudiantil. La manera suave, conque se digería, hizo que la nombráramos: Suvema*.Una, color amarillo y otra, color marrón. Esta última, era la más solicitada por el alumnado. Hubo tardes, que la preferíamos, más que al mismo Plato de Trigo, que nos servían algunas veces. Varios de esos amigos, que por cierto, en esta época actual, no les nombraría así, preferiría llamarlos, Compañeros. Algunos seguíamos tratándonos como tal. Después de haber terminado la Etapa de los primeros Seis Años. Después, en la Intermedia y Secundaria, pues, conquistábamos más compañeros.

CAPÍTULO VII

De nuevo, vienen a mis recuerdos, aquellos muchachos. Los que en verdad, éramos más compenetrados. Hacíamos colectas cada día, de las monedas que teniamos encima y vaciábamos Nuestros Bolsillos, en busca de lo que encontráramos. Para ver, si alcanzaba a comprar helados y dulces de maní. No nos daba para adquirír otros bocadillos, por ser estos más caros. Pero, al menos, sentíamos que comíamos algo, para continuar la jornada de las siguientes Clases con las que concluíamos el día. Mis experiencias de vida, me han confirmado, que no a todo el mundo, se le puede considerar amigo.Y que por lo mismo, pienso, que no está hecha La Amistad, para cualquier personaje que se diga ser amigo. Pues para Mí, amigo no es todo el mundo. Si no, algo que debe ganarse poco a poco, trabajar en ello. Cuidar, una serie de detalles importantes. Porque, como dije antes, en otras palabras, este vínculo es bastante frágil. Me atrevo a comparar La Amistad con un cristal rodeado de infinidad de piedras afiladas.

Percibo, que es un sentimiento realmente especial. Que en con- secuencia, debe estar reservado para personas especiales, que entiendan su valor. El respeto que merece. El cuidado que necesita, y que estén dispuestas a protegerlo. Incluso, con la vida, aunque parezca exagerado. Sueno como demasiado soñador y usted hasta parece reírse de mi en este momento. Lo sé. Pero que más da. Es parte del precio que debemos pagar, quienes apostamos por la verdadera amistad. ¿Por qué piensa Usted, que nos llaman locos, a los que somos así? Precisamente por eso... Porque es un sentimiento que no se posa en cualquier cerebro. El amigo verdadero se entrega sanamente a la causa, en donde su presencia es necesaria.Tambien espera, que la otra persona reacciones de igual

84

modo. Cosa, que en la generalidad de los casos, no siempre sucede así. Yo, particularmente, no me ando con medias verdades.Tampoco me gusta acondicionar la amistad, ni que me la condicionen a Mí.

Para Mí, que el vínculo debe sobreponerse a los estadíos de los tiempos buenos. O los malos tiempos... Amistad verdadera es aquella, que antes de hablar a mis espaldas, sobre mis debilidades, con otras personas; prefieren hablarlas Conmigo de frente. Indicándome, cuál es el mejor remedio para curarse la pata de la que se cojea. A pesar, de ser una persona amistosa, nunca he podido entender. Porque no soy dado a tener muchos amigos.Tal vez, es porque prefiero tener un par o una sola persona, que realmente sea íntegra y no varias que no respondan a ese criterio. Esto que planteo, me lleva a la retrospección, hacia la persona, que fuera la mejor Suegra que he tenido en el Mundo; doña María Baldera Alcón. Ya hace unos años, que se nos fue. Aquejada por una enfermedad, de esas que son catástroficas. Se estaba acercando, casi a los ochenta años, cuando El Destino nos privó de su amable presencia.

Era una dama, que sólo hablaba lo necesario. De carácter fuerte cuando tenía que serlo. Pero con una dulzura, que se contraponía a los momentos que debía ser inflexible, ante ciertas situaciones que no guardaban afinidad con su molde a la vieja usanza. La recuerdo, por muchos momentos alegres, vividos junto a Ella. Y, también, porque fue, la única persona en su rango, que solía pasarme la mano por la cabeza, como si acariciara a un niño. Podría afirmar, en este instante, que en verdad me sentía así. Que regresaba a ser niño, en esos momentos, que Ella parecía calmar mis ansiedades de ese modo. Discúlpenme un segundo. Parece, que me he descarrilado del tema, a propósito, sobre lo que estoy escribiendo. Y es cierto. Es que, cuando hablo de Esa Doña, parece que mis emociones me ganan. Al recordar aquella tarde, en que se presentó a la Bodega, donde Yo trabajaba; en el momento que advertí su presencia, me puse nervioso.

Mientras Ésta se comía algunas uvas, noté que me seguía los pasos a donde Yo me movía. No me di cuenta, el por qué estaba allí, hasta que otra señora, me dijo estas palabras, después que La Doña se marchó.

—Indio, te salvaste, Ella te estaba observando. A ver, si Tú le dabas mala espina o no—.

Y era así en verdad...Ya que, estando ahí, La Doña, compró unas Mentas Guardia*y me ofeció una. La tomé agradeciéndolo. Después, se marchó sonriéndome. Como si me conociera, desde hacía mucho. Entonces, entendí, que me visitaba, con la firme intención de saber, si Yo merecía o no, su aprobación para pretender libremente a una de sus hijas. Me decía ella una tarde, mientras estábamos sentados bajo de una gran mata de mangos que había en su patio: Que un buen amigo, no era cualquier cosa... Que un buen amigo, era un peso en el bolsillo. Si este no estaba roto. Cierta vez, la contradije en más de una ocasión, tratando de que cambiara el concepto, que parecía estar arraigado en Esta, de muchos años. Pero La Dama me insitía, en que, El Tiempo le daría la razón. Y que Yo me daría cuenta de ello, aunque no estuviera viva.Yo doy un voto de confianza, en creer, que en alguna parte de su vida, no siempre pensó de esa forma. Asumo, que algunas decepciones que les ocurrieron posteriormente, las llevarían a cambiar su opinión. Que es la misma, que siempre quiso que Yo validara, en su buena fe. Creo, que aún sigo siendo esa persona confiada.

Que piensa, que el Ser Humano puede redimirse, si lo desea. Sé, que las palabras de Mi Suegra, estaban llenas de sabiduría. Y es cierto, que a lo largo de Mi Vida, he pasado por situaciones que me han decepcionado. Tanto, como para no olvidar nunca su vieja sentencia. Llevando las manos sobre mi cabeza, por la indignación que me golpeó. Pese a ello, todavía creo, en lo que me dijo La Abuela una vez. De que,"Cada Cabeza es un Mundo". Y, si eso es así, pues, esa misma diferencia es la que al final, nos lleva a crear consciencia sobre la amistad verdadera. Habrá, buenos y malos amigos siempre. Eso, no lo discute nadie.

A través de generaciones ha sido así. Pero hay que confiar, en que las posibilidades de una amistad verdadera, no siempre pueden darse por perdidas. En mis años de Universidad, entre todos los que decíamos ser amigos, solo consideré, uno como tal lo fue: Gregorio Estévez. Ya he hablado sobre Este, en otras líneas. Murió joven de un infarto fulminante, mientras dictaba una conferencia, tuve que decír un panegírico frente a su tumba. Al lado estaban, Su Esposa y sus dos pequeños hijos. Fue triste. Pues, a penas empezábamos a ejercer la Abogacía.

Siempre lo recuerdo, porque, aunque fue una amistad de apenas cuatro años y medio, parecía que nos conocíamos muchos años antes, de haber diferido o convenido en la Escuela de Derecho. Era un soñador, como suelen nombrarnos, quienes han perdido totalmente la fe en la amistad verdadera. En ese mismo sentido, les digo, que desde mis días en el Pueblo, conservo un sólo amigo, de los tantos, con los que crecí o jugaba. Esa amistad se ha mantenido, a pesar de los vientos fuertes que golpean al ser humano, por las circunstancias que se dan en vida. Es el único amigo verdadero que me queda en Vicente Noble, desde 1983, cuando nos conocimos en el grupo cristiano de la Iglesia Católica.

Es, de los Jóvenes Monjiásticos, como Yo, que han gustado de aferrarse a las faldas de las monjas. O como quieran llamarnos ¡qué importa! Si a pesar de la distancia que nos separaron físicamente, de la Congregación de Monjas, todavía persisitimos en estar unidos a Estas, emocionalmente. Sin importar, en qué rincón del Mundo nos encontremos. Es problema nuestro. Esta situación, en nada afecta a un monjiástico. Créame, que así es. Esa persona, es el amigo Santiago González. Amigo, valga la redundancia, que ha obedecido, a través del tiempo, los principios, por los que se rige una auténtica amistad, con los pies bien puestos en La Tierra.

Fue la persona a la que se me ocurrió encargar, para que, en lo que yo llegara de Santo Domingo, al Velatorio de Pachanga; hiciera las diligencias necesarias, para asegurarme, que todo estuviera organizado. Yo imaginaba, que Mis Hermanas, estarían muy afectadas del sen-timiento, para enfrentarse al momento. Y menos, trátandose de quien era el fallecido. Por eso, cuando llegué a la casa, la persona en darme los pormenores de la situación fue mi amigo. Quien, de inmediato, le puso mano a la obra para ayudarme con el cuerpo del Difunto, mientras Yo lo aseaba y lo vestía, poniéndole chaqueta y corbata. De manera, que pudiese verse presentable, sin que se notanse tanto, los estragos que la enfermedad le había dejado. Debí reconocer, que el Occiso, cuando estaba en vida, vestía siempre, del Pín al Pón.*Lo menos que podría hacer por él, fue lo que hice. Y créanme, se veía bien, de conformidad con el estado en que había quedado. Eso es pues, la verdadera amistad.

El estar ahí disponible, cuando El Amigo clama por tu presencia, en un momento imperioso, en que Tú haces falta, para componer las cosas, que La Vida o La Muerte te lo exigen. Cuando tuve Una Amiga en Santo Domingo, hubo muchas contrariedades con quienes nos veían juntos. Tuvimos mucho tiempo, ejerciendo la Profesión de Abogados y esto nos hacía, pasar muchas horas, andando de un lado para otro. También, éramos cinéfilos. Y nos gustaba mucho ír, cada nohe, a presenciar las mejores peliculas que se exhibían en los cines de La Capital. Sin embargo, hay personas que piensan, que no puede haber amistad verdadera, entre un hombre y una mujer, sin que haya sexo de por medio. Y no necesariamente, tiene que ser así. Realmente hay gente que se va a los extremos.

Aquí, en Nueva York, por ejemplo, tengo una amiga parecida. Pero, que ni siquiera puede Uno mencionar su nombre, porque empezarían a divagar con mendaces conjeturas. Y esto, mayormente, en Nuestros Compoblanos, sería la comidilla, en el pueblo en donde nacimos y crecimos. Ustedes pensarán que no. Pero les aseguro, que aún, en este pleno Siglo Veintiuno, no faltarán quienes piensen, que tal amistad no existe. Y que, lo que realmente cuenta, es que nos estamos arropando con la misma sábana, desde la cabeza hasta los pies.

Presiento, que esto les causa risas. No exagero. También es bueno apuntalar, que un amigo no es un hermano. Un amigo es eso, un amigo y punto. Cuando se trata de hermanos, hay un Código Familiar que rige. En cambio, cuando se trata de amigos, hay principios que observar con ojos diferentes. Hay que estar claro, en que hay cosas, que un hermano, no haría por otro hermano. Pero que sí, las haría por un amigo, y viceversa. Tampoco hay que confundirse, con eso de que, la amistad es
un hecho círcunstancial. No. Así me dijo también, Esa misma Amiga de Santo Domingo, en una ocasión. A la que Yo profesaba una amistad casi sagrada. La única que brindo, cuando creo atisbar la misma confianza en otra persona. Era el concepto que Ella tenía. Y desde aquel mismo momento, no volví a verla y a sentirla, como la atesoraba, antes,

en mi mente. ¿Por qué? Porque la amistad, jamás debe estar supeditada a las circunstancias. La amistad debe estar ahí todo el tiempo. En los frentes y a los lados.

Es preferible, tener una amistad verdadera a cualquier otra cosa que se le parezca. ¿Le debo Yo, algún dinero al amigo Santiago, por su apoyo en aquellos momentos, en que ha correspondido, a los principios que implica una amistad de tal naturaleza? No, nada material le debo. Entonces, lo menos que puedo hacer, es ser condescendiente, en el buen sentido de la palabra. Respetando y procurando ser afectuoso con Él, y con toda su familia, durante el tiempo que tengamos de vida.

Neyda, era una mujer que no le gustaba hablabar mucho. Ni siquiera, cuando otro era el que a iniciaba la conversación. Y aún correspondiendo, se abstenía de conversar con absoluta independencia. Era dócil, sumisa, de mirada triste todo el tiempo. Con miedo en la voz y en sus actos. En la apariencia se veía atada, por completo, a los mandatos autoritarios de Mi Padre. Hablaba tan bajo, que las pocas veces que nos gritaba y nos recriminaba con reprimendas, siempre era, reflejando un angelical acto de dulzura. Su ojo izquierdo, de vez en cuando, se guiñaba, sin la mínima intención de hacerlo. Era algo natural, heredado de Su Padre. Que tambien obraba igual. Lo mismo. Vale destacar, que mi hermano Gañán, también heredó de Aquella, la misma condición. Por igual, mi hermana Petronila. En su ceja izquierda, Mi Madre traía la cicatriz de una herida, producto de un golpe que Pachanga le había dado hacía ya mucho tiempo. Esa marca estaba allí, a la vista de todo el mundo.

Medía Cinco-Ocho de estatura.Tenía la tez clara. El cabello, negro. Bastante corto, a fuerza. Pachanga se lo dejaba de ese modo, adrede. Para que se sintiera avergonzada Consigo misma y no se mostrara en público. La finalidad, era para que a Ella no le apateciera, tener contacto con nadie, más allá, de las cuatro paredes de la casa donde residían. En el pómulo de su mejilla derecha, presentaba la cicatriz de una mordida espantosa. Que Él Mismo, fue quien se la hizo. Su nariz casi correcta. Presentaba una desviación, por una ruptura del Tabique Nasal. Obra, también, de Aquel Fulano. Tengo claros recuerdos, de pequeño, en los que, cada día, en que me encontraba de frente con Ella, mis ojos, se concentraban. En aquella parte de Su Cara; podría decirse, que crecí, guardando tantas interrogantes, sobre el golpe que le causó aquella ruptura. Curiosidad que fue encontrando respuestas, por Sí misma, ante una secuela de sucesos, en la que Él con su fuerza física, se imponía sobre Ella. De modo, que con mis quince años acuesta, el día que Ella murió, ya no tuve más preguntas escondidas por hacer. Sólo tenía, frente a Mí, aquella triste realidad. La misma, que me hacía pasar, del plano de la Adolescencia, al de la Adultez precoz.Ya que, debía cuidar de mis hermanos, fungiendo a veces como Cabeza de Familia.

Estaba Este Señor con Nosotros, cierto que sí. Pero debí aprender a lidiar con Él, en la forma que Dios me ayudó. Tuve que aprender hacerlo, puesto que se trataba de una persona difícil, con una perso-nalidad misteriosamente voluble. Volviendo a Mi Madre, tenía una hermosa hendidura debajo de su mentón. Su dentadura era blanca y le hacía compañía, las pocas veces que sonreía. Aunque aquellas sonrisas, por más que se esforzara, no eran más, que las muecas de una tristeza bastante poderosa. Sí, una tristeza, que con el pasar del tiempo, me fue posible comprender por medio de situaciones incómodas. Ella era reservada sobre cualquier cosa, que le estuviera pasando en La Casa. Actuaba, como actúa, en principio, la mayoría de las mujeres que son abusadas. Mantenía en silencio, todo lo que Pachanga le hacía.Y, sólo se daba Uno cuenta, cuando el maltrato era muy evidente. Cuando ya le era imposible no gritar, porque no podía tapar la boca por más tiempo. O cuando, sin querer, se quedaba al descubierto. Sin ropa, desde la cabeza a la cintura, frente a Nosotros, y veíamos su espalda.

Las desgracias que les pasaban, por las cosas horripilantes, que le hacía Su Marido, siempre las ocultaba. No se lo notificaba a La Familia, para que Ésta no fuera a reclamarle Al Señor. Le tenía un miedo tan grande, a Este Hombre, que se lo confesaba a ciertos miembros familiares, cuando les aconsejaba, que se mantuvieran lejos de Él.Y que se abstuvieran de reclamarle algo. Porque Pachanga no le tenía miedo a nada, ni a nadie. Pues, sabía tantas cosas sobre La Vida, que aun, sin enfrentarse físicamente a cualquiera de sus hermanos, podía dañarlos, si así lo deseaba. ¡Pobre Madre Mía¡ Tamaño ejemplo de lo que es, una víctima de Violencia Domestica. Pero, cuando una mujer recibe la primera ofensa de parte de Su Pareja, y calla; su inconsciencia, está mandando un mensaje a su victimario: Le está diciendo, que si ya aguantó la primera embestida, está dispuesta a soportar, La Segunda, La Tercera. Y los que prosigan, hasta que ocurra lo peor. Yo siempre pensaré así. No hay quien me saque de Esta Tesis: Para que exista un golpeador, deberá haber una persona que esté dispuesta a soportar sus golpes.

Ninguna mujer debe permitirse ser víctima de ningún tipo de maltrato. Callarlo, ni de aguantarlo. Ese, entre tantos otros, fue el gran error de Mi Madre. Silenció y permitió la conducta agresiva, que Pachanga emprendió contra Ella. Y eso, la llevó, consecuentemente, de una manera u otra, al Mundo de Los Muertos.* Fue, sólo, en una oportunidad, que Yo llegué a ver a Neyda, contarle abiertamente, sobre su vida, a una Prima de Pachanga. Fue, en un momento, en el que Ésta, casualmente cruzaba por el patio de Nuestra Casa y, después de saludarse mutuamente, como Él no estaba cerca, por esos alrededores, compartió con Esta Señora, la fatalidad por la que atravesaba. De momento, parecía, como si aquel encierro la estuviera matando a plazos.

En ese instante que les cuento esto, siento un frío que me recorre el cuerpo por completo. Veo los vellos de mi antebrazo que se tornan diferentes en cuanto a forma y tamaño... Siento, que las teclas de mi Laptop se dislocan. Y no es para menos. No es facíl recrear aquella ocasión, tal como si estuviese pasando de nuevo, frente a Mí. Es como si mis ojos, volvieran a contemplar la escena desgarradora, en la que Mi Madre, daba riendas sueltas a su boca, por primera vez. Traía puesto un paño en la cabeza. Como cuando presentía, que se iba a encontrar con alguien. Estaba consciente, que La Señora conocía los horrores, que Pachanga hacía con su Pelo. Pero aún así, se comportaba tímida, de que ésta pudiera verle la cabeza en tan mal estado.

Por eso, a pesar de sentírse en confianza con la visita, la vi comprobar, con sus propias manos, que aquel paño le ajustaba de tal forma, que no dejaba a la vista pública, su vergüenza. Como si tratara de buscar un testigo, después de tanto silencio absurdo. Que sintiera la necesidad, de compartir sus penas, con alguien. Y, que Ese Alguien, pudiese guardar lo que ella le confesaba. Empezó a contarle, que Pachanga le daba de amante, a cualquier hombre que llegara a La Barbería

Mis oídos, bien abiertos las escuchaban atentos. Cubría mi boca con un cuaderno, desde mi escondiste. Para no hacer ruidos. No quería que supiera que Yo estaba cerca y que fuera a detenerse de continuar lo que había empezado. Y que parecía importante para Ella dejarlo salir. Su voz parecía entrecortarse. Siempre hablaba muy despacio. Con su rostro marcado por el dolor. Él agarraba un pedazo de Tubo de Metal, con el cual, no sólo le golpeaba. Sino que se lo introducía por la vagina, malográndoles sus Órganos Internos de forma despiadada. Al concluir aquel episodio, horroroso Yo, la vi bajar la cabeza frente a La Señora. Quien no pronunció palabras, después de oír todo aquello.

Las dos se miraron a los ojos. Y poco después, lloraban juntas. Desde ese lugar, donde me escondí, quería correr hacia donde estaban. Sentí un poderoso sentimiento, que me decía. Ve y abraza a Tu Madre. En verdad, queria ceñirme a Su Cuerpo, en un tierno abrazo compasivo. Pero permanecí oculto bebiéndome mis lágrimas, en aquel silencio, donde mi inocencia confirmaba mis temores. Con respecto Al Señor, que había ocasionado tan fuerte revelación, no quisiera, ni recordarme.

Bajo ninguna circunstancia, quería que supiera, que Yo la hubiera escuchado. Estaba seguro que Ella no hubiera querido que me enterara, que le hizo una crueldad de tal magnitud. Si alguna vez, nos dimos cuenta de otras cosas, fue porque, ya no pudo evitar que sucedieran frente a Nosotros. Como cuando Él le ofendía frente de todos. Sin importar, que estuvieramos cerca. Nerviosos, encogidos. Con temores indescriptibles. Por eso, en los momentos que la lastimaba, hasta donde ella podía aguantar, la mayoria de las veces, mantenia la boca sin abrír con las manos puestas ahí. Por más que los golpes fueran fuertes y estallaran en su contra, Ella aguantaba tercamente ese dolor…Puedo recordar, con mucha precisión, que antes que la prima abandonase Nuestra Casa, le sugierió a Mi Madre, la posibilidad, de que desapareciera aquel pedazo de Tubo de Metal. A Mí Mismo, me llegó la idea de hacerlo en la oportunidad más proxima que se me presentara. Pero Neyda le respondió a La Señora, que no podía retirarlo de la habitación. Ya que, Él debía encontrar, en su mismo sitio, cada objeto de su propiedad.

Cada herramienta, tenía un lugar elegido por Él. De extraviarse cualquier cosa, entonces se debía tener una respuesta. Y no cualquier respuesta, lo dejaba complacido. Debía ser una, que ademas de buena, fuera convincente. Porque, de no ser así, Ésta, antes que Nosotros, pagaba las consecuencias, inevitablemente. Siendo niño, los pleitos de Pachanga en contra de Neyda, me llevaron a sentir un nudo en el estómago. Cada vez, que se iniciaba la discusión, unía mis manos nerviosas. Entretejiendo mis dedos entre si, me refugiaba detrás de la pared más cercana.O simplemente, me protegía, para no escuchar. Pero la casa no era grande. Por lo que, aunque tapara mis oídos, me enteraba del resto de la discusión, que siempre terminaba, con Neyda llorando. No era necesario, que Yo oyera los golpes. Ni la indefensión de Ella. El simple conocimiento, de que no habia paz, era motivo suficiente, para que se prolongara esa extraña sensación. La misma que volvió a repetirse en Mí, cuando sentí la angustia frente aquella pareja neoyorquina. Que revivió estos pasajes de locuras; capaces de conducír Al Manicomio, al más sensato de los mortales.

Se podría decir, que mí niñez y adolescencia, fueron un tanto agónicas, rotas, e injustamente difícil. Desafortunadamente, así crecí; como un muchacho con apariencia de santurrón y, reprimido, en ciertos aspectos de la vida que me eran fundamentales. Una bofetada, o más de una, produce una horrible humillación. Tan terrible, puede esto llegar a ser, que el hecho mismo, se instala o se aposenta para siempre, sin invitarlo, en el hipocampo*de la persona, que recibe tal estropicio; *Con consecuencias asombrosas, que no hacen diferencias, por los años de vida conque cuente el afectado. A veces, es como si me sintiera torturado por los recuerdos que se desprenden de una infancia malograda. Casi siempre, traté, lo más que pude. Realmente, lo hice. Coloqué mentalmente un blindaje a Mi Vida. De manera que no regresaran a Mí, los eventos, que de alguna forma, causaron deshonra en el hogar de Mis Padres. Por el modo, en que se dieron las cosas, hasta desintegrarlo. Pensé, que era necesario hacerlo. Aunque, las diligencias desplegadas con tales fines, no me ayaduron del todo, a mantenerme inmune como parecía ser.

En consecuencia, si alguien más me preguntara, ¿qué ha sido de Mí en todo ese tiempo, antes y después, que me fui de Vicente Noble?

Pues... qué podría contestar, que no sea el hablar con el corazón en mis manos. O lo que me queda de él.Tengo una atinada conciencia, en cuanto a reconocer, que he crecido y vivido tambaleándome. Es claro, que no es algo que pueda negarles a mis lectores, ni a nadie. Sin embargo, a pesar de ello, pienso que lo más importante, es que aún estoy viviendo. Que, más allá de las situaciones adversas, con las que me he peleado, desde mi nacimiento hasta al día de hoy. Tengo algo de orgullo, sino en todo, por lo menos, en parte, de reconocerme a Mí Mismo, las fuerzas, por aún mantenerme sobre Mis Pies.

Neyda, casi siempre, aparentaba aceptar la voluntad de lo que le trajera el día. Desde, que con suerte despertaba y se levantaba de la cama, se metía de lleno en los afanes del quehacer doméstico diario. A Pachanga, se le debía tener preparado, para cuando decidiera levantarse de la cama, un cigarillo y un poco de café caliente. Al momento que abría los ojos, estas dos cosas les eran imprescindibles, porque contribuían, a que Éste, tuviera un día más o menos soportable. Si alguno de estos le faltaba, las subsiguientes horas, no sólo serían horribles para Él. Sino, para todo el que estuviera cerca. Una tarde, de esas en la que no tenía ni un peso en los bolsillos, lo vi llamarla furiosamente. Nunca supe, por cual razón. Y, ni siquiera había que saberla, teniendo en cuenta, que Éste, no necesitaba tener razones, para desatar el impulso ardiente. La mano derecha de Pachanga, cuando quería pegarle a cualquier cosa con la que se topara, no lo pensaba dos veces.

En aquel instante, Mi Madre pasó a la cocina.Y en el peor tono que pueda imaginarse, le órdenó a que entrara inmediatamente a la habitación. Yo, desde afuera lo oí gritarle, como si fuese un antiguo amo frente a su esclava. Le pegó fuerte. Contemplé sus gestos, con el dedo Índice apuntando imperativamente a su rostro. En señal de amenaza, para que permaneciera sumisa. Justo en el momento, le asestó otro golpe, Y otro y otro y otro. Pausaba, la miraba fijamente con los enormes ojos que aterraban:

Ese hombre continuaba siendo el mismo de siempre. Sin dar señales de arrepentimiento por lo que hacia. Como si muy dentro, tuviese la plena seguridad, de que, la manera en la que actuaba, estuviera harto justificada. Por considerarse, el hombre de la casa, lo que disponia estaba bién. Y como macho al fin, no pedía perdón a nadie. Mucho menos, mostraba indicios de arrepentirse. Al cabo de un tiempo, vi a Mi Madre, respirando, pero sin muchas ganas de seguir viviendo en aquel espacio de, no menos, cincuenta metros. Y entre su Cuarto y La Cocina. Parecía, andar en el aire. Como muerta en vida. Con apariencia de zombi Preparándonos lo que teniamos para comer. Es posible, que mucho antes, haya sido, más Mujer, que Madre. Pero no quería fallarnos y equivocarse por segunda vez. Aunque, con más debilidades, que fortalezas.

Por naturaleza propia, era madre y se esforzaba. Soportaba tan-tas cosas por Nosotros. Más de las que les he contado, a través de estos recurrentes recuerdos, que aún rondan sobre Mi Cabeza. Como si fuesen, abejas que se elevan haciendo ruidos en círculos y que me invaden. Todavia siento que me asedian. Me insisten, hasta hacerme ocultar debajo de mi almohada, a pesar de los años que tengo. De pronto, salgo de allí, me doy cuenta que no he hecho nada, por lo que deba sentír vergüenza. Aún con todo eso, no me siento parte de ese infierno, donde Pachanga metió a Mi Madre. Y de paso, a sus hijos también. Era sólo un niño, y, como tal, no me quedó otra cosa, que arroparme con mis miedos bajo la sábana de La Abuela.

CAPÍTULO VIII

Vi a mi madre permanecer dentro de la habitación que ocupaba, veintitrés de las horas, de las veinticuatro que tiene el día. Si no estaba haciendo algún pendiente en la cocina, estaba entonces recostada o sentada en la cama. Pero jamás se quedaba afuera en el patio. Mucho menos, se sentaba en el espacio, que Pachanga improvisó como barbería. Este espacio, por cierto, se hallaba contiguo a la cocina. Y si Mi Madre, no tenía nada que la ocupara en ella, le estaba prohibido merodear por allí. Los celos enfermizos hicieron, que Él metiera, en la cabeza de Neyda, dicha orden. Que la acatara, sin siquiera dudar. Inmediatamente, después que los clientes llegaban a la Barbería.Tenía que resguardarse, dando con ese detalle, la seguridad, de que ya estaba en el sitio,a donde pertenecía.Y en ocasiones, Él Mismo se cercioraba, de que su mandato se haya cumplido a cabalidad. La cocina que teníamos en casa, siempre me pareció improvisada. Para ello, se habilitó un cuarto, de una casa pequeña que La Abuela intentó levantar en la parte trasera de la Casa Principal

Tenía, la misma estructura de la casa que le quedaba delante. Sólo que los espacios, para séis puertas, nunca se les llegaron a instalar, por no haber dinero disponible. Por lo que, tenía el aspecto, de algo más grande, que una choza. Pero de ahí no pasaba. En el otro Cuarto estaba la Barberia improvizada, con un viejo sillón de medio-uso,*que compró. Recuerdo que el techo, era de pencas. Estaba agujereado por distintas partes. Por lo que, los rayos del Sol, podian meterse cuando querían. Y donde, La Lluvia también hacía su parte. Formando charcos en un Piso de Lodo. No teníamos tantas cosas en la cocina maltrecha. Los escasos utensilios, que Yo recuerde, pertenecían a La Abuela, y no a Mi Madre.

Me llega a la memoria, un viejo cucharón que estaba ahi desde antes, que Yo naciera. Una Paila de Metal, color gris. En la que se cocinaba el Arroz. Una vieja cacerola abollada con tantos golpes que ya parecía antigua. Estábamos, tan Cortos de cucharas,*que a veces no alcanzaban para todos.

Teníamos, de cuatro a cinco platos nadamás. Por eso, a menudo, siempre veía a Mi Madre, comer de la misma cacerola. Teníamos en la cocina, una mesa, tan corroída por el moho y el tizne, que ya no podía mantenerse en Pies, cuando se colocaba, cualquier cosa pesada sobre Ella. Sus patas languidecían, por los años, de estar expuesta a la intemperie. En otra esquina, ocupando un espacio más amplio, el fogón. Con tres piedras enormes, sobre las cuales se cocían los alimentos. Era una cocina extraña realmente. Daba la impresión, de ser el cuarto de una hechicera, en donde daba cocción a los brebajes de la receta de su embrujo. El desesperante estado de pobreza en Mi Familia, se notaba a leguas en aquella cocina. Aun siendo como era, no me duele recordarla. Era mi cocina. Podría entrar en ella muchas veces, sin que me provocara un chock.Ya no hay ni un solo vestigio de ella. Los años de pobreza la asolaron totalmente. La ausencia de La Abuela, que era la que se afanaba en acondicionarla hasta donde podían sus brazos, y Los Elementos de La Naturaleza, la socavaron tristemente, consumiendola.

Pachanga, no acostumbraba a entrar a la habitación que Yo com-partía con La Abuela. Fueron contados, las veces, que vi entrar a Mi Madre. Sólo lo hacía, cuando necesitaba algo, que estaba de Ese Lado de La Casa. Las dos piezas de la vivienda eran del mismo tamaño. Ellos ocupaban, la que se ubicaba en el Lado Izquierdo, mirando la casa desde el frente de la calle. El Cuarto, en si, tenía, a un lado, la cama que ocupaban como Pareja. En el Espaldar, en la Parte de Atrás, habia una tabla fijada. En posición horizontal, que servía de ropero. Con unos clavos para colgar las ropas del Jefe. Al frente de la cama, buscando a una esquina en el lado derecho, se encontraba una vieja mesa con espacio para cuatro personas. Pero sólo tenía una silla simple de madera, conocida para, entonces, como Silla de Palitos.* Sobre esta, sólo se sentaba Él a comer. Dentro de la misma habitación, había una pared improvisada, que Pachanga levantó, con la intención de distanciar, lo más posible, su cama, de la otra que ocupaban mis hermanos. En realidad, este cuarto resultaba tan pequeño para todos, que, en los momentos, en que se apareaba con Mi Madre, resultaba promiscuo. Esto, en ocasiones, provocó, que Algunos de Mis Hermanos los sorprendieran en Pleno Acto.Y para subsanar la situación, lo único que Ese Señor hacía, era voltear el rostro del menor o la menor.

Frente a la cama de mis hermanos, no tan lejos, estaba la Mesa-altar. Pachanga la había construído con trozos de madera que encontró en un basurero. En el Altar colocó todos los cuadros hagiográficos e imágenes en las que Éste creía ciegamente. Como si se tratara de verdaderos dioses…De siempre, no me gustaba entrar a esa habitación. No solo por evitar encontarme con Él, sino, también, por el olor de las velas encéndidas. Esto me daba la sensación de estar en un Cementerio. Tampoco soportaba el hedor de las distintas hierbas raras, y de ciertas sustancias, tanto líquidas como sólidas, que Éste utilizaba en las actividades paranormales. Si sumamos a esto, el hecho, de que Mi Madre, la mayor parte de su sufrimiento, lo padeció en ese cuarto, es claro que para Mí, aquella pieza no era más, que un simbolo de abyección. De rendir culto a la bajeza. Y no puedo, si no, que sentir desprecio hacia ese lugar. Así forme parte intrínseca del techo que me vió venir Al Mundo, donde di, Mis Primeros Pasos. Y donde, con mucha humildad, me crié.

Por estos motivos, y no por otros, fueron contadas las oportunidades en que regresé a Mi Pueblo y no me acercaba a La Casa de Mi Abuela. Fueron pocas veces que entré al cuarto, donde antes viví con ella, después que salí de allí. No he podido penetrar jamás a la otra pieza. A pesar de que ya, hace muchos años está ocupada por una de Mis Hermanas y Sus Hijos. No sé, que me traigo con Esa Parte de La Casa. Pero lo cierto es, que a pesar de que ha pasado, más de tres décadas, no he logrado reconciliarme, ni hacer las paces con ese lugar. Que está registrado en mi cabeza, como una simbología de temor y sufrimientos. Por más que lo he intentado, no he podido olvidar del todo aquellos sucesos macabros, que Allí tuvieron lugar. Siendo sincero con Ustedes, más que Conmigo, les aseguro, que desde aquí donde me encuentro, en Nueva York, a pesar de las millas marinas que me separan de aquella habitación; con simplemente recrearla en mi mente, se me revuelve el estómago. Me vuelvo mucho más susceptible e indefenso. Indescriptibles sensaciones se apoderan de Mí. Y sólo hallo tranquilidad, cuando ya no pienso más en aquellas paredes.

En el año 2003, me informaron que La Abuela había enfermado. Estaba muy avanzada en edad. E incluso, en el ocaso de su vida, ya no tenía la Memoria Lúcida, como en otras ocasiones. Recuerdo, que después, de concluir Mi Trabajo de Cinco Días, en el fin de semana, viajé, desde La Capital hasta al Pueblo, para estar con Ella. Por un instante, la dejé recostada en su lecho y busqué acercarme a La Puerta del Medio que conduce a Ese Cuarto. Pero no pude, ni siquiera, tocar el cerrojo para abrila. Me esforcé y fue imposible hacerlo. Mi Mano Derecha, con la que pretendia abrirla, se puso temblorosa. Estaba incómodo. Y de alguna manera, sentí, que Ese Lugar, no me daba la bienvenida. Les aseguro, que, Yo no fuera auténtico con Ustedes, si no les confesara, que, ni física, ni mentalmente, me siento preparado para entrar Allí todavía.

Así como repudio, la manera, que Neyda fue arrastrada a La Muerte, siendo aún tan joven. También, repudio y me asquean, los objetos que se hayan, íntimamente asociados con su espantoso sufrimiento. Todos utilizados, por la mano perversa de ese hombre perturbado, que ridiculizó a Esta Mujer de una forma miserable. La plancha, por ejemplo, que con toda naturalidad, podria ser usada por cualquier usuario. A Mí me cuesta armarme de valor para tomarla en mis manos. Cuando intento poner orden en una de mis camisas. Tampoco me hace bien, ver un puñal que guardé parecido al que ocultaba Pachanga dentro de su pantalón. Ya que, la primera imagen que se forma en mi mente, es la de ese arma blanca con la que Él, amenazaba continuamente a Mi Madre. Desconozco, si en algún momento de Aquellos, llegó a puyarla, *No dudo que lo haya hecho. Ninguna tenaza o alicate, puede estar frente a Mí, sin que venga a Mi Memoria, la que había en Esa Casa.

Aquella Pinza-tenazas, me producía escalofríos. El moho le daba un aspecto color marrón. Y tenía una rara moldedura, que simulaba la cabeza de un insecto. Él, generalmente, la usaba para partir cosas, difíciles de romper. Recuerdo, que cierta vez, la tomé en Mis Manos, tratando de partir, en dos mitades, un alambre. Pero me faltó fuerza para sostenerla. Sin embargo, Él me la quitó de la mano, para partir clavos y cables, en cuestión de segundos.Toda la vida, miré Aquella Herramienta, como si algo, en Ésta, fuera siniestro. En ningún lugar vi otra, que pudiera parecérsele. Ni siquiera, en el Pequeño Establecimiento y único que había en El Pueblo, donde se vendia Esas Cosas. Pero, lo que nunca me cruzaría por la cabeza, sería pensar que Él usaría esta tenaza en contra de Neyda. Con un fin tan degradante, inhumano y tan bestial. Como cuando Mi Hermana, La India, le tocó observar, con espanto, lo que, Sus Ojos verían, en los Tempranos Años, de una niñez indefectiblemente quebrada. Como si estuviera masticando sus palabras petrificadas. Lo que vio Mi Hermana, en Aquel Momento, me lo contó así:

–Ese día, Nene había encontrado a Mi Mai en La Capital. La trajo a casa y se portó, tranquilo con ella, durantre el día. Pero al llegar la noche, empezó a pegarle como era su costumbre. Me desperté. Me levanté de La Cama. Me fui acercando despacio a donde Ellos estaban. Pude ver, que Mi Mai se retorcía, de un dolor tan grande, que mostraba sus ojos, como si ella desfalleciera. ¡Sus gritos eran terribles! Yo estaba detrás de Él. Me horrorocé al ver, Con Mis Propios Ojos, lo que le hacía. Le estaba presionando el clítoris, con la pinza. Se dio la vuelta y vio que Yo estaba detrás. Ella, fría, aterrada e inmóvil.

Bañada en llantos. Yo Me negaba, a creer lo que estaba viendo. Ví a Mi Mai en ese estado. Pensé, que al verme, se detendría. Pero no lo hizo. Sólo me miró. Y al contrario, continuó con más fuerzas. Haciendo Su Maldad. La que, todavía, de sólo recordarla, ¡me atormenta! Mientras, más presionaba Esa Parte*, al mismo tiempo la interrogaba. Para que confesara lo que había hecho en Santo Domingo, durante esos días que tuvo aunsente, huyendo de Él. Mi Mai le respondía, que sólo había estado trabajando como Doméstica en una Casa de Familia. Pero, era como si estuviera sordo, poseído, endemoniado. La maltrataba sin piedad, con Aquel Alicate Raro. Hasta que, Mai, indefensa, miraba fuera de Sí, lo que Éste le hacía. Se veía, a Si Misma.Y después me miraba a Mí, con rostro pálido e impotente. Con gritos tan fuertes que aún me parece, escucharlos en este instante. Ella se deplomó en el Piso, sin moverse. Sólo así, paró de torturarla. Porque pensó, que estaba muerta. Irenita, que escuchaba todo del otro lado, entró a la habitación, cuando él abrió la puerta. Ella la levantó y la hizo volver a Sí, poniendole alcanfor en la nariz. Te he contado esto, Mi Hermano, porque me ha insistido. Pero no me hace bien, volver a recordarlo. Yo no quería saber nada de Ese Señor. Le pido a Dios, que me perdone. Porque era Mi Padre. También le ruego, que me ayude a olvidar lo que pasó–.

Desde que Mi Hermana, se detuvo de narrar, aquel momento tan desafortunado, vivido por Ella, de una manera tan cruel, y que, aún transcurrido el tiempo, siente que se lastima a Sí Misma, volviéndolo a recrear, recordé Yo, también, en el mismo instante, otra escena que viví con Mi Madre, en cierta ocasión, que nos preparaba algo para comer. Les cuento, que se acercaba al fogón a menear los alimentos que preparaba. Vi unas gotas de sangre, que caían, continuamente, de entre Sus Piernas. Al darse cuenta, que Yo había visto, lo que estaba pasando, intentó refugiarse en Su Cuarto. Yo, antes que lo hiciera, busqué en su rostro alguna explicación al respecto. Vi, la Cara muy triste. Más triste, que de costumbre. Y cuando abandonó la cocina, sin mirarme de frente, pronunció estas palabras: –Parece que me estoy muriendo–.

Siempre fui, el tipo de adolescente, que veía cosas. Que escuchaba cosas, y las guardaba, ante la impotencia de no saber qué hacer con tanta información, que a la postre no hicieron más, que lastimarme. Una muestra de ello, es que todavia padezco de tales consecuencias. Entró a Su Habitación, con pasos de alguien, que ya, no esperaba Buenas Nuevas de La Vida. Sus palabras, daban vueltas en Mi Cabeza, con-fundiéndome. Aunque Yo, me negaba, a ver su respuesta, en la forma que la dijo. De todas maneras, aquella respuesta, parecía una sentencia cercana a un epitafio. Eso me daba algo de miedo. Y para sentirme más tranquilo, decidí no darle mayor importancia en el momento. Sin embargo, Mi Hermana Bolivia, que, como el resto de mis demás hermanos, pasó sus años durmiendo en La Misma Pieza.* En otra ocasión, que hablábamos al respecto, me contó lo siguiente:

–Unos meses antes, de que empezaran a notarse las dolencias que llevaron a Nuestra Madre a permanecer más tiempo en la cama, estuve pendiente. Cada vez que orinaba, pude ver, que el color del orine, siempre era rojo. Como Yo era menor de edad, pensé que eso se debía a un Periodo Menstrual. Pero con el pasar de los meses, noté que se agarraba la cintura por aquellos dolores fuertes que les daban muy seguidos. Sin que pudiese andar derecha.Tuve la sensación de que podría tratarse de algo más serio y así fue...Se estaba desangrando días tras días. Lo ocultaba ante Nosotros para no preocuparnos. Pero muy dentro de ella se imaginaba algo que no era bueno. –Ella ya lo presentía–.

Neyda se encargaba de todo. Con mucha dedicación en la casa. De vez en cuando recuerdo, lo que ella nos preparaba de comida. Aunque hoy me encuentre en estos lugares en donde tengo acceso a disfrutar de una gastronomía tan variada, no siempre mi vida fue así. Por eso, añoro y evoco, a veces, aquellos momentos, cuando ella me encargaba, ir en busca de las hojas de platános. Estas eran para hacer los Bollos de Maiz. *Una comida riquísima, que nos servía, acompañada de leche en el desayuno, cuando tenía posiblidades para comprar los ingredientes.Ya que, como antes expliqué, había mañanas, en las que podiamos tener, apenas un poco de café. Y si teniamos suerte, también un Pan de Agua. *A veces, hubo ocasiones, en que añoré que aquella leche que nos servía, tuviera chocolate. La mayor de las veces, era blanca. Un día, llegué a preguntarle, ¿por qué nuestra leche, no podía estar teñida de marrón. Como la leche que veía en casa de mis amigos. Ella me contestó, en un tono suave, con la mirada para otro lado. Que no había dinero para el chocolate.

Yo asimilaba su respuesta y continuaba saboreando aquel alimento, que hasta al día de hoy, he llegado a considerar, que nadie más tendría aquellas manos para prepararlo como ella lo hacía. No recuerdo haberla visto comiendo de ese desayuno. A veces probaba uno. Y como madre, se desprendía de la parte que le correspondía, para que La Nuestra* rindiera más. También recuerdo, que a la hora de servir La Comida, cuando esta era posible, se empeñaba en servile la mejor ración a Pachanga. Tal vez, por el hecho, de que, era El Hombre de La Casa. O que, por costumbre, su plato debía tener más comida que el nuestro, No lo sé. Nunca llegué a entender esa parte. Pero lo que faltaba en nuestros platos, sobraba en mayor cantidad en el de Él. El miedo que Ella le tenía, lo prolongaba hasta en eso.

Yo, siempre quedaba con hambre. Imagino, que mis hermanos también. La ración en su plato era tanta, que para comerla, debía hacerlo en dos tiempos. Mientras que Ella, a penas alcanzaba comer los residuos de comida que sobraban en la paila. Como se podía evidenciar, aquel pavor de Mi Madre, hacia Ese ogro, la seguía a todas partes, sin importar su situación o condición. Para que sepan más, sobre lo que escribo, les sigo hablando de las barbaridades de Ese Señor. Cosas, que nunca dejaran de sorprendernos.

A Pachanga, no se le apretaba el pecho, cuando se trataba de aplicar sus propios métodos correctivos. Me explico: Hubo un período en el que Mi Madre estaba embarazada* de uno de mi hermanos. Exactamente, no recuerdo de cuál de ellos. Pero sí, está fresco en mi memoria, que cada vez, que Ella pasaba por la etapa de gestación, se antojaba.* No sé hasta qué punto, creen los demás en eso de los antojos en las mujeres en estado de embarazo. Pero Mi Madre, en particular, solía antojarse siempre. Y lo hacía, de una forma muy extraña. Cuando La Abuela todavía estaba en el negocio de la venta de tilapias,* Él, a petición de Mi Madre, le encargaba una tortuga. *Ese era uno de sus antojos preferidos, durante el Embarazo. *Se la preparaba ella misma y se la comia entera. Sólo se desperdiciaba el caparazón.

Aunque, esto causaba extrañeza a todos en La Familia. Especialmente, al Marido, Él se lo soportaba sin mayores consecuencias. Pero había otro antojo diferente, con el que no estaba de acuerdo bajo ninguna circunstancia. Sin embargo, Mi Madre no podía cotenerse, el deseo de comer esta otra cosa, por más que tratara. Se acostaba con la intención de aminorar el deseo, pero esto no era suficiente para desprenderse de las emociones propias de su estado natural. Por lo que, se levantaba a hurtadillas, dirigiéndose al fogón, a comer pequeños trozos de carbón, que sobraba de la lumbre. El único que desconocía, que ella continuaba haciendo eso, era Él. Porque, la primera vez que la vió, buscando los residuos en las cenizas, en muy malos términos, le advirtió, que no quería volver a verla tragando esas cosas, que a la larga, podrían provocar, que el bebé viniese Al Mundo, con alguna anomalía.

Tal advertencia, sin embargo, no repercutió en la manera que Pachanga quiso. Pues, que cualquier mujer embarazada es susceptible de cambios durante ese período de su vida. Tanto en forma de alientarse, como en sus sentimientos. Sus necesidades, disminuyen o simplemente se acrecientan de un momento a otro. Sin que la embarazada, pueda controlar sus voluntades. Necesitando para esto, algunas veces, la asistencia de un médico, que le ayude a controlar el antojo, que por momento se vuelve adicción. En esas circunstancias, Mi Madre no pudo mantener su abstinencia. Y en consecuencia, Él la sorprendió por segunda vez. Sólo que en esta oportunidad, le pegó, sin ningun tipo de miramientos…Yo me encontraba cerca de allí. Y a pesar de que, todavía era un niño, la manera en que Él actuó, la consideré como otra más, de los tantos abusos que formaban parte de sus raros hábitos.

En el año 2000, a insistencia de una cuñada mia, hice todos los preparativos, para aplicar por una Visa en el Consulado Americano. En esos años, todavía no era tan fácil, poder cunplir con los requerimientos. E incluso, ya tenía conocimiento de unos amigos empresarios, a quienes se las habían negado de manera repetitiva, sin que, sus abultadas cuentas bancarias pudieran valerles. Como la mayoría de personas en la República Dominicana, quería tener ese Documento Internacional en mi poder. No es el equivalente a tener una fortuna debajo de un gran colchón. Pero a nadie se le puede negar, que contar con esta, resulta un privilegio. Cuando mi cuñada me habló al respecto, le hice creer, que le hacía caso, para que no continuara insistiendo. Dentro de Mí, no tenía esperanza de que fuera a conseguirla, Ya que, todos los años, veía salír del Consulado, a muchos solicitantes con sus caras mirando al suelo. La verdad, es que, no todo el mundo tenía la suerte de salír de allí dando saltos de alegría, Como le sucedía, tan sólo a un tercio de la población solicitante.

Cuando acudía una familia entera y se las concedían a todos sus miembros, inmediatamente después, saltaban abrazados y rebozantes de alegría. Lo mismo pasaba, cuando entraban sólo parejas. Si se la negaban, era facíl alcanzarlos a ver, desde lejos con una tristeza interminable. A veces, eran personas muy mayores, las que procuraban llegar temprano, para ser de los primeros en ser entrevistados por el Oficial Consular, y no tenían suerte en ocasiones. En otras oportunidades, luego de visitar La Legación, por segunda o tercera vez. Había señores que lograron salir con la noticia, de que podían pasar a recogerla en la tarde. Por tal motivo, no podían contener la emoción. Y llorando de alegría, frente a los concurrentes, doblaban sus rodillas hasta el suelo, daban gracias a Dios, a La Virgen y a todos Sus Santos.

De modo, que cuando, por fin, le puse caso a Mi Cuñada, pagué el derecho a mi entrevista, con el Representante del Consulado. Cuando llegó ese día, llevé, en la documentación, sólo una parte de las cosas que exigen. La entrevista transcurrió de una manera calmada. Sin tantas preguntas relevantes que pudieran alterar mi Estado de Ánimo. El Oficial Consular, me dijo, al final, que aunque no entendía las razones, por las que Yo deseaba caminar tantas horas, visitando sitios icónicos de los Estados Unidos; me daría el Documento. Para que fuera Yo quien decida, qué hacer, cuando me encuentre en cualquier puerto de entrada a Ese País.

Como todos los demás, no me faltó alegría. Pasé en las horas de la tarde, como me dijeron. A recoger el Visado. El cual, no fue de diez años, sino de uno. Claro, que me pregunté, el porqué no era de diez. Como a los demás, en años anteriores a este y en meses que precedieron al que me tocó a Mí. Pero de todas maneras, celebré con La Familia. Porque estaba completamente seguro, que la segunda vez que acudiera a renovar, terminarían dándome el máximo, que se le concedían a todos los portadores de un Visado de Turista. En esos primeros meses que subsiguieron, me tomé unas vaciones y preparé un Viaje Relámpago a la Isla de Puerto Rico. A la que fui por nueve días. Necesitaba darle entrada al Visado y realmente, el objetivo de ese viaje estaba motivado por eso.

Me hospedé en Carolina. En casa de un tío de una colega dominicana. Se lo agradecí a ambos. Y más, cuando esta persona, fue diligente, al mostrarme los lugares más representativos que tiene la Vecina Isla. Algo que me llamó mucho la atención, es que, cuando estás en una de sus ciudades, sin que puedas darte cuenta ya estás de repente en la otra. Y de esa en la otra. Sin que te llegues a enterar. A menos, que te lo comunique la persona que te sirve de Guía. Esto sucede, porque las ciudades no son tan grandes. Y están muy cerca una de las otra. El Puerto del Viejo San Juan, conserva la gracia de esos lugares, que no han perdido la esencia con los asentamientos construidos por Los Conquistadores.

Disfruté mucho estar allí. Como también, en Trujillo Alto, donde se alcanzan a ver, grandes cerros poblados de casas. Con una vegetación asombrosamente verde. En La Comunidad, conocida con el nombre de Piñones. Me gustó mucho saborear su gastronomía. La cual, no difiere mucho de los sabores y colores conque cuenta la de Mi País.Y, si les hablo de las compras, sin que invirtiera mucho dinero, regresé a Santo Domingo con ciertas mercancías para vender.Y compré detalles importantes, para La Familia y los Compañeros de Trabajo, en Plaza Las Américas, en Carolina.

De vuelta, en mis labores de siempre...Todo tuvo un tinte amistoso, hasta ese día, que me tocaba volver al Consulado para renovar el Visado, que había expirado. No me sentía nada nervioso.Y para Mí, era facíl. Porque se trataba solamente de renovación. No era como Aquél que va a solicitarla por primera vez. Si embargo, no fue así...La Oficial Consular que me entrevistó en esta oportunidad, dedicó unos segundos a mirarme de arriba hasta abajo. Despues de un chorro de preguntas, que sí me molestaron y me sacaron de quicio. Pero no hay de otra, más que guardar la compostura, en situaciones como esa, ante un territorio, que no es el Nuestro.

A manera, de rematar su entrevista, me aseguró, que como Mi Cédula de Identidad y Electoral, no decía que yo era Abogado; ésta daba por hecho, que en realidad, Yo no lo era. Porque, los dominicanos estábamos acostumbrados a mentir y falsear cualquier cosa, con tal de lograr nuestros objetivos. Sin siquiera mirarme a la cara, en ningun momento, tomó un sello pesado que había junto a ella y como si arremetiera contra Mi Pasaporte le dejó una palabra grande que se leía, Cancel.

De allí, con aspecto derrotado. Pasé por mi Lugar de Trabajo y se lo comuniqué a los Abogados que trabajaban Conmigo, quienes reaccionaron indignado por lo sucedido.Yo trabajaba con diez de Aquellos y ninguno tenía el Visado Americano. Porque, al igual que Yo en principio,se sentían sin esperanzas de contar con ese Documento. Al menos por un tiempo. Después que llegué a mi casa, le hice saber lo que pasó, a Mi Gente. Quienes, por cierto, pegaron el grito al Cielo; por no entender, cómo dejaban fuera al Jefe de Familia, que era la persona responsable, de que los hayan visado a ellos.

Esa misma noche, sin perder tiempo, dirigí una instancia al Consul General. Y temprano, en la mañana, me las ingenié para poner Mi Profesión en mi Cédula de Identidad. Al mismo tiempo, cotegé mis Grados Universitarios. Y con todas esas pruebas bajo la manga; me preparé a echar una pelea por escrito, para que la Oficial Consular, que apodaban en esos días con el sobrenombre de: La Gillette*, se enterara, de que Yo contaba con los papeles pertinentes, que echaban por el suelo, la presunción suya en entorno a Mí. Esa misma presunción, fue la causa de que me arrebatara el privilegio del Visado Americano. El expediente que preparé sobre Mí Mismo, se bastaba por si sólo. No había razón, de que nadie más me defendiera.

Después que me invitaron a sentar, por ahí en algún lugar; en menos de cuarenta minutos me llamaron por el altoparlante a la ventanilla. Se disculparon Conmigo y devolvieron el sobremanila, contentivo de los documentos de la Prueba Escrita. La Reina de Todas Las Pruebas*. Me renovaron el Visado con los diez años. En esa época, no había tantos abogados, que se dedicaran al ejercicio de la Materia Migratoria en Santo Domingo. A excepción de una Abogada dominicana experimentada en esos asuntos, que trabajaba en EE.UU.Y que, estableciéndose en el Distrito Nacional, empezó una especie de Consejería en La Materia. Ésta representó a una gran clientela, ante el Consulado en esos años.

Gracias, a Esta Abogada, los dominicanos sembraron una cultura para encontrar soluciones a sus respectivos Asuntos Migratorios. Quienes, no podían pagar las tarifas que esta Profesional cobraba, se vieron en la necesidad, de buscar a otro que les trabajara, un poco más barato.Y es ahí, donde circunstancialmente, entro Yo con ciertos casos. Con la experiencia que acababa de tener, fui asesorando a algunas personas. Y recuerdo, que estas diligencias, pasaron a formar parte, de lo que hacía como Abogado en mi diario vivír. Esto así, porque muchos de los Solicitantes de Visas, no tenian conocimiento, de que podían apelar sus respectivos casos, cuando estos les fueran negados por las Autoridades de ese País. Parte, del poco dinero que junté en aquellos días, cuando asesoraba en estos menesteres, me llegaba por esta vía. Los colegas que trabajaban Conmigo para el Gobierno, terminaron interesándose por la Materia Migratoria. Y desde luego, prestaron ínterés a las solicitudes de sus respectivos Visados para ellos y Sus Familias.

Vuelvo a Mi Madre. Debo contarles, que entre Nosotros hubo poco roce afectivo. Por no decir, que no hubo nada que pudiera considerarse importante. Salvo algunas miradas, que de pronto, provocaban que surgiera un diálogo bastante corto. Me refiero a ese roce natural, que hemos observado, por generaciones enteras, entre Una Madre y Su Hijo. Que, por el brote de ternuras se entrelazan. Motivando relaciones estrechas. Hasta al punto, de que, la complicidad acerca mucho a una y otro. A ese tipo de relación me refiero. Esto no se dio entre Nosotros, no pudo ser posible; porque en el momento en que tuve conciencia, algunas personas a mi alrededor no se esforzaron en explicarme, que Ella era Mi Madre.

Tampoco, me dijeron las razones por las que yo dormía en el cuarto con Mi Abuela, en vez de estar, en el que pertenecía a ellos. Hasta dónde yo recuerdo, jamás me fue posible tener una conversación de diez minutos con ella. Pues, cuando no estaba ocupada con Mis Hermanos, lo estaba con Pachanga. Y cuando no, estaba con Éste Individuo, estaba haciendo los deberes habituales del Hogar. O tal vez, sólo recostada. En su cuarto sombrío a donde me apetecía entrar muy poco. Aún así, muy dentro de Mí, tuve el presentimiento de que la mujer que compartía el otro cuarto de aquella casa, con mis hermanos, también era Mi Madre. Y en una ocasión, pareció ponerse un poco molesta, por la lejanía que había entre los dos…Esa misma, que me inhibía, marcando distancias de no compartir con ella, como lo hacían mis hermanos. Con una tristeza en su rostro, muy despacio, ella mencionó estas palabras, que en todo este tiempo, jamás olvidadé:

–Yo soy tu Madre. Soy quien te llevó en este vientre por nueve meses. Llegará el día en que tendrás deseos de verme. De conversar Conmigo. Pero no podrás hacerlo, porque ya no me encontrarás–.

Aquellas palabras de Mi Madre me llegaron bien lejos. Todavía me parecen oirlas dentro de Mí. Así como, siento cada latido del corazón en mi pecho. Que se agita queriendo romperlo de un todo; el eco de su voz en aquellas palabras, que aún me pesan. Y se repiten, una, otra vez y otra vez. Pero no fue mi intención, aquella aparente inexpresividad que tuve. Tal vez, Yo quería decirle que la amaba. Que me dolía, lo que era su vida. Que sentía cada lágrima suya, y que, al igual, que Mis Hermanos, me hacía falta la mitad que me correspondía de su afecto. A Mí también me hacían falta sus abrazos. Y aunque no me fuera fácil expresarlo, Yo tambien me moría de ganas por decirle: Mamá.

CAPÍTUO IX

Fueron, tantas las cosas buenas, que se quedaron pendientes. Y que no pude llevar a cabo con Ella. No nos alcanzó el tiempo. Vivímos en un mismo lugar, pero con aparentes muros que nunca cruzamos, para tener ese encuentro saludable, en el que habriamos podido hablar de tantas cosas. Un momento, tal vez, en el que pude contarle, cual era la niña que me gustaba. O quizá, pude haberla hecho reír hablándole de las locuras a las que aspiraba en el futuro. De todo eso y quizás, un poco más tal vez. Entonces tuve consciencia en aquellos días, de que ella no tenía la culpa de esa sepación con la que yo iba creciendo. Llegué a darme cuenta, que era sólo una madre victimizada. Que Pachanga, la obligaba a irse de mi vida tantas veces, del mismo modo intempestivo, conque la hacía volver. Nunca le dió el tiempo suficiente, para que Esta, conociera a cada uno de sus hijos a fondo. Como debía ser. Para que pasara más tiempo con ellos y para que encontrara un momento de solaz descanso, en el que pudiera divertirse y divertirnos.

Los afanes, por salvar su vida, la forzaron a irse de la Mía. Pero siempre, en cada huida la acompañaba, un profundo dolor por habernos dejado sin tener siquiera la oportunidad de despedirse. Yo amaba Mi Madre. Nunca pude decírselo. Y estoy completamente convencido, de que ella también me amaba a Mí. Por eso, tal vez, en ese momento, en el que me reprendió, era como si supiera. Que estaba llegando. Al final de sus días: Como si en algún modo, presagiara su desaparición. Como si el cariño de Mis Hermanos, le resultase insuficiente, porque faltaba el Mío. O porque, de alguna manera, al hablarme así, pedía una clara manifestacion de Mi Cariño. Quizás, a lo mejor extrañaba los abrazos de sus primeros hijos. Con los que no tuvo la oportunidad de reconciliarse en largo tiempo. Después que asumió una nueva vida con Nosotros, sólo Dios sabe, el sufrimiento interno que la acompañó durante esos dieciséis años, que fue, pateada brutalmente, de manera reiterada.

Dios, es El Único, que tendrá conocimiento, de cuáles otras cosas perversas, les hacía, Ese Terrible Hombre, cuando en la quietud de la noche, la lastimaba sin piedad. Solemnemente, fue Ella, la única, que Yo recuerde, me felicitaba, cuando pasaba de Grado. Precisamente, cuando pasé para Segundo,*Ella salió al frente de la calle a mi encuentro. Llegaba a la casa con la Cartulina de Notas*en mis manos. Y Ella, rebozante de alegría, al frente de los vecinos, expresó su júbilo en estos términos:

–¡Ese es mi Niño inteligente, que un día será Ingeniero!–.

En aquel momento, que la vi reaccionar así, me senti bien. Noté que las demás madres que nos rodeaban, respondían de la misma manera con sus respectivos hijos. Aquella manifestación de su alegría asentó bien en Mí. Y me importó mucho, ver en Mi Madre, una sonrisa amplia en ese instante. Nunca, antes, ni después, la vi sonreir igual que esa vez. Mientras que Pachanga, Aquel Señor, que algún tiempo, se dijo ser Mi Padre, y que en principio, hizo esfuerzos, para que Yo estudiara, nunca llegó a felicitarme. Recuerdo haber terminado, La Primaria, La Secundaria y la Carrera Universitaria, en Derecho.* Y posteriormente, jamás me dejó ver, en su rostro, un reflejo de alegría, por mi lucha. La que siempre llevé a cabo, no sólo por mi propia satisfacción, Sino, por el bien de La Familia. Lo más que pude escuchar de su boca, fue una mañana, en que mientras cortaba El Pelo a un cliente, le dijo que Yo nunca había reprobado un Grado. Que Yo era bueno, cuando se trataba de estudiar, y que eso se debía, a que había sido enseñado por Él Mismo. Por lo que, en consecuencia, eso me hizo excelente. Dizque, para competir con cualquier otro alumno, que osara desafiarme.

El modo, en que lo ví hablando Ese Día, me pareció, que más que pretender darme créditos, el empeño al hacer dicho comentario, daba la impresión, de que, sólo pretendía ensalzarse a Sí Mismo, por sus incansables esfuerzos en la génesis de mi Vida Escolar. Es cierto, que de alguna manera, entre mis hermanos, Yo, había sido el consentido de

La Abuela Irenita. Pero en realidad, la veía como lo que era: Mi Abuela. Solamente, algunas personas en mi entorno, consciente o incosciente-mente, me hicieron creer, que Mi Madre me había abandonado. Que un buen día, se marchó a La Capital, SantoDomingo, dejándome indefenso.Y que, los de ese lado del cuarto, donde pasé toda mi vida, me habian dado su cariño, cuidados o amparo. Llenándome del amor, que como niño, necesité.

Pero, al cabo de un tiempo, con el correr de los años,Yo fui hil-vanando cosas. Atando cabos sueltos, que me dieron a entender, que Mi Madre, nunca me había dejado por su propia voluntad. Como me hicieron creer, en principio. Sino, que cuando Ella podía encontrar la manera de correr, se le escabullía a Pachanga, yéndose lo más lejos que podía. Escapaba del malvivír, de las palizas, del yugo, de la crueldad. Y los vejámenes a que era sometida. Ella no escapaba de Mí. Sino, del hombre que era su gran error. Huía del Casador de Mujeres. Al que, ingenuamente, le permitió entrar en su vida, por amor, o por pasión Y así, terminó, engatusada en la frialdad de un cuarto incómodo. Con muros de telarañas. Si en algo estoy claro, es que siempre amé a Mi Madre. El error de no habérselo dicho, es algo con lo que no viveré por siempre.

Hubo una vez, como tantas otras, que la vi muy nerviosa, ponerles algunas vestimentas a las hermanas. Que en orden de nacimiento, vinieron después de Mí: India, Bolivia. También a Mi Hermano, Petronilo, que era, el más pequeño hasta ese momento. Les pedía a ellos, que se dieran prisa, a ver, si avanzando temprano, lograban llegar a La Casa de Su Hermana, La Tía Nílsida. La cual, vivía en la Provincia de Azua. Que, por cierto, odiaba, con todas sus fuerzas, a Pachanga. Ésta, no desaprovechaba momentos, para proferir, que Él, no era, más, que un malnacido,*Abusador.* Y nadie, en Su Sano Juicio, le llevaba la contraria. Puesto que. La Tía tenía sobradas razones, en las que fundamentaba, lo que pensaba sobre Éste.

Mi Madre, en aquel momento, le decía a mis hermanos, que con un poco de suerte, tal vez, Mi Padre no los encontraba en el camino.Y desechando algunos senderos, por los que acostumbraba caminar, podrían estar a salvo de él. Como Yo era el mayor de todos, Ella, en su prisa, no pensaba tanto en Mí, dadas las circunstancias, de que siempre estaba bajo la protección y compañia de La Abuela. Sabía, a conciencia, que estaría más seguro quedándome con Esta, como siempre. Además, debía tener, la preocupación, de no solo cuidarse Ella. Sino también, a tres niños, a los cuales, no solo necesitaban, buscarles donde dormir. Sino, que también debía alimentarlos. Si nos llevaba a todos, incomodaría, aún más, a la Tía Nílsida, con el resto de Su Familia. Que, de por sí, era bastante numerosa. Neyda logró llegar a casa de La Tía. Pero mi hermana, La India, la mayor de los tres que la acompañaron, me confesó, con mucha tristeza, que aquel episodio, aún lo tenía en su memoria como si fuese reciente. Compungida por el dolor que le provocaba, el traer al presente, aquellas escenas, me di cuenta, en aquel instante, que su voz no era la misma y empezó a hablarme sobre Estos.

—Cuando Nene llegó, a Casa de Tía Nílsida, en la Ciudad de Azua; Ésta, al verlo, le arrojó una piedra, con tal de auyentarlo del Lugar. Le gritó que se fuera de su casa. Que dejara a su hermana en paz. Porque siempre intentaba matarla a golpes. Él, entonces, le hizo creer que se había marchado. Y en un momento, que Mi Mai, salió al frente de la casa, volvió a resurgir, como salido de la nada. La sorprendió llevándola a un callejón contiguo a la vivienda. En un descuido, vi que le arrojó encima, entre el cuello y el área de sus senos, una especie de polvo blanco, que de momento, cambió a color rojo. Súbitamente, después que eso pasó, la vi sin voluntad de querer esconderse o de continuar escapando de él. Simplemente se dirigió hacia donde estaba el bulto con Nuestras Cosas. Lo tomó en sus manos y nos pidió, que la siguiéramos, poque volveriamos a Vicente Noble todos juntos.

Tal, como de costumbre, cada vez que la traía de regreso a la Casa, Él esperaba hasta muy tarde de la noche cuando todos dormían y emprendía su furia contra Ella. La golpeó sin compasión hasta que le oí gritar de un dolor, insoportable para cualquier persona. Los golpes, parecían no tener fin en toda la noche. Yo muy asustada, a pesar, de que cubrí mis oídos, sentí que hubo una pausa en la voz de Éste, donde ya no parecia pegarle. Fue en ese momento, cuando pensé más que nunca dormirme y, mientras trataba de hacerlo, se escuchaba a Nuestra Madre sollozando, por el intenso dolor en su cuerpo—.

113

Esto, que narró Mi Hermana, me conmueve mucho. Como casi todas las cosas que describen, lo que Neyda pasó al lado de Este Hombre. Al que, ya no sé, cómo llamarle. Me parecen episodios tan tristes. Tan desgarradores, como aquellos que nos muestran en las Películas de Terror... ¿Pero, qué puedo hacer, si así realmente sucedieron las cosas? A nadie, se le da, la oportunidad de elegir la lamilia en la que nacemos. Esos fueron Mis Padres. Los que, A Mis Hermanos y a Mí, nos tocó Esa fue, realmente, mi vida. En verdad, he lamentado todo este tiempo que no tuvimos colores alegres. Más que las Manchas Oscuras que han podido distinguir, en las partes, que hasta ahora han leido. Hubo un tiempo, cuando niño, que deseé, que Mis Padres, no fueran los que figuran como tal. Me sentía avergonzado de Ambos. De la manera que conducían sus vidas, haciéndolas infelices.Y de paso tambien, con intención o no. Convirtiendo la nuestra, en un verdadero desastre. De modo, que a menudo imaginé, aunque fuera, por escasos momentos, que el matrimonio formado por los esposos Daniel Reyes y Prenda González, eran, en definitiva Mis Padres. ¿Por qué los elegía a ellos en mi mente?

Porque, siempre que volvian Al Campo, desde La Capital, donde residían, lo hacian juntos. Eran bastante amistosos. Si existía cualquier diferencias, entre sus progenitores, Estos, se mantenían al margen o neutral, para no afectar Su Relación de Pareja estable. Cuando yo veía Sus Hijos, que eran tres: Dos Hermbras y Un Varón, me daban a entender, que en Ese Hogar, había confianza. Y que se manejaban con respeto entre sí. La primera vez que conocí a su hijo Danielito, que estaba de visita en el Campo, que nos presentamos como familia.Yo quería ser como Él. En Aquella Ocasión, los jóvenes usaban El Afro. *Y en el momento que acudió al Canal* del Pueblo, donde los lugareños íbamos a darnos el baño, me llamó mucho la atención, el hecho de que, Él no sumergía su cabeza en el agua. Como lo hacíamos todos. Sino, que mojaba la peineta, para darle retoques al afro.

Después, obrservé, que entre todos los presentes, era el único que usaba Traje de Baño.Todos los demás estábamos desnudos. Era lo que se estilaba en la época. Incluso, para los pocos que tenian la posibilidad de contar con aquella indumentaria que aparentemente, cubría el pudor. Con el tiempo, Danielito y Yo, nos hemos vuelto encontrar en Santo Domingo. Y nunca se lo he hecho saber, pero hasta la fecha, creo que continúo imitandolo, no sólo su forma de vestir. También el destacarme en los estudios, como lo hizo él. Entre otras caracteristicas que lo distinguen y que siempre quise emular. La segunda vez, que nos vimos en La Capital, recuerdo que me dijo estas palabras:

—Indio, estudia lo que sea, pero estudia. Sólo eso te digo—.

Volviendo a Sus Padres, siempre, cuando caminaban a la par, se miraban sonriéndose mutuamente. Como si estuvieran aún enamorados, a pesar de las décadas que ha pasado, despues haberse dado el Sí. Esta Pareja, se volvió tan importante en Mi Vida, que cuando la veía venir, Yo salía al frente de la casa para obtener de Estos, primero que cualquier otra persona, sus saludos. Daniel era primo-hermano de Pachanga. Hijo de su tía Mailecasa. Y Doña Prenda, vecina de ambos, en el mismo sector del Barrio, que les vio nacer. Pero Daniel, era lo opuesto a su Primo. Salvo, que los dos eran De Color.* No creo que se parecieran en nada, más que en eso. Mientras que el Segundo, disfrutaba pegarle a las mujeres, antes o depués de llevarlas a la cama; el Primero, disfrutaba hacerla sentirse especial. Una vez que crecí y me gradué, llegué a platicar con Él muchas veces, obteniendo de sus conversaciones, experiencias muy constructivas, de sus días en el Ejército, como Músico.

Era una persona, que vestía con pulcritud. Amaba la lim-pieza y el orden de los elementos que les rodeaban. Esto le valió el seudónimo de "El Negro Vano", entre quienes les veían, con algun tipo de recelos. Era un caballero afable. Procuraba siempre, engalanar el modo conque trataba a sus semejantes. Incluso, aquellos con los que no acostumbraba a relacionarse. No terminó, ni siquiera sus Estudios Primarios. Pero me parecía alguien, que no necesitaba de estos, ni de las Cátedras Universitarias. Ya que, cualidades como, el respeto, la honradez, y la mesura, parecían acompañarlos siempre. Era como, si las hubiese traído consigo Mismo, Desde el mismo momento que nació. En cuanto a Su Esposa, la que, en una época, añoré como una madre; era un ser callado. Sólo hablaba lo necesario. Risueña y bonachona. Su mirada parecía, siempre estar llena de mucha ternura. Una hermosa dama, en el mejor de los sentidos.

Después de muchos años sin verla, me encontré con Ella en un sector capitalino, cuando iba camino del Mercado. A pesar, de que sólo me habia visto en mi niñez y adolescencia, me conoció de una vez. Y eso que, Yo tenía veinte años ya. Ese día me invitó a su casa, donde ya no estaban sus hijos. Pero allí estaba Daniel. Tenía Yo un hambre tremenda y me invitó a sentar. Diciendome:

–Toma asiento, Indio. Sientate. No te preocupes. Yo cociné hace muchas horas. Pero siempre me gusta guardar un plato extra. Por si acaso–. Es lo que Daniel y Yo, llamamos: "La Comida Del Caminante".

Mientras Ella me atendía, con lo necesario, para que me sintiera bien, me miraba sonriendo, de la misma manera como lo hace una madre, cuando le sirve al hijo que llega con hambre del Colegio. Me miraba y luego miraba a Daniel. Lo hacía, cada vez que me llevaba el tenedor a la boca. El día de su velatorio, siempre lo recordaré...
Fue, como si estuviese escrito en La Página de La Vida.* Que ellos debían morir el mismo dia. De una misma causa y a un mismo tiempo. Viniendo de un recorrido, desde la Región Norte del País, el vehiculo en el que se desplazaban, tuvo un vuelco. Como consecuencia del accidente, ambos perecieron. Aún después de su muerte, siento que siempre estarán Conmigo. Por las personas especiales que fueron y la manera que se comportaron en vida. Siempre me parecieron grandes padres, con los que me habría gustado contar. De la misma manera, que aspiré a padres imaginarios, de esa misma manera, aspiré a tener un Hermano Mayor, que pudiera vivír en Mi Familia.

Como antes dije, Pachanga tenía más hijos que eran mayores que Yo. Pero había razones muy lógicas, por las que Éstos no podían estar en la misma casa que ocupabamos. Así que, de algún modo, me imaginaba que el primo Dolore Momota, era mi hermano mayor. Los motivos fueron obvios. Ya que, el mismo, era la persona con el que más compartía mis sueños en aquel entonces. Así, como solía reirse de mi inexperiencia de la vida. De las cosas, que por mi juventud pasaban...O de los amores plátonicos, que en tantas conversaciones, salieron a relucír; que, Él mismo, llegó a considerar imposibles o absurdos. Pero que nunca, me hizo saber su opinión, con la finalidad de no hacerme sentír mal. Era un asiduo visitante a la casa de Mi Abuela.

Así, como Ésta, lo era de la casa de la mamá de él. Que también, era Su Sobrina. En consecuecia, siempre estábamos sentados dentro de la habitación. Cuando no, en la acera de la casa. Justo, en el frente de la calle. Recuerdo, que hubo una oportunidad, en que se le ocurrió, que podría ser Cantante. Le dije, que Yo lo veía muy bien. Ya que tenía una potente voz. Era como un diamante en bruto. Sólo había que entrenarlo y era posible, que algún día, se le diera esa pretensión.

Para Aquellos Días, en los que no importaba ser ilusos, le aseguré que podia contar, de mi parte, con las canciones. Yo mismo las escogería, entre algunas que escribí y reposaban en un cuaderno que permanecía escondido, dentro de una vieja maleta de La Abuela. Empeñado en eso, llegó a entonar algunas de éstas, donde Yo era su único público. Y donde, por demás, recuerdo bautizarlo con el nombre artístico que elegí para Él: Neo Noble. Así lo nombré y se lo creyó en el momento. Mostrándome una sonrisa amplia, que dejaba ver su blanca dentadura, mucho más acentuada, por el color de su piel. En verdad, aunque Él no se lo creyera, se comportaba como que aquello le parecía gracioso. Y me causaba risas a Mí Mismo, el imaginarme, que se hiciera factible la idea, de que pondría su voz, a una de aquellas canciones, que sólo dejaron de ser inéditas, en aquellas ocurrencias fugaces, a las que ambos soñadores dimos vida. Eran tantas las situaciones desafortunadas, que se daban en Mi Familia, antes y después de haber fallecido Mi Madre. Pero nunca llegué a compartir con Dolore Mamota, esa parte de Mi Vida, que transcurría dentro de aquellas paredes, luego que termibaba su visita.

CAPÍTULO X

Estoy convencido, que al igual, que el resto de los lugareños, él estaba al tanto de los pleitos de Mis Padres. Pero nada llegó a sus oídos, por mi propio conducto. ¿No se por qué? Lo que creo más lógico, es que tambien sentía timidez, de que lo supiera abiertamente por mi propia boca. Pero en realidad, la necesidad que tuve, de un hermano imaginario fue precisamente por la incesante sensación de dividir el peso que me causaba la cantidad de información sobre Mis Padres. No me creía con los años adecuados, para digerír lo que pasaba años tras años, a lo interno de aquella casucha descolorida que guardaba tantos secretos.Como la abundante ansiedad, de quienes la habitamos. Tenía momentos, en que, por lo que sentía, que mi cabeza quería estallar. No podia compartir mi pesadumbre con los hijos de Pachanga. Porque Éstos ya conocían, de sobra, su forma de vida y aborrecían, no solo sus actos, sino tambien a él. Por otro lado, tampoco podía contactar a los hijos de Mi Madre, porque de hacerlo, sólo atraería más problemas de los que ya había.

Sin embargo, es de justicia, recordar, que siempre, conté con Dolore Mamota. Para asistír a tragos y bailes ocasionales, en las contadas veces, que acudí a una fiesta, en bares del Pueblo; en más de una oportunidad, le tocó pagar por Mi, cuando se hacía la acostumbrada colecta, realizada entre amigos que compraban un Servicio de Ron, Coca Cola o Cervezas. Pensarlo como hermano imaginario, nada tenía que ver, con que fuera el mejor ejemplo a seguir, o no. Puesto, que es un mortal, como cualquiera de Nosotros. Con sus luces y sombras. Como hijo de una sobrina de La Abuela Irenita, como familiar que me sobrepasaba en años. Y como una persona, que pensaba estudiar la Carrera de Derecho. Como Yo. Sin lugar a dudas ésto nos hacía más cercanos. Lo concebí como tal, en su momento, por estas coincidencias. Siempre me buscaba como familia. Compartía Conmigo, algunas experiencias, por haber vivido más tiempo. Y solía escuchar mis anécdotas de juventud, aunque, en su interior, no me diera tanto crédito. Pero no andaba lejos.Y esto, lo convertía en la persona más accesible, con la que podía hablar de todo. Al menos, en esa época y en ese círculo dentro del cual crecí.

Con el pasar de los años, me he preguntado siempre, ¿de dónde habrá tomado Pachanga, esa pasión por los Asuntos Paranormales con los que en vida tuvo tanta afinidad? A la par, que fui creciendo, estas cosas me rodearon, y se hacían diligencias de parte suya, para avivar sentimientos, en pro de que, uno amara aquellas actividades, a las que siempre miré, con nada de afecto. Cuando había una situación rara, que no podia ser resuelta por Él Mismo, como por ejemplo, conciliar el sueño, y pasaba varios días de insomnio; inmediatamente comentaba, a lo interno de La Lamilia, que un Ser Malo,*estaba acercándose a la vivienda, a altas horas de la noche. Con intenciones de dañarnos, y de succionarlo a Él principalmente.

Como parecía, que lo estaba logrando. En más de una ocasión, le vi la cara pálida.Y siempre pensé, que era producto de la falta de sueño Fue lo que siempre creí, porque a cualquier persona le sucede lo mismo, cuando no se duerme, las 8 horas regulares, que siempre se ha aconseja dormir. Pero Él aseguraba, que no era, como Uno decía...
Alquien, quería matarlo. Y con tales fines, enviaban cada noche, a un demonio*con apariencia de un cerdo enorme. En varios días sucesivos, nos obligó a viajar con Él, a la ciudad de Azua, en donde hizo citas con un chamán, que en estas circunstancias, tenía más conocimientos que Él, para buscar alejar a Estas Apariciones.*De aquellos viajes, volviamos a casa, cada uno, con una especie de bolsita de piel, que parecía encerrar algo dentro de sí. En aquella época, y para aquellos días, recuerdo, que esas bolsitas, les llamaban Resguardo.* Lo que se supunía, era que esto nos protegiera de cualquier Cosa Mala. Incluidas, personas que tuvieran intenciones de atentar contra Nuestras Vidas. Lo recomendado por el Brujo Azuano, era, que no debiamos andar sin Esto. Las mujeres, debian sujetarlo, con un alfiler en su pantie. Mientras, los hombres, en la cartera, si la tenían. Y los que no, simplemente en los bolsillos o en los calzoncillos.

Hoy en día, tengo cincuenta años. Y recuerdo, perfectamente, una noche de mi adolescencia, en la que se hizo un encuentro en mi casa, preparado, exclusivamente, para atraer, atrapar, y posteriormente darle muerte, al presunto Espíritu*que se escondía en un animal cuadrúpedo. Aquella noche parecía fría. No sé por qué.Ya que, ni siquiera en Invierno hace tanto frío en Nuestro País. Mucho menos en Vicente Noble. Los convocados empezaron a llegar entre 10:00 P. M. a 11: 00 P.M. El ambiente estaba cargado de insinuaciones, que sólo se escuchaban en murmullos. Y el poco ruido que hacía, a penas se podría oír. Todos estaban reunidos en la vieja cocina de la Abuela Irenita.

Ésta, estaba encerrada como Nuestra Madre y el resto de Nosotros. La pelea con La Aparición Extraña,*era entre hombres mayores.Y quien comandaba el Grupo era Pachanga. Inquieto, como siempre, me acerqué a un hoyo que había en las viejas tablas de la Vieja Casona.Y no sólo los veía a todos, sino que también, podía escuchar cada cosa que se hablaba en baja voz. En ese encuentro, se escuhaba a familiares de La Abuela, dentro de los cuales, destacan los señores: Chito, Durgilio, Arsenio, y Miclo. Quienes, son sus sobrinos y dos o tres personas más, que no recuerdo por sus nombres, eran asiduos clientes en la Barbería.

Personas, que decidieron participar, para vivir la experiencia des-conocida. Y por otro lado, para apoyar al líder. Quien se los había pedido como un favor demasiado urgente. Esa noche, escuché a Chito comentarle a Pachanga, que ya tenía preparados y colectados, en una especie de bolso, que llamaban Macuto, una buena cantidad de terrones, escogidos para la ocasión, de un cruce de caminos. Le explicaba de manera, que no hubiera dudas, de que estos eran apropiados. Porque, el haberlos escogidos desde ese lugar, los convertía en armas mortíferas para acabar, de una buena vez, con la Criatura Rara* que todos esperaban. Una vez, que el reloj barato que Pachanga usaba en la muñeca izquierda, dio las 12:00 A. M., se agruparon todos a responder a una señal del Líder. Para ubicarse en distintos puntos estratégicos, entre el patio, la cocina, y en partes oscuras de algunas casas de vecinos. Yo imagino, que no podrian ser, más de las 2:45 A. M. Cuando noté, que todos saltaban de un lado para otro. Y esta vez, hacían ruidos que se escuchaban por todos lados:

–¡Atrapalo! ¡No dejen que se vaya!, ¡Cuidao ahí, dale duro! ¡Que no se vaya! ¡Anda pal carajo, se nos fue!–

Después de aquellos brincos y saltos, los vi volver a reunirse cabizbajos. Y uno por uno, le aseguraba al Líder del Grupo, que planearían otro encuentro, para ver si esta vez, podían atraparle. Aunque, siempre estuve opuesto, a creer mucho en Esos Asuntos, no puedo negar, que al mantenerse todavía tan fresco el tema, durante todos los meses del año en curso, sentía, que a pesar de mi negativa, había ocasiones, en las que temía salír sólo al patio trasero en busca de algo que yo olvidara durante la noche. Del mismo modo, que Pachanga enloquecía con dicho tema, en cada oportunidad que encontraba chance de intercambiar, respecto de los otros; de esa misma manera, aunque, con un tono menos elevado, La Abuela llegó a prestarle interés. También, a crearse ciertos temores en torno a ese tipo de fenomeno misterioso.

Una vez, estaba sentada en la acera que daba al frente de la calle. Fumando su Cigarro Casero, al que todos los ancianos, llamaban Pachuché*; me recuerdo, que Yo y un par de adolescentes más, de iguales edades, les pedimos, que nos contara algún Cuento de Caminos.* De esos que haya esuchado, o que tal vez, le haya sucedido personalmente. Nos miró unos segundos y en seguida se acomodó el paño sobre su cabeza. Después retiró el cigarro de la boca y lo sostuvo con su mano izquierda para apagarlo con los dedos humedecidos de saliva. En menos de un minuto, la vi corregir su postura, sentándonse en forma vertical, de manera que descansaba su espalda en la pared de la casa. Ya creyéndose cómoda, comenzó a hacernos el relato:

–Una madrugada, mientras aparejaba el Burro, me tomé más tiempo del que normalmente estoy acostumbra'. Pues, esa vez, vi, que la yaga* que tenia sobre su lomo* El Animal, estaba, en peores, condiciones que como la tenia el día anterior. Tuve que ponerles algunas hojas, con un remedio que me consiguió una amiga de Palo Alto. Tenía que detenerme a curarlo bien ya que yo no podía comprá otro. Después que terminé de aparejarlo, comencé a subir las cuatro latas llenas de Tomates y Aguacates, que siempre llevo pa' vendé. Mientras voy en el camino. Cuando me falta por subir la última, sentí, que algo se mueve a poca distancia, detrás de Mí. Me volteo, con mucho miedo. Porque, aunque estoy en Mi Casa, que la hice con mucho sacrificio, sin molestá a nadie, no olvido, que es muy tarde de la noche. Y que, a esas horas, no hay personas levantá, de las que viven cerca de mi solar. La grima*que me dio, hace, que por poco, me orine. Cuando vi, era un gato grande, negro. Con los ojos, que alumbraban como dos faroles.

Me miraba fijamente. Y no solo eso, siempre que lo hacía, gritaba alto haciendo ruidos muy seguidos. Como si tratara de decirme algo. Yo pienso, que el miedo tan grande que Yo tenía, me llevó sólo a gritarle:

¡Gato, gato de Mierda!, ¡Gato!

Pero no se iba y me gritaba de la misma forma. Ya el miedo no me dejaba estar de pie por más tiempo. En ese instante, pensé vocear a Tu Pai. A vé, si se levantaba. Pues, ya me daba cuenta, que eso era como Algo Mandao pá donde Mí. Pero no fue necesario que lo llamara, porque en seguida El Burro se menió* sacudiendo sus grandes orejas. Y sólo en ese rato, fue que el gato dio su último grito, alejandose tan rápido, que ni siquiera pude vé, por dónde desapareció. Al otro día, cuando volví de buscá las tilapias me topé, llegando a la casa, con Fulano.* No dijo el nombre delante de mis amigos de infancia. Sino, que me hizo un ademán con un dedo, para que Yo me acercara y me lo dijo en el oído. Yo le dije, que no me volviera a dár esos sustos así...Que ya Yo toy muy vieja pá eso.Y que me levanto pá Mi Trabajo, porque Dios e' Grande. Tenía que hacerle sabe' que Yo sabía que era Él. ¿Y Tú sabe' lo que hizo, Mi hijo? Se rió... No le quedó más, que reirse–.

Así, como La Abuela, también reaccioanaron otras. Como si de alguna manera, esas suposiciones se transmitieran, de una generación a otra, Y de esa otra, a la siguiente. Estos recuerdos se mantienen en mi cabeza, como si Yo los hubiese vivido, hace pocos días. Cualquiera pensaría, que son asuntos recientes. Y no, que en verdad, pasaron hace ya más de cuatro décadas. Por ejemplo, recuerdo algunas personas, que ya eran ancianos muchas de ellas, y otras, que no los eran tanto.Y que por, las cuantiosas posesiones que tenían en base a ganados, extensiones muy grandes de tierras, sembradíos de cosechas de Granos o Víveres;

construían sus casas. Las compraban, sólo para rentarlas, etcétera. Siempre proliferaban comentarios en contra de Estos Señores.Y se regaba, como la polvora, en los Cuatros Costados de Ese Pueblo Mío. Informaciones de boca a boca, que paraban, en más murmullos, que otra cosa:

—Oye Fulano, ¿y te diste cuenta?..La Familia Aquella compró otra propiedad, mucho más valiosa que las que tenían–.

¡Cóoomo!, ¡No me digas!...Aaah, pero y el Bacá que Esas Gentes tiene, ¿los está ayudando a conseguir todo eso? Bueno, Yo así no quiero riquezas. El que tiene trato con El Demonio,*o con las cosas que se relacionan con Éste, no le espera nada bueno. Lo quiero bien lejos de Mí.

Yo digo lo mismo...Hasta me persigno. Hago La Señal de La Cruz,* Jesús, líbrame, de todo Lo Malo.

...   Hay quienes pensaban así. Todavía existen familias Allá, que continúan haciendo esas insinuaciones. Y que piensan igual. Este tipo de opiniones ha mermado un poco, no ha desaparecido totalmente.

Y digo, que sólo ha mermado, por el flujo de migrantes, que a partír de finales de los 80s se produjo a otros Países. Especialmente, los que residen en España. Muchos de estos, han regresado a restablecerse y han levantado grandes negocios o empresas, que han diversificado el Comercio Inmobiliario. Construyendo grandes casas y adquiriendo Propiedades.* Muchos de estos recientes inversionistas, incluso, han superado en Fortunas y bienes, a los que se les acusaba antes, de tener pacto con Lo Malo.* O al través de Un Demonio transmigrado en una vaca, que supuestamente, los ayudara a progresar. Es lo que siempre se ha comentado, desde que Yo era un Niño de Tetas.* Incluso, los Tatarabuelos, se tomaban el café, hablando de Eso Mismo, mañana, tarde y noche.

Sin embargo, esa tesis, que todavía sostienen unos pocos, debería caerse, en estos tiempos, que ya estan muy distante de lo que fue el ayer. Ya que los supuestos portentados de antes, ahora lucen empobrecidos frente, a los empresarios emergentes que han revertido la Economía

Local. Incluso han ido mucho más lejos, colocando su dinero en inversiones que están ubicadas a lo largo de la Región Sur y en la misma Capital de la República. No es raro, que uno de Estos Migrantes, que han retornado, le pongan a Viterbo,* a Ti o a Mí, veinte millones de pesos sobre la mesa, por no mencionarte una cantidad que podría ser mayor. Para Mí, esto es suficiente. Aquellas dudas que tuve en otra época, con respecto a los eventos paranormales, ya no las tengo tanto para estos tiempos. Acepto, que me crié en ese ambiente. Y por tales motivos, como que a Uno le queda la sensación de un tic tac*en el cerebro.

Pero, pienso, que esto, es algo, que nunca pasará de ahí. Desde que Yo era pequeño, he visto, en muchas familias dominicanas, que se enseña a Sus Miembros, a proteger lo que Usted, Yo y Otros, conocemos, que les dicen: Secretos de Familia.*Respeto a todas las personas, que con recelos guardan eso. En verdad que sí, lo respeto. Pero en, mi caso, he llegado a un punto, donde es mejor traerlos a la luz. Así se trate, de un asunto visceral, Como en verdad, lo constituye todo esto que gira en torno a la perversa actitud de Pachanga, contra todos nosotros.

Y, particularmente, en la forma enfermiza, como se desquitó con Mi Madre. Como si fuera Ella la culpable, de lo que le pudo haber pasado en sus etapas de crecimiento. O durante los años, que fue Militar del Ejército, en época de Trujillo. Dicen, que escribir con la intención de sanar heridas del pasado, no ayuda mucho.Yo espero, que eso no sea tan cierto. Porque en verdad, estoy lleno de esperanzas. Muy dentro de Mí, confío, en que siendo lo más revelador posible, de alguna manera, esto traerá cierto alivio a Mi Vida. Tengo la certeza de que, en alguna parte del camino, iré dejando caer cosas, con las que siempre he cargado.Y cuyo peso, a veces, no puedo soportar por más días.

Desde que comencé a esbozar Estos Apuntes, se lo hice saber a Mis Amigos Más Cercanos.También, se lo comenté a personas con las que soy muy unido familiarmente. Lo hice, con la única intención, de que, me dieran su apoyo. O que tal vez, me motivaran a seguir adelante, en Este Proyecto, que quizá para otros parezca algo sencillo. Pero en verdad, es peor que caminar cuesta arriba, con dos costales de cemento encima. Sin embargo, para sorpresa mía, no recibí el apoyo moral que busqué en cada una de esas personas. Por el contrario, todas ellas, me pidieron que desistiera de lo que pensaba hacer. Porque a los muertos, había que permitirles descansar tranquilo, sin que nada le moleste.

Hubo, quienes me pidieron, que por favor, no volviera abrir aquellas viejas heridas, que con el tiempo, ya habían sanado. Que Yo no iba a lograr nada, con participarle a La Sociedad, sobre esa parte dolorosa que viví. Y que por demás, a nadie le interesaba, lo que Yo hube de experimentar, al estar tan cerca, de lo que fue, Aquella Catástrofe Familiar. Otros llegaron más lejos, advirtiéndome, de que no hurgara, ni removiera en los rincones oscuros de Mis Padres. Mucho menos, que revelara sus debilidades y miserias. Ya que, si todos los que tuvieran madres golpeadas por sus maridos, fueran a escribir sobre ello. Entonces, habría que escribir miles de libros así. Porque era algo tan normal, en las familias de la época en que se contextualiza Mí Obra. Como saber, que en los hogares dominicanos, se prepara Café Caliente todas las mañanas, los 365 días del Año.

CAPÍTULO XI

¡Que barbaridad! En Aquel instante, no podía creer lo que estaba escuchando. Precisamente, de la boca de un Profesional Médico, con el cual, compartí de pequeño, mis temores, allá en Ese Pueblo en el que vimos La Luz de La Vida. Y Yo me pregunto, como siempre lo hago ante cualquier contrariedad absurda. ¿Por qué debemos callar los episodios terribles que suceden en Nuestros Hogares? ¿Hasta cuándo debemos ocultar las cosas chuecas, que se forjan en el interior de Las Lamilias?¿Sólo para estar en consonancia, con lo que siempre se ha hecho, por tradición? No creo, que a la larga beneficie en nada, mantener esos secretos, que en algún punto de Nuestras Vidas, llegarán, si no a saberse plenamente; por lo menos, terminarán convertidos en secretos a voces. Es por eso, que nunca voy a entender, el porqué la gente tiene un miedo desesperante, a nombrar las cosas por sus nombres y apellidos ¿Y por qué, Estas Personas son así? Para Muestra, basta un botón.

Me remito a Facebook. Todo Aquel que interviene en esta famosísima Red Social, se afana siempre, en mostrar lo mejor que tiene de Sí o de Los Suyos. Pero por otro lado, temen, que vean, de su vida, la parte que más languidece. Como si tal cosa, pudiese dejarlos desnudos o vulnerables, ante ese Gran Público del Ciber-espacio.* Incluso, ha llegado hasta mis oídos el eco, de que, se me ha criticado, dentro de un pequeño Círculo Cerrado de personas. Pero que si lo han hecho, han dejado caer una gota de indolencia, cuando han subrayado, de manera taxativa: Que, "quien tiene problemas con su pasado, lo recomendable es, que se busque un buen Terapeuta". Y sí, estoy de acuerdo con eso. Para nada, la considero una opinión desacertada. Pero al mismo tiempo, que se va trabajando en esa parte, también se vale escribír con intensidad; porque, de Aquel que Escribe, algo queda.

Y si esto que deja escrito es constructivo, para una posteridad mucho más sana, que la que termina; entonces no hay ningún desperdicio. Mi única intención es hacerle saber, a cualquier persona que se interese, sobre las circunstancias, por lo que Mis Hermanos y Yo, nos privamos de Nuestra Madre a destiempo. Es, nada más para advertir, a cualquier mujer, que intente leer Este Libro. Especialmente a aquellas que son madres. Que no permitan ser maltratadas por Sus Esposos o Parejas. Que no se dejen golpear, por más que crean amarlos. Que primero, se amen a Sí Mismas. Se valoren y se empoderen del coraje suficiente, como para exigir con determinación, el sagrado respeto a su integridad física y moral, como personas que son. Sólo deseo, que ya no haya más mujeres tan sumisas. Como lo fue Neyda. Y que tampoco, existan más hombres, inclinados hacia la violencia en el hogar. Como lo fue Pachanga. Y por supuesto, que tampoco haya más hijos atribulados. Como Mis Hermanos y Yo.

A pesar de la confianza que tengo, en el efecto terapéutico que pueda surtír el hablar de Mi Pasado, prefiero olvidarme un poco de mi propio beneficio. Aspiro a que este esfuerzo mío, ayude positivamente, a quienes lean Estas Cosas.* Y, que los mismos, se sirvan, en propagar lo aprendido, con una buena conciencia crítica mayormente. Nada es tan importante, para Mí, como eso. Siempre seré de las personas, que piensan que los sucesos desafortunados que no se cuentan al Mundo, están condenados a repetirse. En mi caso, estoy convencido, de que, escribiendo la verdad, causo menos daño, que silenciándolas, por todos los días de mi existencia. Creo, que en cierta parte por ahí, he leído, que, la verdad, de alguna manera siempre nos libera. Pues al escribir, sobre lo que pasó en Esa Época siento eso. Como que me estoy liberando. Que me encuentro, mucho más en paz con el alma de Mi Madre. Siento que al hacerlo, sus huesos en la tumba, encuentran acomodo. Puesto que estoy rompiendo ese silencio, al que siempre se vió sometida de manera inclemente.

Con ello, siento que aparto las manos que tapaban su boca. Y, más que sentir vergüenza, por lo que representó aquel tiempo. Al contrario, algo en Mí, me está haciendo sentir diferente, a como me sentia antes de empezar a escribir. Tengo la entereza de lavar mis trapos sucios frente al Público, pudiendo mirar a la cara a Ese Mismo Público. Sin temor, a que me miren o me juzguen. Me he reencontrado Conmigo Mismo. Porque este asunto, del cual, hago pártipices a Mis Lectores, ya no me anima a esconderlo, más tiempo, debajo de mi colchón. Siendo sincero, me siento honrado de haber tenido la oportunidad de hablar sobre ello. Con Ustedes en nombre de Mi Madre.

¿Qué pasaría, si por cada presunción de infidelidad del Hombre hacia la Mujer o viceversa, tomáramos repentinamente la iniciativa, de hacer lo que Pachanga hizo toda su vida. Como si fuese su trabajo, más limpio? Tendríamos que apartar lugares cada cantidad de metros específicos, con la clara intención de construir Cementerios.Y estos Camposantos, no bastarían para alojar tantas muertes. Incluso, sin temor a exagerar, pienso que estarían tan cercanos a los espacios que usamos para ejercitarnos o simplemente para pasear con Nuestros Hijos. Un hombre o una mujer, no puede reaccionar tan a la ligera como respondía Pachanga en cada oportunidad, que imaginaba de Neyda, tal o cual cosa, sin tener prueba fehaciente de su falta.

Más allá de la que dio origen a Su Relación*en el año 1967 y de la que, un año después, nací Yo, Él no tuvo razón, en pensar en otras infidelidades. Antes de esa fecha, es otra cosa. Porque no eran parejas todavía.Y después, de otras separaciones, que se dieron en el tiempo, por su propia culpa. No por Ella. Oídme bien, culpa completamente de Él, no de Neyda. Entonces, dónde está el comportamiento inadecuado de esta Simple Mujer. Por la que Este Cavernario*quebrara su mazo repetidamente sobre Ella, sin importarle que era de carne y huesos. No de acero o cosa que se le parezca. De carne y huesos como Él. Todavía. Uno tiene la plena certeza, de que, Su Pareja, ha cometido el Pecado de Infidelidad. Y no hay que recurrir a métodos salvajes. Ni intentar matar a Esa Persona, que en otras circunstancias, hizo que se vivíera, momentos de alegrías. Simplemente relájate. Habla con Esa Persona. Lleguen a un acuerdo de alejarse definitivamente, si ya no pueden salvar la relación. Y emprendan, en lo adelante, caminos diferentes. Usted no tiene por qué hacerse la vida insoportable. Tampoco hacérsela a Su

Pareja. Actúe con la razón de su lado. Jamás responder, con los instintos que le inviten a fracasar.

Ni en el Siglo Pasado, ni en Este. Mucho menos, en el que vendrá después. No creo, que haya habido, ni habrá, quién dé crédito a Este Señor por tan afanosas diligencias. Con el fin, de hacer, que Neyda desapareciera. Está claro, que de alguna manera, lo logró. Como siempre les he dicho a ustedes, Amables Lectores, Y no me cansaré de pregonarlo mientras respire. Esa fue una muerte a destiempo. Con la que se le arrebató el privilegio a mi Julio, su nieto. Ya nunca podrá disfrutar de Esa Abuela, al menos en esta vida. Eso por esa parte y entre otras cosas. Qué decír de aquellos huecos emocionales que tienen Mis Hermanos y Yo. Estos vacíos, a la larga, sólo pueden llenarse con la inminente presencia de Esa Madre, que ya no tenemos. Podríamos apelar a unas series de métodos o terapias paliativas, para intentar suplir o calmar la necesidad de su ausencia indefinida. Pero nada reemplazará el aliciente adecuado, que constituya, el tenerla con salud, con vida y al lado de Uno.

Es cierto que todas Nuestras Madres tendrán una muerte bio-lógica, más tarde, o cuando no, más temprano. Eso lo sabemos todos. Humanamente, siempre se nos ha preparado, para que cuando Ese Día llegue, sea, lo menos doloroso posible. Eso lo réquetesabemos*todas las personas. Pero no es lo mismo, Tú saber, que te la han ido matando de a poco, de la manera más horrible que tu puedas imaginar. Hasta perderla totalmente, sin siquiera haberla visto, antes de partír de Este Solar.*Cuánta tristeza, Neyda, Madre. Mis palabras reflejan ansiedad por defenderla. ¿Usted siente que es así? No tengo que defenderla de nada ni de nadie, su metida de pata. Si es que, debo llamarle de esa forma. O por el nombre, que Usted piense que más se ajuste. No importa. Consistió única y exclusivamente, en permitír, que el hombre equivocado la sedujera.

CAPÍTULO XII

¿Qué humana, no lo ha hecho todo el tiempo? Si tengo que hablar por Ella, que es lo menos, que puedo hacer ahora, con gusto lo sigo haciendo hasta al último instante, que tenga mi respiración. Es lo más que puedo hacer por Esa Triste Alma, que todavía deambula por mi alrededor. Pero no crean, que lo hago, porque en esta ocasión, se trata de La Mía. Ni niquiera lo consideren por un instante. Así, como lo hago por Ella, lo he hecho antes por Otras Madres que han vivido con desesperación, en situaciones específicas de sus vidas. En cónclaves, que tienen que ver con la Violencia de Género. Y en reuniones privadas, donde, al abordarse El Tema de La Familia, los que hemos estado reunidos allí, hemos reafirmado, de manera contundente, el apoyo a los principios que tienen que ver con las prerrogativas inalienables de la mujer, como el ser humano único, dotado de la gracia de poblar Al Mundo.

¿Te parece si te hablo nuevamente, sobre la Tía Nilsida? Ésta se molestaba bastante, cuando Mi Madre la decepcionaba, regresando con Pachanga. Cada oportunidad que se escapaba, después de recibir sus golpizas. Ella era la hermana que le seguía, en línea de Nacimiento. Amaba a Mi Madre, como la Hermana Mayor que era. Le dolía en carne propia, lo que le pasaba con Aquel Hombre, desde el mismo día, que se metió con Él. Eran muy unidas, no sólo por ser, las únicas mujeres hijas de un mismo padre. Sino, que desde pequeñas, se contaban todo. Se tenían confianza una a la otra. Y sin embargo, no podían verse, como Familia. No se visitaban, No podian hablar, No podian reirse de cualquier tema, que Nene no supiese de qué se trataba. Él no le permitía ese tipo de relación, aunque fuese, con su propia hermana. Por eso, se pasaban años sin que pudieran verse ni saludarse. A menos, que no fuera, en aquellas circunstancias fátidicas, en las que, escapando de las garras de Esa Fiera, pisara la puerta de la Tía, para refugiarse durante un tiempo con Ésta

Allí, no hablaban de cosas triviales. Ni había sonrisas de por medio. Sólo penas que contar. Lágrimas que ver. Dolores en su cuerpo que calmar. E idear, algún plan que contemplara las vias de escapes a rumbos distintos, por los que debía escabullirse, a fin de que, El Rasteador Siniestro, no pudiera dar con Ella tan facilmente. No hubo un momento, sin que la Tía Nílsida, le dijera a Mi Madre, que si no se alejaba, de una buena vez, de los tentáculos de Nene, Éste terminaría matándola. Y, que cuando sucediera, Ella, sería la persona, que la iba a preparar, antes de meterla en el ataúd. Pareció decírselo tan en serio, que a Mi Madre le entró un extraño escalofrio en todo el cuerpo.

Yo estaba presente, una vez, que aquella conversación terminó. La Tía se marchó, dejando al aire aquel presagio. Oí a Mi Madre pronunciarse en contra de lo que Su Hermana le había dicho. No le gustó, para nada, aquella premonición. Incluso, con su mano derecha, se hizo La Señal de La Cruz, Al cerciorarse, que Su Hermana se había alejado. La vi, por primera vez mirar a alguien, con el ceño fruncido. Y percibí, que eso la molestó de verdad. Porque Ella no era así. Cuando alguién solía hablar mal a su espalda, siempre tomaba las cosas con calma y se mostraba inofensiva. Sin embargo, en ese momento, su ánimo cambió hasta quedarse pensando en las palabras de Su Hermana. Nílsida González, como antes les conté, es mi Tía por el lado materno. Era una mujer de armas a tomar. Tenía más coraje, que todos sus hermanos varones juntos. Y cuando debía decirle la verdad, en su cara a alguien, se la decía de frente, en el mismo momento.

Era de estatura baja. Con la cabeza pequeña. Su Pelo le llegaba al cuello, color negro y liado siempre, en un solo moño, en la parte de atrás de la cabeza. Su rostro, en forma de círculo. Tenía las cejas diminutas. Los ojos, color canela. Mientras, su nariz, era muy parecida a la de Mi Madre. Su boca, pequeña. Según pude advertir, llevaba siempre, los labios sin pintar. Sus piernas, cortas y sus pies, pequeños. Con grietas siempre en la parte baja del talón Al menos, así la vi siempre. Caminaba rápido y así mismo hablaba. Un vientre abultado, que daba la impresión, de que esperaba permanentemente, un bebé. Aunque sus hijos eran adultos y se había quitado el parir hace años.*Por lo que, ya no traería más hijos Al Mundo

Cuando necesitaba ir a prisa, si sentía que los zapatos la estorbaban, impidiéndole avanzar como quería, simplemente se los quitaba y se iba sin ellos. Con estos en la mano, hasta llegar a su destino. No se creía, más especial que nadie. Pero tampoco permitía que otros se consideraran mejor que Ella. Para cada pregunta siempre tenía una respuesta en la punta de la lengua. Aunque fuese, para insultar al que preguntaba, lo que no le incumbía. Las pocas oportunidades que la vi, nunca me miró de frente. En una ocasión, se sonrió Conmigo y apartó la vista rápidamente. Nunca entendí el porqué. Parecería, como si al mirarme, se negara a ver algo de su Cuñado en Mí. Al menos, fue lo que percibí en aquel entonces. En su voz, tenía la fuerza de un hombre. Ella era la que hablaba o pensaba, por casi toda La Familia.Y lo que decidía, el resto de sus hermanos lo acataba, como si fuese ley. Fue la única persona, que permaneció junto a Mi Madre, durante el tiempo que estuvo convaleciente, en su cama del Hospital. Ella no soportaba ver a Pachanga, ni en pintura. Dentro de todas las personas que lo aborrecían, era la que declaraba, a viva voz, que lo odiaba cinco veces más, que cualquiera otra.

A principios del año, cuando me establecí aquí en Nueva York, recibí una llamada, de alguien, que me comunicaba una advertencia, de parte de Ella. Sucedió, que la Tía Nílsida desconocía, que por falta de tiempo y de logística, Yo había mandado a sepultar a Pachanga, encima de la tumba de Mi Madre. Así que, en una ocasión, que fue a prender velas a Su Hermana, se encontró con la sorpresa que al momento, la puso muy mal. En aquella ocasión, se enojó tanto, que me dijo, a través de su emisario, que si no movía los restos de Pachanga a otro parte, Ella misma iba a derribar el nicho, a puros mandarriazos. Como a Mí, me constaba, que era capáz de cumplir con su amenaza; me ví en la necesidad de implorarle, que no lo hiciera. Que me diera un tiempo, para cumplir con lo que ella quería. Después que escuchó mi promesa, se mantuvo tranquila. No sin antes, ponerme en mi lugar, con una sarta de improperios, iguales o peores, que los que pronunció, mientras intentaba, tirar con sus propias manos, el nicho del hombre que aún aborrecía.

Tengo, fresco, en La Memoria, que para la primavera de Año 1984, mientras esperaba que se abrieran Las Clases, para asistír al Octavo Grado, me sentí incómodo. Pues, esos días, se me habían venido encima, como quien dice, de la noche a la mañana. Ese estado de ánimo, se debía a la incertidumbre, de no saber, dónde iba a encontrar el Uniforme Reglamentario que usaría Aquel Año Lectivo.Tenía los cuadernos por Materias. Lápiz, bolígrafo.Y mi gran interés de siempre, por acudír a Las Clases. Que, de alguna manera, constituían, mi único modo de relajación. Para ese tiempo, no había forma, de que pudiera obtener ese dinero al través de Pachanga. Él no acostumbraba a preguntarme al respecto y tampoco le notaba, que tuviera esas condiciones de disponibilidad para hacerlo. A menos, que por voluntad propia, se acercara a Mí, ofreciéndome la ayuda. De mi parte, no me animaba a pedirle, que necesitaba, tal o cual cosa, para esos fines. Porque no me sentía con tanta confianza para hacerlo. Aunque para otros, parezca simple.

Lo más normal, es que le presentara un listado de cosas que me hacían falta. Como lo hacían la gran mayoría de los alumnos que residían en Mi Barrio y en el Pueblo entero. Pero la distancia, en la que fuí creciendo, jamás me permitió desarrollar, esa soltura. Una tarde, que regresaba del Centro del Pueblo hacia Mi Casa, con apariencia de derrotado, con pesadumbre y con pocas ganas de llegar realmente, me encontré con Apolonio. Quien iba directamente hacia las Oficinas de Correos y Comunicaciones. Llevaba una carta entre los dedos de la mano derecha. Como si jugara con ella. Después de hablar un buen rato, le pregunté por la carta.Y acto seguido, me mostró el anverso.Y el reverso de la Misma, al tiempo que me contaba, que era, para Sor María Ángeles de Marrodan.

Según sus propias palabras, era una monja que había estado antes, designada en Vicente Noble. Y que hacía ya, unos años, estaba de vuelta a Su País, España. Le pedí, que me contara más sobre Esta y Éste accedió, concluyendo, que era una persona buena en todos los sentidos de la palabra. No necesitaba escuchar más, sobre Ella. Sólo eso me bastaba. Lo siguiente que le pregunté, era, si el tenía algún inconveniente en darme la dirección de Aquella Religiosa, a fin de que, Yo pudiera contarle un problema que necesitaba resolver. Apolonio accedió con mucho desprendimiento y me empujó a que lo hiciera. Subrayándome de nuevo, que era una Buena Persona. Se lo agradecí mucho.Y rascándose la cabeza, antes que sus pies, estuvieran dentro de la Oficina Postal, me dijo:

—Indio, no hay problemas. Los Pobres tenemos que ayud-arnos, unos a los otros—.

Lo recuerdo muy bien, un sujeto con un tamaño de unos 5'8. Con escaso cabello. De frente bastante amplia. Cejas diminutas y ojos negros. No sé por qué razón, pero una parte de su cuello, parecía reflejar un problema en la piel, como si fueran escamas. Su apariencia era desaliñada.Sin mucho ínterés en guardar las formas en lo que vestía o calzaba. Delgado y con brazos largos. Lo dedos de las manos, tambien los eran. Con las uñas crecidas y descuidadas. Posiblemente, por su trabajo de Alfarería. Vivía con Su Padre, en un lugar casi despoblado, en las afueras. Su cabaña era muy pequeña, con aspecto medieval, encima de un cerro. Con un pozo* en el patio. Su Padre, que era Albañil, la había construido, de acuerdo a sus posiblidades. Es lo que me contó un día. Cuando parte de La Población, se vió sin Agua Potable en sus casas.Y El Río la traía sucia. Su Papá, que no era dado a socializar, con el poco tiempo que le sobraba, después de estar trabajando Albañilería en el Centro del Pueblo, rara vez, nos invitó a Su Casa para abastecernos a unas cuarenta personas.

El Señor, ante el asombro de quienes, no estaban acostumbrados a visitar aquella especie de ermita, empezó a sacar de aquel pozo. Cubetas de agua, con las que parecía, que no terminaría nunca. Nadie hablaba con Él, pues, lo consideraban, un ermitaño. Era la primera vez, en Mi Vida que estaba frente a un Pozo de Agua.* Antes de eso. Sólo en peliculas, de casas abandonadas, había visto, sequía de esta naturaleza.

Apolonio solía vender los cacharros, las botijas y los anafes que hacía, a las señoras, que residían en la Parte Céntrica del Pueblo. Y utilizaba el poco dinero que obtenía, para sus propias necesidades. No lo compartía con Su Padre. Puesto que Éste, tampoco compartía el Suyo con Él. Fue lo que me respondió, cuando lo abordé al respecto. En una oportunidad, le pregunté, por qué Su Padre se tomaba tanto tiempo, en terminar cada casa que empezaba. Y Éste me dijo lo siguiente:

–Es que a Papá no le gusta contratar Ayudante, para no pagarle. Por eso, no trabajamos juntos. Porque quiere ganarse el dinero para Él sólo–.

En cada oportunidad que tenía de bajar al Pueblo, para suplirse de las cosas que necesitaba en la casa; dedicaba parte de ese tiempo libre a enamorar las muchachas que les parecían más buenamozas. Les hacía regalos, de cosas que estas les pedían. Precisamente, porque muchas de Estas, les hacieron creer, que de alguna manera, se interesaban en sus cortejos. Hay quienes lo veían como un chiflado. Porque en realidad, era un sujeto sin estudios, pero bastante cuerdo. De buenos sentimientos. Aunque desheredado de ciertas condiciones, para acoplarse al Medio Social en el que se movía. Volviendo a aquel día, en que me proporcionó, de buena manera, la dirección de la monja Llegando a la casa, escribí una carta para Ella de más o menos, tres páginas completas. Donde le hacía saber, la situación mía. Y específicamente, con la necesidad de Mi Uniforme,*con miras a Las Clases, que estaban a punto de comenzar. La Religiosa respondió diligentemente.Y para ello, se puso en contacto con otra religiosa, que había sido Mi Profesora en el curso del Año Lectivo anterior.

Le envió un paquete a su nombre. Para que Ésta lo retirara, en una Agencia de Envios, en la Ciudad Santacruz de Barahona. Inmediata-mente, que Esta Monja lo tuvo en su poder; me buscó para entregármelo personalmente. Recuerdo, que cuando Esta Hermana, lo puso en mis manos, ella estaba más feliz que Yo. Además, me transmitió un men-saje de la Religiosa que remitía el paquete: "Que nunca me parara de estudiar", por más obstáculos que me encontrara en el camino. Sor María Ángeles de Marrodán. Una persona a la que nunca conocí, le preocupó la situación que le conté y me envió más de un Uniforme. Les envié mis respetos y mis gracias, al través de otra comunicación, que llevaba ese único objetivo. Años después, me enteré de que esta Buena Mujer había fallecido de una terrible enfermedad relacionada con el cáncer. Estoy completamente convencido, de que, los seres humanos como Ella, tienen el lugar que merecen en Aquel Otro Mundo*al que aspiramos Los Creyentes. *Muchas gracias, Hermanas De La Caridad,*por valorar ese principio de San Vicente de Paúl, que Todas Ustedes engrandecen, al leerlo de la misma manera, en que él Mismo lo pronunció: "Mis Señores, Los Pobres".

De mis trabajos en Santo Domingo, les puedo hablar, satisfactoriamente, de cada uno de Ellos. Es mucho lo que puedo contarles, sin que esté demás resaltar, que en cada tarea, que se me asignó, la disfruté muchísimo. Como lo he manifestado, por ahí, en otra página. Tal vez, no recuerdo bien, en cuál de ellas fue. Pero echo de menos, el ejercicio de Mi Profesión. Esa es la verdad. Pero las circunstancias. Son las circunstancias. Como solemos decír los dominicanos entre Nosotros Mismos. Ya no hay que mirar para atrás, simplemente, seguír adelante.Y como subraya el Pasaje Bíblico: "No Sólo de Pan, Vive El Hombre." Recordando aquellos días, cuando, por el ejercicio del Derecho, me hice Abogado. Es oportuno, que sepan, que realmente, llegué a ejerccer la Práctica Privada, aunque de manera un tanto tímida. ¿Por qué? Pues, porque, en esa misma fecha que me gradué, mi primer empleo, ya formal, de oficina, fue en la Presidencia de la República, como Asistente de Las Compras del Gobierno.

Mi asiento estaba puerta con puerta, con las Oficínas del Vicepresidente de La República. El Lic. Jacinto B. Peynado, en el Tercer Nivel de La Casa de Gobierno. El mismo Nivel que se haya el tan apetecido Despacho del Primer Mandatario de La Nación Dominicana. En principio, no me gustaba para nada Ese Trabajo. Y hasta llegué a manifestarle al Encargado de Nombramientos del Palacio, mi in-conformidad. Por lo que, no terminando Yo de presentarle mi queja, me invitó, a que entráramos juntos a donde Yo trabajaba. Y les dijo, en Alta Voz, a todo El Personal, que estaba presente Allí:

–El Licenciado Heredia, no quiere el Nombramiento que le ha dado El Presidente. Qué piensan Ustedes de eso–.

Vi, que todos los que estaban sentados allí se miraron unos a otros. Y abrieron los ojos bien grandes al mismo tiempo. Como quienes dicen:

–¡Este Tipo, debe estar loco!–.

Antes de abandonar Mi Oficina, El Señor agregó: –No te precupes. Julio–. A medida que pasen los días, Tú le tomarás mucho amor a Tu Trabajo. Eso, te lo aseguro Yo. Le vas a tomar tanto interés, que no vas a querer dejarlo, nunca.

Fui entendiendo, poco a poco, adonde iban centradas sus pala-bras. Y es, en lo referente, a que era un empleo, donde, la persona que estuviera a cargo, podía recibir dinero, por debajo de la mesa, a cambio, de que beneficiara a empresarios de los que suplían al Estado. Me explico: Si por si acaso, se necesitaba un cargamento de gomas para vehiculos, o tal vez, los Uniformes del Cuerpo de Ayudante Militares del Presidente de La República. Si Yo se lo asignaba, a un Suplidor, que prometiera darme el Diez Porciento, del valor de esas compras. Pues me iba super bien. Era un dinero que podía guardarme para mi propio provecho. Sin compartirlo con nadie más. Pero eso no pasó Conmigo. Yo estaba muy verde* todavía. A penas tenía veinte y algo. Y estaba lleno de buenos principios. que venían Conmigo desde Mi Pueblo. Las enseñanzas que las monjas inculcaron en Mí, me cacareaban al oído, para que no transgrediera lo establecido. También esa conducta era contrapuesta. con lo que dictaba la Ley al Respeto. Y, como recién graduado, me sentía comprometido a ser honrado con mi trabajo. Primero, por eso mismo. O sea, por haberme graduado reciente. Y segundo, porque era mi deber, desde la parte que me correspondía, preservar intacta la letra de La Ley, en contra de la sobrevaluación, y todo lo demás, que se deprende de esto.

En cierta ocasión, que fui directamente ante el Contador General del Palacio, y le hice saber, que había un Militar de Alto Rango en Mi Departamento, que estaba sacando ventajas, sobrevaluando las compras a mis espaldas. El mismo Contador y Su Personal me miraron, como si Yo hubiera perdido El Juicio. Como una persona que se estaba buscando un problema grande, al desconocer, que estaba metido en la misma cueva donde el oso estaba invernando. Imaginese Usted, en tiempo del Presidente Balaguer. Donde, cada Servidor Público, la primera cosa que tenía en la Mente, era Buscarse Lo Suyo*a costa de lo que sea.Y por encima de la persona que fuera. Recuerdo, que alguien de Ese Departamento de Contabilidad, fue por detrás y se lo comunicó al Militar. En el momento que llegué, me miró y se defendió como un gato bocarriba. Comenzó a negarlo todo frente a Mí.Y a predicar sobre su honorabilidad, que venía desde cuando estaba en el Ejército de Aquel Generalísimo* que le robó el nombre a la República Dominicana y le puso El Suyo,* como bueno y válido.

Adjuntando, también, que fue Amo y Señor de posiciones importantes y nadie pudo ligarlo a nada malhecho en los mandos que desempeñó. Por lo que, era imposible, que se fuera a rebajar, por dos o tres centavos, en los años en que arribaba, al cierre de una Hoja de Servicios limpia. Yo no había llegado ahí, por pertenercer a ningun Partido.*Ni por hacer Política Partidista. Llegué allí, porque fui al Palacio acompañando, como lazarillo, al Presidente de la Asociacion Nacional de Ciegos, Inc. Quien iba a retirar un cheque al Despacho de la Secretaría Administrativa de La Presidencia, en Aquel Entonces, la señora, Carmen Rosa Balaguer. Sobrina del Presidente de La República.Y, en Aquel mismo momento, le expliqué sobre, mi situación de Recién Graduado. Le di una carta de Mi Amiga, Sor Servia García. Donde Ésta le hablaba bien de Mí.Y días después me llamaron para esa posición, con caracter de urgente.

Recuerdo, como ahora, una cosa que me dio gran alegría. Fue, mi Certificado de Nombramiento. Esto me hizo sentír así, porque estaba rubricado por el Mismo Presidente de La República, como Jefe de La Administración Pública. Aún lo tengo guardado.Ya el papel ha cambiado de color. Pero sigue legible, igual que Aquel Día, que lo recibí. Yo tenía la Mente sana. Era un muchacho bueno, Sin tanta malicia, como esos tiburones, que pendensiaban cada paso mío por Aquellos Pasillos. Más que el Servidor Público, que debía ser, según los que me miraban a diario, cuando llegaba a Palacio. Lo que hice fue, que empecé, como si fuese un adolescente con juguete nuevo. A recorrer los lugares desconocidos de Aquella Extraordinaria Mansión,*que fue mandada a construír por Rafael L. Trujillo en el año 1947. Hice, que me sacaran fotos, sentado en las sillas, que usaba el mismito*Presidente de La República.

En la silla suya, que está ubicada en el Consejo de Gobierno, ahí me saqué fotos. En la silla de color del oro, o que se comenta que es de oro. Y que incluso, trasladan en un Vehículo Especial, a los lugares donde va El Presidente.Y que es, la misma que está, generalmente, ubicada en el Salón de Embajadores. O lo que es lo mismo, el Salón Rojo. Donde se reciben Las Credenciales de Los Dignatarios Acreditados; El Gobernador de Palacio, para ese tiempo, me dio permiso de hacerlo como una manera de congraciarse conmigo por estar recien nombrado en aquella posición. Pero qué importa. Hay quienes hicieron y hacen cosas peores. Que llama, mucho más, la atención que esas chiquilladas que acabo de mencionarles.Tambien recuerdo, que me acompañaba un Edecán, que era un Capitan de Navío. Cuyo trabajo, era mostrarme los lugares más importantes de Palacio. A fin, de que, Yo supiera, donde estaba ubicado, con lo que Yo tenía que bregar, mientras estuviera a cargo de esos menesteres.

Me dijeron, que eso era parte de mis funciones, porque lo que se usaba en esos espacios debería ser comprado por Mi Departamento y no estaba bien que lo ignorara. Así que, me condujeron a los distintos Salones del Palacio: El de Las Cariátides.*Que es el más grande de todos. El Salón Rojo*El Salón Verde. La Barra, Cocina, las habitaciones del Sr. Presidente. La de Los Reyes de España. La de Su Santidad,*el Salón de Belleza, etcétera. Era un sinnúmero de lugares interminables. Pero, que en realidad, me fueron interesando, en la medida, que me fui adaptando a todo. Para qué negarlo. La vida en El Palacio Presidencial, te da ciertas sorpresas, a veces, que crees estar soñando. También, hay muchas responsabilidades y algunos temores, que se deslizan de repente, sin que tampoco los esperes.

Si alguna vez, le tuve miedo al Uniforme Militar, algo que arras-tramos los dominicanos desde Los Tiempos del Sátrapa,* pasando por

Aquellos Siniestros Doce Años del Expresidente Balaguer.* Un Cruel y Largo Período, en el que se reprimió a todas las Libertades Públicas, entre otros derechos.

Ese miedo, lo perdí completamente, cuando empecé a trabajar en Esa Oficina. Pues ahí tenía que tratar, frente a frente, con Generales y Mayores Generales de las Instituciones Militares más importantes del País. Recuerdo, que para Aquellos Días, me metí tanto en la piel de Los Militares, que me daban sus saludos, como si Yo fuese Uno de Ellos. Tanto fue así, que incluso, aprendí la forma coloquial en la que muchos de Estos se comunican sin importar Posiciónes o Rangos. Tal es este ejemplo de un General. Que en una ocasión, me dijo lo siguiente:

–Licenciado, por favor, tíremele la sábana a Ese Teniente–.

Lo que me pedía el General, en su modo, era que le protegiera al Teniente, para que nada malo le fuera a pasar. Porque Él Mismo, había cometido un delito, que lo podía apartar de las Filas de la Institución a la que pertenecía. El delito había sido cometido en Mi Oficina. En otro sentido, en lo que concierne a la tan deseada Comisión del Diez Porciento, la vi, cuando llegaba varias veces. Porque eso sí, de que era cierto que lo daban, lo daban. Pero bajó Una Orden desde Arriba, para que nadie, en su sano juicio, osara ponerle las manos encima. La Orden era, que Las Comisiones que llevaran los distintos Suplidores, se le debía entregar a una Persona Importante, que nunca se supo quien era. Luego Esta, se la entregaba a otra, que era mucho más importante.Y ahí quedaba todo. Sin que se pudiera cuestionar al respecto. Como ese Corto Período, transcurrió, de 1994 al 1996. Fue, cuando a Balaguer,*de los Cuatro Años que les correspondía, se lo dejaron en Dos. Porque, supuestamente.

Hilda Francisca, mi exprofesora de primaria. New York, primavera 2017.

Con Annie Correa. Metropolitan Museum of Art. Nueva York, Verano de 2017.

Rockaway Beach, Boulevard. Verano de 2011

La visita de Charo Frigati,
mi exempleadora en 1990
Nueva York, 2011.

Mientras asistía al Musical: "El Fantasma de la Opera". Broadway, primavera 2014.

Ministro Lector, Parroquia Santa Rosa De Lima, Rockaway Park. Primavera, 2014.

En la 42 St. Premiere de la película: "El lobo de Wall Street", 25 de dic. 2013.

Grand Central, Nueva York.

Con Julio, hijo y su
Mamá Daisy Correa Balderas.

El emblemático Chrysler, Nueva York.

Despues de un dia de trabajo,

tranquilo en casa.

Con los primos: Chireny, Carmen y Ronald. Claremont Park, Bronx. Verano de 2015.

Recibiendo a mi primo,
Narciso Vargas Heredia.
Primavera de 2013.

Viceministro de Cultura,
Cayo Claudio Espinal.
En la X Feria del Libro Dominicano,

Nueva York.

Interactuando con algunos
coterraneos: Ramón Ortega,
Magino Vargas, Amancio
González. Bronx, Nueva York.

Con Marilyn Florian
Octubre 2017, Bronx.

Señores: Willin Céspedes y Fior Teanis. En la presentación de mi segundo Libro.
Bronx, N. Y. Otoño 2017.

Mi exprofesor, de secundaria,

Ciriaco Matos Feliz (Sanabio).

Julio César Heredia Correa. 18 años. Long Island, Nueva York. Otoño 2017.

Sres. Agustín Cuevita y Ayalibis González.

Sor Servia T. García, H. C.

Agasajo: A Mercedes Recio, (La Araña de Gentin). Por haber sido, la primera persona en comprar en Europa, mi primer Libro. Manhattan, Otoño de 2015.

Con mi primo José Heredia y Mayra Susana. Bronx, Verano de 2015.

En IX Feria del Libro en Nueva York. Me acompañan: Felix González,
Kenia Gonzalez, Yoya, Nano Cespedes, Fior Teanis, profesor Lirio, Luis González
y otros espectadores. Verano de 2015.

Doña María Torres, o lo que es lo mismo, María Mimiro.

Times Square, Manhattan, "Escalera Roja". Verano 2017.

Con El poeta, Mateo Morrinson. X Feria del Libro dominicano en Nueva York.
Octubre de 2017.

Presentación, de los primeros ejemplares, de mi segundo Libro:

"TOMY MACARRONES, EL HÍBRIDO. Casa del Mofongo,

Manhattan, Noviembre de 2015.

Matrimonio español, que costeó Mi Universidad. Don Sotero Sainz y Doña Victoria García.

Estación de la 14th St. Manhattan, se observa detrás, una de las Esculturas, que forma parte, de la grandiosa colección que se encuentra allí.

Manuel Heredia (Pachanga).

CAPÍTULO XIII

Las Elecciones del 1994, resultaron amañadas y, Él las había ganado con trampas. Como se dijo, en esa oportunidad. Que hasta Los Estados Unidos opinó al respecto, la solución fue esa. Acortar el Período, para convocar nuevamente a Elecciones. De las que, resultó Ganador, el Expresidente Leonel Fernández, con el apoyo de los Votos Balagueristas. Entonces con el Nuevo Gobierno, me despidieron de Esa posición y colocaron a otro Abogado, Miembro del Partido Político que había ganado. Fui nombrado nuevamente, pero en la Comisión de Espectáculos Públicos y Radiofonía. Allí estaba, como Abogado. Pero con el compromiso de resolver, cualquier problema que se les presentara a los Inspectores que hacían servicios en los Cines y Centros de Diversiones en todo el Distrito Nacional.

Me acuerdo,*de una vez, que debí presentarme a un Cine muy concurrido de la Avenida 27 De Febrero. Los Inspectores no debían permitir el paso a menores de edad, a Las Salas donde se exhibieran peliculas saturadas de Lenguaje Inapropiado, escenas con altas dosis de pornografía, etcétera. También habían estar pendiente, de que, en los baños de esos establecimientos funcionara la decencia y el orden. Y, eso no se estaba cumpliendo. De alguna manera, se comprobó que había hombres que iban a mirar a otros hombres mientras estos orinaban. El Presidente de la Comisión, encargó la tarea a Tres de Nosotros.Y después que observamos como estaban las cosas, recomendamos la mejor solución, que todavía en estos tiempos persiste con efectivi-dad: Recomendamos, Separadores de Orinales. De manera, que la persona que estaba al lado, no pudiera ver la Otra que le quedaba al lado, mientras hacía Pipí.

162

En principio, fue, para los Cines. Pero desde allí, se extendió a otros Lugares de Diversión más comunes en la Geografía del Distrito Nacional. En otra oportunidad, recuerdo muy bien, una tarde que el Presidente de la Comisión, nos mandó a citar a un Locutor y A Mí, a Su Despacho. Cuando nos presentamos ante Él, nos comunicó, que deseaba, que cuando llegara la noche, nos adentráramos a un Cine Conocido.Tenido en Aquel Tiempo, en Mi País, como el Cine más porno de todos los tiempos. Las Pornos,*era el único tipo de peliculas que se exhibía en Aquel Cine. No tengo conocimiento, de que aún exista. Pero es posible que sí, por la demanda tan grande que ha tenido, durante décadas, los filmes pornos. Se nos encargó, verificar las condiciones de Allí, porque la Inspectora fijada, de manera permanente, en Aquel Lugar, no podía salir sola, por lo que se producía, dentro de Aquellas Paredes, a medialuz.

Cuando la otra persona y Yo, llegamos Al Lugar, penetramos a la Gran Sala y tuvimos que cubrír los orificios nasales. El hedor a semen, por doquier, era terrible. Era común, ver parejas de hombres con hombres en el piso. Recostados de las paredes. Mujeres con mujeres.Y heterosexuales en los asientos en posiciones diferentes. Pedimos al Gerente, que nos encendiera la luz. Pues, queríamos constatar, con más claridad, lo que habiamos visto. Miramos bien y, ni aún así se apartaban.*Allí había todo tipo de personas. Incluyendo, Gentes Importantísimas.

Mandamos, a que apagaran los cigarrillos.Y una vez, que así lo hicieron, nos dirigimos a Los Baños y mingitorios.*Allí, no se pedía permiso para tocar a Alguien. Y si no, nos hubiéramos alejado a tiempo del Área, los había, quienes intentaron bajarnos el zipper* del pantalón. El momento estuvo recargado de incomodidades. Fue difícil mantenernos Allí. Así que creímos estar bien edificados, sobre la verdadera Gomorra que significaba Aquel Cine. Y dimos por teminada nuestra visita, con mucho fundamento. Al siguiente día, llevamos el Informe al Presidente de La Comisión. Quien, después de escucharnos, se llevó las manos sobre su cabeza, diciéndonos:

—Yo pensaba mandar a cerrar Ese lugar. Pero, si La Cosa es así,

mejor dejaré que siga funcionando. Si lo cierro, la salud puede ser, peor que la enfermedad. Es mejor que Esos Fulanos se encierren ahí, a que salgan a las calles–.

Mirándolo bien, desde esa perspectiva, Nosotros lo secundamos en su decisión. Todavía pienso, que fue una decisión, tal vez, no totalmente correcta, en cambio, sí atinada. En Este otroTrabajo, me sentí bien, entre el período que abarcó, desde el Año 2000 al 2005. Fueron años, que para Mí, no parecía trabajo. Ya que, como se suele decir, cuando se está contento, o se disfruta lo que Uno hace, siempre con la sonrisa en la boca, eso no es trabajo. Para Mí, era como si El Departamento Legal, o la Consultoría Jurídica; fuera un Centro, más para socializar, que para trabajar matándose.* En Ese Período, estuve laborando en el Instituto Nacional de La Vivienda (INVI). Básicamente, siendo el Abogado, Encargado de los conflictos que surgían entre las Parejas de Unión Libre o Matrimonios, que una vez, se separaban, no podrían ponerse de acuerdo, para vender cualquier inmueble, del que ambos eran propietarios.

Este inmueble, que El Gobierno asigna a los bene-ficiarios, tenía Una Condición Especial. Que los difrencia de los inmuebles de Capital Privado.Y es que, tiene una coletilla con un texto escrito, que establece la condición del Inmueble, como "Bien de Familia.*Esto lo hace así el Estado Dominicano, para proteger a las familias, precisamente, para que no se quedasen sin casas.Y que ninguno de los Adquirientes se pueda deshacerse del dicho inmueble sin la voluntad expresa del otro.Y que, al transformar su venta en Dinero Líquido, ningún beneficiado deje al otro, sin la parte del Efectivo* que le corresponda. Para que tal condición, se le retira el Inmueble para homologarlo. *Esto significa, que Las Partes Interesadas, se lo pedían a un Juez. Y una vez, que Este Juez la retire, mediante una decision por escrito; entonces el inmueble estará disponoible para que se venda. Y entonces, sí, los interesados, podrán dividirse, según lo legalmente establecido por ley. Pero habían situaciones jocosas que se daban en las parejas; situaciones que me eran llevadas por ellos mismos a mi Escritorio. Muchas me hacían reir sin que yo lo pudiese evitar. Generalmente, el hombre antes que la mujer, con la que tenía problemas, era el primero en llegar ante mi. Empezando, más o menos, a relatarme algo como esto:

–Mire, Abogado. Yo llegué el jueves a La Casa, cansao... Y cuando me estoy acercando a la puerta, oígo unos quejidos, como si fueran, gritos de placer, Me decido a mirá por un hoyo de la ventana y veo a Mi Mujé clavando*con otro señor. Eso no es posible, Abogado. Yo venía cansao de trabajá todo el día. Queriendo descansá en mi cama y mire usted. Ella quiere parte de la casa, pero ella no se merece ná, Abogado. ¿Verdad que no? Cuando no, ésta misma situación sucedía a la inversa.

Lamentaciones como esa, se daban, comúnmente en esos Complejos Habitacionales, que construye el Gobierno en República Dominicana, para familias de muy pocas posibilidades ecónomicas. Algo que me gustaba inmensamente, era cuando se nos enviaba, a tres o cuatro Abogados, a las ciudades de Santiago, La Romana, La Vega, Pedernales, entre otras más, donde representábamos a la Institución en Justicia. O sea, en Los Tribunales Civiles o De Tierra de estas ciudades. Después que agotábamos el Día de Trabajo, tomábamos la noche, para despejar un poco la Mente, por las capacidades empleadas durante el día. Socializábamos en los Clubes Nocturnos, tomando tragos, bailando y compartiendo con las autoridades que nos recibían Allí. Cuando no, con el Cuerpo de Abogados del I.N.V.I. Que residían en esas Provincias.

Lo mismo me pasaba, cuando tenía que acudir a Los Tribunales, a representar a Mi Institución en Materia Laboral. Me explico: Cuando se despedía a empleados, que cometían faltas graves, en el ejercicio de sus funciones o no. Porque robaban casas u ocultaban documentos archivos para venderlos. O para obtener prebendas. Ahí se me eviaba a Mí, entre otros Colegas que hacíamos Nuestro Trabajo, frente a cualquier Situación Legal que emergiera de esos conflictos. O de otros, de igual magnitud. Sin embargo, la satisfacción más agradable, la sentía con Mi Profesión al momento de pisar mi Lugar de Trabajo. No sé por qué, pero a los Abogados nos concedían los mayores privilegios. El mejor trato. Los mejores horarios. Nosotros poniamos las Horas de Entradas y las De Salidas. Y como ya expliqué, si en Santo Domingo nos trataban como a príncipes, en la propia Dependencia donde trabajábamos. En las ciudades a donde nos enviaban, nos daban trato de reyes. Entonces, Ustedes pueden colegír, después de esto que le he contado, cómo me siento con el trabajo que hago ahora.

No voy a negar, que extraño Aquella Época. Pero al fin y al cabo, más allá de las echadas de menos, que doy de vez en cuando, a lo que hacía con Mi Profesión. Y más allá de las razones, por las que me encuentro hoy aquí. Me hago la idea de que, fue una etapa por la que tenía que pasar. Que concluyó, en la forma que fue. Como una vía de escape hacia nuevos conocimientos. Hacia otra forma de vida. Y también, como no, hacia nuevas experiencias. Creo, que es importante, hablar en este momento sobre Mi Adolescencia. Esa Etapa transcurrida, que le post-sigue la Pubertad. Pienso, sin temor a exagerar, que La Mía, fue una etapa intensa; dadas las cicunstancias, de que, en aquellos años, me sucedieron algunas cosas desagradables, que superaron a otras, que sí me agradaron. Y, porque además, debí asumir mayores responsabilidades de las que ya pesaban sobre mis hombros.

A veces pienso, con nostalgia, en aquellos días de mi vida y no me centro en recordar sólamente, los eventos que me marcaron, influyendo de una manera negativa en Mí. Sino, que má bien, en aquellos días, que con sólo pensarlo, íme hacen reír, a pesar del tiempo ya transcurrido. Tal es el caso, de los muchachos que andábamos cerca, de los doce o trece años. Que formábamos grupos, con la finalidad, de buscar la Baba de Becerro, para untárnolas, en la zona en donde debían crecernos los Vellos Púbicos. Todos queríamos, que Estos salieran rápido. Que nos crecieran, lo más a prisa posible. Así que, cuando se tardaban en aparecer, buscábamos el remedio, saltando las empalizadas de los corrales de estos animales. Y con mucho cuidado, en el pasto, colocábamos el envase debajo de su boca. Para aparar aquel liquido viscoso, que nos dividíamos luego, en porciones iguales para cada quien.

Todos los que rondábamos esa edad, pensamos que Nuestra Graduación como Hombre,*estaba asegurada, desde el mismo momento que descubríamos, El Vello, La Zona de Los Genitales. De modo que, cuando alguno de Nosotros despertaba en la mañana, y se encontraba, aunque fuera, con dos o tres de Estos, se ponia feliz. Tanto, que la noticia iba de boca en boca. Para que El Grupo celebrara durante horas. El Canal del Pueblo era el lugar de encuentro. Porque todos debíamos tomar el baño de cada dia allí. Algunos que tenían duchas en sus casas, acudían también a Ese lugar, por mera costumbre. Mientras otros íbamos, porque careciamos de un Cuarto de Baño en nuetros hogares.

Así, que, una vez, que estábamos reunidos, totalmente desnu-dos, porque muy pocos jóvenes, en ese tiempo, teníamos acceso a un Traje de Baño. Y, los que tenian pantalones Cortos, no querian mojarlos. Ya que los usaban, regularmente, como Prendas de Vestir. El portador de la novedad, mostraba El Vello Aparecido, así fuese dos contados. Y, procedimos, entonces, a felicitar, con sendos aplausos, Al Bienaventurado que lo había logrado, por fin. De este trecho de Mi Vida, hay tres acontecimientos que siempre recordaré. Cada uno de Estos, en su momento, causó una tremenda impresión en la conciencia del adolescente que fui. El Primero, fue la muerte, del Presidente Antonio Guzman Fernández. Quien, fue electo para dirigír Los Destinos del País, en el Cuatrenio, de 1978 a 1982.

Recuerdo, que faltando apenas, tres meses para que Éste concluyera Su Mandato como Gobernante; fue encontrado muerto de un tiro, en su Despacho del Palacio Presidencial. Lo que se leyó en La Prensa de La Época. Y que lo vi, en el Periódico que más llegaba Al Pueblo, era, que se trataba de un suicidio. Que encontró sus motivaciones en su honorabilidad, cuando Éste creyó, que Ésta podía ser puesta en dudas, por compañeros del Grupo Político que lo llevó Al Poder.* Pero, que no estaban de acuerdo con la forma, en que alguien de Su Familia, había manejado los Fondos Públicos que estaban a su cargo. Recuerdo, que, a Mi Corta Edad, le prestaba interés a Este Acontecimiento, porque era el Presidente del País. Eso, por un lado. Y, por el otro, porque, parte de Mis Cuadernos de la Educación Primaria, los había recibido, como regalo, del Referido Presidente, al través del Ministerio de Educación. También, porque además, estos cuadernos, traían su imagen en el anverso. Vestido, formalmente, con un frac.

La sobriedad en su retrato, llamaba mucho la atención, conjunta-mente con los comentarios halagadores, de que, sin ser Graduado de Universidad, siendo, sólo un hacendado, había llegado a ocupar La Primera Magistratura de La Nación. Sin más méritos, que su condición de hombre serio y de fortuna. Pero también, ocupaba mi atención, porque, con la inauguración de Su Gobierno, se abrieron las cárceles de Todo el País. Posibilitando la libertad, a los Presos Políticos que guardaban prisión, desde que el Presidente Joaquín Balaguer, ocupó La

Presidencia, en 1966. Las prisiones se habían abarrotado de Opositores al Gobierno de Los Doce Años.* La Televisión Estatal, con imagenes a blanco y negro, mostraba cuando Estos, felices, abandonaban los Centros Carcelarios. Al mismo tiempo, que mostraban su alegría a sus familiares. Que los esperaban en las afueras, para abrazarlos, y darles la bienvenida, por el retorno A Casa.

Fue algo, que tanto chicos, como mayores, disfrutamos en el momento. Aunque los Pequeños* no lo asimilamos con toda la claridad del Mundo. Pero sí, lo aceptábamos, como un acontecimiento esperanzador que traería mejoras a toda la República. En consecuencia, por alguna razón sentía, que la muerte de Aquel Gobernante, de alguna manera, me enlutaba. Pero si aquel acontecimiento me conmovió, más lo hizo, lo que le sucedió a una señora común y corriente, residente en la calle donde crecí. Ésta, era propietaria de una pequeña Bodega, en la que a Mi Madre, a veces, les fiaban algunas cosas. En la parte trasera de la Tienda, la Señora mataba pollos, Diariamente, vendía la carne a la clientela de Aquel Sector. Siempre que Yo iba a comprar a su Tienda, me fijaba, que La Señora atendía a las personas muy complacientemente. En una ocasión, que tenía un estado de Gestación bastante avanzado, en una mañana que afanaba en sus quehaceres, de repente les entraron los dolores del parto. Por lo que, fueron sacados de la habitación, algunos amigos de La Familia que allí se encontraban, para asistirla en el parto. Pasó más de media hora, sin que se diera parte a los vecinos de que había dado a luz. *Increiblemente, se dijo luego, que había alumbrado*una criatura humana en forma de pollo.

Nadie podía creerlo. Pero lo cierto, es que vi con mis propios ojos a las personas. Como todos entraban a ver la rareza* que La Mujer había traído Al Mundo. Los que salían de la habitación, después de ver El Fenómeno, se marchaban casi huyendo. Comentando, que no sabían por qué a la Señora le había pasado aquello. El haber conservado en su vientre, a Una Cosa como esa, y permanecer con Esta, durante tantos meses, dejó a mucha gente pensativa. Yo Mismo, después de oírlo tantas veces, me motivé para entrar a verlo. Empero, no pude. Porque un señor, no nos lo permitió a quienes éramos Menores de Edad. Lo que nos dijo, es que, si lo mirábamos, no íbamos a poder conciliar el sueño en la noche. Así, que, cuando nos dijo esto último, me retiré de la puerta. Y sólo me limité a ver, la fila de personas mayores que entraban o salían. Horas más tarde, dieron sepultura urgente, a la criatura recién-nacida. Y casi de modo clandestino. Me acerqué de nuevo a la Bodega y desde lejos miré a la señora que estaba sentada, con el rostro muy triste y la mirada lejos.

Desde aquel día, todos los meses que siguieron, fueron motivo suficiente, para que los lugareños se mantuvieran entretenido, dialogando, a cada instante, sobre Aquel Hecho, al que no le encontraban explicación lógica. Mucho menos, humana. Con el pasar del tiempo, algunos de los Asiduos Compradores de La Carne de Pollo que expendía La Mujer del Raro Parto, se fueron retirando. En otro orden, la clientela se le fue yendo poco a poco, hasta mudarse donde otros vendedores del Mismo Barrio. Como si creyeran, que la Pobre Señora, en modo alguno, tuviera la culpa de lo que le había pasado. La actitud que habian tomado ciertas personas, llevaron a que la dama se encerrara en Sí Misma. Por lo menos, en veintitres de las horas que tiene el día. Ella no tenía respuestas de lo que había sucedido con su cuerpo, durante esos meses de Embarazo.*y, en esas condiciones, se les aparecían mujeres, buscando satisfacer sus inquietudes. Inquietudes, que ya no podian ser respondidas por Ella.

Nadie, ni siquiera Ella, nunca supo que había sucedido. Algunas munícipes hacían conjeturas, de que tal vez, se antojaría de algún pollo de los que mataba diariamente. Pero El Antojo*no es algo que se considere conclusorio en la conciencia de la Nación Dominicana. Apenas se suele hablar de esto, en algunas Comunidades Remotas del País, en donde aún persiste tal creencia. De todas maneras, ese acontecimiento, me puso a pensar durante muchos meses. No me atreví, en ningún momento a preguntarle sobre esto, a la Hija Mayor de La Señora, a pesar de nuestra cercanía, por ser la novia de un amigo.

El tercer episodio, que siempre he recordado. Que no creo, poder olvidar, mientras tenga vida, a menos, que me quede sin memoria. Se remonta a Ese Imborrable Verano del año 1986. Cuando estuvieron en Vicente Noble, los Jóvenes Catequistas de España. En una unión de

Agrupaciones, llevada a cabo por las monjas y los sacerdotes que dirigían a estos visitantes europeos. Nos trasladamos a la Ciudad Barahona, a lo que sería, una especie de convivencia, durante todo un día. De alguna manera, Las Religiosas consiguieron prestada, una especie de Casa de Veraneo. A la orilla de una, de las tantas playas que tiene el listoral costero conocido por turistas, como La Perla Del Sur.*

Después, que estuvimos compartiendo y realizando actividades que tenían que ver estrictamente, con la fe y los trabajos que llevábamos a cabo en esos días; nos dieron, a todos, el chance para practicar el esparcimiento del Corre-Corre y demás juegos, con todas las actividades que implica el conocerse o el compartir a manos sueltas, entre muchachos con un objetivo común. No recuerdo por qué razón. Pero entre todos los que estábamos metidos en el mar, zambullendo, Yo fui uno de los que me había ido adentrando a Lo Profundo. Sin que me diera cuenta en el momento. Siempre me he creído un nadador de aguas abiertas. Y en realidad, me ha gustado hacerlo en cualquier parte del mar, donde me encuentre, incluída la playa que me queda a cuatro calles de donde vivo, aquí en Nueva York.

Esa pasión, la agradezco, en parte, a las oportunidades en que me iba, al Río a nadar, en forma clandestina, cuando Éste traía mucha agua. Últimamente, lo he visto en algunas fotos que han publicado y sólo tiene el nombre de río Yaque. Ahora tiene apariencia de un charco. La deforestación sin conciencia, que ha sufrido la Región Sur, en los últimos 30 años, les ha quitado la alegría a los bañistas. Quienes, no se acercan ya, ni a las orillas. Recuerdo que esa tarde, me fui alejando del público que jugaba con el agua, en la parte menos honda. Una amiga, que también andaba por allí, y que en la actualidad, está residiendo en La Madre Patria, se colgó de mi espalda, sujetándose a mi cuello, para aventurarse Conmigo en ese intento de locura. Yo sólo nadaba buscando el rumbo hasta al centro de la playa. Nadé tanto en esa misma dirección, que en un instante, me di cuenta, que mis pies no encontraban, con qué toparse debajo de ellos...Con aquel temor, giré levemente, para mirar hacia atrás, y no alcancé a ver más, que cabezas pequeñas sin cuerpos.

Me puse nervioso, porque no estaba sólo. Y cuando le hice saber a la chica, lo que pasaba; Ésta se puso a llorar, invadida por ese miedo a morir ahogada. Se zafó de mi cuello. Y con la desesperación, se hundía y tragaba agua. Me esforcé en calmarla. Le pedí que entre los dos, pidiéramos auxilio, lo más fuerte que pudieramos gritar. Porque no faltaba mucho tiempo para oscurecer. Así lo hicimos, después de llevar un buen rato, en esa actividad de lucha por nuestra supervivencia. Parece que algunas de las diminutas cabecitas nos oyeron. Yo podía volver sólo a la orilla. Pero en el estado en que ella se encontraba, me negaba a poder lograrlo. La muchacha no se sentía con la confianza, de poder sujetarse a mi espalda otra vez, sin que se fuera a soltar. Así que, decidimos ponernos de frente, retrocediendo, en esa misma posición. Hasta que fuimos alcanzados por los mejores nadadores que se encontraban allí. Entre estos, parte de los muchachos españoles y otros coterráneos, del Grupo Cristiano Nuestro, más el sacerdote español, que no paraba de echarme la culpa, por haberme alejado de la multitud.

Parte del Público, pensaba, en que lo que nos pasó, se debía a otra cosa. Conjeturas que en nada tienen que ver con la realidad de lo sucedido. Mientras, por otro lado, la pobre muchacha no paraba de tirar hacia afuera, toda el agua que se había tomado. Después que se repuso, me dio las gracias y ambos reímos, porque volvimos a la vida, que, en ese percance casi creímos perder. A veces, cuando podemos hablar un poco por telefono lo recordamos. Y volvemos a reír, sobre las cosas que suelen pasarle a Uno, en los días de aquellos años medianos. Pero cuando me quedo tranquilo, Yo sólo, y lo medito en serio, siento que me da escalofríos todavía. Pienso, que es un incidente de Mi Adolescencia, que siempre retendré Conmigo.

Puede Usted creerlo o no. Pero siempre se me hace tremendamente difícil, abordar el tema, que tiene que ver con ese asunto que llaman La Felicidad. Como también. Sé, que le parece raro que me exprese de ella así. Tan a la ligera para tratarla. Sólo de ese modo; como un mero asunto simplemente. Me Pueden considerar. Frustrado o como un sujeto de poca percepción. Si así lo consideran, no tengo problemas con ello. Pero esto, no cambiará lo que a mis años he contemplado o recibido de la vida, para conceptualizar o describirla, del modo que la concibo.

Con esto, no estoy diciendo, que tenga la razón en lo que pienso. Nunca apuesto a tener la razón en nada de lo que pienso o digo. A lo más que llego, es a esforzarme en contar con la libertad, para expresar lo que siento en Esta Vida. En esto, sí que lo apuesto todo excediéndome a Mis Bolsillos. Cuando alguien suele preguntarme, que si fui feliz o lo soy; presiento, que en el fondo, espera una respuesta complaciente.Y no Realmente, lo que a mi juicio, deba responderle con todo lo que ello implique.

Se nos tiene acostumbrado, hace ya mucho tiempo. Es, como si los recibiéramos en Particiones Hereditarias. El aligerar las contestaciones de tal modo, que el interlocutor que nos hace la pregunta por simple curiosidad, quede mucho más satisfecho, que Uno. Para serles sincero, la pura verdad, es que, ni siquiera, sé lidiar con la palabra en sí. En verdad, desconozco, qué es lo que significa. Y ni entiendo, a qué grado se cocina. O, cómo se come Esa Cosa. A pesar, de muchos infortunios en mi vida, a pesar de aguas turbulentas, en las que, se me ha visto zozobrar, quedándome, a penas, con las pocas ropas que he llevado Conmigo. No puedo negar, que de la misma manera, tambien he tenido el privilegio. Si es que puedo llamarle así. De celebrar grandes eventos, que me han dejado la efímera sensación, de ser feliz. Pero sólamente eso. Es, como si te dieran una probada rápida, de ese algo, que dizque, otros han logrado amazar durante años y hasta en toda una vida. Aún pienso, que tal cosa, no es más que un cuento y por el camino que voy, parece que moriré un día sin habérmelo creído.

Es como si cada persona que hablara sobre esto, expresara, en el fondo, un tímido rastro de hipocresía, que los deja a la intemperie. Siempre se habla, que el nacimiento de un hijo. O que el Día de Tu Boda, o cuando no, en el que te gradúas de la Universidad. Constituyen grandes ejemplos de bañarse en felicidad. Cada cual imaginará lo que quiera. Así, como cada cual piensa, de la vida, lo que le venga en ganas. La felicidad será entonces, un estado del Ser Humano, que al expresarse en modo subjetivo, dependerá, a la postre, de cuantas emociones y sentimientos influyan en la persona que se considera bendecida. Ya que cuenta con eso. Tal cosa, todavía sigue interpretándose como algo bueno, y sabroso. Pero como remedio casero que es, en mi opinión, por más que intente y quiera; todavía es algo que no me trago. Soy loco de remate con las canciones de Julio Iglesias. Más, el Tinto Francés, que me tomo, en los días que no trabajo, cuando suelo quedarme en Casa y no me pierdo en otras partes.

Me gusta disfurtar de un buen café en las mañanas. Cuando no, a las 2:00 P. M., antes de irme a trabajar. Y cuando se me olvida, tengo que apartar este tiempo para tomármelo, en un buen lugar de la 5ta. Avenida; en donde lo disfruto plenamente. Mientras Veo pasar a la gente, al través de grandes cristales que me hacen fácil evitar el Calor, si es Verano, O el Frío si es Invierno. En la semana, siempre cuando tengo tiempo y puedo, he hecho parte de mi costumbre. Casi como si fuese religión. Séntarme en un buen restaurante. Para probar, en toda su amplitud, la Gastronomía Neoyorquina. Gatronomía, que aunque usted no me lo crea, suele sorprenderme por las distintas recetas culinarias que confluyen entre personas y costumbres. Y, no es que haga estas cosas y otras tantas porque intente tirarme el pedo por encima de la ropa; no es así.

Lo hago, porque hace mucho tiempo, en las Etapas Primarias de Mi Juventud, nunca tuve acceso a estas bondades, que forman parte de la buena vida. Buena vida, de la que todo hombre debería participar, sin importar credo, color, o situación. He contado por ahí, cómo fueron aquellos días, en los que tuve insuficiencia de cosas simples, dentro del Bohío donde me crié. La mala cuchara* se hizo notar en Mí, durante mucho tiempo. Eso no es un secreto, entre quienes me conocen de toda la vida. Y, no es algo, que le oculte a nadie. Mucho menos, a Mi Hijo. Todavía, Éste, siempre me mira con extrañeza cuando me ve comiendo. Como si tuviera hambre. A pesar de estar, repleto del plato que tengo al Frente. Y, es que, como se lo he explicado, a Él y también, a otras personas. Son asuntos pendientes, que aún quedan de Mi Pasado. Que los he ido tratando por parte. Con Ayuda Profesional recomendada. Pero lo que quiero dejar claro, ante Usted y cualquier otro lector.

Es, que, tales oportunidades no llegan apreciarse como un todo. Que puedan considerarse, La Felicidad en Sí. Yo, particularmente, percibo tales momentos como placeres. Que, cualquier persona que trabaje, puede darse, a la menor oportunidad para llevarlos a cabo y hacerlos posibles. Cierto que, respeto profundamente a todos, los que tienen una fe probable en ese nivel de consciencia y de ánimo. Pienso, que a veces, somos dados a confundir cosas placenteras, con aquella famosa expresión que tiene contentos a unos pocos. Mientras mantiene en espera, a otra multitud que se desvive por ella. Quizás, el asunto es como suelen estrujarlo en las caras de personas incrédulas, como yo en ese aspecto. Hay quienes ponen sus manos en el fuego. Jurando, que La Felicidad sí existe a totalidad. Aunque Ustedes no lo crean, Estos tienen millones de seguidores que así lo afirman. Hay otros que rezan, que cada cual simplemente tiene la felicidad que merece, tomando en cuenta, el lugar que ocupa como individuo en la sociedad; con la fortuna o desgracia que lo acompañe. Mientras algunos se matan, por conseguirla, sienten en sus adentros, que nunca la hallaran. Porque no creen en Esta. Y dentro de esos obstinados, es bastante probable, que me encuentre Yo.

En el verano de 1983, conocí, por pura casualidad, a Sor Servia García. Una Religiosa de la Congregación de Las Hermanas de la Caridad de San Vicente de Paúl, que había sido asignada a Vicente Noble, como Hermana Provincial.

Que además, de las propias funciones, que ya les venía con su designación. Fungía como Directora del único Liceo que había en el Pueblo. El Liceo de Las Monjas. Yo había terminado la Escuela Primaria. Comenzaba el Séptimo Grado. En aquel emblemático "Liceo: San José y Virgen del Carmen," Su Congregación lo habia construido, hacía muchos años con fondos propios y Ellas mismas, lo dirigían, desde que lo fundaron, de una manera admirable.

Allí estudiaban los jóvenes del Pueblo hasta concluir La Secundaria. Digo que la conocí por casualidad, porque en verdad, esa tarde buscaba a otra Religiosa que no se encontraba en ese instante.Y, quien me abrió la puerta de la casa, casa que estaba ubicada en la parte trasera del Complejo de las Aulas, fue Esta Religiosa, con la que no tenia confianza, ni ganas de hablar, Pero tanto insistió en ayudarme, que me pidió que le contara mi problema. Como si se tratara de la misma Religiosa que Yo buscaba. No me quedó más alternativa, que sentarme junto a Esta y contarle la congoja que me había llevado hasta Ese Lugar. Percibí en Ella que estaba armada de paciencia con una gran capacidad para escuchar. En ese momento, la vi recogerse un poco la falda de su vestimenta. Me invitó a sentarme en un pequeño banco. Y, el aura de confianza que la rodeaba, me hizo abrirme ante Esta, como si la conociera desde mis primeros días de púber.

De modo, que fue así, como le comuniqué, que en Mi Clase había un alumno, que no desaprovechaba oportunidad para burlarse de Mí. Me hacía, lo que conocemos, actualmente, con el nombre de Bullying. Que se refiría, en mi caso, de manera despectiva a mi Uniforme, a mis zapatos, y a mi extrema pobreza. Ella me prometió que solucionaria ese asunto. Y así lo hizo. Temprano, al otro día, fue a la casa del alumno y sostuvo una reunión con Este y Su Madre. Después de terminar aquel encuentro, no sólo el alumno se sintió avergonzado. Sino, que Su madre fue la más afectada. Dejé atrás la adolescencia y me hice joven-adulto, hasta al dia de hoy. Las veces que me encontraba con ambos, juntos o separados, hemos tenido diálogos donde ambos, me dispensan afectos y respetos. Ese Excompañero de Clases, es hoy en dia, uno de los coterráneos que más me admira, con tanta distinción, que creo no merecer. Una de las cosas que valora en Mí, es el hecho de haberme graduado en la Universidad, primero que él, no obstante haber sido Yo, quien empezó más tarde.

CAPÍTULO XIV

Desde aquella intervención de Sor Servia, obrada en mi favor, tan diligentemente, que desde ese entonces, la vi como Mi Heroína. Por lo que decidí adoptarla, como una Madre Sustituta, en lo que respecta a su rango. Por su ternura, su apoyo y su preocupación por mi bienestar. Por sus palabras de aliento, motivándome a que continúe siempre la lucha por mis sueños. Sin importar los vestigios de pobrezas, con los que Ésta sabía, que me estaba criando. En estas circunstancias, fue que me introduje en las actividades que realizaban Aquellas Religiosas. A las que, todos los estudiantes que colaborábamos con Ellas, llamábamos, cariñosamente, Monjas. No olvido, que el Liceo, tenía un Banco de Libros. De modo, que, quienes estudiábamos allí, contábamos con los textos que necesitábamos durante todo el Año Lectivo. Los adquiríamos, por diez centavos, cada libro. Por menos de diez a veces, cada uno. Sólo teníamos que preocuparnos, por los cuadernos, lápices y Uniforme.

En mi casa no teníamos, muchas veces, las condiciones, ni siquiera para buscar esos centavos, con los que debia separar mis libros. Por lo que, Sor Servia, en una ocasión, me preguntó sobre ello. Le dije la verdad sobre mis preocupaciones al respecto. Entonces, Ésta, se puso de acuerdo Conmigo y me ofreció cubrir, cada verano, las vacaciones del Señor que trabajaba como Jardinero del Liceo. Para tal efecto, me propuso compensarme con un sueldo. Que vino a ser para Mí, como tabla de salvación. Pues, siempre que Yo cumplia la temporada que habiamos pautado, Ella me entregaba un sobre, con una cantidad de dinero, que no sólo me alcanzaba para suplir mis necesidades escolares. Sino también, para comprar los Útiles Escolares de Mis Hermanas. Cualquier ayuda, que La Religiosa me aportó, nunca fue como un regalo.

Comprendo, que tal vez, pudo haberme donado el dinero que me entregaba, sin que Yo tuviera que hacer trabajo alguno. Como una manera de colaborar Conmigo. Como también, lo hacía, con otros necesitados del Pueblo. Pero nunca me lo hizo sentir así. Y, se lo agradecí siempre. Sé, que fuera en la forma que siempre usó, en todo momento, se preocupó de queYo entendiera, que debía ganarme con esfuerzo, el aporte que me facilitaba. En ocasiones, pasaba a saludarme, mientras trabajaba en el jardín.Y lo hacía, con la intención, de comprobar, que estaba haciendo el trabajo, por el que Ella me iba a pagar. Después de verme afanar, con el sudor sobre mi frente, se daba la vuelta y se marchaba tranquila. Sonriendo todo el camino. No podrían Ustedes imaginarse, cuán agradecido me he sentido de Ella.Y, no puedo más, que pagarle, todo su apoyo, siendo una mejor persona cada día. Mientras practico, La Caridad y El Bien. Dando, un poco, de lo que Su Congregación, me dio a Mí.

Me acuerdo, de una vez que Ella se presentó a Mi Casa, más o menos, como a las 8:00 P. M. Entrada la noche. Creo, que su visita fue motivada. Porque en alguna oportunidad de esas, le había contado, sobre el trato que Pachanga nos daba.Ya Nuestra Madre no estaba con vida en ese tiempo.Yo no estaba en La Casa. Y alguien, de la Calle Libertad, me había encontrado haciendo la tarea, en casa de un compañero de La Secundaria. Esa persona me comunicó, que Ella había preguntado por Mí. Necesitaba saber, cómo llegar a Mi Casa. Que necesitaba verme. Me encontraba nervioso. Pues, desconocía la razones, que las impulsaba a buscarme. Nunca creí, que La Directora del Liceo, podría presentarse a Mi Casa. No pensé, en nada bueno. Sino, en que podría ser, tal vez, una queja, que daría a Pachanga. Porque, en realidad, ya no me recordaba, que había compartido, mi pesar con Ella.Tampoco le pedí, que hablara con Éste, al respecto. Pues el miedo a su represalia, nunca me permitió, tomar una opción como esa. Cuando me faltaban algunos metros, para llegar a la casa, vi que La Religiosa salía del cuarto de Pachanga. Y que, regresaba otra vez, a insistencia de Éste. Como si le estuviera explicando algo. Me acerqué a la puerta sin entrar. Y Sor Servia salió a saludarme; en ese mismo momento. Pachanga le mostró el Altar, nombrando, uno por uno, los Santos*sobre y debajo de la mesa.

Cada vez que le indicaba algo, notaba que se refería a Ésta, como Señorita,*no, como Sor o Hermana.*Que es el Título Dignatario, adecuado para este tipo de Religiosas. Señorita esto, Señorita, mire esto. Señorita, mire a San Miguel, ¿Ya vio a Santa Elena? En cada oportinidad que Éste hablaba, vi que la Monja se reía entredientes, por la forma en que Aquel Individuo se manifestaba. No acostumbrada, a la manera, que la trataba, pienso Yo, se le notaba a Pachanga un gran empeño, en ser galante ante Ella. Y no tuvo reparos en, ni siquiera ponerse una camisa. Estaba descubierto hasta la cintura. Aproveché, que la Sor estaba ahí. Me sentí acompañado de alguien, que velaba por Mí. Y la presencia de alguien como ella, me envalentonaba para desafiarlo un poco instruyéndolo al respecto. Ya que, el cobarde, no arroja sus actos de cobardía, en contra de su víctima, cuando otras personas están mirando. Siempre aguarda a que la víctima transite en solitario, para atacarla. Por eso, le pedí a Pachanga, que, por favor, se dirigiera a la Religiosa, en la manera, en que todos los habitantes del Pueblo lo hacían.

No es, nada del otro mundo. Tratar a la Hermana, con el mismo respeto que otros lo hacen, por favor, le dije. La Religiosa me hizo seña, de que, todo estaba bien. Que no le diera importancia, Que dejara las cosas así. Se despidió de los que estaban allí. Yo la acompañé, hasta dejarla en manos de otras personas, que la llevaron a Su Casa. Fue tan discreta, en aquella ocasión, con respecto a la causa de su visita, que nunca me hizo saber, qué había ido a buscar. Recuerdo a Sor Servia, como una mujer de tez blanca. De 5' 6' de estatura Con un Pelo* bastante negro. Frente plana. De cejas negras y pobladas. Sus ojos negros, con grandes pestañas. Algunas veces, la mirada de uno de sus ojos, parecía desviarse en otra dirección. Su nariz, bien parecida, con cuello delgado. Su cuerpo aparentaba bien moldeado, Se podía percibir por encima del vestido de Su Congregación. Esto ocasionba, muchas veces, que algunos muchachos, les miraran, como si fuese otra estudiente más, a la que lanzaban, con discreción, candorosos piropos.

Las manos de Esta Hermana, eran, extremadamente delicadas. El modo en que hablaba, también lo era. Y la forma en que caminaba, atraía las miradas, tanto de hembras como de varones. La situación, fue así, en virtud, de, la forma galante, en que la referida Monja se movía,

Se notaba mucho más, cuando transitaba, de manera rápida en los pasillos. Prestaba mucha atención a la persona, que estuviera al frente. Generalmente, Optaba, por dejar en sus actuaciones, matices de una diplomatica consagrada. No hace mucho, me encontré en la puerta de Naciones Unidas, aquí en Nueva York, a un exalumno del Liceo San José, quien, después de habernos saludado, me habló en estos términos:

–Julio, ¿qué habrá sido de La Monja Sor Servia?. La que dirigió el Liceo en Aquella Época. Yo me acuerdo* que Esa Monja tenía un cuerpazo, y unas piernas ¡Lindísimas!–.

Después de escucharlo, no me quedó más, que reirme y contestarle, que Esta era, nada más y nada menos, que La Superiora de Su Congregación, para América Latina y el Caribe. Quiero que sepan, que no ha sido esa, la única persona que me ha preguntado sobre la Monja en cuestión. Pero no lo culpo tanto, ni a Éste, ni a otros, que se han sentido así, por estas humildes mujeres con hábitos. Para serles sincero, y sin, que con esto les falte al respeto a Estas Religiosas, que quiero tanto, aunque hoy estén, en donde estén. Muchas, de las que estuvieron en Vicente Noble, para aquellos años, realmente estaban dotadas de tantos atributos físicamente hablando, que, sin pretenderlo jamás; alertaban al más timido de los Vicentenoblenses.

La primera Religiosa, que Yo conocí, fue a Sor Fausta. Era Yo muy pequeño todavía. Me dirigía al Área Infantil de la Biblioteca, con la finalidad de que me prestaran un par de historietas. A Ella, me la topé en el camino. Era muy blanca, con el pelo totalmente negro.Y asimismo, eran sus grandes ojos. Con nariz delgada y el cuello imponente, como un cisne. A pesar de mis pocos años, me pareció, la mujer extranjera más hermosa que había visto. Les aseguro, que su belleza era tan grande, que mirarla mucho, dolía. Lejos, tenía Yo, que Ésta era la persona, que muchos años más tarde, traería desde España, Las Buenas Nuevas. Para indicarle a Sor Servia, que Yo sería patrocinado por Su Familia, a fin de que, pudiera tener acceso a los Estudios Universitarios. La Dirección, que Sor Servia presidió en aquellos años, ha sido la mejor que había tenido el Liceo en mucho tiempo. Desde que se levantó en aquellos terrenos, donde todavía, permanece la vieja edificación, con la que empezaron su Labor Educativa, hace ya más de medio Siglo.

Una vez, que la Comunidad carecía de sombras, en la que Uno pudiera guarecerse del Sol implacable que hacía en Ese Pueblo. Sor Servia organizó a todo el estudiantado. Y después de buscar los árboles necesarios, con las Autoridades del Gobierno en la Ciudad Barahona. Proyectó, la forestación del pueblo de Vicente Noble y del resto de las Secciones Adyacentes, que pertenecen a Este. Diariamente, después de las Clases, los fines de semanas y en las vaciones del verano, nos trasladábamos con Ella a distintas áreas poblacionales a sembrar árboles por doquier, que todavía en estos tiempos, siguen llenando el vacio que nos hizo plantarlos. Fue tanto su empeño, en que esto resultara bien, que al final de la jornada, una vez que concluímos con éxito, la Hermana se vio gravemente, padeciendo de Úlceras Sangrantes, que la alejaron de Nosotros por un tiempo, mientras aguardaba el proceso de recuperación y sanación. Llegó, incluso, a comentarse en los Pasillos Parroquiales que por poco se nos iba de Este Mundo. Gracias a Dios, que no fue así.

Fue, por estar inmerso, en las obras de las monjas, en sus Actividades de Fe, y en la Catequesis, en donde involucrabamos a otros niños, que adquirí el sobrenombre despectivo de: "Monjiástico". Así nos calificaban otras personas, que no veian con buenos ojos, el que estuviéramos asimilando de cerca La Doctrina Católica, al través de los Sacerdotes Paúles* y Las Hermanas de La Caridad. Algunas de estas personas, pensaban, que más que hacernos el bien, lo que hacían los religiosos, era lavarnos el cerebro, para que respondiéramos con sutilezas a los acontecimientos que requerían más entrega de los jóvenes. Como por, ejemplo, la participación activa en los Movimientos Huelgarios. Y en las protestas que llevaban a cabo los distintos bandos que enarbolaban las Tendencias Marxistas de La Época. Todavía, en la actualidad, no hace mucho recibí un regaño, hecho, de manera pública por facebook, en donde uno de los exlumnos del Liceo, me acusó de "miedoso o gallina", por no haberlo apoyado cuando arengaba a la multitud. Y cuando salía, a quemar gomas como medida desestabilizante, en aquella sociedad que no ha cambiado mucho.

A parte, de que no tenia en mi casa, la libertad que disponía Él en Su Familia, tengo muchas justificaciones sensatas que me respaldan al respecto. Pero concluiré la parte que refiero a su intervención, señalando

lo siguiente: –Mientras tenga vida, nunca seré de Tendencia Izquierdista.*
Por cuanto, Ese Sistema Político* no refleja, a Mi Entender, el sentir de la
inmensa mayoria de las personas civilizadas Del Mundo. En los lugares,
donde Esta Forma de Gobierno* ha regido, ha convertido a Esos Países,*
en Estados Fallidos.* Y ha transformado los sueños de sus habitantes, en
grandes pesadillas. Ha vuelto añicos, la esperanza de la gente y socavado
la dignidad de la Persona Humana.*El mote de Monjiástico, se puso tan de
moda en Mí Pueblo, que incluso, en Las Aulas y Áreas Verdes, donde se
reunían los alumnos a conversar; siempre que algunos de Nosotros cruzaba
cerca, solían decir:

–"Ahí va Ese Monjiástico Loco".

–"Fulano no quiere salir, de las faldas de las monjas".

–"Esa Monjiástica* se quedará sin novio".

O un señalamiento mucho más incendiario. Como:

–"Vieron a Mengano, el que ya parece maricón"

–"Mira, Ese, por estar andando con monjas, ya suena delicado".

Pero, estas consideraciones, que se suponían a veces, entre muchachos del Mismo Pueblo, no nos importó tanto. Y precisamente, fue ese tipo
de respuesta fría, dada por Los Monjiasticos, lo que más sacaba de quicio,
a quienes nos imputaban descalificándonos con improperios. El hecho de
ignorarlos, enojaba a muchos de Ellos. Y por el contrario, Nosotros
sentiamos una especie de orgullo. De satisfacción, al considerar que
estábamos del lado bueno, por pertenecer a lo que creíamos, que era una
parte sana de aquel conglomerado. Por lo que, con la ayuda siempre, de
Las Religiosas, se organizó un Grupo Cristiano, al que denominaron,
"Portadores de Cristo." Como una manera, de darle más carácter y sentido
a nuestro accionar. Las monjas que estaban en esa época, en Vicente Noble,
casi siempre apoyaban y veian con buenos ojos, el que, Las Muchachas del
Grupo al momento de formalizar noviazgos, pues lo hicieran con jóvenes
que pertenecieran al mismo segmento sano, del que recibieron sus sabias
orientaciones. Muchos de estos jóvenes, en distintas épocas, formalizaron
noviazgos duraderos, que concluyeron en

felices uniones matrimoniales. Algunos han fracasado, en sus intentos de ser Parejas Estables Pero con todo y eso, muchos de Estos, incluído yo mismo, aún valoramos los principios que Aquellas Religiosas nos enseñaron.

Dentro de Aquel Grupo Cristiano, por cierto, estaba tambien, la mujer que más adoré en aquella época. Hasta donde Yo recuerdo, la amé desde los primeros días que empezó mi adolescencia. Como Ustedes ya conocen, nací y me crié, en un hogar, desafortunadamente tóxico. Y esto, Amigos Lectores, tuvo sus consecuencias. Fui creciendo con todas las variantes de complejos, que pueda imaginarse. Esto ayuda muy poco. Y lo que a una persona, básicamente deshinibida le cuesta lograr, en menos de cinco minutos, a los que son, como Yo lo era entonces, nos lleva meses y hasta años. Fui un joven muy callado. Pero si me hablaban, contestaba hasta agotar mi participación. Tenía una timidez enfermiza. Que sólamente se rompía, cuando otros me interpelaban. En realidad, muy pocos notaron, que hacía un gran esfuerzo, por estar al día, con las cosas en las que, Otros Muchachos de Mi Edad, me llevaban ventajas…

Si la situación lo requería, me expresaba en público, pero no era bueno para esto. Hacía un esfuerzo casi sobrehumano. Algunos desconocían, que sufrí de un Miedo Escénico terrible, que supe disfrazar bien. Llegué a pensar, que las muchachas, nunca me verian con ojos de enamoramiento. Ya que, Yo tenía muy pocas cosas que ofrecerles. O en realidad, nada que pudiese llamarles su atención. La única manera, que me llevó a considerarme en mi zona de confort, o como dicen por ahí, cuando Uno se siente como, un pez en sus aguas, era cuando escribía. Porque allí podía expresarme sin ataduras ni miedos. Siempe que me tocaba hablar en público lo hacía inseguro. Representaba una tortura para Mí. Pues, tenía presente una sola cosa en mi cabeza: Que si llegara a equivovarme en algo, quienes me escucharan, se iban a mofar de Mi Persona. Y eso sería terrible para Mí, para los postreiores días de docencia que faltaran.

Durante estuve creciendo, requerí de Mi Caja de Limpiar Zapatos,*como alternativa para ayudarme a conseguir algunos centavos, que me ayudaran a continuar desenvolviéndome en las actividades propias de aquellos años. Mi oficio de Limpiabotas,* lo ejercía simultáneamente, con otra oportunidad, que se me presentó por pura casualidad y con las que conseguí monedas adicionales. Había un adulto que me llevaba varios años y que se había retirado de la Escuela, para no volver nunca más. Un día, se acercó con mucha pena a pedirme, que le escribiera Una Carta de Amor, para una muchacha, por la cual deliraba. Él me confesó, que no era bueno para Eso. Que las palabras no se le daban. Me aseguró, que me pagaría, siempre que fuera a necesitar mis servicios. Recuerdo, haber tomado las tijeras de Pachanga, con la cual, le di forma a una hoja que arraqué de un cuaderno.Y después de dibujarles corazones, en distintas partes específicas, con un bolígrafo rojo. Comencé a escribir la misiva, como si fuera la persona, que me la había encomendado.

Tuve que despegarles tres hojas más al cuaderno. Y, además de plasmar los sentimientos Del Enamorado, plasmé también los que Yo imaginé, que Él se guardaba, por no trascender más allá del pudor. El jóven se sintió tan complacido con la carta amplia que escribí, que, en agradecimiento, me pagó con tres monedas de diez centavos. Más una docena de Mangos, de los que Su Padre solía traer de su conuco y que la mamá vendía frente a su casa. Después de aquella carta, me tocó hacer muchas otras a diferentes enamorados. Incluso, a adultos, mucho más mayores que el Primero. Aquel primer joven, sin proponérselo, había promocionado mis servicios, como si fuese una virtud, que a la larga, según decía Él Mismo, daría sus frutos. En mi caso, en más de una ocasión, llegué a recurrir a ese mismo método, para comunicar mis sentimientos. Nunca fue tarea fácil para Mí, desplegar abiertamente mis emociones. Por lo que, agradezco, al Lápiz y al Papel, el haber sustituido mi voz, aturdida e insegura, en los contados chances que tuve que hablarle de amor a una muchacha.

Un día, Pachanga, se acercó a Mí, con intención de prestarme su ayuda en los menesteres que tienen que ver, cuando Uno está enamorado. Esa vez, califiqué nuestro diálogo, como maltrecho, ina-propiado, e invasor de mi privacidad.Todavía sigo teniendo la misma opinión que tuve, en aquel entonces. Y ahora lo comparto con Ustedes, describiéndoselo literalmente, como verdaderamente pasó:

–Me he enterado por ahí, que estás enamorado de una buena muchacha, –me dijo–.

–Sí, así es. –Contesté–.

–Yo, puedo ayudar a conseguírtela hoy mismo, si tu quieres afirmó.

–No, gracias. Yo Mismo pienso enamorarla, en la forma que pueda. –Contesté–.

–Te dije, que yo puedo hacer, que Ella caiga rendida a tus pies hoy mismo. Pero Tú debes pedirme, que te haga el favor. Para que funcione, tiene que ser así. Eso debe salír de tu boca. Sino, no da los resultados que se esperan. Puntualizaba Él, muy seguro de sí Mismo.

–Muchas gracias. Pero Yo trataré de conquistarla por mis propios métodos. Nunca en la forma, que tú quieres hacerlo. –Le respondí–.

–No digas, que no me ofrecí para ayudarte. La forma mía nunca falla. Tú sabrás entonces. –Terminó él–.

–¡Gracias!, –contesté–.

En ese trayecto de Mi Vida, tambien pensé, estar enamorado de una Profesora. No sé, si utilizo la palabra adecuada. Pero, lo cierto, es que, en aquellos días que estuve en La Secundaria, crei sentir una fuerte atracción por Esa Persona. Casi siempre, tenía ansiedad por el Cambio de Turno entre los Profesores. Me urgía, que sucediera rápido. Para mirarla a Ella sólamente. Yo odiaba la Materia que impartía. Pero, con tal de verla venir, en cada horario que agotaba, le sonreía. Para que pensara, que me alegraba verla por Su Clase, y que no imaginara, en lo más mínimo, que era, por lo que estaba sintiendo hacia su persona.

Siempre, que Esta Profesora venía a Mi Aula, se me alegraba el alma. Me olvidaba, que habia llegado sin desayunar. Y, que tal vez, no comería nada, en los minutos del Recreo. Por no tener en mis bolsillos ni una sola moneda. Yo me sentaba siempre en las primeras butacas que estaban situadas al frente de la pizarra, en la primera fila. No paraba, de ponerle atención, desde que Ésta empezaba a explicar El Tema. No le perdía la atención, ni cuando daba la espalda para escribir. Ella, no siempre vestía el Uniforme. De vez en cuando, venía a Clases, ataviada con vestidos ceñidos al cuerpo, que la hacían verse agradable, al menos, ante mis ojos. Sin embargo, no era eso, en definitiva, lo que cautivaba mi atención. Tenía un par de labios carnosos, que juntamente con su perfume, me hacían sentir cosas, en los momentos que la tenia cerca.

Esos Dos Componentes, sus labios y el perfume, desataban en Mí, un torrente de emociónes indescriptibles. Que me excitaban, de tal manera, que yo no encontraba sitio en el Asiento Escolar. Siempre traté de ocultar mis recurrentes erecciones, no moviéndome a ningún lado. A pesar, de lo incómodo que me sentía. Se podría decir, que fue esa, la primera mujer que yo aprecié de cerca, con hábitos de higiene que me agradaban enormemente. Cuando entraba al Aula, me parecía tan fresca, que me inventaba razones para poder interpelarla en su escritorio. Y me imaginaba situaciones entre Ella y Yo. No sé, cómo ni cuándo, me entró interés por Su Materia. Pero estudié para pasarla. Me esforcé, para que Ella me viera como un peleador, por conseguir lo que quería. En una ocasión, tomando el último Exámen Final, necesité un compás para trazar una Figura. Yo no lo tenía y Ella me prestó el suyo. Necesité un borrador urgente, y ahí estuvo atenta, para facilitármelo. Su actitud, siempre fue normal. Teniendo en cuenta, que Yo era un alumno que intentaba, por lo menos, ser aplicado. Cierta mañana, antes de entrar al Liceo, decidí pasar antes, por el Consultorio Médico, de un Doctor español, que habia llegado Al Pueblo, por intermedio del Párroco de la Iglesia.

Le pedí, por favor, que me explicara, a qué se debían los sueños que tenía con la Profesora. Muy profesionalmente el Galeno* me edificó sobre el Tema, y al mismo tiempo, para que aprendiera sobre el asunto, le puso nombre a ese tipo de Sensación Nocturna percibida por Mí. Me dijo, que era algo normal, de conformidad con la edad que Yo tenía, más el sentimiento que me embriagaba por la Maestra. Tuve un buen tiempo sintiendo aquellas sensaciones por la Profesora. Tanto, que con sólo verla, aunque fuese, cruzando la calle, ipsofacto, me convertía en presa de acaloradas erecciones sucesivas, que, de paso, me avergonzaban a Mí Mismo. Lo que me estaba sucediedo, me llevó a comentarlo con la persona que tenía toda mi confianza. Quien, en diferentes momentos, me había prometido, que podia contar con Ella, en las circunstancias que fuera. Esa era la hermana Sor Servia. La tarde que la abordé, sobre Este Asunto de la Profesora, se sentó a mi lado, en una sala aparte de la casa, y me dijo:

–Julio César. Mi Hijo. Yo no soy Sacerdote. Tú necesitas confesarte.* Las mujeres no estamos autorizadas para escuchar confesiones. Sino el Sacerdote de la Parroquia. Tal vez, algún día, Nuestra Iglesia lo decida. Pero mientras tanto, no debemos. Sin embargo, te escucharé como tu Orientadora. ¿Qué es lo que sucede? –Me volvió a preguntar–.

Yo procedí a decirle: –Hermana, estoy sintiendo, tales cosas*por la Profesora Fulana.–*

–Eso no puede ser Hijo Mío. Ella te lleva muchos años. Y además, no es cierto que estés enamorado. Lo que sucede es, que perdiste a Tu Madre, siendo muy niño. Al fijarte en Esa Profesora, pretendes reemplazar el cariño que no tuviste de Tu Madre, por no haberla tenido Contigo, en el momento, que más la necesitabas. Olvídate de eso Mi Hijo. Y sigues estudiando, pensando en tu futuro–.

Con esas palabras, concluyó La Religiosa, sin que ausentara la ternura de su rostro. Pensé que era un absurdo, todo lo que me había explicado, tratando, de que, Yo entrara en razón. Pero le di a demostrar, que confiaba en su versión. Para no entrar en réplicas con Ella, por el inmenso respeto que le tenía. Y, porque, por el destino, o lo que fuera, se había convertido en una Madre Bondadosa para Mí. Con todo y eso, no me contuve. Y días después, concerté una cita con La Profesora. Me había armado de un valor inusual, para poder contarle lo mismo a Ella. La conversación tuvo lugar, sentados en un banco. Debajo de un árbol, por los alrededores del Liceo. Luego que me escuchó, pareció haberles tomado prestadas a La Monja, las mismas palabras con que me respondió la Religiosa. Y, sin más ni menos, me respondió también igual. Su conclusión fue idéntica. Es más, durante todo el rato que estuvimos dialogando, La Profesora se comportó como si fuese una Psicóloga.

Sin embargo, esa noche, me di cuenta de algo, mientras Ésta me hablaba. Y me detuve siguiéndole cada movimiento de su boca y justo en el momento, pude comprender, que no estaba realmente enamorado de ella. Puesto que no sentí, esa clase de amor, que duele cuando no se puede consumar. Comprendí que, sí me sentía aturdido por la sensualidad conque brotaban las palabras desde su boca. Por el fulgor de sus grandes ojos con el color de la canela y la fijación constante en aquellos labios. Que, daban la impresión, de pertenecer a una mujer de color.* Estos atributos reunidos me llevaron a idealizarla, sólo con Cama y Sexo.* En todo aquel tiempo que estuvimos conversando, sentados frente a frente; entendí, que sólo eso necesitaba de Ella (Cama y Sexo) sin más pretensiones.

CAPÍTULO XV

Luego del transcurrir, de casi tres décadas, a penas hace un par de años que volví a reencontrarme con Mi Antigua Profesora de Secundaria, aquí en Nueva York. Donde hace mucho que reside. Le extendí una invitación para almorzar, en un restaurante de la zona próximo a donde vivo. Y repondió positivo. Desde el mismo momento que bajó del tren, pude reconocerla de inmedito. Tenía algunas canas* demás. Pero era la misma persona. Su voz conservaba la misma gracia de siempre. Y la mirada huidiza todavía, como si sintiera timidez. Mientras comíamos en la mesa, me di cuenta, que es cierto, lo que dicen. Que el tiempo se nos roba muchas cosas. Pero decubrí también, que en ese robo despiadado que nos hace, por la prisa conque actúa olvida llevarse otras. Cuánta alegría siento, de que, realmente, sea así. Que no nos quite todo de una vez.Y que, a cambio nos deje siempre, algo conque podamos entretenernos.

El reencuentro con mi Antigua Profesora fue agradable. Justo, cuando le llegaba el momento de volver a su casa. La encaminé a tomar el mismo tren que la había traído. Mientras me despedía de su compañía con un gran abrazo, tambien me despedía de aquellos labios sugerentes que conservaban su misma apariencia. Como si el devenir del tiempo no los hubiera tocado durante años. Tengo que confesar algo. A veces, tengo tanto temor a envejecer. Pero no se trata del mismo temor, ni la misma vejez que experimentaba Pachanga, cuando advertía, que su pelo negro se transformaba en blanco, a una velocidad, que ni siquiera, la píldora Negro Eterno,* que tantas usó, pudo ocultarla. Mucho menos, sus amistades del Área Sobrenatural. Por más diligente, que fuera postrándose una y diez veces más, al Pie del Altar. No es ese temor a la vejez propiamente dicha, no. Me refiero a la de los sueños no realizados. A las que el destino, no me permitió obtener, a pesar de mis potentes esfuerzos.

Me he dado cuenta, que he ido saltándo etapas, sin haber agotado otras, que me eran importantes. Por el mero hecho de sentirme vivo. Porque tal vez en mis silencios... Pocas veces, me di cuenta, que en verdad, realmente lo estaba. De momento siento, que me asaltan un puñado de nostalgias, por no haber cumplido con las pretensiones que me propuse en aquellos días en que se iniciaba mi juventud. Es, como si al mirar atrás percibiera, que no hice obras tan importantes con mi vida. O que tal vez, pude haber hecho un poco más. Cincuenta años, a penas, es media vida. Eso es lo que pienso Yo. Hay personas que definen esos años, como un vehículo estropeado que se conduce a Sí Mismo, al cementerio de autos acabados. Otros suelen describirlos, simplemente, usando un término coloquial para expresarlo: "aquel que tiene 50 años, es alguien que sólo le quedan, dos miá y tres sentá."

No me siento preocupado, por el envejecimiento de mi piel cuando los años empiecen a notarse en Mí. Me preocupa, el adiós definitivo de las oportunidades, a las que no vi. Ni sentí, cuando estuvieron al frente mio. Porque, es muy cierto, que ninguna de éstas, regresaran, una vez, que ya se hayan ido. Nada me ha sido fácil en esta vida. Y, no es, que me esté quejándo por ello. En verdad que no. Al contrario, es como, si me planteara una reafirmación en las cosas que creo. En las que aún estoy persiguiendo y en las que todavía sueño.

Un par de años después, que Mi Madre falleciera, la situación de todos, en La Casa, se fue poniendo peor cada día.

Pasábamos, tanta hambre, que cuando comíamos algo, minutos después volviamos a tener, las mismas ganas de encontrar más, para seguir comiendo. Porque eran pocos los alimentos divididos entre seis personas. Exceptuando La Abuela Irenita. Quien, por las diferencias existentes entre Su Hijo y Ella, guardaba distancias, no comiendo en Casa. Sinó en la casa de una sobrina, que vivía, a una calle paralela a la Nuestra. Cuando Pachanga traía a la casa, algo que debia prepararse, para terminarlo con la cocción, debiamos buscar a otra persona conocida que nos ayudara. Pero si Yo no la encontraba, tenía que intentarlo. Yo Mismo. Y lo que resultaba al final, por mi inexperiencia, nos lo comíamos. Pues, de alguna forma, debíamos poner algo en el estómago. En el año 1985 se presentó la oportunidad, de que mis hermanos más pequeños, Petronilo y Petronila, fueran a vivir en las recién construidas "Aldeas Infantiles, S.O.S." Una especie de Casa de Acogida*que habia empezado a trabajar con niños desamparados y huérfanos´ en la Parte Oriental de Santo Domingo. Yo Mismo les pedi a Las Monjas, que me ayudaran en esa tarea. Miraba a mis hermanos con poco futuro por delante. Con necesidades de cosas que nunca conseguirían al lado de Pachanga; por más buenos deseos que Éste tuviera. De modo, que cuando vinieron a Casa por ellos, Pachanga no estaba para firmar el papeleo. Sino, que vino después que Yo, con menos de diciocho años, los había firmado.

En presencia suya, les entregué mis dos hermanos, a una señora de Nacionalidad Alemana. Y todos nos despedimos de ellos con fuertes abrazos, lágrimas y besos. Mis hermanos no estaban tristes. Sus ojos brillaban con luces de esperanzas. Sentian la ilusión de conocer otra ciudad distinta, al Pueblo donde habían nacido. El Personal que acompañaba a la Dama Alemana, les habían hablado, de lo bien, que iban a estar en Aquellas Aldeas. Un lugar que imaginaban maravilloso, por las caritas coloridas conque ambos se montaron al vehículo que los transportaría. Cuando ocuparon sus asientos, miraban a su alrededor. Había más niños. Algunos alegres y juguetones. Algunos tristes y con mucho silencio. Cuando el vehiculo arrancó, sentí, que una parte de mi corazón se iba con ellos. Los dos se volvieron contra el vidrio que nos separaba, y nos despedimos haciendo señales con nuestras manos. Corri tras el vehículo para verlos de cerca. Y cuando ya no pude competir con la velocidad del transporte, me sentí conforme. Sentí una luz de esperanza, no sólo para mis hermanos, sino para el grupo de muchachos, que se iba hacia ese lugar desconocido que prometía sueños.

Algunos años después, volvimos a vernos, cuando llegué a La Capital, tratando de encontrar, el modo de accesar a la Universidad; ambos me conocieron al instante. Nos abrazamos, con la alegría, que nos dio Aquel reencuentro. Tuvimos rostros de felicidad y pasamos juntos todo el día.

Allí me mostraron a sus amigos y a las señoras que cuidaba la casa que ocupaban dentro de aquella comunidad de viviendas. A una de ellas les llamaban Mamá.*Que era, la que tenía mayores responsabilidades sobre ellos. Y a la otra, les llamaban Tía*que hacía las veces de segunda al mando de la Casa.También, me presentaron con el Director y la familia de Este. Quienes también, residían dentro de la Aldea. Disfrutaban mi presencia junto a Ellos, Y yo disfruté, estar con su compañía. Tanto así, que me presentaron con las personas que encontraban a su paso y les contaban, que Yo, era Su Hermano Mayor, que había venido a verles. Pero, a pesar de todo eso, había algo, que no podían ocultar, con todo y ser tan infantiles. Llevaban consigo una tristeza inocultable, el tipo de tristeza que ni siquiera diez sonrisas, podrian borrar.

Esa misma tristeza, la vi acentuarse, aún más, cuando me despedí de Ellos, para regresar a mis propias diligencias, en el mundo desconocido, que también me aguardaba. Volvamos hablar, de esa falta de picardía que tenemos algunos, cuando nuestras edades se deslizan por aquellos caminos de la adolescencia. El andar entre Las Monjas. Compartir actividades con Estas, y ciertas asignaciones que me vinieron, por ser Miembro del Grupo Cristiano, que se formó con su ayuda. Me quitó parte del tiempo, que pude dedicar a otras cosas entretenidas, que ocupaban las horas de otros jóvenes con edades similares a la mía. Pero no me arrepiento de ello. Tampoco de conocer, ya tarde, algunas atracciones que muchos de ellos conocieron antes. En la vida, no se puede tener, todo lo que Uno desea, de una sola vez.Y, es claro, que Yo tuve que ir quemando poco a poco mis etapas, en el modo, que las circunstancias obraran a mi favor. Esto es algo, de lo que tampoco me arrepiento.

Soy consciente, de que, las Revistas Pornos, que otros, ya estaban cansados de ver, en el momento que llegaron a mis manos, estaban tardías. Lo sé. Las Series Televisivas, que contaban Temas Candentes sobre el amor y las distintas formas en que Éste se manifiesta. Es posible que me perdiera de muchas de ellas, a comienzo y medidado de los años 80s, también lo comprendo. Yo no tenía televisor en casa. Y por los pocos que había A Blanco y Negro,*en la vecindad, eran contadas las oportunidades en que podíamos verlos. Si es, que acaso, sus dueños daban permiso para ello.

Eran tiempos difíciles. De muchas precariedades. No se podía disfrutar de muchas cosas, aunque se quisiera. Porque el elemento "dinero,"ponía los límites en Aquella Época, Como también, los pone ahora en distintas cosas, que se hacen necesarias. Que no pueden estar, al alcance de las manos, sólo, porque esas cosas se necesiten. Sólo aquellos muchachos, que por via de Sus Padres, tenían más opotunidades, las aprovechaban y daban riendas sueltas, a la mayoria de sus intenciones. Aunque Éstas estuvieran a distancias, o no, permitidas, por las edades que Éstos tenian.

Yo recuerdo, que siempre que podía, iba a Los Domingos de Matiné.* Como lo hacían niños y adolescentes. Estos se llevaba a cabo, en un lugar emblemático Del Pueblo, que se conocía, en Aquel Entonces, como "El Cine Yanet" Era el único cine funcionando en esa época,Y se llenaba de espectadores, de tal manera, que cuando no cabian todos en las butacas, pues, se acostaban bocarriba, donde fuera, para mirar desde allí la Pantalla Gigante. Iba los domingos, por dos razones. Porque la entrada era barata. Sólo se pagaba por centavos. Y antes de dar paso a la pelicula, hacían Concursos de Baile para entretener al Espectador. Allí, se gritaba y saltaba de alegría. La otra razón era, que en los días normales, de Lunes a Sábado, Yo no podía asistir, Ya que las noches, eran destinadas para adultos, tambien el precio era más alto. Aunque, a Mí, todo lo que era prohibido, y aún ahora, suele llamarme la atención como cualquier mortal. Por eso, una noche, logré pasar de la puerta. Porque la Señora que recibía las boletas, antes de pasar a la sala; no se percató de mi presencia, mientras estaba atendiendo a otros. Desde el mismo momento, que tomé asiento me sentí incómodo con el ambiente que me rodeaba.

La pantalla presentó la imagen de una mujer desnuda, desde la cabeza, hasta donde concluye el ombligo. Pero esa parte sin ropa de la mujer, no fue lo que maltrató mis sentidos…Ella no paraba de girar la cabeza para los lados sin detenerse. Su rostro reflejaba dolor, y los gritos resonaban tan terribles en mis oídos, que los comparé inocentemente con los de Neyda. Me paré y salí de la Sala, hasta encontrarme fuera del Cine. Y, cuando estuve en la parte frontal, sin nadie que pudiera verme, entonces me vi llorando.

En las horas, que siguieron a esa noche, todavía me atormentaba aquella escena. Los castigos que Mi Madre sufrió, en el isntante, se me vinieron encima. Y aborrecí, el haberme colado esa noche hacia aquella Sala de Cine. Incluso, pensé que había sido, una manera, de El Destino cobrame el haber entrado Allí, sin haber pagado el precio de la entrada. No supe, hasta unos meses más tarde, que había estado, viendo lo que otros, con mi misma edad, ya estaban hartos de ver. La Película de Sexo. El Filme Porno. Los mismos jóvenes lo contaban luego, de forma satisfecha. Mientras mi ingenuidad se acrecentaba, cuando a pesar, de sus explicaciones, todavía Yo les llevaba la contraria, diciéndoles, que el poco de pelicula que vi, no pudo haber sido, la que Ellos aseguraban haber visto. Ya que, la mujer, de la película que Yo vi, lloraba angustiosamente por el dolor que sentía. Por el maltrato que padecía. Estos muchachos, sin lugar a dudas, disfrutaban ver, hasta donde llegaba mi estrechés mental, por no haber asimilado, las imagenes que había observado, en aquella Pantalla Gigante, como quienes las hubieran vivido, disfrutando esa experiencia por tercera vez:

–Indio, entiende. Esa Mujer estaba gozando…Sus gritos eran de placer, nadie la estaba maltratando.

El hombre que estaba con Ella no le estaba pegando. Sólo estaban Haciendo Sexo. Con tantas descripciones precisas, que uno tras otro, me fueron brindando, para que no continuara ignorando el tema, que Ellos ya conocían de memoria. Me convencieron de buena manera. Les di las gracias y hubo Uno, que me incitó a ser más despierto. Mucho más vivo, y menos lento, de lo que Yo realmente era. Estas fueron, más o menos, sus palabras, a modo de, que me abrochara el cinturón y por fin terminara de arrancar:

–¿En qué mundo, es que tú vives, Indio?–, –¿Tú nunca habías visto una mujer encuera?–, –No vayas tanto a la Iglesia. Eso no enseña mucho–.

En un caluroso verano, del Año 1986, llegó a Vicente Noble, un grupo de Jóvenes Españoles, pertenecientes a la Juventud Mariana Vicenciana (J.M.V.). Venieron, con la intención de catequizar para promover La Cristiandad y El Catolicismo, con todo lo que ello implica. Para tales fines, formamos varios Equipos de Trabajo.* Y los jóvenes de La Iglesia Local, los acompañamos por todas La comunidad empobrecidas de Nuestro Pueblo.Todos hicimos amistades con ellos. Tan fuertes y duraderas las amistades, que incluso, hasta al dia de hoy, muchas de Estas, aún se mantienen vigentes. Sin importar, las Horas de Vuelo,*que se para los Países donde residimos.

Antes, de esa fecha, habian llegado al Pueblo, Seminaristas Españoles, pero nunca un equipo tan grande de personas; que sólo buscaban, Servir al Prójimo Vicentenoblense. Conocer su Cultura. Forma de vida y constactar sus costumbres, desde cerca. Ese mismo año, otra Religiosa Española, llamada Sor Soledad, nos preparaba a un Grupo de Jóvenes para que recibieran Las Aguas Bautismales y La Primera Comunión. Éramos tantos, atrazados, en recibir Estos Sacramentos, pero ahí estábamos. En cada reunión a la que La Religiosa nos convocaba. Queríamos instruirnos, en aquellos menesteres necesarios, que nos condujera a obtener, esos fines que dictaba Nuestra Fe Cristiana.Yo recuerdo, un comentario que le hice a Pachanga. Al que Éste, no le dió mayor importancia.

Total, nunca le vi entrar a la Iglesia, ni asistir a las actividades, en las que Yo participaba. Salvo, una Reunion de Padres,*que se llevó a cabo, a insistencia de La Monja que dirigia el Grupo Cristiano al queYo pertenecía. Recuerdo que, prestó poca atención a lo que se estaba tratando allí. Puesto que pasó la noche, enamorando a una Señora Casada. La que vi, con rostro de enojo, en señal de desaprobación a lo que le decía al oído.

El dia que fue fijado, para llevar a cabo El Bautismo, se me habia venido encima. No tenía, ni siquiera, Los Padrinos, para que me acompañaran, en esa noche tan importante. Sin embargo, unos minutos antes, de que llegara mi turno, se presentaron, frente a Mí, dos de aquellos jóvenes españoles: Carlos Ariza Flores y María Ángeles Ramos Maqueda. No sé, de qué manera, se enteraron, que Yo no tenía quien me apadrinara y me comunicaron, que deseaban hacerlo Ellos. Ya en pleno acto, de recibir Los Sacramentos, se comprometieron con las preguntas que les hacía el Sacerdote Las que Ellos, respondian afirmativamente, al compromiso que asumían. Yo estaba emocionado en aquel momento. Al realizarse el Acto de Fe. Fue uno, de esos pocos instantes, en mi vida infantil, que me he sentido dichoso. Cuando sentí las manos de Aquellos Religiosos, sobre mis hombros, me asaltó la sensación, de apreciarlos como familia. Al mismo tiempo, imaginé, que esta vez, no estaba sólo con mi proyecto de crecimiento.

Por eso, cuando a Estos Muchachos, les llegó el dia de volver a Su País, todos sentimos su partida. Pues, habian pasado, en ese tiempo, a ser parte de nuestro diario vivír. Nos compenetramos tanto, en ese verano, que despertábamos, cada dia, con mucho entusiasmo, para emprender la jornada siguiente en su compañia. La noche, antes de que se fueran, nos reunimos Todos Incluimos una representación de cada lugar donde trabajábamos. Los lugareños llegaron contentos a participar en la despedida que habiamos organizado.Teniamos comidas variadas, música de distintos Géneros.Y lo más importante, el calor humano de quienes los apreciábamos y distinguíamos. Después que estos amigos volvieron a España, empezaron a mandar cartas a Vicente Noble, a los nuevos amigos que habian hecho en aquel verano inolvidable del 1986.

La Oficina Postal, nunca se habia visto tan atareada. Como se vio entonces a partir de aquellos dias, meses y años, que continuaron fomentándose aquellos lazos amistosos. Capaces de liar*al Ser Humano, por encima de muros, tiempo, ideales o colores. Algunas de esas cartas, venían dirigidas a Mí. A veces, me encontraba con el Cartero y al igual que otros amigos, le preguntaba, si dentro de aquel volumen de sobres, me tenía algo.Y en efecto, así era casi todo el tiempo. Me escribían y respondía, casi con la misma velocidad conque me llegaban los sobres con los sellos de España, La Madre Patria.

Muchas veces, las cartas que me llegaban a la casa, me las en-contraba abiertas. Y antes de que yo preguntara el porqué, Pachanga se adelantaba a informarme, que Él Abría cada sobre intencionalmente, buscando dinero. Pensaba, que, por el hecho, de que las Correspondencias venían de otro País, traían dinero. Él me miraba de frente, esperando que Yo le dijera, que lo que hacía, estaba mal. Pero, aunque siempre quise hacerlo, no lo hice. Ya que, era algo, que esperaba que sucediera. Para sentirse con el derecho de levantarme la voz, o la mano. Así, que decidi aplicar, un refrán, que siempre escuché en boca de antiguos agricultores: "Matando al Perro, se Acaba La Rabia." Me fui a la Oficina de Correos, y conversando con el Encargado, quedamos de acuerdo, en que, a partir de ese momento, conservaría en su poder, las cartas que me llegaran. Para entregármelas sólamente a a Mí. Después de aquel acuerdo, Pachanga jamás se enteró, si los Amigos Españoles, mantenían o no, contacto Conmigo.

Claro, que así fue. A partir de esa medida, la comunicación se volvió más fluida entre Nosotros. Y más, con la aparición del internet y la magia que representa hoy en día, el surgimiento de Las Redes Sociales.* Les hablaré ahora, de ese día, en que llevé a cabo Mi Primera Defensa. En mi último Año de La Carrera de Derecho, se nos pedía encargarnos de un Caso Penal,*como requisito para pasar Las Materias de: "Práctica en Los Tribunales." De modo que, Gregorio Estévez y Yo, buscamos un Expediente dentro de los tantos que se acumulaban, cada año en los Archivos de las Cámaras Penales de Santo Domingo. Estábamos claros, que era, una tarea de la Escuela de Derecho. Pero eso no restaba importancia, al hecho de que, al mismo tiempo, tambien era nuestro primer trabajo profesionalmente hablando. Tal, como si fuéramos dos Profesionales consumados de la Abogacía. Lo que ambos iniciábamos en esos días, se nos exigía, como requisito para concluír el Pensum de Esa Carrera.

Una vez, que tuvimos el Expediente en Nuestras Manos, coordinamos la estrategia, de estudiarlo juntos, como ha de esperarse, por la condición de no vidente del amigo Gregorio. Así lo hicimos y nos preparamos lo mejor que pudimos, para asumir la defensa del acusado Robinson Peñaló Suero. En más de dos décadas, que tengo de haberme graduado, nunca me he podido olvidar del nombre de Ese Señor. Lo recuerdo bien. Un joven, de algunos veinticinco años, para esa época. Bastante delgado. Con miradas apenadas todo el tiempo. Siempre usaba los pantalones, unos centimetros debajo de sus nalgas. Con camiseta ancha y maltratada. La Segunda Sala Penal, era el Tribual Apoderado, en donde hicimos el trabajo como Profesionales Consagrados. Que aún, no lo éramos. Dimos Nuestras Calidades,*tal como lo aprendimos, y de conformidad con el protocolo que corresponde a La Barra de La Defensa.

Ambos, vestidos, de acuerdo a la exigencia de la etiqueta, para el ejercicio de la Profesión sobre El Estrado. Yo Mismo, compré un año antes, Mi Toga y Birrete, para cuando se presentara una opotunidad como Esta. El Día de La Audiencia, conocimos y dialogamos, con la Abuela del Acusado. Quien había sido la persona que lo cuidó, a partir de que La madre de Este murió, dejándolo muy pequeño. La Anciana, muy delgada Ella. A leguas se notaba, que las caracteristacas de su cuerpo se percibían, no por sus años. Sino, más bien, parecía que la Señora tenia una mala alimentación.Traía, un par de moños líados, La cabeza totalmente cubierta de canas. El rostro exesivamente, poblado de arrugas y ojos afligidos. Vestía, una bata de tela desgastada, de florecitas rosas. Mi colega y Yo, planeamos subirla Al Estrado, no como testigo. Porque no podía serlo, por el lazo familiar que la unía al reo. Sino, como simple declarante, a fin de que edificara al Juez, sobre las condiciones calamitosas, en las que Ésta había criado al Nieto.

Cuando estuvo Allí Arriba, empezamos a hacerles preguntas tendentes a que, con sus respuestas, hablandara el corazón del Juez. Desde que subió Al Estrado, hasta que bajó, estuvo soltando lágrimas en cantidad. Describió sus afanes, una y otra vez, para que su nieto, fuera una persona de bien. Que no les hiciera daños a la sociedad en la que vivía. El dinero que había ganado, en todos esos años, por su trabajo lavando ropas en Casas de Familias,*de los barrios más solventes de Santo Domingo, los dedicaba para vestir y alimentar al Nieto. El acusado, que ahora estaba sentado frente al Juez. Describió la señora, que ya sus manos envejecidas, no podían más.Y que los años no las ayudaban mucho. Por lo que, en tales condiciones, fue perdiendo los pocos empleos que tenia. Que, cuando menos lo esperaba, las señoras, que antes les dieron esas chambas, se las habían quitado sin informarle con anterioridad. En esas condiciones, ya no pudo continuar atendiendo al Muchacho. Éste sin darse cuenta, se le había ido de las manos. Se levantaba temprano, sin que ella supiera donde estaba. Llegaba muy tarde a la casa, con cosas, que no sabía donde las conseguía.

Tambien Comentó, mirando al Juez fijamente, como si deseara sacarle algunas lágrimas, que esta era, la tercera vez, que que Su Nieto estaba detrás de los barrotes de la cárcel. En esa época, en República Dominicana, regía el Viejo Código Napoleónico.*Este, tenía ciertos baches...Carente de acciones o tecnicas avanzadas, para estar afín con el Presente Siglo, de la mano de las Convenciones, tendentes a frenar el crímen. En consecuencia, ese Ordenamiento Penal,*no contemplaba Las Pruebas, como elementos determinantes de la Resolución de Conflictos* como Este y Otros. Las Partes en sí, podian hacer rejuegos para salirse con las suyas.

La Prueba propiamente dicha, no tenía tanta primacía, o lo que es lo mismo, por costumbre, o por lo que fuera, El Juez, podía sustentar su decisión, basándose, únicamente, en su Íntima Convicción.*De modo pues, que si el Abogado que invocaba una accion en justicia, hacía una defensa, en donde sus palabras tocaran sensibilidades; si el corazon del Juez, latía por las palabras convincentes del letrado que exponía su caso con pasión.Y, si además, la oratoria de La Defensa era vibrante; era muy posible que obtuviera una sentencia con Ganancia de Causa. Aunque al defendido se le viera, su culpabilidad en los ojos y en otras cosas.

Esto sucedió, con Nosotros y el Acusado Peña Suero. Todas las pruebas estaban en su contra. La Parte Acusadora, representada por el Fiscal del Caso, estaba en lo cierto totalmente. Pero eso no fue suficiente, para echar abajo las intenciones de sacar a Peñaló Suero de la Cárcel. Por un momento, pensamos que estábamos, Perdidos totalmente.*Y que, todo nuestro esfuerzo, había a sido en vano. La materia estaba ya superada. Por el mero hecho, de haber subido al Estrado y postular ante la presencia del Juez. Pero eso no era suficiente para Nosotros, como encargados de la Defensa de Aquel Pobre desheredado de La Vida.

Como le designé, en mi exposición, ante el Magistrado que presidía el Juicio. *Estuvimos nerviosos. No queriamos que fuera condenado. Porque, sus acciones, estaban permeadas por las condicones ambientales y ecónomicas, que, de alguna manera, lo llevaron al tipo de vida, que lo tenía atrapado en los caminos del delito. Desmenuzamos, ante el Juez, que sus robos siempre fueron de poca monta.Ya que Estos, se limitaban a Ajuares de Cocina, como: Estufas, neveras, pailas, etcétera. Sustraídos, no de casas de ricos. Sino, en viviendas de personas tan pobres, como lo eran, Su Abuela y Él.

Cuando el Juez se pronunció a favor, sin que el Fiscal, tuviera intención de apelar La Sentencia, nos dimos un abrazo entre los cuatro y saltamos, llenos de alegría. El regocijo fue tan inmenso, que en los mismos Pasillos del Palacio de Justicia, *comenzamos a tomamos fotografías con La Abuela y El Nieto. Por cierto, Éste estaba, dando más brincos, que un trompo. Parte del público se le acercaba aconsejándole con frases como estas:

–Mira, Muhacho, deja eso ya. No pongas a tu Abuela a pasar trabajo.

–¡Oye, Robinson, aléjate de la calle. Cuida a tu Abuela!

–Peñaló, no te queremos ver más por Aquí.

Esa primera vez, que pisamos el Tribunal, con el claro objetivo de representar a Este Acusado, estará por siempre en mis recuerdos. Todavía tengo en mi cabeza, cada detalle.Cada diligencias que se hizo, para procurar la libertad de ese Muchacho de Apié.*Fue mucha la satisfacción que nos dio, el haber ganado Su Caso.* No por Él sino por Su Abuela, quien antes, parecía sin vida y después lloró de júbilo. Nos abrazamos los cuatro nuevamente, pero esta vez, para despedirnos. Le dijimos a Robinson Peñaló Suero, que se cuidara que enderezara sus caminos de una buena vez por todas. Porque no nos volvería a encontrar para representarlo nuevamente, en Justicia y de gratis.

Julio César Heredia Correa, Ese Joven que menciono, en unas que otra páginas de Esta Obra, es Mi Único Hjo. Lo quiero inmensamente. Con un sentimiento tan grande, que no me cabe en el pecho, Mi Amor de Padre. No encuentro, cómo articular palabras, para poder explicar en privado, mucho menos, en público, lo que, como Su Progenitor, siento por Ese Muchacho increiblemente amado. Llegó a Nuestras Vidas, en un último intento. Como, cuando Uno, recibe un regalo de manera inesperada. Habíamos pedido a Los Dioses, por Éste, tantas veces, que casi nos rendimos. Llegamos a ofrecer ofrendas, unas tras otras, sin que viéramos resultados. Por poco, perdemos la fe. Hasta Aquel Día, que nos dimos cuenta, que por fin, se estaba gestando en el vientre de su mamá. El Lunes, 6 de septiembre, del año 1999, cuando Él llegó a Nosotros, eran las 8: A.M. Pesaba 8 ¾ libras. Yo estaba feliz. Tan feliz, que por mi Estado Emocional, el Jefe de esa Unidad Pediátrica, no me dejaba verlo.

Tuve que auxiliarme, de un hijo suyo, del Director de La Unidad Pediátrica, para que le pidiera al Papá, que me permitiera, ver de cerca a Mi Criatura. Cuando estuve frente al Niño, en presencia de una de sus tias, Éste levantó sus pequeños codos, como si fuese hacer flexiones. Al tiempo que, abriendo sus ojitos, me miraba tras el cristal. Como si me conocía, de antes. Cómo no recordar, que después de cumplir, algunos, cinco o seis meses, mientras Su Madre y Sus Tías, Andaban De Compras, por el Multicentro de La Churchill, habló por primera vez, cuando una de Estas, lo desplazaba en su cochecito:

–¡Paaapá, paaapá, paaapá!

Me contaron, que fue tan recurrente con la misma expresión, que atrajo las miradas de la muchedumbre que abarrotaba el Establecimiento Comercial. Que las personas les dispensaron, mimos y palabras de halagos. Preguntando, al mismo tiempo, por Su Padre. De retorno a La Casa, me contaron el acontecimiento. Yo, como Padre, no pude ocultar, el sentirme, imnensamente agradecido de La Vida.

Siempre quise tener Una Familia Grande, más o menos, de cinco hijos. La familia, de la que vengo, realmente, no era tan grande. Por tal razón, desde que salí de Mi Pueblo, me propuse, que el día, que me uniera en matrimonio; tendría esa cantidad de hijos. Desde los tres primeros años, de estar casado, y sin que tuviera ninguno, todavía, sin estarlo evitando, me di cuenta, que no podría materializar, esa parte tan importante de mis sueños. Así, que, aunque fuese Ese Solo, siempre Les di Las Gracias, por su llegada, Al Todopoderoso.*Puedo decir y afirmar, que fue un hijo deseado. Que no llegó, por accidente, a Nuestras Vidas. Su presencia, en La Casa, es importantísima. Cuando no lo veo, porque, a lo mejor, está en La Universidad, me hace mucha falta. A veces, no imagino cómo reaccionaré, el día que tome su propio rumbo. Porque se casará. O simplemente, porque se mudará solo, por el temperamento fuerte, que tiene. Y, porque, es lo que hace, la mayoría de los jóvenes aquí, en Esta Nación, cuando llegan a la Edad Adulta. Este 6 de septiembre, del 2019, que ya se aproxima, cumplirá veinte años.

CAPÍTULO XVI

Ha crecido mucho. Físicamente, se ha desarrollado, en un Dos por Tres. Su tamaño, me imagino, que se debe, genéticamente, a su Abuelo Materno. Pues, son personas de buen tamaño. Incluso, tiene un tío, que es muy alto. Con el que comparte algunas Características Emocionales y Físicas. En algunas ocasiones, he recibido visitas, que me han comentado, que Mi Hijo, se parece mucho a Mí. Cosa, que no creo tanto, a menos, que sea en, Mi Pelo malo.*Pues Él tiene la Piel y los Ojos Claros. *Su contextura, no tiene Mis Caracteristicas físicas. Y, es excesivamente, peludo en brazos y piernas Mucho más que Yo. Me he encontrado con Conocidos de Infancia. También, con otros, que son más recientes. Y nunca falta, quien me recomiende, tener, un par de hijos más. No importa, donde sea, como sea y con quien sea. Esta recomendación, nunca me ha gustado. Y juro, que desde adolescente, me propuse, que jamás tendría hijos por la calle. Me prometí, que en ese aspecto de La Vida, no seré igual que Pachanga. He cuidado siempre, esa parte de Mi Vida. De manera, que no me quedaran cabos sueltos para eso. He procurado tener cuidado y mucha responsabilidad. Evitar, que me aparezcan hijos de la nada. O, damas, alegando, una paternidad, que me fuera desconocida.

No dejo de recordar, que el día, que Pachanga enfermó, llamé al resto de Mis Hermanos. Los conocidos, por supuesto. Les conté sobre su situación. Que necesitaba la ayuda de Todos. En virtud, de que, Yo sólo, no podía hacerme cargo, de Las Cuentas que debíamos compartir. Soy consciente, de que, algunos, como, por ejemplo, las hembras, no tenían con qué. Pero los Otros, me imagino, que podían mover, Amigos o Relaciones, para aportar, lo que fuera.

Nadie movió un dedo, para siguiera intentarlo. No les, vi las ganas de hacer cosas, por El Hombre, que les había Dado La Vida. En ese momento, no culpé a ninguno. Ni tampoco lo hice, dieciocho años después. Cada cual, tendría sus motivos valederos, para comportarse como lo hicieron. Pero, situaciones así, son las que se presentan, cuando Uno, no puede darle Calidad de Vida, a tantos hijos. O, cuando Uno, no saca espacio, para tener tiempo, con cada uno de Estos. Para decirse, siquiera, una pequeña mentira. Cuando menos, una agradable verdad. No creo, que Pachanga haya dispuesto de tiempo, en Su Vida, para pasar, algunas horas, a solas, con algunos de Aquellos Hermanos Míos. Es, lo que siempre sucede, en casos como ese. Cada Uno de Estos, estoy seguro, sin que Yo, quede fuera tampoco. Teníamos, dentro de cada cual, algo que queríamos reclamarles, de manera persistente.

¿Todavía, piensan que no? Se los detallaré en la forma que lo he visto, en distintos puntos de la Población Dominicana. Siempre, que un hombre, que tenga varios hijos, con diferentes mujeres, y por distintos lugares, disponga de tiempo para dedicárselo a Estos. Son las mamás quienes se encargan, de exigírles al Padre, lo que Éste, no les da a Sus Hijos. Estos, casi, nunca tienen ese chance. Porque hay situaciones, que los llevan a mantener distancia. Consciente o no, los sustituye por otros. A pesar, de amarlos, claro, a su modo. Aunque, en realidad, esta, no sea la mejor forma, de un Padre, en esas condiciones, mostrar sus sentimientos, respecto a sus hijos. Pero es la sensación, que, A La Corta, o A La Larga, parece dejar. Hay cantidades de casos aislados, que lo confirman. Volviendo a Mi Hijo, no hace mucho, que una persona, que nos visitaba, se acercó a la escalera interna que tenemos aquí. De la pared, colgaban, algunas fotos familiares. La Señora me señaló una foto a Blanco y Negro. La única que es así. Le dije, que el que estaba en la foto, era Mi Padre.

—Julio César, es a Él, a quien se parece Tu Hijo.

—¡Queéee! No, no, no, no. ¿Por qué?

—Sí, míralo bien. Su misma cara, naríz, boca, todo.

Era cierto. Fue la primera vez, que me detuve a mirar con detenimiento la foto. Dentro de Mí, no deseaba, que mi único hijo se pareciera en nada a Este Señor. Pero no podía luchar contra esa realidad que era tan evidente. Solo recuerdo, que pedi a Dios, en voz baja, de manera que la visitante no me oyera; que me lo cuidara mucho, de no tener jamás el carácter que tuvo El de La Fotografía Antigua.*Su Madre y Yo, siempre nos preguntábamos, por los pómulos y quijadas de Nuestro Muchacho. Puesto que no conocíamos a nadie en La Familia de Sus Padres, que los tuviera. Y, en ese instante, fue cuando noté, que varias partes de la fisonomía de la cara de Pachanga, coincidían con la del rostro del Ser Humano, a quien considero, personalmente, como La Única Cosa, que tal vez, haya hecho bien en Esta Vida.

Por eso, siempre he creído, que en realidad, Ese Muchacho Mío, es Mi Más Grande Fortuna. Parece un poco exagerada mi consideración, pero la misma, es el producto de lo que mi corazón siente hacia esa vida, que, al fin y al cabo, es una extensión de La Mía. Recuerdo, que para un Verano, no lograba ponerme de acuerdo con Su Mamá, con respecto, a que me liberara unos fondos,*para un proyecto que tenía en mente. De un momento a otro, la conversación se fue subiendo de tono y sin que Yo pudiera percibirlo en el instante. De ese tono, pasé a plantear mis exigencias con gritos...Como una manera, de llamar su atención en lo inmedito a mi requerimiento. Ni siquiera me había dado cuenta, que Mi Hijo, estaba muy cerca en su habitación.Y, de repente, lo vi acercarse, para dirigirse a MÍ en estos términos:

—Papi, cuando Tú tengas ganas, de hablarle mal a alguien en Esta Casa, háblame mal a Mí. A Mi Madre no le levantes la voz. Vuelvo y te lo repito, mejor háblame mal a Mí. No quiero que esto vuelva a repetirse—.

Mientras pronunciaba esa sentencia, lo hacía mirándome fija-mente a los ojos. Más o menos, a una distancia de cuatro metros, desde donde Yo estaba. No muy bien, terminó de hablarme, me sentí avergonzado. Me disculpé con Su Mamá y tambien con Él, prometiéndoles, que esa actitud mía, no volvería a repetirse nunca más. Puesto, que valoré mucho en Él, su valentía, el deber y la responsabilidad conque defendía a Su Madre. Lo abracé fuertemente. Pidiéndole, que por favor, me excusara. Se lo rogué encarecidamente. Porque, gracias a su intervención, ese lado oscuro, que todos tenemos; volvía a encerrarse definitivamente. A desaparecer de aquel lugar donde había surgido y de donde nunca, debió haber salido. En otro aspecto. Yo, particularmente, de ninguna manera quería, que Julio supiera hasta no terminar, que Yo estaba escribiendo las primeras páginas, que formarían parte de Este Proyecto.

Pero un buen día, que íbamos camino a un Cine de La 42th, en Manhattan, me dio la sensación, de que estaba durmiendo. Comencé a escribir, tratando de aprovecher el tiempo de camino hasta allá. Y fue ahí, cuando despertó leyendo algunas líneas. Sin que me diera cuenta, que estaba al pendiente de la pantalla del Ordenador Portátil. Recuerdo, como ahora, su primera impresión en aquellos minutos que siguieron, fue:

–Papi, ¿Tú estás escribiendo, Una Autobiografía? –

No, Hijo. Es más, o menos, un Libro de Memorias.

–Pero Tú no eres famoso, Papi. Eso, es para Gente Rica, o Políticos del Medio.*

–No, Hijo, también, para cualquiera, que tenga algo que contar; sin importar condición social o ecónomica.

–¡Aaah, okay!

Esa noche, me reuní con el ilustrador. Éste me mostró unos bocetos, a fin de ponernos de acuerdo, sobre la forma que le daríamos a la Portada que llevaría el Libro. Estábamos sentados en la mesa de la sala de Mi Apartamento. Y Julio, que llegaba de la Universidad, tomó asiento entre Nosotros. Yo había concebido varios títulos. Pero no me sentía a gusto con ninguno todavía. Por ese motivo, dialogaba al respecto, con el Creador de la Portada. Él intervino en el instante, diciéndome:

–Papi, Yo pienso que Este Libro deberías titularlo: "La Sombra de Mi Padre."

El Ilustrador preguntó ¿por qué? y Él prosiguió argumentado:

—Porque Papi, cada vez que llega a Casa, sin importar la hora que sea, siempre se pone a escribir Ese Bendito Libro. Se acuesta tarde de la noche, haciendo lo mismo. Y Yo, siento, que algo, no lo deja estar en paz... Es, como si La Sombra de Su Padre, lo estuviera persiguiendo.

Lo miré por un momento y no me quedó más, que reírme entre los dientes. Acepto que lo que dijo, de alguna manera, se correspondía, aunque fuera un poco, con lo que me ha estado pasando, desde la misma fecha en que me empeñé en contar Esta Historia, con la finalidad de editarla. Así que, les di Las Gracias, por su opinión. Porque, siendo sincero, sus razones no estuvieron tan mal. Había dado, más o menos, en el clavo con sus consideraciones en torno al Título. Pero también le expliqué, con otro puñado de otras razones parecidas a las suyas, que el nombre queYo había escogido era otro. Que quizá, no le llame mucho la atención, como el que pensó. Pero que se ajusta mucho más, al relato de los hechos que Yo estaba procesando. Él estuvo de acuerdo Conmigo. Me dijo, que lo que decidiera estaba bien. Y me estimuló a que terminara de escribirlo, para que me quitara esto de encima y lo diera por cerrado. Estuve Totalmente, de acuerdo con Él. Sin embago, unos minutos más tarde, cuando mi hijo se ausentó de entre nosotros. Consideré con mucha honestidad dejarle al Libro, el nombre que él había considerado. Esa misma noche, quedé con el realizador de la Portada, para que mantuviera la discreción; de modo que fuera un secreto para Julio, hasta ese día que tuviera entre sus manos, el producto terminado como tal.

¿Ustedes han recibido muchos regalos en esta vida? Si la respuesta es que, sí. Entonces, permítame felicitarles. Yo vine a recibir el que fuera, Mi Primer Regalo Formal, de alguien, que naturalmente, no es de Mi Familia, en 1987. En esa fecha, regresaban a Vicente Noble, por segunda vez, los Jóvenes Catequistas Españoles, que habían estado el año anterior. Recuerdo, que en aquel viaje, no volvieron, todos los que llegaron en el primero. De estos, sólo vinieron algunos. Y estaba entre Estos, Mi Madrina Bautismal, María Angeles Ramos Maqueda. En esa ocasión, les hicimos el recibimiento en el Patio Parroquial. Después de haber agotado el programa que teniamos para aquellos fines, se nos dio un tiempo para que nos mezcláramos e intercambiáramos pareceres.

Fue en momento, que se acercó a Mí, María Ángeles, para entregarme un presente* que me había comprado en España, antes de embarcar, por supuesto. Abrí el regalo. Era una cadena, cuyo dije tenía un hombre con los brazos abiertos tumbado hacia abajo. Se parecía a Jesuscristo, pero no estaba seguro de eso. Porque el hombre no se sostenía de ninguna cruz. Quise preguntarle, que, de quién se trataba aquella figura. Pero al final, no lo hice. Vayan Ustedes a saber por qué; eso no lo recuerdo. Al mismo tiempo, que Ella, me la colocaba en el cuello, me decía lo siguiente:

–Espero que no te vuelvas a enamorar de nadie, como lo hiciste el año pasado. Yo sé que te enemoraste de Fulana. Y que sufriste mucho, cuando Ésta se fue. Nosotros estamos de paso en Este Lugar. Sólo de paso. No quiero que sufras–.

Quedamos en eso. Le prometí, que tal cosa no volvería a pasar. Le agradecí su regalo y me sentí alegre por ello. Me gustaba mucho, porque era una novedad para Mí. Puesto que nunca antes, me habían entregado una cosa, cuidadosamente adornada, para ser abierta por Mí Mismo, y que descubriera lo qué era, en el interior de una cajita pequeña. Hubo un momento, que me aparté de la recién llegada, para servirme un vaso de Refresco. Y en ese instante, se me acercó Carmen Vidá. Ella tambien estaba entre el público que formaba parte de la celebración. Al abordarme sobre el obsequio que me veía puesto, dijo:

–Indio, Ella te ha regalo El Cristo de Dalí,* qué bien... es un buen regalo–.

Yo no entendía, ni papa*de, a qué se estaba refiriendo realmente. Por eso, le pedí, que por favor, me explicara al respecto y contó:

–Salvador Dalí es un pintor español muy famoso. Uno de los precursores del Surrealismo*en Ese País. Ese que llevas ahí, es un cuadro que él pintó, así como Cristo está en La Cruz. Él pintó su propio Cristo, sólo que, sin la cruz. Se le conoce, como te lo he mencionado: El Cristo de Dalí–.

Hasta ese momento, Yo lo desconocía. Pues, le agradecí a Carmen Vidá, el haberme actualizado sobre Ese Tema. Ella recibió las gracias con la humildad, que la ha caracterizado, desde que la conozco. Pero antes que se alejara, me mostró una amplia sonrisa, que dejaba ver su blanca dentadura. A menudo, suelo recordarla entre amigos de Aquella Época, siempre que nos juntamos a compartír las copas de un tinto. Es que Carmen Vidá, en aquel tiempo, estableció un hito, al ser, la única mujer, en terminar el Bachillerato en Filosofía y Letras.Y en vez de irse de inmediato a la Universidad, optó por hacer, al Siguiente Año otro 4to. Teórico en Física y Matemáticas. Desde la fundación del Liceo San José, nadie había hecho algo como eso. Puesto, que cada estudiante, ansía cerrar Ese Ciclo, para correr a hacerse de una Carrera Universitaria. Ese mismo Año Lectivo, hubo otro alumno que hizo, junto con Ella, lo que muchos estudiantes consideramos una hazaña dentro ese Círculo Cerrado. Su nombre, Benjamín Vargas. Lo recuerdo, como un alumno aplicado, al que también solían apodarlo Pití.

Sin embargo, es imprtante resaltar, que hasta ahora, ninguna otra mujer ha superado lo que hizo Carmen. Quien, por cierto estudió Ciencias de La Educación y lleva muchos años trabajando en el mismo Liceo. A partír de esa noche, no volví a quitarme para nada aquella cadena que mostraba con poca discreción al público. Siempre dejaba sin abrochar, los dos primeros botones de la camisa que vestía Aquel Día. Estuve luciendo Este Regalo, más o menos, un año, No pasó de ahí. Un buen día, que me fui a bañar al Río, sin darme cuenta, lo perdí mientras me lanzaba al Agua, desde las alturas. Mientras intentábamos impresionar a un grupo de muchachas que lavaban ropas junto a la orilla. Menos mal, que Mi Madrina se había regresado a España. Me abría sentido mal, que hubiera tenido que enterarle, de que había perdido Su Presente apenas habérmelo regalado. A veces quisiera poder entender, cuál es la razón, por la que Uno nunca olvida fácil, las cosas que nos suceden por primera vez. No sé si a Ustedes les ha pasado lo mismo que a Mí. O quizás, lo aprecie de una manera diferente. Pero esa sensación de los eventos, que marcan una iniciación, en un momento determinado de nuestra vida; hace que tal momento, se vuelva único e irrepetible.

Esto es lo que me lleva a recordar, con cierto dejo de nostalgia, la que fuera una de las mejores noches, que he tenido en toda mi vida. A pesar de esas lágrimas, conque la emoción me atrapó. Porque, el hecho fue planeado de manera sorpresiva: "Mi Primera Fiesta de Cumpleaños". Yo recuerdo, haberme pasado la mayor parte del día, en los afanes de un asunto jurídico, que debía concluír con premura. Y luego me fui a casa, con la misma paciencia que de costumbre. Más o menos, eran las 8: P. M. cuando llegué a Casa. Y en el momento, que encendí la luz; escuché voces por doquier entonando los Cánticos Tradicionales, para ocasiones como esas: "Celebro tu Cumpleaños", "Cumpleaños Feliz". Cubriéndome la cara con ambas manos, por la emoción, me di cuenta, que, Daisy Correa, había preparado todo con amigos y familiares.

Para que me sentiera bien, en Aquel Día, Especial para Mí. En alguna parte del camino, Yo le confesé a Ella, que nunca había tenido la dicha, de que me celebraran Mi Cumpleaños. Recuerdo que fui tan sensible emocionalmente, que por poco mojaba con lágrimas, a todo aquel que se acercaba, para darme un abrazo. Lo que sentí, al momento que apagaba las velas y cuando partía el bizcocho, fue algo que no lo he vuelto a sentír, con la misma intensidad, en tímidos cumpleaños que me han celebrado después de aquel. El 19 de marzo, de 1997, cumplía, 29 años de edad. El que, a una persona, se le haga una Fiesta de Cumpleaños, no significa, que sea el sueño cumplido más interesante de Su Mundo. Si embargo, tradicionalmente, se ha establecido, que es importante, para levantar los ánimos, de quien se festeja. En Mi Familia, no se nos pudo hacer ningun tipo de celebración, con la que pudiéramos recordar el día que nacimos, Mis Hermanos o Yo.

Las razones, ya las conocen de sobra. No fue, sino, a partír de los Doce Años, cuando presté interés a la fecha, en que yo cumplía años. Recuerdo la primera ocasión, que me invitaron a una fiesta para estos fines. Se trataba de una vecina que rondaba mi misma edad. Y una Tía, le había preparado el jolgorio en el bar más cercano que teniamos en el sector. El regalo que pude comprar para ella, fue un jabón marca kínder, color Azul-cielo. Lo envolví, lo mejor que pude, en una hoja que arranqué a mi cuaderno, que doblé en cuatro. Después escribí el nombre de Ella con tinta azúl en el anverso y el mío en el reverso. Entre música de vellonera y los sorbos de un Coctel Casero, nos divertimos bailando, uno a uno, los varones presentes, con la Festejada. No había nigun lujo allí. Pero sí mucha alegría entre la niña y quienes fuimos sus invitados.

Los maltratos de Pachanga, llegaron a formar una cultura de abusos en Mi Familia. En consecuencia, eso fue abriendo un gran abismo entre él y Yo. De tal manera, que desde pequeño, fui creciendo con el conocimiento, de que era Mi Padre, pero una fuerza poderosa en mi interior me invitaba a negarlo. Hasta al punto, de no poder nombrarlo como tal. No recuerdo, ningun momento en mi vida, que haya jugado con Él... Tampoco viene a mi mente, la certeza de que hayamos sonreído juntos, por algo que realizáramos en común. Son cosas simples entre un Padre y Su Hijo, lo sé. Pero ni siquiera, me llega el recuerdo de haber caminando a su lado tomado, siquiera, de un dedo de sus manos. Parece raro, pero son las reacciones que se dan dentro de una familia, cuando no se fomenta la confianza. Ni el compartir entre sus Miembros. Y las alegrías se ausentan de las emociones que llenan al Ser. ¿ Cómo animarme, a contarles, a Un Padre como Este, de mis primeros sentimientos?. Nunca pude confiar en ese tal Pachanga.

¿Cómo hacerlo? Jamás me sentí en libertad de acercarme a Él para intentarlo. Comprendo bien, que fue Este Señor, una de las personas que me trajo a La Vida. Lo he aceptado siempre. Sé, que no es gracioso expresarme de Éste, como lo hago. Y, ustedes pensarán, que debo olvidar simplemte. Porque, a pesar que haya sido como fue, lo que interesa, es que gracias a que Él, le robó la mujer a otro hombre, Yo puedo contar que existo hoy en día. No, así no es. No me cabe la menor duda, de que, Ustedes deben estar pensando, que alguna cosa buena debió haber hecho Este Hombre.Y, hasta tal vez imaginan, que Yo omito mencionar esa parte, porque no me conviene. Es posible que así sea, que ustedes tengan razón. Pero lo hago adrede.

¿Por qué? Porque la mayor parte de las cosas que hizo, estuvieron cargadas de tanta maldad y violencia; que en mi subconsciente estoy claro, que sus excesos- opacan cualquier actividad con sentido noble, que alguna vez haya realizado. Si en alguna parte de mi vida o de mi muerte. Dios me juzga por este comportamiento, no temo. Con entereza recibiré el sumario que me venga, como consecuencia de los actos en que he incurrido, para hacer públicas todas estas notas. Pues, es imposible, dejar fuera de estos párrafos, tantas cosas horribles que hizo pachanga. Podríamos pasar años enteros contando sus historias y no acabaríamos aunque quisieramos.

Como lo he referido antes, cualquiera pensaría que es Él, la única persona importante, que merece ocupar páginas completas en Estas Memorias, sin darles cabida a otros asuntos y a nadie más. Qué bueno es saber, que en verdad, no es así. En el año 1988, habiendo Yo terminado La Secundaria*, visité la casa de dos excompañeros del Liceo San José. La vivienda estaba ubicada en aquel Segmento Poblacional, que en Vicente Noble se conoce con el nombre de: Pueblo Abajo. Los exlumnos, después de invitarme a sentar, llamaron a Sus Padres y luego que saludé a la Señora de La Casa, me abordó el padre de de estos muchachos, de una manera tan asombrosa, que llamó la atención de todos los presentes. El Señor de La Casa se sentó a mi lado. Y sin parar de mirarme desde arriba hasta abajo, comenzó hablarme:

–Indio, me cuentan mis hijos, que Tú eres hijo de Nene Heredia.

–Sí, señor, así es.

–¡Ofrézcome! No me digas eso, Muchacho. ¿Y cómo está él? Yo hace tiempo que no veo a ese ¡Macho de Hombre!. La última vez que lo vi, Yo era un muchacho, de algunos quince años.

El Señor se sentó, por fin, al frente mío. Y sus hijos prestaron más atención, a lo que Su Papá le interesaba ponerme en conocimiento:

–Yo conocí a Tú Padre, por primera vez, en una ocasión que Él llegó a la casa de la mujer más buenamoza* que había en Este Pedazo. Ella se buscaba La Vida*... Se metía a la cama, con aquél que le pagara su dinero. Bueno, para no hacerte el cuento tan largo, ese Pai tuyo, estuvo encima de esa mujer, durante más de dos horas, Y no te miento. Ya Ella estaba cansada. Una vez, que Él, por fin, terminó, ella le solicitó el pago que habían acordado. ¿y Tú sabes lo que hizo tu Pai? Le entró a golpes por la cara y las costillas. Hasta dejarla tendida en el suelo, sin fuerzas, de la pela tan grande que le dió. Los vecinos, tuvimos que levantarla, porque Ella, La Pobre, no podía sostenerse sola.

Tú Pai le dijo a Esa Mujer, que Ella era, quien debía pagarle a Él por haberla cogido como lo hizo. Ese hombre no era cualquier cosa. Al menos, en los días que Yo le conocí. Quisiera volver a verlo, para estrechar su mano. A él,casi siempre, le llamaban Pachanga, No sé ahora como le dirán. Ese hombre no era cosa fácil. Te lo digo Yo–.

Cuando El Señor terminó, los hijos me miraron haciendo el gesto de una sonrisa, pero sin abrir la boca. Y, la Señora, caminó sin despedirse, hasta su cocina. Después de eso, le manifesté a Los Muchachos, mi alegria por haber conocido a Sus Padres. Me marché del Lugar, prometiendo regresar en otra oportunidad. Oportunidad que no tuve intención, de que se repitiera. Noté que el Padre de mis excompañeros sentía demasiada admiración por Pachanga. Como si fuese, su Héroe Preferido. Como, si en verdad, deseara contar con la misma suerte para poder emularlo. Tal vez.

CAPÍTULO XVII

Dejemos de lado, aunque sea, por un momento, todo lo que tenga que ver con Pachanga. Permítanme ahora, hablarles un poco de ciertas anécdotas que me ocurrieron en aquellos días que empecé la Universidad, entre los años que van desde 1990 hasta 1994. Siempre que viene a los Estados Unidos de Norteámerica, cuando se presentaba la oportunidad de hablar por teléfono. Hay un excompañero de la Escuela de Derecho,* que a modo de chiste me interpeló con lo siguiente:

–Julio, qué habrá pasado con tú enana?–

El Amigo hacía referencia, a una joven de nacionalidad cubana. Que para esa época, habia llegado a establecerse en Santo Domingo. Su Padre, por cierto, es un banquero u hombre de negocios en Mi País. En ese mismo tiempo, que asistia a la Escuela de Derecho, trabajaba en una Heladería, que estaba ubicada, al frente de la Cerveceria Nacional Dominicana. En el año 1990, Yo tenía 22 años. La joven cubana, aparentaba más o menos, 35 años. Era diminuta. Con el tamaño prome-dio que tiene, la inmensa mayoría de las personas que tiene esa condición, la del enanismo. La Heladería abría sus puertas al público, a las 7:00 A.M, Y la señorita, antes de esa hora, ya estaba esperando por Nosotros, para entrar al lugar al momento que abriéramos. Siempre que Ésta pedía, la orden del helado de su preferencia, que siempre era el de fresas. Pedía con mucha amabilidad que fuera, yo la persona que se lo llevara a la mesa en donde estaba sentada. No teníamos Servicios al Cliente, en el lugar. Pero siempre lo pedía de favor, con mucha gentileza, por lo que sería de mala educación, si yo no pudiera complacerla. A pesar, de que esto, no me dejaba bien parado frente a Mis Compañeros de Trabajo. Y, como no tambien, frente a los propietarios del Negocio.*

Debo destacar, que cuando se sentaba, parecía una niña con cara de mujer adulta. Los pies quedaban bastante cerca de la parte de la silla que estaba destinada para descansar sus nalgas. En cuanto a las mismas, por cierto, eran bien crecidas. Exuberantes, es la palabra que más le queda. Era una persona bien aseada. La manera en que se comportaba en la mesa, delataba su buen grado de educación. Tenía el pelo rubio. Que le llegaba más abajo de la cintura. De tez blanca y con ojos claros. Me había dicho, en una ocasión, que se había graduado en Contabilidad en Su País. En Santo Domingo, se dedicaba a hacer manicure a domicilio. Todos los días, sagradamente, pasaba por la Heladería, dos veces al día, a las mismas horas siempre. Era una persona muy puntual. Esto llamó la atencion de la Propietaria del Negocio, que, con su olfato de mujer, me llamó un buen día a Su Oficina y me comunicó:

–Julio, ¿Tú no te has dado cuenta, que esa mujer está loca por

ti? –No, le contesté.

–Pues, fíjate, que Ésa quiere algo Contigo. Me cambio Yo el nombre, si no tengo la razón. –Sentenció la dueña del Negocio, con mucha seguridad en sus palabras. A las que, también le agregó, que nadie se desayuna tan temprano, comiendo helados todos los días del mes.

Al día siguiente, tuve que reconocer lo que la Propietaria de la Heladería me había advertido. La joven cubana regresó tempranito, Le solicitó permiso a Ella, que me permitiera ir al Banco Popular, para abrir una Cuenta Común entre ambos. La acompañé y así lo hicimos. Ella puso el dinero. Aunque, tardíamente, entendi, que Ésta estaba haciendo, todo lo posible para atraerme, a lo que eran sus intenciones. Después de estar en el Banco, me confesó cuáles eran sus planes, haciendome saber que eran serios. Y de paso, tambien, me invitó al Apartamento donde vivía sola. Apartamento, pagado por Su Padre, segun me indicó.

Le dije, que eso no podia ser. Porque Yo, sólamente estaba enfocado en Mi Carrera. Que no tenía espacio para nada más, pero que me sentía halagado. Insistió y me preguntó, si tal vez, la estaba rechazando, por su condición de ser de baja estatura. Me reafirmó, que era una mujer completa. Que eso, me lo podía demostrar, en el momento que Yo lo decidiera. Que sólo tenía que pedírselo. Para convencerme, sacó de su cartera, una fotografía. De un sujeto alto, cubano. Del cual, me contó, que fue Su Primer Marido en ese País Caribeño. Y que se habían separado, mucho antes de que, Ella viajara a República Dominicana. La verdad es, que Yo no encontraba cómo esconderme, para que no me buscara. No sabía qué hacer, para quitármela de encima, sin herir sus sentimientos. Porque era una persona agradable. De un trato exquisito. Sólo, que para mi gusto, no formaba parte del menú. Tenía que trabajar en Ese Lugar, seis días a la semana y Ella vivía cerca de Allí. No sé cómo lo averiguó. Pero una tarde se presentó a la Universidad "O&M" Donde Yo estudiaba. Y me encontró organizando, con otros compañeros, la Defensa de un recluso, para la Materia de "Practica en Los Tribunales."Desde que me alcanzó a ver, me dijo a gritos, frente a todos:

–¡Hooooola, Julioooo, soy yooooo, estoy aquí!

–¡ Julioooo, te veo, te veo, te he dado una sorpresa!.

–¡Hooooola, Julioooo, Julioooo, no me esperabas!

–¿Verdad que no?. ¿Verdad que no, Julio?

La saludé con mucho respeto. En verdad, estaba sorprendido de que me buscara Allí. Mis Compañeros de Clases, todos estaban mirando curiosos. Como si estuvieran, en presencia de algo nunca antes visto. Sonreían y se miraban, unos a los otros. Como si sacaran conclusiones, en torno a la visita y Yo. La joven cubana era dueña de una sonrisa contagiosa. Que llevaba, siempre Consigo. Miraba a los presentes y los perseguía con sus saludos, usando sus grandes ojos, al tiempo que mostraba, una gran sonrisa:

–¿Julioooo, esos son tus compañeros? –

¡Anda, preséntame a tus amigos, Julio!

Así lo hice, presenté a mis amigos uno por uno hasta que me inventé un compromiso para despedirme de ella esa tarde; me di cuenta que su intención era sentarse a esperar que yo saliera a las diez de la noche para que nos tomaramos unas cervezas. Un sabado, temprano en la mañana, me preguntó a qué iglesia católica iba yo cuando asistía a misa, le contesté que mi parroquia preferida era la Santísima Trinidad y no me pasó por la mente a veriguar ¿por qué me hacía la pregunta? Al otro día, domingo, Ésta se apareció en esa Misma Iglesia. Me buscó fila por fila, asiento por asiento hasta encontrarme y sentarse a mi lado. Como si fuese Mi Prometida.*Cada vez, que miraba el Altar, también me miraba a Mí. Asi lo hizo, todo el tiempo, hasta que El Padre pronució: "Se pueden ir en paz." Una vez, que salimos de la Iglesia, Yo pensé que Ella se marcharía por su lado y Yo por el mío. No fue así. Me pidió, que la llevara a la Pensión, donde vivía con los primos. Y que se los presentara a todos ellos. Que Ella tenía, muchas ganas de conocer a Mis Familiares.

Yo vivía, en el barrio "Los Manguitos," Distrito Nacional. Entrábamos por la Avenida Winston Churchill. Desde que nos fuimos adentrando, se fue formando, detrás de Nosotros, un grupo de niños y adolescentes, que una vez juntos, y a una sola voz, comenzaron a burlarse de un modo enloquecedor:

–¡Enanita!, ¡Enanita!, ¡Enanita!, ¡Enanita! ¡Ahí va la Enanita! ¡Esa es la Enanita! ¡Miren a la Enanita! ¡Ella es muy chiquita!

Estuvieron gritando estas expresiones, todo el camino. Y Yo, no hallaba dónde meter la cabeza. Una parte de las personas que nos veian, pensaban que Yo la acompañaba a mi habitación, para acostarme con Ella. Mientras, otra parte de ese mismo grupo, se molestó con los niños. Y les imploraron, que hicieran silencio. Ella me miraba y tratando de hacerme más cómoda la situación, me decía, que eso no era nada. Que no me preocupara. Que lo que los Niños gritaban, ni siquiera se sentía en sus oídos. Subimos a saludar a Mis Familiares. Nos sentamos un rato. Y después de una hora, la conduje hasta la salida Del Barrio; no sin antes, recibir de los niños, otra vez, el mismo Coro de Voces con el que nos recibieron antes.

Estos, nos hicieron creer, en principio, que se habían ido. Pero no fue cierto. Estaban escondidos, esperando al frente de la vivienda, hasta que la joven cubana abandonara la casa. En los siguientes días, no regresó a La Heladería. Tambien paró de buscarme. Ella comprendió, que no encontraría en Mí, otra cosa, que no fuera un amigo. Entonces, prefirió alejarse definitivamente, al notar en Mí, el desapego.Tambien, Para aquellos días de Universitario, como hubo de esperarse, cuando Uno* entra a la Carrera de Derecho, que es una profesión básicamente sociable; hice muchos amigos. Entre los que hacíamos el esfuerzo por destacarnos en cada Cátedra y con cada Profesor. El amigo, con el que fui más cercano en aquel tiempo, era un estudiante impedido de la vista, que ocupaba la Presidencia de la Asociación Dominicana de Ciegos. La primera Insitución que se creó en el País, para registrar y empoderar a los ciudadanos que tenían esta condición.

Tanto a Él, como a Mí, nos gustaba sentarnos en la primera fila de adelante. Cerca de la pizarra y cercanos al profesor que estuviera en Clases. Recuerdo, que me pidió, desde el primer momento que nos presentamos, que le hiciera el favor de grabarle las Clases del Día en una grabadora que tenía en su mochila. Otras veces, me hacía dictarlas y al mismo tiempo las iba pasando al Sistema de Escritura Para Ciegos, que conocemos con el nombre de Braille.Tomaba, con su mano derecha, una especie de clavo con el cual hacía puntos sucesivos en hojas de papel ahuesado de un grosor más grande que la del papel nornal. Este Impedido Visual era el Dr. Gregorio Estévez. Nos hicimos tan grandes amigos, que después de graduarnos, continuamos con esa amistad hasta al día que murió, joven. Con solo 37 años. Era un tipo alto. Con piernas largas.Tenía entradas de calvicie que parecia ser herencia familiar. No se quitaba sus gafas negras delante de nadie, Cierta vez, lo hizo a insistencia mia, en un lugar apartado de la Escuela de Derecho. Para que Yo viera las condiciones en que quedaron sus ojos, después que el Glaucoma lo atacó sin misericordia. Él era mayor que Yo. Pues, el más joven de la Escuela lo era yo. Tenía a Su Esposa y dos hijos, una hembra y un varon. Me compenetré tanto con Su Familia, que sus niños me llamaban Tío. Casi siempre, estaba mal económicamente. A veces contraía deudas por necesidades basicamente de La Familia.

Según me dijo, había llegado a aquella Casa de Estudio, por mediación de una señora adinerada, que vivía en el "Evaristo Morales."

217

Un Ensanche contiguo al Barrio, donde nació y creció. Recuerdo, que el día de la Graduación, me informó que no la iba a celebrar, porque no tenían como cubrir los gastos del festejo. Así que, invité a toda Su Familia a la casa de Mi novia. Donde la pasamos muy bien, durante el tiempo que duró el fiestón que preparamos, por mandato mío. Allí, presenté mi amigo y su familia a Mi Novia y a La Familia de Esta. Quienes, por cierto, les tomaron mucho cariño a partir de ese momento cuando lo vieron bailano Merengue. Al estar inmerso en las actividades, que requerian de mi ayuda, me fui introduciendo con Gregorio en los asuntos inherente a la Asociación de Ciegos. Así que, le pedi a Éste, que me permitiera ser colaborador con la causa más de cerca, en la medida que Yo pudiera ayudarle.

Se me permitió. Y en los fines de semanas, cuando Yo no tenía Compromisos de Trabajo o Personales. Asistía a conferencias, convivencias u otros eventos, propios de los ciegos. En la misma ciudad de Santo Domingo o en su defecto, otras veces, en las fuera de la Ciudad. Gregorio, me solicitó que le sirviera de lazarillo, y al mismo tiempo, que le ayudara, con una gran cantidad de Sus Iguales que acudirían de todas las Regiones del País, a una conferencia que tendría lugar, en La Segunada Ciudad Más Importante, Santiago De Los Caballeros.

Aquel Día llegó y todos estuvimos disfrutando de los diferentes conferencistas que asistieron. La comida, los diálógos en el entretiempo. Y las risas, como consecuencia de las actuaciones de un humorista que invitaron, para relajarnos con esa parte artística. En cierta ocasión, al momento de presentarse, el último de los conferencistas, Éste llegó al podio y empezó a disertar sobre Su Tema. Yo estaba sentado en la primera fila de adelante. Al lado de Gregorio. Como debía ser. Ya que estaba allí, para diligenciar, lo que Él, necesitase, como Orgnizador del Evento. De repente, como si Éste estuviera viendo lo que pasaba, me dijo:

–Julio, ¿qué está pasando? ¿Dónde están todas las personas, que no las oigo? Enseguida, me doy la vuela y veo, que en el gran Salón de Conferencias, a penas había, de diez a doce personas, de una asistencia que debió sobrepasar los cincuenta. ¡Dime la verdad, no me mienta!

¿No hay nadie aquí, verdad? Es cierto. Gregorio, sólo algunos, muy pocos, están aquí.

—Yo sé dónde se encuentran y sé lo que están haciendo. —Dijo Él—.

—Hazme el favor. Sal despacio. De manera, que no interrunpas al Invitado Especial. Búscalos a todos. A cada uno, de los que están afuera y tráemelos Aquí. Porque, no es verdad, que Yo voy a quedar mal por ellos, —sentenció Éste—.

Seguí su mandato y me alejé del Salón de Conferencias, recorriendo todo el Complejo de la vasta Edificcación. Cuando, por fin, encontré a quienes estaba buscando, no pude creerlo. Algunas parejas hablaban de amor. Otras lo hacían. Mientras que otros, sólo se besaban. Pude ver, además, un Trío, dos hombres con una mujer. En mi asombro, quería seguir mirando el panorama. Pero debía cumplir con mi responsabilidad y lo que me encargó Mi Amigo. Aún no me reponía de lo que ví. Pero como alcé la voz y los conminé, a que dejaran sus respectivos quehaceres y volvieran a entrar al Lugar. Tenía que hacerle saber, que Su Presidente estaba molesto por las decisiones que habían tomado. Ya que, algunas parejas no querian prestarme atención. Al final, me hicieron caso. Entraron alborotando al Lugar, todavía colocandose las ropas algunos, llamando la atención del que estaba en el podio.Y, la del mismo Gregorio. Quien, cuando volví a sentarme a su lado, pronunció en voz baja:

—Como si no supiera Yo de Ustedes... Como si no los conociera, como la palma de mi mano—.

Durante el tiempo, que estuve colaborando para esa Organizacíon y el buen amigo Gregorio Estévez, la pasé super-bien. En cada lugar al que asistía con Ellos, me divertía, hasta más no poder. Puesto, que eran alegres, simpaticos y sociables. Me recuerdo, que les gustaban todas las variedades de musica: Bachata, Merengue, Cumbia, Salsa, etcétera. Todos los ciegos, con los que compartí a veces, sabían bailar más que Yo; Su Presidente era el más Tíguere,*cuando se trataba de bailar un merengue. En ocasiones, invitaba a cualquier muchacha a la Pista de Baile. Y sin que ambos pudieran verse, Éste sabía darle todas las vueltas, que estaban de moda en ese tiempo. Cierta vez, que la Organización le pidio al Alcalde, que para entonces, era el señor Rafael Corporán, que enviara Unidades de Trabajo por toda la ciudad de Santo Domingo. Para que cubrieran con cemento todos los hoyos en los pasillos, por donde se suponía, que los ciegos transitaban.

El Alcalde no obtemperó al llamado en el tiempo, que la Organización se lo solicitó. Entonces Gregorio Estévez, convocó a todos los ciegos del País a una marcha de Bastones Caídos. Fue una marcha muy grande. Dirigida por Ellos Mismos. Y los pocos que veíamos, estábamos ahí, solo para ayudarlos, cuando necesitaban preguntarnos algo. Otra cosa que disfruté mucho, fue la hora en que íbamos a comer. Cuando me tocaba compartír la misma mesa con el Presidente y los Dirigentes más cercanos a Éste; algunos me formulaban preguntas como estas, para estar seguros de cómo comportarse frente al plato: – Oye, Julio, la carne está a las Doce o a las Seis? Se referían, a que se imaginaban, el plato como un reloj gigante.Y necesitaban estar seguros, dónde estaban ubicados los alimentos más importantes. Si estaban a las Cuatro o las 5 Cinco. A las Seis o a las Doce.

Un año, antes de graduarnos, 1994, Gregorio Estévez tuvo algunas diferencias con algunos asociados de la Organización, que se disputaban el control de la Misma. Esto conllevó, a que muchos de éstos se enemistaran, formando varios Bandos. Causando división entre sí. Como hubo de esperarse, cada bando formó su propia Organización. Recuerdo, que el amigo Gregorio, citó a varios de los amigos ciegos a la Azotea del Edificio de Siete Pisos, que alojaba la Escuela de Derecho de la Universidad "O&M" Formamos, a petición suya, la "Asociación Dominicana Para La Prevención y Disfunción Social de Los Ciegos," Entidad de la que fui el Redactor de los Estatutos que les dieron origen como Institucion sin fínes de lucro. Todavía, la misma, está funcionando en Santo Domingo. Está realizando operaciones de la vista a muchas familias empobrecidas.

Les juro, por Lo Más Sagrado, que comprendí lo que me pasó ese Verano. Entiendo, que El Pasado nos hace una visita inesperada cuando quiere. Y de eso, no nos libramos, por tener dinero. Por ser blanco, negro o amarillo. Ciertamente que eso es así. Lo que no comprendo es, ¿por qué tuvo que visitarme, del modo que lo hizo? ¿Por qué me eligió a Mí, Ese Día? ¿Por qué Aquella Pareja, no se montó en otro carro del Tren? Yo también, pude elegir montarme en un vagón diferente. En el que copuiera una cantidad mayor de pasajeros, a la que llevaba Éste en donde Mi Pasado me alcanzó. Pensándolo bien, si la cantidad de personas hubiese sido como los vagones, en donde todos van amontonados.

Yo no habría tenido oportunidad, de haber hecho sólamente mío, aquel infortunio. Acaparé, para Mí sólo, la escena. Como si los tres fuéramos los únicos habitantes de una isla en medio de un océano. Cada vez me convenzo más, de que esto pasó así. Porque el número de usuarios que iba Conmigo era bastante reducido. En las semanas que siguieron a ese acontecimiento, hasta al presente día; he procurado, desde entonces, no toparme con hechos que se asemejen, ni siquiera un poquito, con lo que vi. Ahora, cada vez que tomo el Transporte para irme y volver, me aseguro de montarme en el carro que contenga más usuarios. Ya no elijo sentarme tan distante de otros, como lo hacía anteriormente. Me he dado cuenta, que a veces necesitamos sentirnos más cerca, incluso de aquellos con los que no compartimos criterios, gustos o estilos de vida. He entendido, que es muy cierto cuando dicen, que todo el mundo es necesario para hacer causa común, ante la urgencia que no se espera. Y pienso, en lo que le oí decír a un mendigo de ascendencia panameña, en la 59th St., en Manhattan. De que El Mundo da muchas vueltas. Y creo que es así.

Algo bueno debe quedarse Conmigo, de lo malo que he desempolvado para encontrarme, cara a cara, con Mi Propia Historia. No creo, que sea de santos, el que alguien pretenda juzgarme. Sólo porque quise olvidarme de esta historia con tanta prisa, que creí perderla en el camino cuando me iba a dormír. Intento siempre, que la vida siga su curso normal, disfrutando al máximo, la esperanza y los problemas que me encuentro cada mañana que me despierto. Me esfuerzo, en que, nada me eche a perder la suerte que tuve al despertarme vivo y con el ánimo que necesito para alcanzar el tren, cuando Éste intenta dejarme. Si hay una cosa que no soporto tanto, es el tener que esperar otros quince minutos para que vuelva a cruzar el siguiente. Además de eso, estar con los ojos bien abiertos, para que el Maquinista, no vuelva a irse sin Mí, si es que acaso, me descuido por estar revisando el whastap o el Instagram.

La manera, en que se vive en Esta Ciudad, no cambiará nunca. Eso no lo espere nadie, como una posibilidad de que ocurra alguna vez. Podría pasarle largos años, esperando que tal cosa suceda y le saldrían canas en cada lugar en donde cuentes con pelos. Así que, si pretenden ubicarte aquí, quedarse a residir en sus Apartamentos. Debes asentarte, de tal manera, que no constituya un conflicto mezclarte con otras multietnias, que encontrarás en calles, Centros de Trabajo y Lugares de Diversión. A pesar de tantas cosas, que me han pasado en esta ciudad; algunas malas y otras buenas; es Nueva York, para Mí, el Espacio Poblacional, que más me inyecta energía. Quienes me conocen, saben que amo todos sus Condados. Pero inexplicablemente, siento una cierta Depen-dencia Emocional por Manhattan. Con especial atención, a las Expresiones artísticas que ofrece, El Bajo Manhattan y el Times Square. Amo el Pueblo*donde nací. Siempre lo llevaré en mi corazón hasta Mi Último Suspiro.

Pero, como le decía a una amiga de Brooklyn en estas últimas semanas, Nueva York se ha metido en mi piel tanto, que siento, que no estaría completo si me faltara alguna vez. Es lo mismo que pienso, cuando al terminar mi trabajo cada noche, pongo los pies en la 6th Avenida; cuando miro a la izquierda me embriagan las luces ocasionales del Edificio Empire State. Y si volteo en sentido opuesto, distingo Ese Edificio Alto que fue construído donde estaban Las Torres Gemelas.*El sentirme con ganas de estar caminando en sus calles, me vuelca a los sueños que tuve en aquellas primeras horas de Aquel Día, cuando desembarqué en el Aeropuerto Kennedy. No le doy tanta importancia al sudor pegajoso del verano o la brisa invernal que azota mi cara. Porque eso es precisamente Nueva York. Una fusión de todas las cosas que se mezclan en grandes proporciones. Incluyendo, Las Estaciones del Año.

Urgentes citas sin encuentros y grandes encuentros sin citas. Nubes de Tanatos y silencios de Eros.Todas estas caracteristicas reunidas a la diversidad racial y cultural, es lo que constituye la grandeza de estas grandes Avenidas. Para Mí, es como si conociera Esta Metrópoli desde mucho antes de haber nacido. La nieve que me cae encima, no es un tormento, como lo representa para algunos, La Lluvia. Por el contario, me lanza hacia el recuerdo, del niño que corría entre los callejones de Vicente Noble. Medio desnudo y descalzo en el lodo de aquellos minutos que me hacían feliz. Tendré, en Toda Mi Vida, una especie de afectos indescriptibles, hacia Esta Ciudad que me acogió de improviso. Si así no fuera, estaría comportándome, como una más de las personas que no saben agradecer los momentos compartidos entre mañanas, tardes y noches. Ningun altercado aislado. Ninguna coyuntura desafortunada, me llevará a mantener una falsa impresión en torno a Esta Urbe*que admiro tanto. A pesar de opiniones encontradas respecto, a la seguridad ciudadana que se ofrece Aquí, es una de las mejores. Y en Ella, se incluye al público en general, como responsables de estar pendientes de las cosas que no parezcan nornal.

No pueden imaginarse, lo bien que me sentí Aquel Día, que la Autoridad Metropolintana de Transporte (M.T.A.) tomó la decisión de poner cámaras a los autobuses. Incluídos también, los trenes como uno de los medios de transporte de masas. Una medida oportuna, para que no pasen nunca más desapercibidos, otros brotes de violencia. Como ese que vi. Algo que suelo recordarle a Mi Hijo, es que conozca los sitios más emblemáticos que hay Aquí. Para que nadie le cuente, sino, que al contrario, sea Él quien intercambie la riqueza cultural que observa, desde el inicio de los años que llevamos aquí. Este Núcleo Urbano, no es sólo sus Grandes Edificio, ni sus monumentos, ni sus prestigiosos restaurantes, ni sus regios teatros de Broadway, ni sus fluorecentes cuadros de neón. No, Nueva York, es algo más, que todo eso... Afortunadamente, es algo mucho más grande que eso.

SEGUNDA PARTE

NEYDA, SIN ESPERANZA, APRESURA SU MUERTE.

CAPÍTULO I

El 21 de Agosto, de 1983, fue el día en que Mi Madre se despidió de La Vida. Todavía está lalente en Mí, Aquella Tarde con un cielo poblado de nubes grises. Hacía un calor tan espantoso, con un olor a humedad, que lastimaba la visión. Un par de días antes, a Pachanga le había llegado la noticia, de que, en poco tiempo, el Hospital donde estaba interna*le daría De Alta, para que volviera a Casa. Así que, nos puso a atesorar la idea, de que ya todo estaba bién, porque Ella regresaría. Sin embargo, era otra la realidad. Le iban a dar De Alta, pero no porque estaba bien. Sino, porque, en su caso, médicamente, ya no se podía hacer más nada. Su cuerpo estaba minado por un CáncerTerminal que había carcomido sus Órganos Internos. Ya estaba muerta de la cintura para abajo. No podía caminar. No sentía. Ni siquiera sus piernas. No podía valerse por Sí Misma. Al menos, sí pudo conversar con quienes las visitaron en aquellos dias.

En el tiempo, que estuvo convaleciente la Tía Nílsida se llevó a Mi Hermana La India, quien estuvo viéndola. De todos Nosotros, fue la única que pudo ir, porque no estaban dadas las condiciones para trasladarnos a todos, por razones de espacio. Tampoco había lugar donde quedarnos. Y por otro lado, tampoco teníamos el dinero para pagar un traslado de esa naturaleza. Mi Hermana me explicó que Mi Madre estaba recostada en la cama, Medio sentada y, que le llamó hacia su lecho, estando con ella. La abrazó con mucha ternura descansándola sobre su regazo. Al mismo tiempo, le acarciciaba la cabeza. Y cuenta Mi Hermana, con mucho pesar, que pronunció estas palabras que salieron de su boca, como un suave suspiro:

–¡Ay, Hija Mía!–

Mi hermana tiene presente, aún, aquel último encuentro en el que la vió con vida. Y, con el pasar del tiempo, aseguró, que la manera en que Nuestra Madre la acariciaba en aquel momento, era tan sólo un preludio de que estaba despidiendiose de ella.Yo le pregunté a La India, ¿Qué si Nuestra Madre, no le había dicho otra cosa, más que esa? Y Ella me repondió, que no. Que sólo fue esa expresión con sabor a lamento. Por otro lado, mis hermanos mayores: Amancia y Gañán, estuvieron visitándola en los días previos a su fallecimiento. Dándose cuenta, de lo mal que estaba al no sentir Sus Extremidades. Pero ambos desconocían el verdadero motivo que la mantenía convalesciente y postrada en aquella cama. Claro, que en la conciencia de cada Uno se reservaba a un culpable de que Esta Mujer estuviera en aquellas condiciones. Aunque también, ignoraban, como otros Miembros de La Familia, los detalles del mal que la aquejaba. Mal, que en verdad terminó no sólo con su internamiento. Sino también con las ganas de apreciar la vida.

Cuando llegó Esa Persona*a La Casa, a decirle a Pachanga que Neyda había fallecido, éste se mostró incrédulo durante algunos minutos. Lo vi continuar haciendo lo que hacía. En ese instante, estaba dando los toques finales a la cabeza de un cliente. En ningun momento lo vi alterarse, ni perder el equilibrio por tan nefasta noticia. Muy por el contrario, concluía su trabajo brillantemente, como siempre. Retiró y sacudió los pelos que se habian saltado hacia la camisa del cliente. Le puso alcohol alrededor del cerquillo Y por último, con una mota grande, le empolvó la parte de atrás del cuello. Terminó. Y recibió la aceptación del cliente. Cuando Éste se se miró en el espejo, dio muestra de haber quedado complacido del corte. Se desmontó del sillón. Procededió a pagarle y se marchó. Quedamos solos. Y frente a la persona que le había traido la noticia. Entonces, Pachanga, sin mirarle a la cara, le manifestó:

–Yo no le doy credibilidad a lo que tú me estás diciendo. Eso no es cierto. Ya que Neyda venía para acá en unos días. Ella ya estaba perfectamente bien de su salud–.

–Bueno... Yo cumplo con decirte, lo que me dijeron, que te informara–.

Le replicó la Señora, quien estaba llorando a Mi Madre, bañada en lágrimas.Y así mismo se marchó. En los minutos que siguieron, y Yo observándolo, Se Cambió de Ropa*. Luego, se puso a dar vueltas en La Casa, con el rostro lleno de incertidumbre. Pasaron algunas horas y no sé cómo se enteró, de que, entrada ya la noche, el velatorio de Neyda se llevaba a cabo, en la casa de La Abuela Caridad. Que vivía, en lo que entonces era, la Entrada y Salida del Pueblo. En el barrio Galindo. Recuerdo haber tomado de la mano, a Mis Hermanos más pequeños. Petronilo y Petronila. Caminé, con Ellos, por un atajo que tenía un sendero angosto. Desechando la Vía Principal.Y tratando, de no encontrarme con muchas personas en el camino. Pues me sentía bastante apenado y triste. Con los ojos nublados, por las muchas y tanta lágrimas. Un señor que pasaba, me vio así. Y me preguntó, a qué se debía mi llanto. Le respondí que Mi Madre acababa de fallecer. El señor trató de mostrarse compasivo o solidario Conmigo. Aún retumban en mi subconsciente, las palabras, que lastimeramente me dejó caer:

–¡Ay, Mi Hijo. Cuánto lo siento, que hayas perdido a Tu Madre. Siendo un niño todavía!–

De alguna manera, con la mirada, le mostré agradecimiento. Y continué por aquel sendero siempre sujetado a los dedos de mis hermanos. Me sentía responsoble por Estos. Yo era el Hijo Mayor de Aquella Famila. Pero tenía, a penas quince años. Mis Hermanitos, parecian, buscar respuestas en Mí, cuando me miraban a la cara.Yo sólo pude decirles, que había muerto Nuestra Madre. Y que íbamos a verla a la casa, donde la estaban velando. En el momento que llegamos al velario, no entré por el frente, donde estaba congregada una multitud. Fuimos por la parte de atrás. Con lo que acababa de pasar, aunque nadie lo sabía, arrastraba Conmigo hacia todas partes, mi vergüenza. Sí, esa vergüenza que me producía la vileza de Pachanga. Allí me encontraba, ante la más terrible adversidad, siendo testigo, de un acontecimiento trágico que me robaba aliento.

El patio de la vivienda era amplio. Y, aunque, con muchas personas concurrentes, sobraban espacios para quienes quisieran pasar desapercibidos.

Como lo deseaba Yo, en aquel instante. Se esparcía, por todo el patio, un fuerte olor del café que hervía sobre un fogón improvisado, con troncos secos, bajo intensas llamas candentes con colores vivos. Frente a Nosotros, las personas iban y venían. Algunos curiosos se detenían. Nos miraban con pena. Mis Pequeños Hermanos parecian afligidos y alzaban o bajaban la cabeza, Se cubrian sus caras.Y de repente, se aferraron a Mi Cuerpo, con tantas fuerzas, que entre los tres, adoptamos forma de un triángulo humano. Al intentar caminar, me impedian moverme. Pues, buscaban en Mí, un refugio. En cambio, yo me sentía sin compañía. Extraviado en un valle a oscuras, con difusas melodías de grillos entre tantas soledades.

De pronto, alcé mi cabeza, ya que, sentí la presencia de alguien frente a Nosotros: era la Tía Nilsida. Traía, en sus manos, una bandeja con vasos conteniendo Refrescos Rojos. Paquetes de cigarrillos y golosinas que ofrecía al Público. En un instante, con su mirada, nos recorrió a los tres, seguido de un silencio. Después, me miró sólo a Mí y con aquella frialdad, conque se percibe la desgracia que entraña La Muerte. Con honda tristeza, me estrujó en la cara, estas palabras:

—Sobrino, Su Padre, aunque Usted no lo quiera escuchar, mató a Mi Hermana. Acabó con Ella. Se la comió viva—.

Después que la sentí desahogarse, le vi caminar entre el gentío y quienes tomaban lo que Ella iba ofreciendo, al mismo tiempo, parecían consolarla con palmadas en sus hombros seguidas de abrazos. Mientras tanto Yo, en ese momento, senti que La Muerte había rozado con su guadaña, Mi Garganta. Había resequedad en Esta.También, sentí un desagradable sabor a hiel. Éste pasó a Mi Estómago. Donde tuve la sensación, de un raro malestar, que regresó por mi fauce, hasta, que, por fin, lo arrojé, del lado de una alambrada contigua, al Solar donde me encontraba. No quise responderle nada a la Tía Nílsida.Yo sentía, que por ser, el mayor*de todos, la culpa de las cosas, que había hecho Pachanga, de algún modo, recaían sobre Mí.

Encima de los hombros de mis hermanitos, mis manos no podían mantenerse estáticas. Después, una mujer alta, trigueña. Con brazos largos y manos fuertes, se nos acercó. Sus ojos reflejaban que había llorado. Parecía que nos miraba con curiosidad. Daba la impresión, de que intentaba conocernos y me hizo esta pregunta:

–¿Tú eres el que te llama Indio?

–Sí, le contesté–.

–Yo, soy Amancia. Hermana de Ustedes –me dijo–. Nuestra Madre ya está muerta. No se puede hacer nada. Ustedes no son culpables de lo que le ha sucedido. Debemos olvidar lo que pasó. Búsquemonos, como familia que somos. Después que todo esto pase, Tú y Yo hablaremos. Nuestra Madre me dijo, estando en el Hospital. Que te ayudáramos en lo que pudiéramos. Que Tú querías ir a La Universidad, algún día–.

Le ratifiqué, que sí. Que ese era Mi Sueño. Valoré, que nos veía como familia. Que sus palabras, guardaban ternura al expresarlas despacio en tono conciliatortio. Nos despedimos con tanto afecto, como si nos hubiésemos conocido de toda la vida. Siendo que, era la primera vez que nos habíamos visto. Antes de esta conversación, sólo la había oido mencionar. Decir, que era una de las primeras hijas de Mi Madre y que se llamaba Amancia. Les aseguro, a ustedes, que en el instante, que decidí entrar al Salón donde velaban el cuerpo de Neyda, pese a estar acompañado de mis hermanos, me sentía sólo. La única cosa, que en ese momento, iba Conmigo, fue aquel olor a café impregnado en mi ropa de manera clandestina. Al cruzar el umbral de la puerta, me bastó una sola mirada, para ver que había sufiecientes personas a ambos lados del féretro.

El ataúd estaba colocado en el centro, al final del Salón. Mis Hermanas: India y Bolivia, estaban sentadas de un lado y de otro. También, había un espacio libre, para que los Dolientes, y quienes llegaban, pudieran acercarse hacia donde yacía el cadáver. Por un instante, me detuve con pocas fuerzas, para continuar avanzando hacia ese reencuen-tro con el cuerpo sin vida. Mi mirada hacia abajo. Buscaba encontrar apoyo, en los hombros de Mis Hermanos Pequeños. Percibí, que todos los ojos me miraban a un mismo tiempo. Entre El Público, escuché que

230

alguien preguntó, que, quién es Él, riferiéndose a Mí. Inmediatamente, se escuchó una voz femenina, que a gritos, y enfáticamente respondió:

—¡Es el hijo del Asesino! ¡Es el hijo del Asesino!—

Aquella expresión, cayó sobre Mí, como un balde de agua helada. Que al mismo tiempo, me produjo calor. La expresión me infernó. Al escuchar aquello, no encontraba en donde esconderme. Me inmovilicé. Mis piernas empezaron a temblar. Mis manos transpiraban. Mojé los hombros de mis hermanos, con aquel sudor que abundaba. Parecía no asimilar lo que me habían gritado. La sensación de soledad, que antes experimenté, cuando estuve en el Patio, ahora había sobrepasado mis capacidades.Y me fue imposible mantenerme immune, ante aquel apelativo degradante, que no obstante ser real, me dolía hasta en los huesos. En consecuencia, a pesar de la multitud que nos rodeaba, aún me creía más sólo, que antes de llegar. Por un breve tiempo, no pude evitar que mis lágrimas corrieran hasta detenerse en mi mentón, lavando otra vez mi vergüenza. Cuando, por fin, levanté el rostro, me di vuelta para comprobar, de cuál persona había venido la voz con tan terrible tono acusatorio.

Y, me sentí, más mal de lo que ya estaba. Al tratarse de Mi Hermana. La Menor, de los primeros hijos de Mi Madre. Mi intención, cuando me di la vuelta, era transmitirle a esa persona, en una sóla mirada, todo mi odio. Porque, entendí, que de alguna manera, me dejaba en evidencia frente a ese enorme gentío. Pero cuando ví, que fue Mi Hermana, mi coraje desapareció, al ver también en su cara, el dolor, la ira, y la impotencia. ¿Qué podría Yo reclamarle, a una muchacha, que tal vez, estaba sintiendo, que la habían abandonado dos veces? Solo permití que mis lágrimas, en algún modo le hicieran saber lo mucho que lo sentía. Después de eso, la vi mirándome de reojo, apenada. Proseguí moviéndome en esa misma dirección, hasta detenernos junto al féretro. Nuestra Madre parecía tranquila. En paz. Sin preocupaciones.

Su cuerpo inerte, lucía fresco. Tenía poco tiempo de que la Tía Nílsida la había preparado para la ocasión. Su cabeza descansaba sobre una pequeña almohada. Su pelo, corto. Negro, lavado, peinado. A la primera mirada, me impresionó aquel par de canas, que no hacía mucho le había salido en un lugar muy junto a su Frente. Cuando miré sus ojos, parecía que dormía. El polvo blanco, puesto en su rostro, casi le ocultaba la vieja cicatriz encima de su ceja izquierda. El esmero de la Tía, en dejarla bien, fue tanto, que me puse a recordar, que en vida, Ella, nunca maquilló su rostro. Era aún muy joven Mi Madre, parar estar dentro de aquella Caja Fúnebre. Sus labios, color marrón como siempre. La Tía no había tocado Esa Parte. Pero lo que sí acaparó mi atención, fue el gesto que describían sus labios. Que expresaban una sonrisa; como si al despedirse de La Vida, la Madre de Este Servidor, encontrara en la muerte, una inmensa paz, lejos del dolor. Otra cosa, que me atrajo la atención al instante, fue, que al detenerme en su barbilla observé, que su hendidura, parecía tener vida. Un Atuendo Fúnebre, de color blanco, la cubría por completo. Desde el Cuello, hasta el final de sus pies. Nunca la llegué a ver tan elegante cuando estuvo con vida. Me pareció, uno de esos vestidos, que usan las novias, para casarce. Un Juego de cuatro velas enhiestas. Dos, en el lado de su cabeza y dos, al lado de sus pies. Las cuatro, despedían un humo, con ese color conque imaginamos La Muerte. Sin sabor, con olor a un conjunto de partículas diminutas de origen desconocido. Reflejando su lumbre, de manera lenta, sobre el techo, en lúgubres imagenes que inquietaban el suelo bajo mis pies. Pero ahí estaba Yo todavía. Sin parar de mirarla. Platicando con Ella, a media voz, esa conversación larga, que no pudimos tener en vida y que me hacía falta sostenerla. Aunque fuera, Yo sólo, el que estuviese hablando. Después que terminé aquella especie de Monólogo Interior, cada vez que suelo recordarla, la imagino con la misma sonrisa. Aquella que la dejé, esa noche, cuando abandoné el Salón, para regresar de nuevo al Patio. A unos minutos de estar allí, me di cuenta por las voces que provenian de la calle, que algo raro estaba pasando. Y así fué: Pachanga había llegado al Velorio. Tuvo la osadía de presentarse a reclamar El Cuerpo, para que fuese velado en Nuestra Casa.

Sólo bastó, que mis Tíos lo vieran, para caerles encima con intenciones de matarlo, de a poco, como algunos estuvieron tentados hacerlo. Se salvó, por milagro. Porque obrsevó, que la Turba de personas, tenían sentimientos no tan santos. Y se apartó, lo más rápido que pudo. La primera en encabezar el Grupo, fue la tía Nílsida. Quien se hizo de una

Arma blanca* para intentar vengar a Su Hermana. Le vi sujetar, en su mano derecha un cuchillo de mango color caoba. Unas veces lo soltaba, otras, lo empuñaba. Sus ojos parecian salirse de sus órbitas, por la ira. Sus pies descalzos, se movian como las patas de un Animal Doméstico, que se aprestaba a embestir. Furiosa, por no haberlo encontrado, donde se suponía que estaba el Hombre que más odiaba. Presa de un nerviosismo, no paraba de moverse, empuñando el cuchillo, mientras vociferaba:

–¿Adónde está Ese Azaroso? ¡Que venga, que se atreva a venir Aquí! ¡Que hoy me voy a desgraciá Mi Vida!–

Gracias a Dios, las cosas no pasaron de ahí. Como instintiva-mente pudieron suceder. La Fatalidad estuvo tan cerca, que habría sido aún peor para Nosotros. Al otro dia, bien temprano, tomando en cuenta, como se dieron las cosas, Él acudió de nuevo. Pero esta vez, no fue solo. Sino, que se hizo acompañar por el Profesor Ciriaco Matos. Un dedicado Hombre Público, al que apodaban Sanabio. Oriundo de Vicente Noble y que en aquellos días, ambos Pachanga y el profesor, formaban parte de una misma Agrupación Política. Una Organización, que se había apartado del Partido Revolucionario Dominicano (P.R.D.) y que lidereaba, en Aquel Entonces, el Expresidente de la República, Jacobo Majluta.

Aprovechando esas circunstancias, Pachanga le relató El Hecho a su manera al Buen Hombre. Y le rogó lo acompañara, a modo de que suavisara las relaciones tensas, que se habían suscitado contra Él. Yo estoy seguro, que de haber tenido conocimiento, del precedente de lo acontecido a Pachanga, Mi Antiguo Profesor de Biología, no se hubiera presentado, en calidad de Conciliador, como al efecto lo hizo. Puesto que Este Hombre honrado, a lo largo de su vida, ha sido un Protector de La Familia. Sobretodo, de La Mujer, como Símbolo determinante en La Creación, o conducción del hogar.

Pero su buena fe, y su capacidad para el ejercicio de Las Buenas Obras, lo llevaron hasta Ese Lugar y Allí les arengó a Todos. Las palabras que el Profesor usó en Aquel Momento, se fijaron en Mi Memoria de tal manera, que tres décadas después, aún puedo repetirlas

233

literalmente. De la misma forma, en que me maravillaron en el entonces distante. Recuerdo muy bien, que cada vez que elevaba el tono, en Aquel Discurso improvisado, sus expresiones parecían palomas blancas, que elevaban vuelo en un cielo de armonía admirable. Su intervención fue de pocos minutos, Pero importante, clara y humana. Tan importante, como la parte del discurso que se quedó Conmigo a través de estos años.

Y que ahora, cito para Ustedes:

–Los invito a dejar el conflicto que los separa. Sean mesurados... Depongan sus odios en estos Momentos de Luto. No debe haber espacio para mal querencias o viejos rencores. Es tiempo de perdonar. Hay dolor de un lado y de otro. Miren hacia Al Perdón–.

Cuando el Profesor concluyó, parecía que masticaba en seco. Siempre es doloroso ese tipo de intervención, tan semejante al panegírico que pronunció antes. Y después, frente a las tumbas de otras personas que fallecieron en Nuestro Pueblo. Por eso, al instante de mirar hacia al Velatorio, humedeció con discreción sus labios. Y con el rostro entristecido, miró al gentío reunido frente a Él. Después, se marchó del Lugar, no sin haber dado El Pésame,*a La Familia de Mi Madre, por su lamentable pérdida. Luego, se fue tranquilo, a pesar de que, en su mediación, no logró lo que Su Compañero de Partido deseaba. Al menos, sin proponérselo, obtuvo lo más importante, que fue, el evitar que se derramara más sangre. De vez en cuando, no se debe olvidar, que El Destino suele usarnos, algunas veces, para bién. Otras veces, para mal. Pienso, que el Profesor Sanabio, estuvo allí presente, para que El Bien obrara.

Suelo recordar, a Mi Querido Profesor, como un hombre bajito. Que tendría, no más, de cuarenta años. Con una calvicie incipiente, frente Un tanto pronunciada. Con el rostro delgado. Sus ojos marrones, cejas diminutas. La nariz, bien parecida. Tenía una Nuez de Adán sobresaliente. Su Contextura Física, se correspondía con la de un hombre básicamente delgado. Casi siempre vestía formal. Aunque, las ocasiones en que lo vi, solia llevar camisas con mangas cortas. Aseado todo el tiempo. De apariencia simple y de gustos sencillos. Era de la clase de persona, que no disfrutaba vivir, por competir con otros. Y, que estaba consciente, de arroparse hasta donde sus sábanas les alcanzabaran. No más de Ahí.

A menudo pienso, que su presencia en el mortuorio, era, como he dicho anteriormente. Una cita de La Divina Providencia. Tal vez, con el mandato expreso, de evitar la siguiente tragedia que estaba a punto de producirse. Siempre he sido, de la opinión, que Este Hombre, pertenece a una especie que va en camino a extinguirse. Les aseguro a Ustedes, que, de haber sabido de antemano, sobre el aura del amigo que lo llevó al Velorio, habría rechazado, de plano, acompañarlo. Es como digo, todavía lo repito:

El Destino, tan impredecible, como siempre, mueve los hijos de cada uno de Nosotros, en formas tan misteriosas. Que no alcanzamos a entender, hasta no ver los resultados de sus planes. La Familia de Mi Madre, entendió el mensaje de paz, que Aquel Hombre transmitió a la multitud.

Pero, Determinaron, que Pachanga, desde aquel mismo momento, no volviera a poner un pie en ese Lugar. Y que se retirara inmediatamente de aquellos alrededores. Se negaron rotundamente, a que viera La Muerta. O que intentara despedirse del cadáver. Aquel terreno del velorio era sagrado. Por lo que, había que evitar, a toda costa, que lo pisara un hombre de su calaña. Eso acordaron los hermanos de Mi Madre. Quienes, al estar henchidos de dolor, tenían todos los motivos del Mundo, para reaccionar como lo hicieron. Si la Abuela Caridad, que murió unos años antes, habría estado viva, La Cosa se habría puesto, peor de lo que estaba. Ella amaba muchísimo a Mi Madre. Sobretodo, por haber sido la mayor de todos sus hijos. Después de eso, ha transcurrido mucho tiempo, y sólo he vuelto a reencontrarme con Mi Antiguo Profesor, a través de la Página de Facebook. Hemos conversado Vía Telefónica, desde Vicente Noble. Donde reside, después de haber residido por muchos años en el Condado de Passaic, New Jersey.

CAPÍTULO II

Nuestro reencuentro ha significado, para ambos, mucha satis-facción. Y al mismo tiempo, ha venido a testimoniar y ratificar, el respeto mutuo que sentimos el Uno por el Otro. Fue Él, la primera persona, que me enseñó a hacer el Nudo de La Corbata. Siendo Mi Profesor en La Secundaria, lo visité una noche en su casa. Allí, vi una fotografía grande de su boda. Él estaba vestido en Traje Formal. La Corbata tenía Nudo pequeño, tipo Ve Corta. Aproveché y le pedí, que me enseñara como hacerlo. Entró a Su Habitación y trajo en sus manos una corbata, con la cual, me mostró como hacerlo. También me enseñó, otra forma de hacerlo más grande. Al estilo: El Nudo de kent. Asimismo, jamás podría olvidar, que mientras fuimos Sus Alumnos, siempre nos animaba a estudiar, con indicaciones como estas:

–Estudien. Y traten de salir adelante. Para que se conviertan en Los Profesionales Del Mañana. Recuerden, que si no estudian, si no aprenden Algo Útil, tendrán que tomar una Azada en sus manos y dedicarse a labrar La Tierra, simplemente eso–.

Volvamos, pues, a las cosas que tienen que ver con el proceder estrambótico de "El Célebre Pachanga". Aquel mismo día, en las horas de la tarde, Neyda fue llevada al Cementerio. Pero antes, de que inhumaran Su Cadáver, oficiamos una Misa de Cuerpo Presente, que El Abuelo Eugenio organizó. La Referida Misa, se llevó a cabo, en la Iglesia Católica que se localiza al lado del Parque. Al llegar la noche, mientras Yo intentaba Conciliar El Sueño, escuché unos ruidos que atrajeron mi curiosidad. Era Pachanga en el interior de Su Cuarto. Llorando, con tanta desesperación, como cuando un asno rebuznaba.

Más que rebuznos, eran unos molestosos bramidos, que perturbaban en medio de la serenidad. Los llantos, resultados de sus penas en secuencia. Y que Yo, jamás imaginé ni comprendí. Ese Señor, no había llorado nunca, por nada ni por nadie. Y menos, donde otros pudieran escucharles. Para ser Un Semental Confeso, el llorar, no era cosa que le confirmara tal condición. Por el contario, se la negaba.

El lloriquear, como si fuese un niño, es Cosa de Mujercitas. Es lo que siempre consideró, Ese Fulano. Me acordé,*de una vez, que con su potente voz, dijo un día, que los hombres no lloraban. Mucho menos, por mujeres. Yo estaba acostado para los pies de Mi Abuela, con quien siempre compartí la misma cama, hasta los veinte. Tomé la sábana y me cubrí por completo. Puesto, que no queria escucharlo más. Al principio, me pareció no entender los motivos de aquel sufrimiento tan raro. Aunque, minutos después, entendí, que tal vez, muchas espinas en su almohada no les permitian dormir. O, posiblemente, estaba confrontando a sus Propios Demonios en la soledad de aquella cama, que antes compartió con La Difunta. La que, en vida, tantas veces flageló. Ahora estaba desplomándose en su Mea Culpa. Ustedes, quizás piensen, que a Mis Quince Años, me fue fácil dormir Aquella Noche Pero les aseguro que no. Siempre la he recordado, como la noche en la que me hice un hombre a prisa... En la que me sentí, como si alguien, dejara en mis hombros, una carga enorme pesada.Tan pesada, que de alguna manera, al marcarme, permitió que una sensación intuyera en Mí, la creencia de que, el después, me sigue pesando más que el antes.

En su último día de vida, Mi Madre se puso de acuerdo con la Tía Nílsida, para que le ayudara a irse de Este Mundo, lo más pronto posible. Sus días estaban contados. El Parte Médico pronosticaba algo aterrador. Ya se lo habían informado. Ella no quería pasarse los pocos dias que les quedaban, en la misma casa. Junto al hombre que le había desgraciado la vida. Así que, para poner en marcha su deseo, se pusieron de acuerdo, con un Médico del mismo Centro de Salud, donde estaba convalesciente. Éste la escuchó y sólo horas más tarde, ayudó a que Mi Madre se vaya rápido. Con esa premura que deseaba hacerlo. Eso nos lo contó La Tía Nilsida, a dos de sus hijos.

Nadie más, en La Familia, sabía sobre esa decisión. Incluyendo a Pachanga. Que nunca supo, de lo que Neyda enfermó. Menos, de qué manera se despidió en sus últimas horas de vida. Tiempo después que la Tía Nílsida también murió, fue que me decidí a escribir sobre aquel drama dantesco en el que se devivió Mi madre. Por lo que, consideré también, que era tiempo de ir confesándoles este tétrico episodio, a cada uno de los familiares de Mi Madre y al resto de Mis Hermanos. Contarles, cuál fue la causa real de su muerte, Así como, las circuntancias en las que ésta se produjo. Unas semanas antes, de haberla llevado a Santo Domingo, donde fue ingresada a un Centro Médico, Ésta se quejaba mucho, de un fuerte dolor en sus caderas. Yo notaba que se llevaba las manos a la cintura. Que cojeaba cuando caminaba. Que, con mucha dificultad se incorporaba.

No podía estar, de pie, ni sentada. Ni siquiera en la cama, encontraba sosiego. Se daba volteretas, de un lado y de otro con lentitud. Pero aquel dolor parecía no darle tregua. De momento, su mirada se perdía en el techo del Cuarto. Mientras desesperadamente, se pasaba la mano, muy seguido, por el rostro, como buscando un aliciente, que la ayudara a tener quietud. Había momentos, cuando estaba recostada bocarriba, que lo único que levantaba, era su mano derecha abierta. Como si señalara El Cielo. Balanceándola, de derecha a izquierda, una y otra vez. Clamando a Dios en voz baja, que tuviera piedad de Ella y le devolviera su salud.

Aquel malestar era persistente. Se lamentaba reiteradamente. Nunca la oí pegar el grito Al Cielo, por más punzante que fuera, lo que minaba Su Cuerpo. Se quejaba como si estuviera susurrando aquellos fuertes dolores. Yo me sentaba al pie de su cama algunas veces. Allí permanecía callado, sin saber qué hacer para ayudarla. Impotente, me atormentaba. Daba la impresión, de que no me dolía la enfermedad de Mi Madre. Pero la verdad es, que era un sufrimiento grande para Mí, cada vez que la veía en el estado en que estaba. Lamento mucho, que en mi corta edad, no tuve ideas de hacer cosas importantes para reconfortarla. Habría jurado, lo que fuera por evitarle aquel sufrimiento, que la hacía retorcerse, cuando no podía soportar, lo que le estaba acortando sus días.

CAPÍTULO III

Al momento, que terminó de afeitar a un cliente, Pachanga se acercó a la cama y la miró en su estado. Había preocupación en sus ojos. Y en las horas siguientes, lo vi prepararles los unguentos y brebajes que formaban parte, del recetario que usaba, dizque, para poner fin, a los males de las otras personas que les visitaban, en las horas que hacía de chamán. Sin embargo, en lo que a Mi Madre respecta, aquellas sobaderas, en las áreas, donde los dolores parecian concentrárseles, no sirvieron para nada. Mucho menos, para exorcizar, al Demonio Espantoso que deboraba Su Cuerpo. Lo que Mi Madre tenía, sobrepasaba las supuestas hábilidades que Éste conocía, para persuadir a los espíritus. Por lo que se dió por vencido. Comprendió, que no estaba en sus manos, auyentar El Mal,*que quebraba a La Madre de Sus Hijos.

En vano, se afanó en invocar a Los Misterios*y a Sus Metresas: (Santa Marta La Dominadora) y (Santa Helena). Esta Última, decía, que era Su Novia. Y que, por estar celosa, tal vez, por eso, no le correspondía como debía, para sanar a Neyda. No estoy seguro, si en algún momento lo hizo. Pero no lo vi mover un dedo para hacer diligencias, de que Ella fuera trasladada, a donde pudieran atenderla y calmar su sufrimiento. No me pareció verlo, pidiendo auxilio a nadie. Era un hombre tan orgulloso, que preferia padecer cualquier calamidad en silencio, antes, que darles parte de sus necesidades a otros. En los primeros días, que Mi Madre enfermó, tampoco le hizo saber nada a La Familia de Esta. Ni siquiera, por intermedio de otras personas. Sabiendo bien, que no se disponía de recursos en dinero, para cubrir los gastos, en caso de llevarla a un Centro Médico. Si no hubiera sido, por Doña María Mimiro, una vecina, del frente de Nuestra Casa. Propietaria de una Tienda de Abarrotes,*que nos quedaba cerca; Mi Madre no hubiera llegado al Centro Médico, para que les hicieran Los Estudios correspondientes. Los que, al final, arrojaron la verdad sobre su padecimiento y por el cual, falleció.

Esta Señora organizó Una Colecta entre Los Asociados del San* que Ésta abría por temporada. Una Modalidad de Ahorro Diario, Semanal o Mensual. Donde, Cada Cual, elegía un número del 1 al 10. La Norma, pagar una cuota acordada. En la que, los inscritos, iban retirando el total propuesto por la Persona Encargada Luego de tocarle su número, el beneficiario tenía que seguir pagando fielmente las cuotas. Hasta el agote del Plan, saldando el último número. Cada Asociado, a solicitud de La cabecilla, aportó lo que podía, en favor de La Enferma.Y, en cuanto tuvo en sus manos, la cantidad reunida, se la entregó, en presencia mía, a Mi Madre, diciéndole estas palabras:

–Mira, Neyda. Yo sólo pude reunirte esto. Sé, que no es mucho. Pero espero que te sirva para algo–.

–Muchas Gracias, María. Te lo agradezco con El Alma. –le respondió Mi Madre–.

Después, Doña María se despidió, deseándole, toda la salud Del Mundo. Y la pronta recuperación de su quebranto. Fue así, como acompañada de Su Hermana, Neyda viajó a Santo Domingo. Nunca antes había visitado a un Profesional de La Salud. Ni siquiera al Médico que estaba asignado a la pequeña Clínica de Nuestra Localidad. Nunca disponía de dinero para visitar a los Médicos de Provincias. Pues, menos, los de La Capital. En cuanto a su salud, siempre se comportó, como la mayoría de las personas de las Zonas Rurales de la República Dominicana. Que para Aquella Época, sólo visitaban un Hospital, cuando ya están avanzadas en sus dolencias. Porque no tenían la cos-tumbre de hacerse las revisiones de rutina, para prever a tiempo. A Doña María Mimiro, la recordaré siempre. Por muchas razones. Era una mujer bajita. De algunos treinta años, para aquellos días en que la conocí. Usaba siempre, el Pelo corto. De tez clara. Cejas diminutas y ojos negros. Su Esposo era un soldado del Ejército Nacional. Le llamaban Mimiro. Primo de Pachanga. Su casa estaba ubicada, al cruzar la calle. Justo, al frente de La Casa de La Abuela Irenita.

Desde pequeño, Yo, la recuerdo, siempre trabajando en Su Negocio. El cual, lo había instalado, en una de las habitaciones, que quedaban al lado de la acera. Junto a la calle. Desde que se levantaba, trabajaba afanosamente todo el día. Aunque Su Esposo, recibía un sueldo bastante irrisorio como Militar, Ella siempre tuvo la habilidad, para hacerles rendir los pocos pesos conque contaban. No llegó a terminar la Escuela Primaria. Pero siempre se empeñaba, para que sus hijos, que eran varios, terminaran La Secuandaria y fueran a la Universidad. Posterior a muchos años residiendo en La Capital de Nuestro País, siempre conté con su amistad.

La Doña, me despachaba mercancías para Mis Hermanas. La Cuenta, posteriormente se la saldaba. Era una dama con bastantes ocupaciones. Protectora de Su Familia.Con pocoTiempo para divertirse, en verdad no lo tenía. Extremadamente leal y honesta. Todavía recuerdo, Aquel Día, en que Ella me llamó a su presencia, siendo yo, Lustrador de Zapatos. Que me propuso incluir mi nombre en su lista, a los fines, de que "le llevara un número de San" San, que abriría, con cuotas de 10 centavos.Yo le expliqué que no podía llevarlo. Ya que, no era seguro, que pudiera sacar el dinero, si no encontraba clientes, con zapatos sucios que limpiar. Ella me dijo, que no tuviera miedo, que lo hiciera. Que Ella confiaba, en que Yo podía cumplir.

Fue así, como hice mi primer ahorro de unos cuantos centavos. Por la motivación que La Señora puso en Mí. Amparado en el voto de confianza que me dio. Tengo constancia, por Ella Misma, sobre, que sólo llegó a relizar los Primeros Grados de La Escuela Primaria. Sin embargo, resolvía, Sumatorias y Multiplicaciones sobre los productos que recibía y que despachaba mediante créditos, a muchos de sus vecinos. Fue la primera persona, que escuché decir, en esa época, cuando me dirigía a la Primaria, que El Pararrayos*fue creado por Benjamin Franklin. *La oí mencionar, tantas veces, su versión sobre El Pararrayos. Hasta que cierto día, la interpelé, en cuanto a que. De dónde había sacado tal información. Me respondió, que era, lo que más, se le había grabado en la Mente, desde Aquellos Días que asistía a La Primaria. En el Pueblo, donde vivíamos, nadie la llamaba por su Apellido Paterno, que era "Torres". Pues, tanto niños, como jóvenes y adultos, siempre nos referimos a Ésta, agregándole, a su nombre, el de Su Esposo: María Mimiro.

Lo que más atormentaba a Mi Madre, para aquellos Días, era, que por primera vez, viajaba para hacerse un Chequeo Médico. El tener que dejarnos desamparados. Sin nadie que pudiera prepararnos de comer. Estaba consciente, de que se avecinaban días difíciles para Sus Hijos. A veces hacía un gran esfuerzo para hervir la leche en el fogón y de momento ya no podía estar en pie. Me pedía que le prestara atención, a fin de que, al momento de hervirla, no se desperdiciara y que pudiera rendir para la ración de cada Uno de Nosotros. Su cuerpo estaba agotado, ya no le respondía. Aquello no se debía a sus años. Pues era una mujer que a penas pasaba de Los Cuarenta.*Pero, al fin y al cabo, humana. Pasó tantos años recibiendo los embates de innarrables castigos.Y esto, de algún modo, tuvo sus consecuencias. Su Estado Físico se negó a seguirla. La abandonó en el camino. Le pasó facturas. Le fue cortando el paso, hasta que no pudo ir, siquiera a la Cocina. Único lugar a donde iba, sin la venia de Pachanga. Siempre que el abandono del Cuarto, estuviese justificado para preparar de comer, Café, o fregar los viejos trastos.

Al hallarse en la cama del Hospital, esta vez, por fin, se le había dado a Mi Madre, sin mayores apuros, irse de La Casa. Dejó atrás Esa Maldita Habitación, en la que estuvo siempre escondida a fuerza. ¡Pero qué ironía! Como actúa El Destino, a veces, en la vida de las personas. En todo el tiempo que estuvieron juntos, era la única vez, que Este Señor, la dejaba marcharse de su lado libremente. Lo permitió, porque Ella iba en busca de tratamientos para aliviar Su Estado de Salud. De lo contrario, no se lo habría facilitado. Por eso, cuando Mi Madre comprendió, que ya no había solución a su problema, terminó con Su Vida, antes de tiempo, con tal, de no volver a la misma casa, donde tenía que verlo de nuevo. En lo que respecta, a ese sórdido enclautramiento en que vivió Neyda, mi hermana Bolivia, un día, me relató lo siguiente:

—En una ocasión, que Nene llegó a La Casa, abrió los ojos, tan grandes como si fuese una fiera embravecida. Empezó a comportarse, como si fuera un Experto Rastreador. Se puso a verificar las pisadas que estaban marcadas sobre el polvo del sendero, por donde continuamente cruzaban las personas. Entre el frente de La Casa y el patio que colinda con las otras viviendas de los vecinos. Al terminar de verificar, cada huella, en aquel camino, nos encerró a todos en la habitación. Con mucha ira, interrogó a Nuestra Madre, sobre, qué persona extraña había estado en La Casa. Imaginó, la presencia de algún hombre, durante los minutos que se ausentó. Y al no tener la respuesta, que Ésta no podía darle, tomó una Chancleta de Goma. La golpeó en presencia de Nosotros. Hasta derribarla al piso.*Paró, sólo para advertirle que, si abandonaba la Pieza*en la que nos encontrábamos, la mataría.

Más que increibles, eran absurdas las suposiciones y señalamien-tos, que Mi Madre debía soportar. El que Éste la golpeara de nuevo, con el garrote que Ésta, ya conocía. Eso y más, podría esperarse de Nene. O lo que es, lo mismo, su Álter Ego, Pachanga. Siendo Éste, Su Personalidad Alterna más recurrente en ofendernos. Y la que tuvimos que aguantar silenciosamente, durante las horas que se quedaba en Casa. Sí, porque debo subrayarles esto a Ustedes. De manera, que entiendan bien, lo que trato de explicarles. Si Nene, la persona que todos conocían, era inaguantable entre Nosotros, el Otro era peor. Créame que sí.

Estando en la casa, donde víviamos, los que asistíamos a la Universidad. En ese sitio y a la edad de ventitres años, fue cuando me vine a enterar, que Mi Madre les había Puesto los Cuernos a Su Marido, con Pachanga. Estas Cosas, siempre se las ocultan a Uno* Desde siempre, se me dijo, que Ella había tenido Otra Familia. Y, como las cosas no estuvieron funcionando, como se esperaba, pues habían decidido separarse. Eso fue lo que Yo pensé Toda Mi Vida. Hasta que un día, llegando a la Casa, escuché a uno de mis primos, contarle a otro, como si se mofara, sobre el pasado de Mi Madre.

El Primo Mío parecía deleitarse con el otro, alargando o achicando, lo que explicaba a su antojo. Mientras Él relataba,Yo escuchaba tras la puerta, que habia quedado entreabierta, sin que Ambos se percataran. Después de un rato, de estarles escuchando, ya no pude ocultar por más tiempo mi presencia. Y entré reclamándole, por su actitud tan vil. En ese mismo sentido, le pedi que me explicara, el porqué, estaba tan seguro de lo que decía. Me habló, sobre lo poco o mucho que sabia al respecto. En un instante, se fue más lejos, de lo que Yo buscaba saber. Y, olvidándose de cualquier regla, que implicara un llamado a la mesura, como quien habla y no le duele, lo que suelta por la boca, me expresó:

–Ni Tú Mismo, podrías saber bien, de quién eres hijo–.

–¿Qué estás diciendo? –Le riposté–. ¡Yo sí soy hijo de Nene!

–¿Cómo puedes asegurarlo? –Volvió a contradecirme–.

–Porque sé que lo soy, me parezco a él. –Le respondí de inmediato–.

Pero, desde aquel instante, no pude ocultarme a mi mismo, que sus palabras, habían sembrado la duda en Mí. Ya no me sentía con fuerzas de continuar enfrentándome a ese primo mio. Que tal vez, sin desearlo, me había clavado una estocada que parecía mortal. Por su atrevimiento y la manera, en que, Yo ví, que disfrutaba lo que habia pasado, lo odié con todas mis fuerzas. En los siguientes días, meses, años, me molestaba, en lo más profundo, tener que encontrarme con Este individuo, que realmente, no parecía Mi Familia. Pues su misma postura, lo descalificó ante Mí. No por haber dicho, lo que me dijo. Sino, por el modo que empleó para decírlo. Con una información como aquella, no se podía jugar. Ni traficar. Mucho menos, emplearse, con el objetivo marcado, de hacerme un bullying insolente y despectivo. Como Esta Persona lo hizo. Al contrario, sino se busca hacer daño, con el secreto que Usted conozca, que está relacionado con alguien en específico; pues, se buca a Ese Alguien.Y dependiendo del peso de la información, se la va soltando en pequeña dosis, de a poco. Hasta que se crea la atmósfera adecuada, para contarle el resto, de manera que le afecte, lo menos posible. Tanto menos, de lo que le hubiera afectado, si se lo hubiese contado todo, de una sóla vez.

Por eso, en el momento, que las circunstancias me lo permitieron, me mudé solo a otro lugar. No en el Mismo Barrio. Sino, un poco más alejado de Allí. En el Sector conocido como La Feria* Capital Dominicana, Santo Domingo. Renté una Pensión bastante amplia y me sentí independiente. Compré una cama grande y me acomodé lo mejor que pude. Para lo que utilicé, parte del dinero, que me enviaba el Matrimonio Español que me pagaba la Universidad. Cualquier parte de Mí, me indicaba, que si me encontraba con Aquel Familiar, no debía dirigirle la palabra. Ni mirarle a La Cara.

Nunca es fácil, fingir una alegría que no se siente. Así que, no fingía, cuando me encontraba en algún lugar con Éste. Siempre es terrible, el ocultar un problema y que Uno no se sienta, con la suficiente confianza como para hablarlo con otras personas. Eso me pasaba a Mí. Tenía un asunto que resolver y no me atrevía a preguntar a nadie. Menos a Pachanga. Pero, a medida que pasaba el tiempo, no sabía qué hacer. A Mi Novia, Daisy Correa, no llegué a contárselo nunca. De alguna manera, me dejaba mal parado, que Ella lo supiera en esos días. Incluso, me casé con Ella, y para Ese Tiempo, tampoco no lo supo. Lo vino a saber, cuando Pachanga enfermó en el Año Dos mil.

Una vez, que cumplí los requerimientos de su internamiento en la Clínica, en la que se les hicieron los Primeros Estudios, aproveché para que, sin que Aquél lo sepa, le realizaran la Prueba de ADN. Y que, así se determinara lo concerniente a La Paternidad, respecto de Mi Persona. Sé, que perdí mucho tiempo, para que Esta Prueba se hiciera. Debí procurar saber, desde Aquel Mismo momento, el por qué me despertaron tal duda. Les juro, que tenía el dinero para costear La Prueba. Lo que no tenía, era el valor, para escuchar el resultado, en caso, de que, Éste fuera contrario a lo que se esperaba. No creo, que ninguna persona, esté realmente preparada, para leer o escuchar algo, después, de haber tenido Una Primera Vida,*que es la que se ha creído todo el tiempo. De modo, que en ese aspecto, por una razón u otra, jugué con los años alargándolos, lo más que pude, hasta aquel día. La comparación de los perfiles genéticos de ambos, arrojó, como resultado, que sí, soy hijo Suyo. Se me hizo incapié, en que, los resultados de Esta Prueba, eran totalmente definitivos.

El dinero que pagué, era mucho en aquel tiempo, para mi bolsillo. Con la buena suerte, de que podía conseguirlo con el ejercicio de Mi Carrera. Y además, porque nada era tan importante, para Mí, como tener la paz que necesitaba en mi interior. Me sentía, totalmente liberado. Pues, el silencio que durante ese tiempo me invadía, llegó a transformarme en cárcel, preso y carcelero de Mí Mismo. No hay nada tan terrible, como el desconocer, o no tener certeza, sobre tus Orígenes Paternos. Me enfrentaba a una lucha constante Conmigo Mismo, desde levantarme hasta al acostarme. Había veces, que me mordía los labios. Que lloraba inconsolablemente, sin poder pronunciar palabras.

No quería, que nadie me viera. Ni me preguntara la razón de esa tristeza sin fin que me agobiaba. Tiempo más tarde, le hablé sobre esto, a algunos hermanos de Pachanga. Pero eso, fue mucho después, que conocí los resultados que despejaron mis dudas. A penas en Junio del Año 2018, fue que, dada la casualidad, le hice una llamada a ese primo mio, con la finalidad, de investigar sobre los Documentos de Propiedad de La Casa de La Abuela. Me devolvió la llamada, luego, de que Alguien le comunicara, que necesitaba hablarle. Hacía mucho tiempo, que estaba residiendo, fuera de la República Dominicana. Y Yo, Tenía muchos años, que no lo veía.

Agotados los motivos que justicaron el que lo llamara, aproveché la ocasión de tenerlo en línea. Le informé, sobretodo, lo que ocurrió con mi vida después de aquel día tan lastimoso. Para, de esa manera, ponerme en paz con Él, y por supuesto, tambien con Dios. Me contestó, que no recordaba nada, de lo que me había afirmado en años atrás. Y en sus propias palabras, lamentaba algunas cosas malas que hizo, en el tiempo que era más joven. Yo quise recordárselo, y lo escuché posiblemente, un tanto avergonzado. Al través del teléfono, me dio esa impresión.

Le pedí, que volviéramos a ser, la familia de antes. Porque, lo cierto es, que cuando éramos más jóvenes, en el Pueblo, teníamos un buen concepto de la Familia. Éramos buenos, Matando el Tiempo*y deambulando por las calles del barrio. Le manifesté, que ya no sentía odio hacia Su Persona. Que perdonaba lo que me hizo. Y que me sentía, descargado de un peso, que siempre iba Conmigo. Porque, una cosa, siempre he sabido. Y es que, El Odio lastima siempre al Ser Humano que lo lleva dentro de Sí. Sentí, mucho dolor en todos esos años, que no tenía respuesta sobre Mi Verdadera Filiación. Pero, cuando la tuve, trabajé la manera de superar el impasse, que habia robado, parte de Mi

Alegría. Y lo logré: Perdonándote. Con la actitud que asumí, sentí que me perdoné a Mí Mismo. Creo, que Mi Mensaje le llegó, aunque, fue poco, lo que respondió al respecto. Lo último que le escuché decir, fue, que La Llamada se iba a perder. Porque el autobús donde iba, transitaba por un área, que volvía dificultosa la Comunicación.

CAPÍTULO IV

Retornemos, otra vez, a lo que tengo que decir sobre Pachanga. Ese Señor, no sólo se sentaba frente a Su Altar, cuando era visitado por quienes buscaban su orientación. También lo hacía, cuando la cosa iba, de mal en peor en La Casa. En lo que tenía que ver, con la falta de dinero. Y esto era, casi todos los días. Por lo que, a menudo, era común, verlo allí sentado. Con la puerta entreabierta. Esforzándose por establecer contacto con Sus Misterios*a los fines, de que Estos les facilitaran, traer a más clientes a La Barbería. Ya que, la Clientela le había diezmado considerablemente. Cierta vez, todavía Yo adolescente, me detuve a mirarlo a través de un resquicio de la ventana de Su Habitación. Casi todos los muchachos, en Esa Etapa, tenemos Signos de Interrogación, que trascienden más allá de las miradas.

La verdad es, que deseaba saber, más o menos, cuál era la vía que utilizaba, para relacionarse con Aquellos Seres. Que además, de ser extraños, para Mí, no existían, más que en las Mentes de personas torturantes, como Él. La escena que vi, fue la de un hombre sentado en una silla. Con las dos manos extendidas sobre la mesa. Una luz muy pobre, proporcionada por las velas encendidas, colocadas en sitios estratégicos. Y al lado de las imágenes, que adoraba con tantos recelos. El Cuarto estaba cerrado por completo. Salvo, esa diminuta rendija, que por casualidad, hallé allí. Al cabo de unos segundos, lo vi entrar en trance.* Su silueta adquirió la forma, de estar viajando por mundos desconocidos. Su cuerpo temblaba, como si estuviera electrificado.

Pasaba, a menudo, sus manos sobre La Cara, pre-sionándola, con gran fuerza, desde la frente hasta la barba. Vi sus ojos virarse medio perdidos. Mientras el rostro se le endurecía, hablaba en Lenguaje Exótico e indescifrable. Dando pisadas con el pie derecho, como si tratase de aplastar algo o a alguien. Se comportaba, como si lo escucharan y respondía. Después que terminaba, quedaba en silencio. Con el rostro descolorido, en medio de una palidez que metía miedo. Acto seguido, se quitaba cada botón de la camisa.Y sujetando cada parte de la Misma, la agitaba echándose fresco. Recuerdo, que en un momento de aquellos, me descubrió, imitándolo, en el patio de La Casa. Yo trataba de actuar, del mismo modo que Él. Enfurecido, me abrió sus ojos enormes y me pidió, que lo parodiara en frente suyo. Tenía tanto miedo, que con el rostro en el suelo, temblaba resignado. Esperando su famoso golpe.

Al fin, cuando comprendió, que Yo no iba hacer lo que me pedia, entonces, me gritó lo más fuerte que pudo. Advirtiéndome, que la próxima vez, nadie me salvaría de una buena bofetada. *En lo referente, al fallecimiento de Mi Madre, la circunstancia, en la que Ésta sucedió, me dio tan duro, que todavía lo pienso, cuando me encuentro en Mi Centro de Trabajo. No sé por qué Ella no trató de vivir hasta el último segundo.

–¡Neyda, Madre Mía¡ Por qué quisiste irte así. ¡Habíamos otros hijos tuyos! ¡Que queríamos sujetarte la mano, antes de que te fueras esta última vez! ¡Cualquiera, no lo piensa, de la forma en que lo estoy pensando! Pero es cierto Neyda! Te fuiste a La Muerte, con tanta prisa, como si estuvieras huyendo de algo, o de alguien todavía.

Al morir así, Esta Mujer, su muerte causó en Mí, un impacto devastador. Algunas células, y Mi Cuerpo, tuvieron consecuencias, que se han prolongado y estaran vigentes, hasta mis últimos días. En los meses posteriores a su ausencia entre Nosotros; el Médico del Pueblo, me diagnosticó La Enfermedad del Vitiligo.* Que no es más que aquella enfermedad que se manifiesta en la piel con manchas blancas, como resultado de la muerte lenta de los melanocitos*o las células que producen el pigmento que da el color natural de la piel. Nadie me lo notó, en aquellos años, como me lo notan hoy día, en que tal enfermedad, ha invadido algunos lugares de Mi Cuerpo. La primera vez, que supe, lo que realmente era, el Médico la había detectado en uno de los testículos. De modo, que fui creciendo, hasta al día de hoy, con el escroto, color blanco en un lado y el otro, negro. Sé, que esto puede hacerles reír. Pero qué más da, si es cierto que los tengo de esa manera. La aparición de esta afección, te puede sorprender en cualquier parte del cuerpo. Donde menos la estás esperando.

Hay quienes piensan, que la aparición de Ésta, se debe a problemas con el hígado. Pero esta información no es concluyente. Puesto que, los avances de las investigaciones al respecto, han demostrado, que además la puede producir el Estrés. Lo mismo, un Shock Emocional que altera el Sistema Nervioso, ocasionando su aparición. Esto último, más bien, pienso, que fue específicamente mi caso. El Vitiligo es una enfermedad degenarativa que puede controlarse con ciertos tratamientos que han aparecido en el Mercado de La Medicina. Pero las investigaciones han sido tímidas hasta ahora, para encontrar una cura acabada. Sobre la misma debo decír, que he gastado mucho dinero comprando Cremas* Que he usado, durante años, para tratar de evitar el avance progresivo de Esta Afección. No es contagiosa. Es sólo un descoloramiento, que a muchos, de los que la sufren les doblega el Autoestima y los conduce a experimentar Emociones Negativas, que, en vez, de ayudarlos, los perjudica, hasta ocasionar, que muchos de Éstos, se encierren en Sí Mismos. Sin deseos de tener contacto con nadie, olvidándose, hasta de expresar sus sentimientos a las personas de las que se enamoran, por temor a no ser aceptados.

He conocido personas, en estos tiempos, que todavia desconocen de qué se trata Esta Enfermedad. Pese a que se ven las manchas, algunas me han pedido, que les hable sobre eso. Y me han confesado, que ven esta enfermedad en sus vidas, como una limitante para encontrar parejas. Privándose, por ende, para ser felices. Sienten, segun me han contado, mucho temor a que se les margine. Por lo que representan, desde el punto estético, las manchas. Gracias a Dios, he trabajado en ese aspecto todo el tiempo y no he tenido obstáculo alguno para Mí. En ningún sentido, ni en cuestiones de enamoramiento, ni dentro de mis sanas intenciones de socializar.

No obstante, no puedo fingir, que me habría gustado no tener en Mi Vida, esta condición. Como también lamento, el no ser una persona con los nervios de acero. Con la habilidad, de responder ante La Vida, como Flash*o Supermán.* Esos Personajes de Comics, que resuelven, de manera rápida, cualquier situación que se les presenta. En mi caso, suelo ser más tranquilo. Un poco más calmado. Antes, que ser, de Gasolina. Es bien conocido, entre Mis Allegados, que soy, más o menos, de Gasoil. ¿Por qué? Simplemente, porque me gusta ir tranquilo y juiciosamente, ante ciertas situaciones que requieren, que Uno sea sensato y no tan volátil. Como otros desearían, que Uno fuera en verdad. El único contratiempo, que me ha traído Esta Enfermedad. Y que en algún, momento, me ha salido pesado, molestosos, por así decirlo. Han sido algunos hechos aislados de bullying en contados lugares, donde he trabajado.

En una ocasión, fue en Brooklyn. La otra, fue, aquí, en el mismo Condado de Queens. No muy lejos del área por donde vivo. No puedo afirmar, que esto me haya pasado, en la mayoria de mis trabajos. Porque no es así, ha sido, como dos o tres veces. Quiénes se han burlado de Mí. Increíble...Personas hispanas. Inmigrantes como Yo. Específicamente, mexicanos. Pero no todos los mexicanos son así.Tengo amistades de Ese País, con las que me he llevado muy bien. Sin embargo, como Ustedes, tal vez, han oído decir por ahí, Cada Cabeza es Un Mundo. ¿Qué me han dicho Esas Personas en tono de burlas? Me han atacado con dibujos y caricaturas sobre mi, dejándolas en el área destinada a cambiarse de ropa. Para que Yo las viera. La inscripción, con la que han intentado doblegarme,"El Manchas." Dos o tres de Estos, se han dirigido a Mí, en tono bastante alto, usando esa palabra. Como si la pronunciaran con un altoparlante en modo despreciativo.

Le respondi, verbalmente a Uno de Ellos. Pero después lo pense bien y decidí ignorarlos a todos. Cumplía con Mi Trabajo y me hacía de cuenta que no tenía a nadie, a mi alrededor. En el momento que advirtieron, que no volví a darle importancia a su bullying, pues a partir de ahí, fueron recogiendo poco a poco, las caricaturas que habían hecho sobre Mi Persona. Y no volvimos a dialogar, más que las cosas pertinentes al Trabajo. Después, no he tenido más inconvenientes que se relacionen con Esta Afección. He tenido conversaciones con Dueños de Restaurantes. Esposas e hijos, que se han acercado a Mí. Y me han preguntado, por el color blanco en mis dedos de las manos. Les he explicado sobre el particular.Y hasta me han comentando, de buena manera, que soy dichoso por tener el color de piel que tienen Ellos. Más el que tienen, las Personas de Color. En este caso, su chiste fue tan sano, que no pude evitar, que la alegría me sacara una carcajada que duró minutos.

De seguro, que Ustedes se preguntarán, qué hago Yo en Nueva York. Pues, trabajando como todo un obrero. En vez, de estar ejerciendo Mi Profesión de Abogado en Mi País. Bueno, es imposible negar, que amé y amo Esa Profesión. A veces, me invaden grandes nostalgias, al recordar, Aquel Día que colgué Mi Toga. Soy uno más, de los refugiados económicos que lastimosamente, debimos dejar atrás, a familias, amigos, lugares, y otras tantas cosas. Para perseguir los sueños que se nos han negado, en La Tierra de donde somos originarios. Los Sucesivos Gobiernos que ha tenido la República Dominicana, solo han servido, para hacer más ricos a los componentes de La Clase Politica, que tradicionalmente, se ha crecido con el dinero del Presupuesto de La Nación.

Allá, no es suficiente, que Uno se prepare logrando una Carrera Universitaria. Es necesario tener un apoyo de alguien. Que conozca un amigo, que sea, a su vez, amigo de otro, que está enquistado en Las Esferas de El Poder. Lo Dominicanos, en su gran mayoría, no avanzan por sus Capacidades Intelectuales. Como debería ser. Esto no es suficiente para ser promovido en los respectivos empleos de La Administracion Pública. Lo que tercamente se valora y considera, es que el empleado a promoverse, sea del Partido de Gobierno o de otra Organizacion Política que apoye a la del Partido que llevó al Presidente de La República al Poder.

En los Estados Unidos de América, y especificamente aquí, en la Ciudad de Nueva York, hay miles de inmigrantes dominicanos con distintas Carreras Universitarias, haciendo una labor, que es muy diferente a lo que estudiaron Allá.* Entre estos, estoy Yo. Sin embargo, este no fue el verdadero motivo que me trajo Aquí. En el Año 2005, después de trabajar diez años como Abogado en la Adminitración

Pública, me despidieron cuando hubo Cambio de Gobierno, para colocar en Mi Puesto, a otro Profesional del Derecho, que había hecho Política por el Partido que acababa de ganar Las Elecciones que recién fueron celebradas. Yo no era de ningun Partido. Nunca lo fui. De hecho, nunca he participado en La Política Partidista que se celebra Allá cada Cuatro Años.

Había llegado a las distintas posiciones que antes tuve. Más bien, por las diligencias que hizo una Monja de La Caridad de San Vicente de Paúl. Ella mostraba Mi Curriculum al Funcionario de Gobierno que fuera. Y, si Éste consideraba darme empleo, me nombraba en la posición afín con Mi Profesión. Si el Funcionario no quería nombrarme, porque Yo no era Político, simplemente no lo hacía. Hubo uno de Estos, que para el último trabajo que tuve, no sólo me entrevistó, para saber Mi Grado de Experiencia como Profesional del Derecho. Sino, que también. A mis espaldas, se auxlió de una Brigada de Inteligencia. Para que investigara todo sobre Mí.

En ese caso, el proceso para emplearme duró mucho más tiempo, pero al final me dieron El Trabajo. Cuando la investigación arrojó resultados positivos a mi favor. Para esos días, que fui despedido del Estado Dominicano, en esa misma fecha, fui víctima del robo de mi Tarjeta Bancaria. La cual, era de Dédito. Pero, al mismo tiempo, pertencía a la Cuenta de Ahorros. Yo la reporté Al Banco, seis días más tarde. Y en ese tiempo, sacaron dinero de algunos Cajeros. En esa época, no habia limites en la cantidad de los retiros diarios. *También, hicieron Grandes Compras por la que agotaron los Ahorros, que, con tanto esfuerzo y sacrificios habíamos guardado.

Más tarde, el Equipo Investigativo del Banco, descubriría, que quien sustrajo la tarjeta, habia rociado con un Spray el Cajero, para que Éste, de alguna manera, se atascara. El Presidente del Banco, a quien dirigí una carta, me respondió, informándome, que la Institucion Comercial, no se hacía responsable de la sustración. Por cuanto, el descuido fue mío, al no dar parte, a tiempo, de lo que había pasado Al Plástico. Entonces, sin empleo en esos dias, Cuentas por Pagar, que se acercaban, compromisos familiares que cumplir. Por poco me vuelvo loco, pensando la situación. Recuerdo, que no tenía ganas de nada y me dediqué a estar acostado. Y desde Mi Cama, miraba, por horas enteras, el techo de la habitación. No podia seguir así. Así que, un buen día, me acordé*que me quedaban cien mil pesos en otra Institución Bancaria y los retiré en su totalidad. Compré un Boleto Aéreo.Y sin pensarlo dos veces, me vine para Acá.Ya tengo Catorce Años en Esta Ciudad, que, más que emblemática, la considero, Eterna.

Desde que llegué, me he dedicado, por las mismas circunstacias a trabajar en el área de restaurantes. Pues, es el tipo de labor más accesible para los inmigrantes que arribamos a Este País, en condiciones similares. Estoy trabajando con las Ensaladas. Nunca pensé conocer y preparar tantas ensaladas, que no sabia que existían en Este Mundo. He probado con mezclas o fusiones, que Yo, realmente, ignoraba. Mi Vida siempre ha sido un reto, un desafio. Una lucha constante. Traté de reinventarla, llevándola lejos del Pueblo que me vio nacer. No porque tuviera algo, en contra de Vicente Noble. Esa Comunidad, que extraño tanto. Sino más bien, porque rechazaba una parte repugnante de Mi Pasado. Desde que tengo conocimiemto, me considero un hombre que ama ganarse La Vida dignamente al través de empleos lícitos. Siempre que sea, un empleo que no contradiga preceptos legales establecidos. Ahí estaré Yo, para ganarme El Sustento honradamente. Para poder cumplir con Mis Obligaciones, Personales y Familiares. Mientras viví en Santo Domingo, trabajé en distintas variedades de empleos antes de residirme y ejercer como Abogado.

En esta gran ciudad, también he hecho lo mismo. He pasado por más de siete restaurantes, ocupando posisiones variadas, en el staf del Área de La Cocina. Por esta razón, mi Medio de Transporte más idóneo, ha sido el Metro Suburbano. Más que los autobuses, en Este Tipo de Transporte, me voy, de Queens a Brooklyn y de ahí hasta Manhattan. Lo mismo hago, cuando me toca regresar. Mientras vuelvo o voy en El Metro, veo diariamente, como si ya fuera una costumbre, los episodios espontáneos de personas que eligen al azar, los Carros del Tren. Como si Estos fuesen escenarios. Allí bailan, actúan, cantan.Tocan algún Instrumento Musical. Muchas veces, son mujeres o mendigos. Que exponen sus miserias, a cambio de un par de monedas o de un par de dóllares. Increible, para algunos extranjeros, que imaginan otras cosas de Nueva York. Y hasta aseguran, sin haber venido, que estas circunstancias, no es cierto, que sucedan Aquí.

Estas situaciones las veo siempre, durante Los Doce Meses del Año. Lo que no estoy acostumbrado a ver regularmente, y que me afectó en la manera, que antes les describí, es ese angustioso incidente que me rasgó emocionalmente ese Verano. Lanzándome, por así decirlo, a que escribiera sobre Esto. Jamás imaginé, revivir tan de cerca, aquel dolor, que aquejó a Mi Madre, durante todo el tiempo, por las horas de la madrugada. Momentos, que volví a presenciar en la vida de Esta Mujer, totalmente desconocida. Hay veces que pienso, que esa ocasión, fue como, si La Vida, adrede, me la tenía guardada, para mal o para bien. Pero no importa. Pues, he comprendido, que las cosas, pasan cuando tienen que pasar, Y que Éstas, pasan siempre por algo.

El apellido Heredia, lo llevo, por parte de La Abuela Irenita. Debí haber tenido otro en su lugar. Pero para Aquel Tiempo, cuando El Padre no acudía a formalizar la Declaración del Recién Nacido, como era de esperarse, entonces era La Madre quien lo registraba ante el Oficial Civil correspondiente. Y justamente, eso fue lo que sucedió en el advenimiento de Pachanga. Este Apellido fue otro más, de los tantos que recibimos de España, después de El Decubrimiento de La Isla, el 5 de Diciembre del Año 1492. La mayoría de los habitantes, que ostentan Este Apellido, en la Sociedad Dominicana, se localizan en Municipio Duvergé. Situado Éste, dentro de la jurisdicción de la Provincia Independencia. En el Sur-Oeste de Nuestra División Teritorial. Como es consabido, Mi Pueblo, tambien se encuentra en el Sur-Oeste de la República Dominicana.

En consecuencia, los antepasados de La Abuela, incluidos sus Tatarabuelos, Bisabuelos y Padres, desde Duvergé, fueron a establecerse en Vicente Noble. La Familia Heredia, específicamente, la que reside en Mi Pueblo, no es muy grande. Asimismo, la que se originó a través de La Abuela, tampoco lo es. Somos pocos.Si en una familia, predominan más mujeres, por encima de los hombres, el apellido, en vez de perpetuarse en el tiempo, declina. Y tiende a desaparecer, cuando los hijos de esas mujeres, adquieren el apellido de Sus Padres.

Me considero, una persona muy amante a Su Familia. Sin Esta, me sentiría, mucho más huérfano, de lo que Mi Alma se siente. Siempre me he afanado por hallar la manera, de compartir con quienes tengo más afinidad dentro de todos los Miembros de Mi Conglomerado Familiar. Sin tomar en cuenta, el grado de parentesco y de consanguinidad, que nos defina como familias. A veces no aparenta que es así. Porque lamentablemente, Uno tiene que poner distancias con ciertos familiares, que se descarrían. Y Yo, lo mismo que cualquier otro particular, no quiero verme envuelto en asuntos, que nada tienen que ver Conmigo. Ni en situaciones engorrosas, que no han sido prohijadas por Mí. En eso soy muy estricto.

Esto, me ha traído malquerencias con algunos Primos. Y tambien con Hermanos Míos. Sin embargo, siempre he asumido la carga que me viene encima desde ese lado. Por ser así, de la manera que soy. No es que soy perfecto.Tengo mis propias imprefecciones y he cometido errores en Mi Vida, naturalmente. Como cualquier humano. Pero han sido imperfecciones, fruto de cosas, que no he podido evitar. O por querer, ayudar a otras personas. No, porque gratuitamente, me ande buscando, lo que no se me perdió.

Las mismas cosas que he pasado desde chiquito. Los golpes que he recibido de La Vida, me han hecho la persona meticulosa que soy. Un Tipo imperfecto, que va consciente de, por donde camina. Los sueños que he tenido. Mis esfuerzos, por lograr lo poco que he podido, sin pretender hacerle daño a nadie. Porque, de una cosa siempre he estado seguro.Y es, que cuando algo no se puede, no la fuerces. No todo se puede obtener de La Vida. Y porque Yo vea a otros, con Bienes Materiales, que no he podido exhibír, pues, no voy a incurrir en romper La Ley, para darme esos lujos, que realmente no puedo. Las Cosas materiales, se tienen, cuando se puede. Y si el momento es propicio para que se tenga. Como antes conté, me habría gustado llevar una mejor Relación Familiar o de amistad con muchos de los familiares, que tengo por el Lado Paterno. Algunos de Éstos se imaginan, lo peor de Mí. Y piensan, que los margino, por cualquier Quítame Esta Paja, como suelen decir por ahí. Pero la verdad es que tengo que ser así. De la manera que soy.

Cuando Alguien, por la razón que sea, ha elegido el Camino del Delito, para abastecerse de los bienes que les hacen falta, pudiendo trabajar dignamente, aunque esto le cueste, los mismos sacrificios que nos cuestan a los que amamos, tener una vida honrada, entonces Yo no puedo compartir con sujetos, que se den a esa tarea. Nada es gratis en Esta Vida. Y todo se debe ganar a pulsos. A Mí, nadie me dio en Mi Casa, las herramientas necesarias para abrirme Al Mundo. Las fui adquiriendo, poco a poco, con el agridulce que me ha dado La Vida. ¿Por qué? Porque Yo sabía, que de una manera u otra, las necesitaba, para manejarme en los distintos medios.

Vuelvo y repito. Yo no soy condescendiente con ese tipo de actitud, si lo llego a ver en el otro. Yo puedo ser amigo de Alguien, claro. Siempre que vea que lo merece. Mi Amistad, no se la brindo a cualquier persona. Y si se la brindo, en el momento que me doy cuenta, que se embarró, por estar metiéndose en fangos, que Yo Mismo me empeño en esquivar; en ese mismo momento, le retiro mi afecto. Por la misma consecuencia, tampoco me junto con cualquier gente. Para que no me confundan, con esa facilidad conque son dados los otros, a juzgar a la primera impresión. Yo respeto y siento cariño por Mis Familiares, especialmente, a Mis Primos. Aunque no ando detrás de Ninguno. Que No los busco con esa frecuencia que quisieran. Ni me desvivo por Ellos. Precisamente, cosas que he visto en otras familias, y en La Mía Propia, me han llevado a mostrarme así. Lo siento... Lo siento mucho. Pero no sé complacer por hipocresía. Busco a los pocos familiares, con los que me he llevado mejor en todos estos años. Con los que me he manejado mejor, repito. Con Aquellos, que no me he llevado familiarmente, es porque se han desviado con asuntos, con los cuales no comulgo.

Así de simple. ¿Mi decisión, de alguna manera, me hace pendejo por eso? Me consta que lo han comentado. No hay problemas. Respeto esas opiniónes. De las pocas mujeres, que llevan el Apellido Heredia, con la que más he hecho empatía, desde que nací hasta ahora, es con Mi Prima, Carmen Matos Heredia. Todavía recuerdo, a menudo, que siendo yo muy chico, era Ella quien me ponía Las Medias*y me vestía de ropa. Ésto ocurría, cada vez, que Mi Madre salía huyendo y se ausentaba por meses. Pachanga la sacaba de la Escuela, para que Ella me cuidara en lo que, él retornaba a Neyda a La Casa.

Esto, se repitió tanto, que la Pobre Muchacha, no pudo ponerse al día, con los primeros Grados Escolares. Ella no pudo seguir estudiando, porque cuando lo intentaba, Este Señor, volvía y la retiraba, para que se encargara de Mí. Con esfuerzo, a penas aprendió a escribir su nombre. Menos mal, que a pesar, de las lagunas, que intelectualmente hablando, pueda tener, ha logrado salir adelante, con éxito. Es una gran persona. La quiero, como si fuese una Hermana Mayor, que hizo cosas buenas por Mí. Recuerdo, que muchos años después, cuando Ella trabajaba en La Capital, en Labores Domésticas. Fue, la segunda persona, en regalarme mi segundo juguete de verdad. Una ametralladora color verde, que lanzaba agua. No me la entregó en mis manos.Sino, que para que Yo sintiese más emoción, tratando de encontarla, la escondió muy bien.

Me puso, como condición, antes de buscarla, que me me diera un buen baño en el Patio de La Casa. Obedientemente así lo hice. Y, después de requisar, los pocos enseres de la habitación, la descubrí debajo del colchón de La Abuela. Su hermano, José Heredia, es el otro familiar, a quien de alguna menera, respeto mucho. Por el que, siento un afecto de primo de verdad. Aunque ahora, vive aquí en Nueva York, no nos alcanza el tiempo para compartir como quisiéramos. Por los mismos encargos que tenemos diariamente, los que residimos en Esta Ciudad Tan Inmensa. Entre el trabajo y las obligaciones de subsistencia, se nos van las horas. A penas interactuamos por Las Redes Sociales, cuando tenemos chance. Pero cuando podemos, nos juntamos un rato y reimos un poco. Siento, que es el Único Primo hermano, dentro de los varones, con el que me siento a gusto.Tenemos afinidad de criterios, porque, además, razona con justicia en torno a cualquier tema del que Yo le hable.

CAPÍTULO V

Hay quienes piensan, que es loco. Porque le gusta El Trago. Yo pienso todo lo contario. Pues, alguna debilidad debe de tener. Es un Ser Humano, con dos pies sobre La Tierra en Ese Bronx, donde vive. Donde, tantas cosas horribles suceden. Sin embargo, tiene Su Juicio bien puesto. Allí mismo, donde La Naturaleza se lo colocó, ¿Por qué? Porque, en más de veinte años, que tiene viviendo Aquí, no se ha visto envuelto en ningun tipo de problema. Nunca ha ido a dar con sus huesos a la cárcel. Y cuando se bebe su whisky, se lo toma tranquilo. Sin ofender a ninguna persona. ¿Entonces? Ese Primo Mío, tiene más seso que Yo y Cuatro Primos más juntos. Una cosa, que nunca se me olvida, de Él, es sobre aquellos días, cuando tomaba los Exámenes Finales del Tercero del Bachillerato. No me llevaba bien con la Trigonometría. Era una Materia que iba a recursar. La llevé A Extraordinario. No me sentía tan preparado para tomar El Examen. Así, que no sabía, qué hacer para pasarla. Estas Clases, me resultaban verdaderamente incómodas.

Una noche le ví platicando en casa de Una Amiga. Así que lo interrumpí de plano, sin perder permiso y le pedí, que como a Él les gustaba Las Matemáticas, necesitaba, que me enseñara, en forma urgente, La Trigonometría. Ya que, El Examen se acercaba. Me contestó, pero –¿Tú no ves, que estoy hablando?– Dejó de conversar y me pidió, que le mostrara el Cuaderno de Apuntes. Empezó a enseñarme, en la Sala de Aquella Casa. Sin sentarnos. Pero al tiempo que lo hacía, me iba diciendo:

–Yo no lo puedo creer... Cómo es posible, que siendo tú, Mi Primo, no te gusten Las Matemáticas, si esto es cosa fácil. ¡No lo puedo creer!–

Cuando concluyó, esa noche me fui a Casa. Y al otro día, bien temprano, me buscó y me entregó su propio Cuaderno correspondiente a Ese Grado, que conservaba, desde cuando estudiaba en Secundaria. Y me dijo:

—Ahí está todo... Si lo estudias, pasarás El Examen. Como te repito, ahí está, lo que debes saber, para Pasar. *Estúdialo. Ese Examen lo pasé, realmente, por el interés que puso en ayudarme. Él no lo sabe. Pero lo estimo mucho, pese a que La Vida, nos ha robado el tiempo, que no hemos podido fraternizar.

Otras veces, sucede que hay familias, que sólo procuran saber de Ti, cuando tienen la certeza, de que Tú puedes satisfacerle alguna necesidad. Mientras están sin problemas, jamás se acuerdan de que Tú existes. Pero cuando se le presenta un percance, en el instante, recuerdan tu Número Telefónico, el que mucho tiempo antes habían olvidado. Hay a quienes les he escuchado decir:

—Los Heredia son una raza mala. Esos no ayudan a Nadie–.

Pero, ¿por qué se expresan así? Aaah, simplemente porque Uno no responde, en el tiempo y en la forma que quisieran que Uno actúe, cuando piden auxilio. Se piensa, que El Mundo debe girar en torno a Ellos.Y que nadie más, requiere la atención que Ellos merecen. Me considero una persona sensible, hasta más no poder. Pero una cosa es cierta, tambien tengo mis límites. Hay quienes han pensado, que, por ser, como he sido desde siempre, hasta parezco idiota. Pero lo cierto, es que, de idiota sólo verán mi apariencia. No siempre soy riguroso, Sin embargo, cuando tengo que serlo, lo soy. Aunque, tambien me toque pasarla mal, por los efectos de la postura que he tenido que adoptar. Por cierto, hablando de riguroso, recuerdo una ocasión, en que, uno de Mis Hermanos cayó preso por primera vez.

Era Mi Hermano más querido. Cuyos desaciertos en su vida, me han dolido en el alma. Por ser, Sangre, de Mi Sangre. Lo visité varias veces, en la Cárcel más terrible que hay en Nuestro País: La Carcel de La Victoria.Y me dolía verlo Allí entre Aquellos Matones, Desalmados y Escorias del Bajo Mundo. Siempre que me presentaba a Aquel Lugar tan deprimente, lo veía comiendo la comida que les daban a todos. Esta, no era más, que un arroz cocinado de una manera terrible. Con un aspecto parecido al Excremento Humano. Cada vez, que iba a visitarlo, era un sufrimiento, que no se podía explicar con palabras... Sólo experimentar, lo que Yo sentía, me causaba un malestar, que me invitaba a no visitar de nuevo esos muros grises con hedor a infierno. Como al final sucedió, con todo el dolor de Mi Ser.

Ya, había estado antes, en Esa Cárcel por mi condición de Abogado. Una vez que representaba a Un Sujeto. Pero no cruzaba al Campus*donde estaba la Población de Presos dispersa, tratando sus asuntos o hablando con amigos, y familiares que llegaban a verlos los Días de Visitas. Por cierto, Esos Días, siempre me parecían interminables. Porque no concluían así por así nada más. Cuando los Custodios, anunciaban por el altoparlente, que ya se había acabado el tiempo, y cerraban el Portón de Acceso. Todavía, incluso, cuando Uno salía de Allí llevaba Consigo, en la cabeza, Aquella Prisión. Sus horrores. La deprimente situación de los reclusos. Sus barrotes sin barrotes. El acinamiento de los presos, amontonados en camas improvisadas, por falta de espacio. Un matadero de personas, desde que se levantaron sus paredes sombrías. Las veces que acudí a ese sitio, me llevaban a la persona, que Yo reperesentaba, a una Oficina a parte. Allí, lo sentaban, y me sentaba a explicarle, cómo desenredaríamos los entuertos de Su Caso, para una mejor Defensa.

CAPÍTULO VI

Mi hermano estaba Allí, por haber incurrido en violación a La Ley de Drogas. Desde que Yo estaba pequeño, y supe, que Las Drogas ocasionaban daños. Me he aconsejado a Mí Mismo, y a todo el que ha estado a mi alrededor, incluyendo claro, a Este Hermano Mío. Como así siempre ocurre, cuando Uno aconseja a un familiar. Nunca tuve la suerte de que Él asimilara lo que le advertía, antes y después, de esa situacion por la que estaba atravesando. La Pena que conllevaba el delito cometido, no era más, que de Un Año. Y Yo procuré, que el castigo se extendiera, por algo más de Dos. ¿Piensan que soy injusto? Es posible que sí. Pero así soy, si no veo cambio. La función de las cárceles, además de reeducar Al Interno, lo mejor que se pueda, con las Herramientas Adecuadas a su disposición. Es, primordialmente, hacerle sentir, que debe darle un giro positivo a Su Vida. De tal manera, que cuando salga, no añore volver a las murallas que lo privan de la libertad. Fue tan grande mi experiencia en Aquellos Días, cuando estuve visitandole Allí, que me senti impulsado a escribir, mi Tesis de Grado, para optar por Mi Título de La Universidad.

Aproveché la coyuntura de ser su hermano, para entrevistar algunos de los reclusos, escuchando su parecer. Palpando de cerca su dolor, emociones y sueños rotos...El trabajo que surgió de aquellas idas y vueltas, resultó una investigación, que llevó como título: "Móviles Del delincuente u Hombre del Bajo mundo" En el que detallé las causas, que llevan al hombre, a las distintas modalidades de entrar en conflicto con La Ley. Los motivos que lo empujan a delinquir y cómo interviene en ellos, el Medio Social, en que se desenveuelven. Finalmente, me constituí en Su Abogado, junto a Mi Colega Gregorio Estévez. Lo sacamos en libertad. Él me prometió, encarecidamente, no volver hacer lo que hizo. Para no regresar, otra vez, al lugar donde estaba. Pero, no bien, había pasado cuatro meses fuera, otra vez volvió a Caer bajo la misma acusación. Por violación a la misma Norma, que prohibía la Venta Consumo y Distribución de Estupefacientes en la República Dominicana.

Yo me sentí, como que me habían asestado una puñalada y no botaba ni una gota de sangre. Decepcionado. Bastante molesto con él. Pero aun así, después que tuvo, más de un año Guardando Prisión, me volvió a solicitar ayuda, para que me encargara de su defensa. El que no tiene dinero, para pagarse un Abogado en Mi País, o no tiene dolientes, que se encarguen de pagarlo, se puede quedar mohoso y olvidado en La Prisión. Si no hay quien le visite. Le lleve comida decente y le lleve esperanza, se jodió. De modo, que que esta vez, subí sólo A Estrado a defenderlo. Me había jurado, de nuevo, que ya no volvería a sucumbir ante, el dinero, que proporcionaba la venta de las Yerbas Prohibidas. Esta vez, le tocaban, por lomenos, tres años. Ahí estaba Yo, temprano en El Tribunal.Ya hecho los arreglos, para que El Policía que lo había apresado, compareciera, sin falta, a Rendir Su Declaración. Pero, no asistió. Y la ausencia de Éste, era motivo suficiente para que El Juez, si lo consideraba, no conociera La Causa y la reenviara para otra fecha, que podría alargar más tiempo el proceso. Me puse nervioso, por tratarse de Mi Hermano.

El representante de La Fiscalía, era Mi Conocido.*Y me daba un poco de vergüenza, que supiera, que Yo era hermano de Este Muchacho, que siendo tan joven, ya tenía un récord de esa naturaleza.Siempre he creído, que he hecho, lo mejor que he podido, por Mis Hermanos. No por Éste específicamente. Sino, por todos Ellos. Hasta donde mis posibilidades me lo han permitido, al través de todos estos años, es por lo que las canas me han salido, antes del tiempo. No tanto por el tiempo mismo, Sino, más por los problemas. No míos, sino de Ellos. Mucho antes que, lo pusieran Tras Las Rejas, lo invité a comer en Mi Casa, con Mi Esposa e Hijo. De algún modo, me enteré que estaba vendiendo Esa Mierda. Que Yo, de sólo verla en quienes la consumen, me incomoda. Aunque, respeto el derecho, que tiene cada cual, a hacer, con Su Vida, lo que le venga en gana. Pero en Mi Casa no. Sintiendolo mucho, le prohibí volver a pisar La Puerta de Mi Hogar, mientras tuviera vida. Eso fue muy doloroso para Mí, créame que sí. Porque, es duro, decirle esas palabras a un hermano de verdad. Al que cargaste sobre tu hombro, de pequeño. Ayudaste a vestir y diste de comer, llevando la cuchara* a su boca con la más pura dedicación.

En Mi Casa y cerca de Mi Familia Principal, no quiero saber, de Nadie que se relacione con lo ílicito. Así fuera Mi Propia Familia. Como me encontraba nervioso, pienso, que los nervios me llevaron a hacer, Una Defensa Formidable. Y pensar, que tenía, tan poca fe en Mí Mismo, que en mis conclusiones, desiertas de esperanzas, pedí, que El Acusado, pasara a manos de Hogares Crea.*Para que sea Allí, donde purgara el resto de la prisión que le faltaba por cumplír.Y para que fuera en ese lugar, donde se tratara su presunta adicción. Sí, porque lo hice pasar por un adicto, que en realidad no era. Pero. Me fui, por esa vía, para obtener mejores resultados. Así somos Algunos Abogados en Mi País. Le damos la vuelta a La Ley, hasta encontrar la brecha conque Ésta arrastra, desde el día en que fue promulgada. Pero me sorprendieron a Mí, a Mi Hermano tambien y a todos los los Colegas Presentes entre el Público. Le dieron libertad ese mismo día. El Representente Fiscal contradijo mi argumento sobre Hogares Crea y dictaminó, a favor de su libertad pura y simple.

En un momento, me vi asediado por Colegas, felicitándome. Y recibiendo los afectos del Público, por la defensa correcta que hice. Uno de ellos me dijo:

–Doctor, qué bien. Qué sentimiento puso usted ahí. Hasta lloró. !Vaya, Doctor, Usted, sí que supo fingir esas lagrimitas¡

Eso, realmente, fue lo que muchos pensaron. Que había planificado el tipo de Defensa, que llevé a cabo, por pura casualidad de La Vida. Pero no fue así. Lo que me sucedió, fue que, cuando me vi, en la necesidad, de tocar las fibras sensibles de los que tenían que decidír El Caso. Creí pertinente, que debía hacer una regresión, hacia mi infancia. Para justificar, en algo, las desproporciones del comportamiento de Mi Hermano. Así lo hice, y Este Tipo, de ida en el tiempo, lastima tanto, que se refleja en el sentir. En la voz, y en las formas, de la persona que presenta Aquella Vida, a Blanco y Negro; En Pasado y en el Presente. Hacer este tipo de retrospectiva, para Mí, es algo desgastante. Que, de ninguna manera, me hace bien. Claro que El Juez no permitió, que él se retirara de Ahí sin haberle leído su Cartilla y puntualizarles, algunas recomendaciones, a título de consejos gratuitos para el futuro. Le preguntó, qué hasta cuándo me iba a tener Pasando Trabajo y vergüenza, por su culpa. Que si volvía a verlo de nuevo, frente a Su Cara, se encargaría, de no tenerle, ningún tipo de consideración.

Mi Hermano me miró, con aquella mirada, que dan siempre, las personas detenidas, a quienes los aconsejan: –Dando Las Gracias. Prometiendo todo, que sí. Y simulando una timidez asombrosamente. Incrédula, hasta para un niño. Me da muha pena, cuando advierto en este Hermano mio, el parecido que tiene con Pachanga. No sólo en su físico, Que no es determinante, de nada, en ninguna persona. Sino más bien, en el Modo Conductual, con el que se enfrenta a La Vida y el modo desinteresado conque asume las consecuencias. Supe, que dos años después, volvió a La Cárcel Y esta vez, tuvo que chuparse, más de Ocho Años. Lo ayudé, de otra manera, pero estableciendo distancias. Me contuve y jamás volví a tirar una lágrima. Por la manera en que quiso dirigír Su Vida. Esta vez, no sentí nada Por sus noches, en aquellas paredes, que al fin, y al cabo, parecían ser partes indispensables de su tormentosa necesidad.

No hace mucho, recibí La Buenanueva,*de que, El Juez, que administraba la Ejecución de La Pena, le había notificado su pronta salida. En apenas, unos pocos meses, se le concedió su libertad, por el cumplimiento de su Condena. La libertad, *es un de derecho humano, que junto al Derecho a La Vida, constituyen las conquistas más extraordinarias e inalienables Del Hombre. Estuvimos, huyéndonos, Uno al Otro, con enojos individuales. Aunque, marcados por una misma situación. Una Prima intervino, para que dejáramos las diferencias. Las dejamos de lado y no pudieron faltar mis acostumbrados consejos de siempre. Como su hermano que soy, como La Familia que somos, a pesar de nuestros rumbos, diametralmente opuestos.

En las Comunidades Rurales del Sur de Mi País, sus habitantes son dados, a hacer uso de las Costumbres Locales. Es por eso que, con mucha facilidad, predominan refranes*que forman parte de la idiosincrasia de Esas Sociedades como pueblo. De ahí que, las Personas Simples, de Esas Comunidades, suelen hablar con frases tan notorias, como: – "Cría fama y échate a dormir"–. Pachanga crió, una fama. A lo largo y ancho de su vida, estuvo persiguiéndolo, como un lastre. Como alguien, que llevaba un tizne a un lado de su cara.Y lo distinguían, a leguas, aunque estuviera metido en el mismo centro de un gentio...

Había quienes disfrutaban charlar con Él. Pero quienes lo conocian realmente, quienes crecieron viendo, lo que era su trayectoria, desde que fue adolescente, estos nunca los aceptaron. Más bien, comentaban a sus espaldas, que no compartían sus métodos. Ni la forma de vida que había elegido llevar. Su popularidad ganada, como Golpeador de Mujeres, se extendió por Todo el Pueblo, y en las Comunidades Vecinas, también. Aunque entre los pobladores más jóvenes, se ignoraban los actos horrendos, que ayudaron a construir los rumores que corrían de boca en boca.

No pasaba así, con aquellos que tenian más edad. Que habían sido sus contemporáneos, y testigos de espectáculos de mal gusto, escenificados por Éste, dentro y fuera Del Pueblo. Es así, que cuando algún hombre le pegaba a Su Mujer, Esposa, Compañera, o Novia; los pobladores de Vicente Noble, alarmados por el acontecimiento bochornoso, los calificaban, despectivamente como un Nene Irenita. Queriendo significar con esto, que éste era un sujeto, con las mismas características indeseables de Pachanga. Tanto era así, que no se diferenciaba los segmentos del pueblo en donde estas cosas sucedían. Cualquiera, que le diera una paliza a Su Mujer, que la hiciera sangrar. O que los golpes les hayan dejado magullones amoratados. Quien los observaba, se pronunciaba, en ese mismo instante así:

–¡Ese desgraciado, es igualito a Nene Irenita! ¡Ese es un Nene Irenita. Que debiera morirse, antes que siga haciendo más daños–.

En consecuencia, ese indeseable comportamiento de Pachanga, de alguna manera, llegó a salpicarme. Nunca olvidé, que Escuela Primaria, a fin, de hacer al mismo tiempo, la tarea que nos dejaba El Profesor, para el siguiente día. Ambos éramos adolescentes y su casa no estaba tan lejos de la casa de La Abuela. Un día, que La Madre, notó que nos mirábamos con cariño, aprovechó el momento para advertirle, en mi presencia, y, para hacerlo, La Señora empezó expresando estas palabras, que me lastimaron mucho:

–¡Mira, Hija Mía. Aléjate de Este Muchacho. Tú sabes que Él es hijo de Nene Irenita. Tú no podrías esperar, nada bueno de él, ¡Ofensas y maltratos, es lo único que tendrás–!

En el momento que escuché a La Señora, sentenciar en esos términos, me sentí devastado. Pues se trataba de una dama, que con anterioridad me confesó, ser Admiradora de mi espíritu de lucha y mi buena aptitud. Desde aquel momento, fue como si me culpara. Por lo que Pachanga, había hecho, durante toda Su Vida. Imaginó que Yo fuera a heredar, los malos hábitos del Fulano que me había procreado. Nada más errátil, de parte de La Dama. Porque, hasta al día de hoy, me he considerado un Hombre Normal. Ni más que eso, ni menos que eso. El haber sido, Su Hijo, no me facilitó avanzar en mis pretensiones. Como, tal vez, quise. Reconozco, que ciertos baches en el canimo, me han hecho caer tantas veces. Pero iguales veces, me he levantado dirigiéndome hacia Mi Propio Norte.

Es cierto, que haber sido Su Hijo, por un lado, ha sido Mi Cruz. Pero por otro lado, me enorgullece, que toda Mi Vida, me he esforzado en cargar Esa Cruz, con la mayor dignidad posible; la sujeto. Tropiezo, la sujeto. Me resbalo. Pero ahí, voy en mi camino. Consciente de que no soy, mejor ni peor que otras personas. Y confiando, en que, inevitablemente, al final de Ese Camino, me espera Mi Propio Gólgota, No el de Otro. Sino, Aquel que El Mismo Destino, tiene reservado para Mí, como el Ser Humano simple que soy. Asumo, que formo parte, de la descendencia de un hombre, que fue un: Mal Esposo. Un mal Padre y un Mal Hijo. Tengo conciencia sobre Esto. Es algo, con lo que siempre voy a lidiar. También sé, que le sobraba valor, para terminar o enfrentarse, a lo que fuera, sin tener otra cosa en cuenta, que no haya sido, lo que Él pensara. Yo, por el contrario, soy el contraste de lo que Él representó. Y, a pesar

de los años que tengo, todavía llevo dentro de Mí, a Ese Niño
Asustado, que les tiemblan las piernas, para pisar una cucaracha.

Con tanto temor a la oscuridad que busco la luz afanosamente porque
sólo en ella mis emociones encuentran caminos. No sé hasta dónde pueda
usted creerme, pero siento asco de la absurda idea de lastimar a una mujer
en la forma que fuere; tanto es así que me duele en mis sentidos el simple
hecho de pensar en que tal cosa pudiera ocurrirme alguna vez. Y desde esa
convicción, con la gracia de Dios, confío que esa misma sea mi actitud,
hasta el final de mis años. Como persona, como creyente, sé, que al concluir
mi ciclo de vida, deberé rendir cuentas, sobre mis propios actos. y, entre
estos, por todas las culpas, que pesen sobre mi consciencia. Sin embargo,
tengo la firme confianza, de que, al llegar ese momento, el ultrajar a una
dama, no será una de esas.

Siendo yo un niño, que ya debía estar inscrito en la Escuela
Primaria, como lo estaban otros de igual edades que la Mía; Pachanga
se buscó una pizarra. Se fabricó una almohadilla, que usó como
borrador y luego, compró algunas barras de Tiza, con las cuales escribió
sobre Ésta, Las Lecciones que me impartía cada día. Como si fuese Mi
Profesor Particular en La Casa. Los Muchachos del Barrio donde
vivíamos, Ya asistían, a una especie de Escuelitas Rurales, que el
Sistema Educativo Dominicano había implementado, en Las Regiones
del País. Rentando casas que, convertian en Lugares de Estudios. Y que,
a diario, desde que daban las 8:00 A. M., se atestaban de niños, deseosos
de recibir El Pan de La Enseñanza. Yo los veía pasar, todos los días. Y,
como niño tambien, me entraban ganas de agarrar, Cuaderno y Lápiz,
para asistir, como los otros, a Esos Lugares, donde parecían divertirse,
pues, Yo miraba Sus Caras, al volver, y parecían, haber disfrutado, lo
que Allí se les enseñaba.

Pero, Pachanga, no parecía congeniar con esa idea. Así que, cada día,
me hacía levantar. Aunque me hiciera el dormido, mandaba por Mí. Me
ordenaba sentar. Y me hacía leer un libro, que nunca supe dónde lo encontró.
A parte de eso, me llamaba mucho la atención, su modo de mandarme.
Como que si se tratara, de un Militar de Alto Rango, con Voz de Mando,
instruyendo a un simple Conscrito.*Me hacía escribir, varias

páginas. Me instruyó sobre, cómo aprender el Alfabeto, de memoria*, Sumar, Restar, Multiplicar y Dividir. Algunas personas que pasaban, y lo veian, haciendo de Mi Profesor, les preguntaban, ¿el porqué no me inscribía en La Escuela? Ya que, esto era lo más sensato. A los que les preguntaba, llegó a decirles, que Los Profesores, no me enseñaban Las Cosas que podía enseñarme. A Otros, no recuerdo muy bien, cual fue la respuesta que les dio. Pero lo cierto, es que nadie, pudo imponérsele o contradecirlo, por más razonables que fueran sus opiniones. Cuando Ese Hombre, tomaba una decisión, lo que otro opinara, no contaba, así vinieran, esas opiniones, de Amigos o Familiares Cercanos. Pachanga era una persona terca. Cuando queria serlo, imponía su voluntad, por encima de cualquier cosa.

Cuando Yo tenía dificultad para aprender La Lección del Día, o simplemente, ignoraba cómo resolver una operación de Resta o Suma; sencillamente, me castigaba con una bofetada* entre la Cara y la Oreja. Esa acción, por minutos, me dejaba sordo. Con una sensación de ardor en el área golpeada. En esas condiciones, debía responder a sus preguntas. Sujetándo, con una mano, el Cuaderno. Y con la otra, calmando el fuerte dolor que sentia muy cerca de la Cara. Las personas que iban a Cortarse el Pelo, obsevaban la situación. Pero eran incapaces de hablarles al respecto. Eran tiempos, en que gobernaba Nuestro País, el Dr. Joaquin Balaguer. En los finales de Sus Primeros Gobiernos Sucesivos, en Aquel Oscuro Período que se registra en La Historia de La Política Dominicana, como: "El Período de Los Doce Años" Las Leyes de Protección Al Menor, para Esa Época, no salvaguardaban la dignidad de un niño, en el modo que lo sustentan las normas avanzadas, que se han convencionado a final del Siglo Veinte y a principio del Presente Siglo.

En consecuencia, para Aquel Tiempo, El Padre ejercía la Patria Potestad sobre Sus Hijos Menores en una forma abusiva, si así lo consideraba. Nadie podía decirle a Pachanga, que no me pegara, por el hecho, de no entender una lección, en la manera que Él quería. Tampoco Éste iba aceptar, que otra persona lo aconsejara, sobre cómo educarme o sobrellevarme. Era capaz de alejar, con insultos, al primero que interviniera con sus decisiones respecto a Mí. Por cierto, en una

ocasión de esas, en la que me pidió realizar, una tarea que Yo no pude
hacer. No, porque no supiera realizarla.Sino, más bién, por el miedo que
temía a fallar, y las consecuencias que traería Consigo. Cuando Él vió,
que no la hice, como esperaba. Usó su Mano Derecha. Y con Esta bien
abierta, me la dejó caer en La Sien. La Abuela Irenita, trató de intervenir
a mi favor, pidiéndole, que dejara las cosas como estaban. Que olvidara
lo que estaba haciendo. Le pedia, que me dejara en paz. Porque no
estaba bien, la manera en la que me estaba desconsiderando. No muy
bien, terminó La Abuela de pronunciar su última palabra y sin
contenerse, la insultó de la peor manera. Como si no se tratara de la
Anciana Madre, que lo había traído Al Mundo.

Pero no paró Allí. También le enfatizó, que Yo era Su Hijo.Y que
Él sabía bien, lo que hacía, ya que no deseaba, que Yo terminara como
Él. Que, como no tuvo a nadie que lo incentivara a estudiar, ni quien lo
ayudara, por eso, se retiró de la Escuela. Terminando, sólo el Cuarto de
La Primaria, para llegar a ser, lo que, a su juicio, era poca cosa: Un
simple Barbero. Entonces, a La Abuela, no le quedó otra cosa, más, que
callar. Bajar el rostro con miedo. Y abandonando La Casa, por el resto
del día, para volver en la noche, a la hora de dormir.

En muchos años, he tratado de buscar alguna explicación, que pudiera
convencerme de que, el modo hostil de Este Hombre contra Su Madre,
Esposa e Hijos, pudiera, de algúna manera, justificarse. Pero, por más que
lo pienso, sus Actos de Violencia, jamás podrían justificarse. Aún así, he
querido traer, a presencia, uno de tantos momentos, visiblemente
trastornado por Su Pasado. Justo, en una de las ocasiones en la que hacía
de Mi Profesor. Y, después de haberme maltratado físicamente, se quedó
viéndome fijo, mientras estuve llorando, con el Cuaderno abierto. Mirando
la Operación Matemática que no podía resolver. Se colocó, de pronto, en
frente mio. Y sin variar aquel tono de su potente voz, pero medio
sollozando, comentó lo siguiente:

—Yo sólo quiero, que Tú no seas igual a Mí. Majeño, Ese nunca se
preocupó por Mí. Como Yo lo estoy haciendo, por ti, ahora. Hubo un
día, en que tomé prestadas sus tijeras. Porque quería aprender el Oficio
de Barbero. ¿y sabes qué hizo Él? Me la arrancó de la mano.Y

me correteó, no sin antes, intentar clavármelas. Cuando me las arrojó encima–.

Recuerdo, que mencionó también, que fueron muchas las ocasiones, en que no pudo estar, ni cerca de Majeño. Ya que, la mayoria de las veces, Éste solía repudiarlo, por no tolerar el trato que daba a La Abuela. Ambos se enfrentaban a duelo, como los más grandes enemigos. Sin embargo, aún con todo eso, como Su Hijo, no encuentro razones, para pasarle por alto, aquel carácter irascible que tanto lo definió. Muy por el contrario, me parece mucho más absurdo, que a pesar de tener una niñez, como la tuvo, precisamente, su forma de ser ante La Vida, haya sido esa. La de repertir el modelo que vió. En consecuencia, nos hizo vivir plagados de calamidades. Y de Una vida, de la cual, aún me lamento.

Y Ustedes, que me leen, son testigos ahora, de cómo me esfuerzo, en exorcizar Antiguos Demonios, que aún parecen perseguirme. En lo que respecta al Abuelo Majeño, lo conocí, porque una señora me llevó a rastra ante su presencia. Él vivía con una mujer, que al decír de algunos, en Este Pueblo, había sido Su Amante, mientras estuvo casada con Su Mejor Amigo. Allí me miró, con el único ojo que tenía viable. Pues, el otro, lo había perdido, precisamente, el Día de Santa Lucía. Estanila Matos, mi Tía, la Mayor de todos Sus Hijos, cuando conversamos al respecto, me contó, con un tinte más a mito que a santidad, lo siguiente:

–Oye bien, Mi Sobrino. Ese día era el de Santa Lucía. En esa fecha, Uno no pué cortá Leña. Entonces, Él vino, agarró el hacha, y, atento*a Él, se puso a picá palos pá Hacé Carbón.* En eso... cuando partió El Palo, una astilla saltó pá un lao. La otra, se fue a Su Ojo y se lo vació por completo. Imaginese Usted, Mi Sobrino. Las personas que lo conocían, les dijeron, que no hiciera eso. Que Ese Día se respeta. Porque es Sagrado. Desde ese momento, se le borró la vista del ojo, pá siempre–. Entre quienes lo conocían en Ese Tiempo, no hubo, quien no comentara en Voz Baja; que Tal Accidente, había sido el catigo, por desrespetar la creencia, que forma parte de la Costumbre Dominicana. Por faltarle a La Santa. Ese día, Mientras El Abuelo me miraba.Yo también lo hacía tímidamente. Era alto, erguido, su cabeza, poblada de canas. Con escasos pelos negros. Una nariz correcta.Y sobre Ésta, unos Lentes de Sol, con un vidrio en el ojo averiado, Y sin vidrio en el ojo que tenía bueno. Usaba un sombrero manchado, más por el descuido, que por los años.

Al caminar, llevaba las manos unidas en la parte de atrás. Al frente del pantalón, en la zona de la cremallera, se divisaba un bulto enorme. Que despertaba, entre las personas, la ocurrente sopecha, de que tal vez, padecía de una inflamación en los testículos. Como resultado de que la enfermedad de La Papera*, se le había bajado. Y alojado, en aquella área del cuerpo. Mientras que otros, en cambio, decían, tener constancia, sobre la p osibilidad, de que Allí, se albergaba un falo de insospechadas dimensiones. Para entonces, ya no contaba con las posesiones inmensas de fincas. Ni con el el ganado, que antes se les atribuyó tener. A penas le quedaba, una llanura. Con un terreno contaminado, de una especie de salistre, que no permitía que creciera nada, que no fuera, Tomates y Verdolagas. Lo que siempre se dijo, fue, que había despilfarrado las ganancias de Sus Predios Agrícolas, entre las muchas mujeres que tuvo en La Región. Y en sus cuantiosas apuestas Lanzando Los Dados*; Un juego, por el cual, había desarrollado una ludopatía preocupante, hasta al punto, de perder cualquier cantidad de dinero, que tuviera en sus bolsillos, apostando sin control.

CAPÍTULO VII

Desde el instante que le conocí, me miró a la Cara y me tendió la mano. Los que estaban presentes, me incitaban a llamarle, Abuelo. Pero no lo hice, por la premura conque se dio la presentación. Eso, por un lado. Y por el otro, porque Yo era bastante tímido. Así, que me limité, sólo a sujetar la mano que me había tendido. Y lo hice, con ánimos de mucha simpatía. Me ofreció, que llevara Tomates, de un sembradío que le quedaba detrás. Yo acepté sonriéndole, dándoles Las Gracias. Y de pronto, pensé, que al venderlos, obtendría algunos los centavos, me servirán, para mis entradas Al Matiné.* O para la comprar dulces. Años después, volvimos a conversar, al invitarme a Su Casa, para que le ayudara con unos víveres, que cortó, en un conuco, que había recién recuperado en una Litis Judicial. Me acuerdo, que Aquel Terreno, era como una Mesopotamia.* No pasó mucho tiempo sin que el Río Yaque Del Sur, lo arrazara con todo y platanal. Dejando sólo, Polvo y Piedras. Desde Aquella vez, no volví a verle. Hasta, que un día, se presentó al Rancho de La Abuela. Ya vagaba solitario por Todo el Pueblo, en condiciones deprimentes.

Cuando La Abuela lo vio acercarse a la puerta, visiblemente enojada, le pidió, que se fuera de inmediato. Que Ella, con mucho esfuerzo y mucho sudor, había construido Su Rancho, sin la más minima ayuda suya. Pachanga lo alcanzó a ver y le habló a Su Madre, para que le permitiera pasar a sentarse. Incluso, le pidío, que le preparara un Desayuno. Se lo hizo de mala gana. No sin antes, mirarlo con desprecio. A pesar de los pocos años que Yo tenía, algo me dejaba intrigado. Pues, conocía de las contrariedades entre aquellos dos hombres. Y me daba mala espina, la tanta amabilidad de Pachanga respecto al Anciano. No pasó mucho tiempo, sin que Yo tuviera la razón. Ya que, estando, a menos de un metro, desde donde el Abuelo degustaba el suculento desayuno preparado con plátanos majados. Y aderezado con: Cebolla, Salami, y Mantequilla. Pachanga se apartó un momento, de Su Trabajo de Barbero. Por tal motivo, se disculpó con el cliente que estaba afeitando. Hizo una pausa de repente; y en los siguientes segundos se puso frente Al Anciano, explotando, como un volcan en erupción:

–Tú nunca te ocupaste de Mí. De Mis Hermanos…¡Mírate hoy Aquí!. Cómo Después de ser, el hombre con más tierras y ganado en Esta Comarca. Ahora, ya no tienes, ni en que caerte muerto. Muestra de ello, es que, en Este Preciso Momento, te estás comiendo un Desayuno pagado por Mí. Que nunca me diste nada. Y que siempre me aborreciste–.

El Abuelo comía con hambre. Su cara estaba tostada, por el ardiente sol, que lo azotaba diariamente, andando errantemente, por Ese Pueblo de Dios.Tenia algo de inocencia, en la mirada de su único ojo. Parecía, no entender Aquel Rosario de reclamos que le lanzó Este Hombre, como arrrojando chispas por su fauce. Mientras el Anciano, haciendo caso omiso, hundía la cuchara en los alimentos. La llevaba a su boca y masticaba despacio. Su Labio Inferior, embarrado de mantequilla. Mientras miraba en silencio al hombre que lo embestía. Así, bajo toda esa presión, terminó de comer. Luego, salió de La Vieja Casa. La Misma, que cuando tenía menos años, frecuentó sólo de paso.

Así lo ví caminar, parecía llevar encima, El Peso de Los Años, en cada movimiento de sus pies. Caminaba, distanciándose de Nosotros calle arriba. Las líneas del Sol brillaban, más que el oro, sobre su Camisa de Rayas con escasos botones. Al tiempo, que transpiraba a chorros. Lo vi perderse a lo lejos. Como una pequeña sombra entre los espacios, el inclemente sol y sólo ese sol le hacía compañia. Después de aquel desagradable suceso, lo volví a ver otras veces. Siempre parado en los cruces que se formaban entre calles. No era raro verlo, en medio de Esta, la mayor parte del tiempo. Mirando permanentemente a distancias. Como si estuviera buscando algo, al través de aquellos lentes, que ya no encontraban equilibrio a media nariz. O, como si con el único ojo, escudriñara los extremos de aquellos caminos polvorientos. Cuando Los Muchachos lo veían, en medio de la calle, les gritaban, a todo pulmón:

–¡Tráfico! ¡Oye Tráfico! ¡Quítate del medio, Tráfico!–

Cada vez, que esto le sucedia, lo vi, buscar sin rumbos, la voz. Creo, que ni Él Mismo, llegó a darse cuenta, lo que significaba la mofa que Aquellos Traviesos, Ociosos y Adolescentes descalzos gritaban. Pasado un tiempo, lo visité estando Éste enfermo, en una habitación que le habían rentado para su convalecencia. Previo a los días, que cerraban Su Vida. Algunos de Sus Hijos les acompañaron en Sus Últimas Horas. Pero a pesar de eso, pareció estar solitario. Porque, de los tantos hijos que tuvo, aunque, en vida, pocos se atrevieran hacerlo; parte de Ellos, parecía tener algo que reclamarle. El día que se fue de Este Mundo, recuerdo que Familiares Cercanos sintieron mucho Su Partida. Algunos, sin embargo, no le lloraron. Y otros, sólo comentaban que había pasado a una Vida, mucho mejor, a la que llevaba en La Tierra.

Aunque yo quisiera, no podría establecer un paralelo entre Pachanga y el Abuelo Majeño. Comprendo, que deseándolo, o no, El Primero, emuló el comportamemiento del Último. Pero le quedó corto, el último. Si miramos, los Actos Deplorables de Pachanga, nos damos cuenta, que sobrepasó, con bastante crueldad a los del Abuelo. Su modo hostil era incomparable, al de cualquier otro Padre de Familia, que acostumbraba golpear a Su Esposa. Una muestra más, de ese deseo de golpear, que hervía dentro de Sí. Del cual, hizo una práctica. Es como el que Genara Vargas, Mi Pariente, por cierto, me describiera, con detalles, por haber sido un episodio, del que fue, Testigo Presencial:

–Mi Primo. Siendo Yo una adolescente. Mientras ayudaba a tú Abuela, con otras mujeres más, a destripar las Tilapias, que había traído Aquella Tarde, dentro de Ésta, estaba Neyda, tú Mamá. De repente, como quien sale de La Nada, apareció Nene.Y, frente a Todos Nosotros, le entró a golpes y mordidas a Neyda. La que, indefensa se retorcía de dolor. Esa Mujer estaba temblorosa. Avergonzada. Con mucho miedo; abrió la boca, sólo, para decirle al Padre de Usted:

¡Ay, Nene. Por el Amor de Dios! Qué fue lo qué Yo te hice. Para que Tú me maltrates, así de esta manera–.

Y tu padre, no le contestó nada. Tampoco mostró remordimientos por lo que hizo. Al contrario, se le notaban las intenciones, de continuar golpeándola. Simplemente, por gusto. El placer por hacerlo de nuevo, se le veía en los ojos. Porque Neyda no estaba haciendo nada malo. Sólo estaba ayudando a la Misma Madre de él, a tu Abuela Irenita.

Yo Mismo estaba seguro, que la crueldad de Pachanga, no conocía límites…Su actitud equívoca y desproporcionada, de aquella realidad, parecía importale poco. Nos causó daños físicos y emocionales, a Todos. Pero, la peor parte, le tocó a Mi Madre. Quien, era digna, de ser mirada con pena. Y, por lo que, La Pobre, posteriormente, sólo halló paz, el día que terminaron, los minutos finales de Su Existencia Vital. Siendo, todavía, un niño, que no muy bien, entraba en la Adolescencia, me fui a bañar al Canal del Pueblo. Junto a algunos amigos, que soliamos jugar, de vez, en cuando, saltando en aquellos Solares Abiertos. Una vez, empapados de sudor, íbamos a refrescarnos. Al momento que volví a La Casa, Pachanga me esperó en la Puerta de La Entrada. Decidido castigarme, porque me fui sin habérselo anticipado. La nota ejemplarizadora, para que no se volviese a repetir, lo que Él consideró, una osadía de mi parte, al faltarle el respeto de esa forma. Me flageló todo el cuerpo, con una vara.* Y, mientras me pegaba, de la forma más cavernaria, iba pronunciando frases, que parecían infundirle más furia.

No satisfecho, con aquello, le imperó a Mi Inofensiva Madre, que me introdujera en un balde grande. Y, le sugirió enfáticamente, acentuando, más que de costumbre, su desagradable vozarrón:

–¡No olvides, ponerle bastante Sal al Agua! ¡Para que le pique El Cuerpo!–

Resaltándolo, como si tuviese un altavoz. Para que no quedara dudas, de que Él era, La Ley y El Juez: –A ver, si con eso entiende, que Aquí, Yo soy El que Manda. !Coño!–

Esa Golpiza, no es comparable, ni siquiera con las bofetadas que me daba en los momentos, que hacía de Profesor. Esa golpiza, me dolió hasta en el alma. Igual, que como todos sus actos, carentes de humanidad. Por eso, cuando de castigos se habla, entre los amigos, siempre resurge, de Mi Parte, exponer aquel mal recuerdo,* como Muestra, tal vez, de que, no he olvidado, Ese Brutal Azote, no obstante haber transcurrido El Tiempo. La Abuela Irenita, como todo Ser Humano, pudo haber tenido sus desaciertos. Pero era La Mejor Abuela, que pude haber tenido. Aún, con las limitaciones o precariedades, con las cuales, convivió a lo largo de Su Vida, en los años de Su Ancianidad. Para cuando pude haber despertado, con conciencia en la que era su cama, Era una mujer muy mayor. Su Piel del color de Cobre, a veces, con tonos claros.Su rostro, arrugado y Su Nariz ancha.*Sus ojos, Color Canela, Cabello, bastante grueso. A ese Tipo de Cabello, solíamos denominarle, Mota.*En virtud, de que era bastante fuerte y dificultoso, para desenredarlo, al momento de peinarlo. Siempre llevaba puesto, un paño, que le cubría por completo, La Cabeza. Y no se lo quitaba, ni para bañarse, ni para dormir. Salvo, algunas veces, cuando se hacía Moños Pequeños.

Cinco, Ocho de estatura. Contextura Delgada. Siempre vestía, Faldas Largas con Mediofondo*por abajo. Le gustaba jugar La Lotería Nacional, cada domingo. Siempre, esperanzada, en arreglar, Los Sueños Suyos o de los demás, transformándolos en números, a los que apostaba, así se quedara, sin un sólo Peso. Era Una Madre Emprendedora. Dedicada a la Venta de Tilapias, por muchos años. A Mí me consta. Pues la vi, todo el tiempo en Ese menester. Manteniéndonos a Todos. Supliendo en La Casa, casi las precariedades, que Mi Padre no podía solventar. Desde La Comida, hasta Ropas y Zapatos para sus nietos. Noche tras noches, la vi ensillar un Viejo Asno que tenía. E irse, de madrugadas. Atravezando a Otros Pueblos de La Region Sur, hasta llegar a la Comunidad El Peñón. Allí, en El Peñón,*se abastecía de Tilapias. Puesto, que Allí, era donde estaban los Pescadores que obtenían el bien de La Laguna Rincón,*un estuario de abundante producción de Aquel Pez.*

Hubo un suceso verídico, que con el pasar del tiempo, se convirtió en leyenda.Varias generaciones hablaban sobre Ese Acontecimiento.Y en algún momento, también llegó a Mis Oídos. Se cuenta, que para Los Años 60s, del Siglo Veinte, La Abuela regresaba con su Carga de Tilapias. Y venía, como siempre, por toda la carretera, en su burro de pasos lentos. Regresaba Al Pueblo, protegiéndose de un Sol Caribe. Ese

277

Sol, que hace rascarse el cuerpo. Con la mano izquierda sobre sus ojos, mientras miraba a lo lejos, divisó una bolsa grande, apostada enmedio de La Carretera. Se desmontó y hurgó dentro de Ésta, para averiguar su contenido. La Misma estaba repleta de fajos de billetes. Se cuenta, que como pudo, la escondió en el fondo del serón. Debajo de Las Tilapias. Se puso bastante nerviosa, pero continuó con su viaje, ansiosa por llegar a Su Casa.

Sin embargo, no pasó mucho tiempo, sin que los Encargados del dinero se devolvieran a buscarlo. La abordaron, porque era la única Alma Viviente, que venia por Ese tramo desolado, donde pasaba un vehiculo cada dos horas. La Abuela no permitió que avanzaran en su interrogatorio. Y les confesó, que tenía el dinero que Ellos habían perdido. Los billetes, eran propiedad de la Industria de La Caña de Azúcar, suministrado por el Ingenio Barahona. Que los trasladaban semanalmente a Santo Domingo. Se dijo, que Los Señores, en agradecimiento, les obsequiaron sólo, dieciséis pesos dominicanos. Menos de un dóllar hoy en día. Y, que por ser tan irrisoria la cantidad, los habitantes de Vicente Noble, indignados, se mofaron de La Abuela. Algunos vicentenobleros*comentaban, que la gratitud, dada a La Mujer, fue, para que se hiciera un favor: Que se comprara una soga y se ahorcara.

Una suposición, un tanto desalmada, de parte de algunos, que no vieron en Mi Abuela, a Una Mujer Indefensa y honesta. Que fue cuestionada al respecto, por varios hombres, en una Zona Desértica. Poco transitada y en circunstancias, que la rozaba El Peligro. No se detuvieron a valorar su buena fé, al contribuír, a que Aquellas Personas recuperaran, lo que tampoco era de Aquellos. Sino de la Empresa, para la cual, trabajaban. Ante, la que debían informar, bajo sospechas, de ser encarcelados. O que perdieran Sus Empleos. A La Abuela le molestaba, que se hablara de Aquel Episodio, en su presencia. Mucho menos, si se relataba, tal experiencia, con la finalidad de burlarla. Ella se sintió tranquila y en paz, con su conciencia, después de haber hecho lo que hizo. Eso me confesó, una vez, que le hablé del Tema.Yo le secundé, que su actitud fue la correcta. Y que, aunque no se quedó Aquel Dinero, que no era suyo,Yo admiraba su honradez. Y la manera, como se ganaba

La Vida. De inmediato, se sonrió Conmigo, a la vez que dio palmadas suaves sobre Mi Cabeza.

En los años que duró, como otra más, de Las Mujeres del Abuelo, Irenita me contó, que aguantó muchos golpes en Su Cuerpo. Con Él, tuvo cinco hijos, como antes mencioné. Ella los crió sola, y vio, por todos Ellos Hasta donde pudo y en la manera, que le fue posible. Aunque no haya sido lo mejor. Algunos de Estos, fueron Declarados*por Su padre y otros, no. Ya que, El Abuelo paraba poco en casa. Y en Aquellos Tiempos, como también sucede ahora, La mujer hacía de Padre, en casi, todo lo que fuera necesario. En una oportunidad, la escuché hablar con Otra Señora. Le decía, que cuando El Abuelo regresaba a La Casa, era para obligarla A Tener Relaciones. Y a despojarle del poco dinero que tuviera. Después, tenía que prepararle comida, con las mejores tilapias que tuviera a la venta. O de lo contrario, si no le agradaba la comida, se la arrojaba encima, sin ningún miramiento.

Señalaba Ella, a La Señora, que siempre tenía mucho miedo. Y que, cuando no lo complacía en sus exigencias, simplemente le pegaba con el puño. Hasta derribarla al suelo. Se marchaba, dejándola así y regresaba tiempo después. Cuando le placía, no con intenciones diferentes, sino, con las mismas de siempre. Para finales del Año 1982, La Abuela, ya no realizaba Aquel Trabajo, con el cual, nos prestaba una real ayuda. Por alguna razón, se les prohibió pescar en La Laguna.* A Quienes la suplían; ya no pudo abastecerse más, de las Tilapias, que por tanto tiempo vendió. Al verse así, se las arregló, para vender algunos frutos. Todas las noches, preparaba su burro con recipiente llenos de estos frutos y los vendía en diferentes tiendas de las Comunidades adyacentes a Vicente Noble. Este Negocio, sin embargo, no dio los resultados que Ella esperaba.Y, ante sus pequeños ojos, casi apagados por los años, por la falta de sueño, más los afanes de una Vida Trabajada; ella vio, como su Exiguo* Principal, un buen día se le acabó. Así le decía Ella, a la cantidad de dinero que le servía, como Capital, para Su Trabajo.

Un buen día, lo vio evaporarse al estarle sacando, sin poder meterle, ni un centavo más. Después, que pasó, por esta mala experiencia, en La Familia, la fuimos pasando peor, en los meses posteriores. Nunca vi que a Pachanga, le alcanzara el dinero, para darle a Mi Madre, cierta cantidad, con la cual pudiera hacernos, Una Buena Comida. Por lo que, cuando teníamos para el Desayuno, no podíamos tener el Almuerzo.Y si almorzábamos, no teníamos para cena. Definitivamente, el que, La Abuela, no pudiera continuar con trabajo, fue un detonante, para que Pachanga explotara, como bomba, ante la escasez de Bienes o Servicios en La Casa. Por ende, ante quienes vivíamos con Él, bajo techo. Por informaciones acabadas, que he recopilado, el Abuelo Majeño, en su afan de maltratador, fue sorprendido por Pachanga, en ocasiones. Por lo que, Éste, manejó aquellas experiencias, lidiándolas de muy mala manera. Porque, quien recibía el maltrato, era La Abuela. Sin embargo, no entiendo, cómo, a pesar, de haber tenido una Madre, que lo ayudó tanto. Como también, a Sus Mujeres, así como a Sus Hijos. A pesar, de todo eso, que La Abuela hizo por Él. Yo Mismo fui testigo, de la forma que La ofendía, con palabras, que no se pueden expresar, por los feas que fueron.

En los años, que tengo, de conocimiento, nunca los vi dirigirse La Palabra, como Madre e Hijo. Muy por el contrario, siempre percibí la distancia de La Abuela, como si estuviese fundamentada, en el miedo que le aterraba ante Aquel Fulano, que Ella Misma procreó. Por parte de Él, siempre noté un algo de resentimiento hacia Esta. Observé, que mientras se sentaba en la Parte Atrás de La Casa, La Abuela lo hacía en la Parte Frontal. Evitando toparse entre Sí. Mucho menos, el mirarse a la Cara, con esa simpleza que manda La Vida. Quienes vivíamos en La Casa, parecíamos estar revueltos, en una vida, que no era la mejor. Pero tampoco unidos. Y, a todas luces, lo que parecía Nuestro Hogar, realmente apestaba a toxicidad.Temiamos de Pachanga casi todo el tiempo. Ya que si no tenía dinero, para el Café, cigarrillos y comida, O sino les llegaban clientes a La Barbería; se pasaba todo el tiempo con Cara de Perro Rabioso. Era mejor, evitarlo, mientras se podía, a tener que encontrarse, de frente con Él, sin esperanzas de que salgamos ileso, física o emocionalmente. Pero, si Yo le temía a Ese Señor, Mis Hermanas les temían, aún más:

India y Bolivia morían de miedo, cada vez que las llamaba para algo. Conservo, en Mis Amargos Recuerdos, tal como si fuese ahora, una vez, que llamó con Su Especial Chiflido, a Mi Hermana Bolivia. Esta, en el momento, que se percató de su llamado, ya frente a Los Niños con los cuales jugaba, iba dejando tras sus pasos, un gran chorro de orines que empapaba Sus piernas y Su Vestidura. Cuando estuvo, por fin, frente a Éste, sudaba. Y le temblaba el cuerpo entero. Con el rostro abajo, esperaba La Orden de Aquel Jefe. Ese Mismo, que no parecía inmutarse por nada. Que no se conmovía por llantos. O, Lágrimas de Cocodrilos. Como osó llamar a Aquel Río de Lágrimas en mis ojos. Aquella Muestra de dolor e impotencia, de la inocencia quebrada, ante su mirada implacable, carente de humanidad.

Nuestra Madre, no sé con qué fuerzas, pudo hacerlo. Porque no se atrevía a contradecirlo en Sus Reglas, por más trogloditas, que Éstas fueran. Pero en ese instante, se armó de su condición de Madre. Y le sugirió, con ternura, que por favor, no le pegara a La Niña. Ni le hablase en aquel modo hostil. Ya que Mi Hermana podría padecer un Ataque Frenesí.* No pudo emprenderla contra Nadie. Al menos, en ese instante, dejó sin efecto, el castigo contra Mi Hermana y Nuestra Madre, tal vez.

En Nuestra Casa, La Casa de La Abuela Irenita, había pocos animales. Pero contábamos, con una Puerca Paridora, que Un Señor, del Pueblo de Santana, le había dado a La Abuela, A La Media.*Nonotros, en cambio, debíamos cumplir con alimentarla bien. Para que engordara. Y que cuando Entraba en Celos, la lleváramos, al Mejor Berraco del Pueblo, para que La Preñara. Una vez, que esto sucedía, tomaban las Medidas Pertinentes, para ayudarla al momento del Parto. Se contaban los Cerditos Bebés que nacían viables, a veces, pasaban de una docena. A los pocos días de estar parida, La Paquidermo Mamá, se convocaba Al Propietario. Para que Éste eligiera la mitad de los cerditos. Terminaba escogiendo, a los que habían nacido primero, ya que éstos aparentaban estar más sanos y mucho más fuertes. La Abuela nunca mataba esos animalitos domésticos. Pues, el objetivo, era engordarlos, para luego, venderlos, por unos cuantos pesos, que sirvieran para solventar, otras necesidades, de las tantas que teníamos.

Rara vez, se buscaba a una persona, por mandato de La Abuela, que sacrificara, un cerdo, para comerlo en Casa. En presencia mía, La oí decir en una ocasión, que le faltaba valor, para dejar sin vida, a un animal que haya sido criado por Ella. Pero Pachanga, siempre que necesitaba dinero, la obligaba a entregarle la mayor parte del dinero del cerdo que había vendido. O, en su defecto, Él Mismo buscaba un comprador. Pasándole por encima a Irenita. Haciéndose del dinero de la venta, sin que se le pudiera reclamar, vender lo que no le pertenecía. Hubo un tiempo, que necesitó dinero, más que nunca. Para jugar a Los Dados. Y como no podía asaltarla, porque Ésta, ya no Hacía Negocios, y no tenía dinero que quitarle como antes; fue vendiendo, uno por uno, los puercos que quedaban. Hasta que cierto día, La abuela se dio cuenta que ya, sólo quedaba La Puerca Paridora. Y con Esa no podía inventar. Ya que, no era totalmente propiedad de nosotros. Para Aquella Época, entró al País, la enfermedad llamada Fiebre Porcina. Dicha Enfermedad, atacó a la Población Paquidérmica, de forma aterradora, matándolos a los pocos días. Se caracterizaba, por el exceso de espumas que El Animal brotaba por su fauce.

El Gobierno, de Aquel Entonces, se vio precisado a decretrar oficialmente, el exterminio de toda la Población Porcina en todo el Territorio Nacional. Los Militares se trasladaban a los rincones más apartados del País, con la Misión Expresa y Patentada, de llevar a cabo la eliminación de todos los cerdos. Con la finalidad de evitar, que La Fiebre continuara propagándose. Las personas que se habían encariñado, con este tipo de Animal Doméstico, que incluso, vivían de la crianza; lloraban, como si se tratara de la pérdida de un Ser Humano, Miembro de La Familia. Cuando les comunicaron La Noticia, para Muchas Familias representó una total desgracia. Esto trajo como consecuencia, que Algunos Propietarios, tomaran la decisión de esconder Sus Animales, en montes ubicados en la afueras de los pueblos. Mientras que Otros, optaban por cavar, una especie de búnker* donde los escondían, sin descuidar llevarles, Comida y Agua.

Sin embargo, eso no fue sucfieciente. Porque El Ejército Nacional, con el pasar de los días, cuando no los encontraba en las Pocilgas Caseras, rastreaban a donde los tenían. Investigaban, con los mismos porquederos, y Éstos quedaban delatados, al mostrarse sospechosos. Así que, por su propio rastro, en medio de la noche, seguian los dueños, hasta dar con el escondiste. Y en presencia de Estos, procedían a sacrificarlos. De ese modo, cumplían con Las Órdenes bajadas desde Las Instancias más Altas del Poder Politico y Militar. En esas circunstancias, murió La Puerca Madre que teníamos en Casa. Antes que fueran a matarla, La Abuela acordó con Un Señor, darle a cambio La Cabeza del Animal, como pago, a fin de que el mismo la degollara. El Acuerdo, incluía, que La limpiara bien y picara sus carnes, sin que La abuela esté presente. Ella no soportaba ver como la hacían picadillo, después de tantos años con Esta. Después de lo mucho, que significó, el haberla tenido en La Familia. Así lo hizo El Señor. Cumplió con Lo Acordado. Y desde Aquel Día, más los que siguieron, lo recuerdo, como, La Única Temporada, que se extendió por meses, en la que estuve comiendo tanta carne en Mi Propia Casa. Igual, pasaba en Todos Los Hogares del Pueblo. Morcillas, azaduras, chicharrones, y demás partes del cerdo sazonadas tendidas en varas al sol. Sobre los techos de las viviendas se veía carnes tendidas al sol. No había lugar, en el que Los Caminantes, Domésticos o Foráneos, no estuvieran degustando el cerdo, en sus distintas Modalidades de Preparación: Guisado, asado, frito, ahumado y sancochado.

CAPÍTULO VIII

Un día La Abuela, trajo un pequeño cachorro a La Casa. Se puede decir, que hasta la fecha, es la única Mascota que he tenido. Y la única, con la que conté en mucho tiempo. Ella le puso por nombre, Boca Negra. Así les llamábamos todos en La Familia. Mientras estuvo pequeño, lo cargaba en mis brazos. Corría, de un lugar para otro, tras Él, O, Él detrás de Mí. Cuando creció, le tomé aún más cariño. Y, de vez en cuando, me acompañaba Al Canal. Me esperaba tirado en las yerbas de las orillas hasta que terminara Mi Baño. No fue creciendo con las condiciones, que debió tener. Porque, en realidad, se alimentaba de Sobras. Y cuando iba a otro casa, por comida, como no era de allí, pues lo alejaban arrojándole piedras o algún trozo de madera que lo lastimara. Dejandoles heridas en Su Cuerpo. Cuando ésto sucedía, La Abuela y Yo, lo curábamos juntos.

En ese sentido, Boca Negra, fue creciendo con la apariencia de un Perro Callejero de esos que llaman Viralatas. Así los nombran, porque casi nunca están bien cuidados, en el hogar al que pertenecen. O porque, en la mayoria de las veces, están buscando en zafacones, residuos de comida para alimentarse. Recuerdo a mi Única Mascota de la infancia, todavía, con mucho cariño. Con tremenda nostalgia, su imagen se asoma a mi Mente. Aún la puedo describir: Color amarillo, excepto su Frente y sus Patas. Que eran blancas. El hocico negro. El cuerpo desgarbado. Huesudo. Y con un gran espíritu, amistoso. Cuando permanecía mucho tiempo fuera de Casa, formaba colonias con otros más de su misma condición. Entre todos, entretenían a los espectadores de las calles. Pues, Boca Negra y sus compañeros, hacían fila, tomando su turno, uno a uno, cuando aparecía una perra en Celos, volviendo locos a toda la manada.

Mi Mascota y los demás, que les acompañaban, brindaban Al Público, un entretenimiento que no lo tenían, ni en los Centros de Diversión más modernos, que habían en El Pueblo de Vicente Noble.

En una oportunidad, Boca Negra, duró tanto tiempo encima de una perra en Celos, que cuando quiso apartarse, no pudo. Su Miembro Sexual, se había quedado dentro del de Ella. Y por más que intentaba sacarlo de Allí no lo lograba. Esta Perra, había llegado, hacía poco tiempo, Al Barrio. Pero tampoco, había llegado sola. Sino, que arribó, en compañia de otros amantes, que venian agotados. Como si ya, le hubiesen dado, todo lo que tenían a La Lanuda de Color Gris. Las personas que veían Aquel Show Gratis, aplaudían continuamente, vibraban de la emoción. Y aunque no entendí, el porqué, Mi Perro, no podía retirarse del lado de La Hembra. A pesar, de que, en un momento, ya estaban de espaldas, Uno y Otro. La multitud enardecida, me dio la respuesta:

–¡Se Pegaron, el tolete del perro, se quedo dentro de la perra y no lo puede sacar! ¡Están Pegados! Esas frases las vociferaban Todos, en Alta Voz. Mientras continuaban aplaudiendo: ¡Se Quedaron Pega-dos! ¡Los Perros Están Pegados! ¡Oigan, el tolete, se quedó dentro de la perra!

En ese momento, cuando me acerqué y vi de cerca lo que sucedia. Entonces alguien de la muchedumbre, pasó hacia adelante, Y cruzando, un trozo de madera, entre Los Dos Animales, los levantó a ambos y fue cuando, por fin, se apartaron. Meses después, por preguntas que hice al respecto, fue que algunos mayores, me explicaron con gestos y palabras, el problema en el que estaba metido Mi Perro. Recuerdo que, llevándome las manos a la cabeza, me reí muchísimo al enterarme. A ciencia cierta, nunca nos dimos cuenta en casa, de qué cosa murió nuestro animal. Lo que se dijo entonces, es que tal vez, un vehículo lo chocó en la calle y, que un empleado de La Sanidad, lo había enterrado muy lejos. Desde esa época no he tenido la necesidad de otra Mascota. Es como si a pesar del tiempo, continuara siendo fiel a mi amistad con Boca Negra. He rechazado de plano, cualquier propuesta de mi hijo, tendente a meter otro perro, bajo el techo en donde vivimos.

En Mi Adolescencia, de vez en cuando, tuve la necesidad, de querer contar con alguien más en La Casa, que me sobrepasara en edad. Pensé, que de tenerlo, nos hubiésemos repartido el deber de haber defendido a mi Madre, cuando Pachanga la emprendiera en su contra. Casi siempre, son muchas las cosas, que recaen en los hombros de Uno cuando se es, El Hijo Mayor. En mi caso, precisamente, me sentía, hasta más no poder, con Las Reglas impuestas por Este Señor. Al que, había que obedecer, aunque no tuviera razones que fueran razonables. Me habría venido bien, una Ayuda Extra. Cuando tenía que encargarme de Mis Hermanos, luego, que Mi Madre murió. Y en los siguientes años, que vinieron después.

Recuerdo la noche, en que, una de Mis Hermanas, no se presentó a dormir a La Casa, a la hora que se hacía, de costumbre. Pachanga, que se había dado cuenta de la situación, me notó nervioso y me pidió, que no me preocupara. Porque, si Ella no llegó, se debía a que se había largado con algún novio que tendría.

Aún así Yo no podía estar tranquilo. Estaba decidido, a no acos-tarme, sin saber, qué había pasado con Ella. Ya que, hasta ese momento solo estábamos especulando, sin un conocimiento exacto, de lo que habría pasado. De un momento a otro, Él me dijo estas palabras:

–Bueno, Tú sabrás lo que decides. Yo me voy acostar y Tú, deberías hacer lo mismo. Mañana será otro día. Y se podría averiguar, más cosas–. Si me acostaba, Yo no estaba seguro, de que pudiera dormir. Así, que me fuí al Centro del Pueblo, Me acerqué al hotel más cercano, que estaba en las proximidades, de la Única Estación de Gasolina que había en la Avenida Principal del Pueblo. Yo no tenía ni Dieciocho Años y toqué la Puerta Principal del Hotel, El Señor que estaba Encargado, esa noche, no quería complacerme en lo que le solicité. Yo le pedí, que me permitiera pasar, habitación por habitación. Quería encontrar a Mi Hermana, no me importaba, que El Sujeto, que anduviera con Ella, la hubiera Hecho Su Mujer, o no.

A Mí, lo que me interesaba, era salvarla de un Embarazo a Destiempo. Puesto que era aún, Una Menor de Edad. No sé, de dónde me hice El Fuerte, plantándomele, de frente, al Encargado. Quien, no tuvo más alternativa, que llamar al propietario. Este llegó al lugar y me explicó que, quienes estaban en las habitaciones, no querian ser vistos, por nadie que pudiera delatarlos luego. A parte, de que, lo que yo pedía, si lo hacían, se propagaría en El Pueblo y esto le alejaría sus clientes al Hotel. Luego de escucharlo, le hice saber, que Sus Hijos eran mis amigos. Que asístíamos juntos a La Escuela. Y que definitivamente, Yo no me iba de Allí, si no me dejaban comprobar, si Mi Hermana, estaba o no, en uno de Aquellos Cuartos. El Propietario, al notar, lo desesperado que Yo estaba, terminó por complacerme. Advirtiéndome, que sólo haría, que Las Mujeres que estaban ahí, me mostraran La Cara, al través de la puerta entreabierta. Jamás entrando Yo, a las habitaciones.

Estuve de acuerdo. Así me las mostraron, una por una. Hasta llegar a la Última. Mi Hermana no se encontraba en Aquel Lugar. Saliendo de allí, me fui a otro Hotelucho de Malamuerte, que se ubicaba, para Aquel Tiempo, detrás de una edificación, que antes, fue una Cafetería popular, conocida con el nombre de "La Fácíl". En Este, se me presentó la misma situación. Porque era cierto, que, lo que Yo pedía, era absurdo. Era algo, que podría llevarlo A La Quiebra y dejarlo sin Clientela, cuando alguien llegara a enterarse, que me hicieron caso, con tan descabellada solicitud. Pero a final, accedieron. Pues, conocí a Alguien, que era amigo del Encargado. Sin embargo, Mi Hermana, tampoco se encontraba allí. La encontré, al otro día, bien temprano en la mañana, en una Casa Particular, con familiares del Novio, con el que se había escapado. Como Hermano Mayor, insistí, para que Ésta volviera Conmigo a La Casa. Mas, no me hizo caso. Porque, según Ella, estaba enamorada. Partieron rumbo a La Capital.

Y unos meses después, supe, que se separaron. Como era de esperarse. Cuando dos jóvenes, que no saben lo que quieren todavía, llegan a juntarse, simplemente por Calenturas Hormonales, la separa-ción es inminente. Eso sucedió y no vi a Pachanga amilanarse, ni Darle Mente, a lo que Yo imaginé que sería un problema. Él lo tomó muy calmado. En mi caso, no fue así. La Misma Noche no dormí. Pensando en Mi Hermana y lo que Yo creía, que había sido Una Desgracia. Me mantuve llorando por Ella, toda la noche y preocupado, por lo que sería Su Vida, de ahí en lo adelante. Mis Abuelos, por parte de Mi Madre, fueron: Eugenio González y Caridad Cuevas De León. A Estos, los traté muy poco. Pero al menos, con El Abuelo, hablé en más de cinco ocasiones. Eugenio, era un hombre alto. De Color*. De grandes ojos negros. Por cierto, su ojo izquiero, hacía un guiño involuntario. Como Mi Madre. Su Pelo, lacio, poblado todo de canas para cuando le conocí. Era Cuadroso.*Vestía limpio. Camisa arremangada, a mitad del brazo. Usaba un sombrero negro. El cual, tenía una Pluma de Ganzo, en el lado derecho de la copa.

Una vez, visitó a Mí Madre. A partir de allí, le conocí. Primero se cercioró, con Ella, que no tendría problemas con El Pachanga. Ella le planteó a Él, sobre la Visita y Éste pareció darle el permiso, para que se pudiera realizar el Encuentro Familiar. El Abuelo Eugenio, y Mi Madre, tenían muchos años de no verse. De, ni siquiera, para darse un abrazo, de esos, que son tan comunes, entre cercanos.Todo, como consecuencia de la Vida Azarosa, en la que Mi Madre, se había metido, por estar en compañia del hombre, que le era el menos apropiado. Recuerdo, que ese día, Mi Abuelo le dio algo de dinero. Y Ella, para sentir que le retribuía en algo. Puso Mano a La Obra,*en la Cocina y le preparó La Bandera Dominicana. Era la primera vez, en mucho tiempo, que Yo había disfrutado, su Comida exquisita de manera, tan abundante. Después de esa ocasión, El Abuelo no regresó más a Nuestra Casa. Por un lado, estaba molesto con Mi Madre, por soportar la clase de vida que le proporcionaba, el hombre que tenía por Marido. En las horas que estuvo entre Nosotros, Él Mismo pudo comprobar, con Sus Propios Ojos. Sin que, Nadie le contara; las marcas de golpes que conservaba del Pasado. De otras que eran recientes en Su Cuerpo; incluyendo, desde la Cabeza hasta los Pies.

Y por otro lado, El Abuelo decía, que, de volver a Nuestra Casa, traería Consigo, su Machete. Para enfrentarse con el que le pegaba a Su Hija. Hasta que Uno de los dos, cayera Al Piso, botando la sangre. Así se lo dijo, a Mi Madre. En un modo tan serio, que pude ver en Su Rostro, la sombra de su honor herido. Ella no contestaba, una sola palabra. Sólo lo escuchaba, con la mirada por el Suelo. Mientras, Él le devolvía la Suya, como si sintiera por Esta, un fuerte dolor... Lo pude ver claramente en sus ojos. Haciendo un esfuerzo, con el que intentaba retener sus lágrimas. De modo, que, Este Abuelo mio, siempre quiso estar cerca de Sus Nietos. Las pocas veces, que nos veía, nos miró, como lo que éramos para Él: Su Familia. Nunca pudo apoyarnos más, por las dificultades existentes en La Familia. No porque no deseara hacerlo. Así que, no le quedó otra cosa, que buscarme un día, a través de una vecina que nos quedaba en la Parte Trasera de Nuestra Casa. Dicha Señora, desde el patio, me hizo algunas señales que Yo comprendí. El Abuelo Eugenio estaba esperando por Mí. Con mucha ternura, en presencia de La Dama, me invitó a ponerme De Rodillas, para que le dijera lo siguiente: Bendición Abuelo. Una tradición, que aún sigue vigente en las Zonas Rurales de la República Dominicana. Que se ha transmitido a través de generaciones. Mientras Él ayudaba a levantarme del suelo, me dijo, en tono suave, estas expresiones que recuerdo con nostalgia:

¡Dios Te Bendiga, Mi Nieto Querido! ¡Que Dios te ayude a crecer, como un Hombre de Bien! También, me puso en la mano algunos centavos. Para que me comprara un helado y algunos Comestibles Infantiles. Recuerdo, que en esa ocasión, me dijo, que como no podía visitarnos a Nuestra Propia Casa, le comunicara a Mi Madre, que Él se encontraba Allí. Que que si tenía chance, fuera a verle inmediatamente. Que tenía deseos de verla. Mi Madre esperó a que Pachanga saliera un momento y aprovechó su ausencia, para poder encontrarse con Su Padre. Así lo siguió haciendo siempre que se presentó la ocasión. Pero con un miedo terrible, que se le notaba en todas las partes de su piel. Temiendo, a cada minuto, que regresara Pachanga y que la sorprendiera hablando con Su Propio Papá. Por eso, no disfrutaba tanto, de estos encuentros, como lo deseaba El Abuelo.

Irenita y Eugenio, Ambos Abuelos, juntos, fueron las personas, en Su Rango, que más me demostraron, esa Muestra de Ternura, que aún perfuma los recuerdos agradables que de Ellos tengo. De vez en cuando, me parece sentir, que El Espíritu de La Abuela resurge desde Aquella Dimensión en que se encuentra. Como si atravezara un umbral distante para llegar hasta Mí. A cubrirme con su sábana. De la misma manera, que cuando Yo dormía en Su Cama, Para el lado de sus pies. Hasta me parece palparla cerca de Mí, en aquellos Momentos de Silencios, que me devuelven a Los Días de Mi Infancia. Aún, en el transcurrir sin descanso del Tiempo, Ella parece transmitirme, la dulce sensación de andar, sujetado todavía, al ruedo de su vestido. Igual que en Aquellos Años, cuando me chupaba El Pulgar. *Caridad Cuevas, Mi Abuela Materna, me hubiera gustado conocerla mucho más tiempo. Hasta al punto, de que habláramos, siquiera algunos minutos más. ¿A quién, no le gustaría conocer a La Mamá de Su Madre? ¿Jugar con Ella. Y relacionarse de tal modo, que pudiese existir una hermosa complicidad?

Habría sido, Un Gran Regalo de La Vida. Pero lo cierto, es que La Misma Vida, no siempre, puede darnos todo aquello que necesitamos en la forma que queremos. En ese sentido, los afectos de Nieto-Abuela, no se dieron Entre Nosotros. La forma en que la vi, por primera y última vez, no podría borrarse de Mi Mente, aunque así lo quisiera. Las imágenes de Aquel Desagradable Episodio, aún, medio borrosas, pero persisten en el tiempo. Es, como cuando desea ver La Tele. Y, en un instante, La Pantalla, te da La Imagen. Pero de repente, se la llevan y la traen de vuelta… Se la llevan, hasta que le das, un golpe Al Aparato y por fin, se restablece. Hasta que Ésta se queda. La Abuela Caridad, la que Yo vi en aquellas circunstancias. Era una Señora de Mediana Estatura y Cabello Canuco. Parecía rondar cerca de los sesenta años en aquel Tiempo. Su tez era Medio Clara.*

En el instante que Yo me acerqué, Mi Madre estaba sentada en Su Cama. Comiendo de un plato de Mondongo de Cerdo con Arroz Blanco. Ella le había traído Aquella Comida a La Casa, por primera vez, en muchos años. En ningún momento, Mi Madre me presentó con Ella. Debió haberlo olvidado. Porque se sentía intranquila, presintiendo, que Aquella Visita, iba a traer consecuencias muy grandes. Como en efecto las trajo. Cuando Neyda terminó de comer, la cual, pareció gustarle mucho pude ver cómo recogía los residuos en el plato, para llevárselos a la boca, hasta lamer con gusto, uno de sus dedos, que se había embarrado de salsa. Pachanga, en ese momento, estaba dando, los últimos toques a la cabeza de un cliente. La Abuela Caridad aprovechó, que estaba trabajando. Y, mientras lo veía en Su Labor, intentó sacar de allí, a hurtadillas a Su Hija. Durante años, del mismo modo, que Mi Abuelo odiaba ver, las condiciones infrahumanas en las que se encontraba Mi Madre. La Abuela también sufría en Carne Propia, cada vez, que le comunicaban, que oían los Gritos de Auxilio de Neyda, a menudo. Cuando

Pachanga le pegaba. O cuando, de repente, les veían los ojos con manchas rojas. Anunciando el maltrato de que era objeto.

Aquel intento de la Abuela Caridad, fue lamentablemente frustrado. Una vez que Pachanga se percató, intervino impidiéndoles el paso a las dos, cuando ya casi era un éxito, el abandono de la habitación. En el forcejeo, resultó herida Mi Madre en un dedo. Quien trataba de apartarlos. La Abuela, para tales fines, se hizo acompañar de un pequeño cuchillo filoso, al que aún recuerdo muy bien. Tenía un mango de plástico color negro, brillante como la plata y con la punta afilada. Al final del altercado, Él terminó apoderándose de Este. Acto seguido, echó a Su Suegra de La Casa, de muy mala manera. Pero, no sin antes, escuchar las expresiones cargadas de furia.

El odio, que Aquella Madre impotente sentía hacia Él, por las condiones, poco decentes, en que mantenía a Su Víctima. No recuerdo, si por el suceso, le pegó a Mi Madre, ya tarde en la noche como de costumbre. Los Hermanos de Neyda, o sea, Mis Tíos, aunque hayan sufrido todo el tiempo, la situación por la que Ésta pasaba. No sé de ningún momento, en el que, Alguno de Ellos, haya intentado enfrentarse Al Hombre que provocaba sus sufrimientos. En tal sentido, siempre los vi con una apatía distante. Tal vez, por un marcado temor a confrontarlo de Tú a Tú. O por no crearse más problemas, de los que ya tenían en Sus Respectivos Hogares. Lo cierto, es que muchos de Mis Tos, pensaban, que Mi Madre se había metido sola, en La Madriguera del Lobo.Y, que por consiguiente, Ella por Sí sola, debía encontrar la salida de la engorrosa situación que había prohijado. Sin embargo, muy por el contario a todos, La Abuela Caridad, tuvo el arrojo de pisar el Territorio Prohibido. Desafiando, en Sus Propios Predios, a Este Hombre, al que comparaba, con El Mismo Diablo. Pese haber fracasado en su intento, reconozco, que fue Una Mujer dotada de Grandes Ovarios, para hacer, lo que concienzudamente planeó, mucho antes de llegar a Nuestra Casa. Cuando todavía, era un Adolescente, siempre hice mi mejor esfuerzo por permanecer, el menor tiempo posible, dentro de Aquellas Paredes. Necesitaba respirar un aire distinto, al que, todos los dias estaba acostumbrado a respirar. Lo requería, como una necesidad para estar tranquillo. No quería, que las expresiones que escuchaba, y las cosas que veía, se convirtieran en un obstaculo que interfiriera Mi Rendimiento Escolar.

291

Pues, procuré, que las horas me pasaran, estando en La Iglesia o en ciertas reuniones, que los Mayores* realizaban cerca de allí. Aunque Yo no fuese invitado. Pero igual, me sentaba, o me quedaba parado en un lugar, donde no fuera estorbo. Y, de paso, los escuchaba discutír sobre distintas cosas. Aunque no entendiera mucho del problema, al que se le buscaba dar solución. Lo importante para Mí, era pasar, el mayor de tiempo fuera de La Casa, para no llegar temprano, y posiblemente, encontrarme con Pachanga y Su Malhumor. Siempre ansiaba alejarme de esas situaciones a que éramos sometidos frecuentemente. Los que vivíamos junto a Él. La Vida se Me Amargaba, sólo de pensar, que permaneciendo a su alrededor, debía convivir con La Violencia en sus distintas formas. Así, que todo el tiempo tenía ese temor de regresar, al que, supuestamente, era Mi Hogar. Le pedía, Al Tiempo, que por favor, no pasara. Dialogaba con Dios, para que las horas se detuvieran y la noche tardara más en aparecer.

Tuve momentos, en que maldije La Noche, por oscurecer muy rápido. A las 11:30 P. M., era lo más tarde, que llegaba a acostarme Al Cuarto, donde dormía con Mi Abuela. Pachanga siempre pensó, que antes de esa hora, ya Yo estaba durmiendo. Pero, lo cierto es, que Yo tenía una sana complicidad con Su Madre. O sea, con Mi Abuela Irenita. Ella sabía, qué caminos andaba yo todo el tiempo. Me daba Su Voto deconfinza y Yo, no la desfraudaba, portándome bien. Sin buscarle disgustos a nadie en particular. Y sin llevar problemas A Casa.

Por eso, me dejaba la puerta entreabierta. Para que no tuviera mayores inconvenientes al momento que regresara. Al meterme en La Cama, cada noche lo que más le pedía a La Virgen; era, poder tener, mi sueño tranquilo, en la quietud de La Madrugada. Con Mi Familia, durmiendo en esa misma paz, con la que dormían, también, las familias de mis vecinos más cercanos. Pero desafortunadamente, eso nunca fue así. Yo habría podido jurar, prometer y cumplir, las más difíciles promesas. Con tal, de haber tenido, en Aquel Tiempo, una noche sin sobresaltos. Sin angustias. Sin penas. Y sin dolor.

Comparto con Ustedes, en este momento, todo lo que tiene que ver, con una noche tan triste en Mi Vida. Comparable sólo, con la noche en la que Mi Madre murió. Yo, con, más o menos, doce años de edad, cuando Esto ocurrió. Siendo, alrededor de la 1:30 A. M. Ya Yo, estaba dormido. De repente, escuché en entresueño, el sonido de la misma palabra, dos veces: ¡Asesino! ¡Asesino! Era la voz inconfundible de Mi Madre. Salté intempestivamente de La Cama. Sus gritos estaban hinchados de una tormentosa desesperación… Lo que Mi Madre expresó, me aturdió terriblemente. Tanto, que aquella palabra seguía repitiéndose en Mi Cabeza: ¡Asesino! ¡Asesino! En la oscuridad de La Noche, busqué a tientas a Mi Abuela. Pero no estaba en La Cama. Cuando encendió la lámpara, la oí discutir con Pachanga. Y, Éste, desde Su Cuarto, le respondía de forma desafiante: ¡Aquí Nadie, duerme Esta Noche. Coño… Nadie! En ese mismo instante, escuché otro golpe.Esta vez, mucho más infernal. Algo que parecía, mucho más fuerte que lo que la hizo gritar anteriormente. Pero después del Último Golpe, le fue imposible mantenerse en silencio. Fue, como si Aquel Dolor la destrozara, empoderándose al mismo tiempo, para gritar de nuevo a todo pulmón. Volví a escuchar, con mayor intensidad, la misma expresión horrorosa, que aún se repite en Mis Sentidos: ¡Asesino! ¡Asesino!

Los golpes que continuaron en Su Suerpo, me fue imposible no seguir escuchándolos. No obstante, cubrir Mis Oídos con un pedazo de tela. De ninguna manera, podía soportar lo que estaba pasando. Ni tampoco, quería ver a Mi Abuela desvelarse por aquella situación tan triste. La ví intentando irse a la calle, antes que continuar oyendo, lo que a Ella Misma, parecía traerles recuerdos hostiles, de episodios parecidos que las hacían dar vueltas en círculos. Con un viejo trapo en una mano secando sus lagrimas. Mientras, que con la otra, succionaba su cigarro, en un modo angustioso. A Mí se me ocurrió, arrimarme despacio a la pared. Y, al acercar mis oídos, aún escuchaba el eco de los golpes, que seguía dando ese Rufian a la Mujer solitaria que yacía a su merced. El modo en que Ella sollozaba, su dolor, sus penas, Yo los absorbía con Mi Propio Ser. Una mezcla de insultos que aún, a mi edad, me parecían despiadados. O más perversos, que quien los gritaba.

No sabía qué decir. Tampoco qué hacer. A veces, le echo culpa a los pocos años que tenía. Otras veces, me culpo a Mí Mismo, por no haber pensado en soluciones que me llevaran a protegerla. Aunque eso implicara La Muerte Suya. Y también, La Mía. A menudo pienso, que tal vez, fue el terror mezclado con respeto, las cosas que me impidieron gritarle a Este Señor, cuando se convertía en un Monstruo Sin Alma y Sin Corazón. Lo cierto es, que el estado en que me encontraba. Mi trastorno, mi desequilibrio, junto a un rosario de temores, esa noche sellaron Mi Boca. Pensé, que si le hablaba lo que fuera, sería motivo suficiente, para que, de alguna forma, me castigara en ese mismo momento, o la mañana siguiente. Con mis ojos nublados, limpié las lágrimas. Y decidí buscar, como loco, un orificio en alguna parte de la pared, que me permitiera ver, la real condición, en la que se hallaba Neyda. Pero, de todos modos, esto me fue imposible.

Así que, con mis manos, acaricié la pared de tablas que me quedaba de frente. Lo hacía, una y otra vez. Imaginando, que de alguna forma, la consolaba a Ella. Que la sostenía en mi hombro. Que limpiaba Su Cara. Imaginaba, que en cada ida o vuelta de mi mano, robaba su dolor, para hacerlo mío. ¿Cómo es posible, que una mujer, pueda soportar un maltrato de tal naturaleza? Se me ocurrió, preguntarme a Mí Mismo, mientras estuve parado Ahí. ¿Por qué? existirán, personas como Él, en posesión de tanta maldad? Fueron preguntas que me surgieron al instante. Y no tuve respuestas, en ese momento. Pero, algo nuevo osucedió, que no había pasado antes, en situaciones como esa. Las voces de Mi Madre, se fueron tan lejos esa noche, que un gentío llegó hasta el frente de La Casa, desde un lugar conocido en Mi Pueblo como: El Guatapaná de Brígida. Los lugareños, antes de irse a la cama, pasaban ratos conversando diferentes temas ahí.

Era costumbre del Pueblo, que se juntaran Allí, en pequeños grupos, ya tarde de noche; se contaban cosas triviales que acontecían durante el día. Ese Lugar, estaba apartado, a dos calles distanciadas. Pero los gritos se escucharon hasta Allá. Y algunas personas, se presentaron con otros vecinos que habían interrumpido Su Sueño, para enterarse, de primera mano, sobre lo que estaba sucediendo en Mi Familia, maltrecha y estropeada. Se congregaron alrededor del Poste de Luz que daba al frente a La Vivienda y se acercaron a las dos puertas, que se correspondían con la Pieza, donde todos sabían que se hallaba el Responsable de Aquel Momento que apestaba a maldad. Inmediatamente después, empezaron a gritarle. Recuerdo, que hubo Uno dentro del Público, que pasó al frente, en tono desafiante. Era un señor delgaducho. Con apenas, pocas libras en Su Cuerpo, pero que en Su Cara, le parecía repugnante, lo que le pasaba a Mi Madre. Su apodo era, "Arenque". Dando golpes, en una de las puertas, le oí valientemente, gritarle estas palabras a Pachanga:

−¡Nene, ven. Sal de ahí. Pá que nos matemos como dos perros! ¡Tú estás acostumbrado a pegarle a Las Mujeres! ¡Vamos, ven! Pá que le pegues a Un Hombre de Verdad. ¡Buen abusador!

Pero nunca abrió la puerta. Sólo se limitó, a responder desde adentro, con barbaridades* que pretendían enfatizar, su posición de Macho con Derecho. Dizque, para llevar a cabo lo que hacía. Estoy seguro, que Mi Madre, no aprovechó el momento para escapar. Ya que, de alguna manera, la retendría amenazada. Yo nunca supe con precisión, lo que le estaba haciendo esa noche;. Pero aquellos gritos, no reflejaban otra cosa, que no fuera un maltrato atroz, en un cuerpo tan sufrido, que ya no les cabian más torturas. Como pasaba siempre...Sólo Neyda, y Dios como Testigo, sabían lo que le sucedió esa noche. Fue la noche, que más robó parte de Mi Infancia. La que más me consumió. Y por ende, nunca hubo otras noches, superiores a Esa, por horrendas que fueran. Pasaron algunos minutos y a través del tragaluz de la puerta, vi, entre el gentío, a Mi Hermano Gañán. Estaba, que no se aguantaba. Buscando piedras en la calle, que luego arrojó abruptamente a La Casa.

CAPÍTULO IX

Le vi morderse los labios con deseperación. Apretó los puños con fuerzas. Cosa, que siempre hacía, cuando estaba muy furioso. No quitaba la vista de la habitación, donde le constaba, que estaba Nuestra Madre. Esperanzado en que El Golpeador Impenitente, abriera la puerta en algún momento. Su impotencia lo hacía llorar. Después, con más dolor que el que había traído Consigo. Lo ví marcharse, cabizbajo aún, con piedras en las manos. Y al alejarse de La Casa, de vez en cuando, volteaba mirando hacia atrás. Llevaba mucha tristeza con Él, No había podido ayudar a su Madre. Estoy seguro, que era lo que más habría querido. Con esa intención, había llegado, desde el mismo momento, en que oyó los gritos de Neyda, atravesando las casas y los espacios abiertos, en procura, de que alguien le prestara ayuda.

Se marchó, sabiendo que la dejaba en Nuestra Casa. No con quien decía, ser Su Marido. Sino, más bién, con el hombre que se había transformado, en su más terrible pesadilla. Mis Hermanos, todo el tiempo, se durmían entre lagrimas e incidentes, que nunca debieron ver, ni escuchar. A Mí, me dolian los ojos, por una noche tan pesada. Y cuando faltaban pocas horas para que amaneciera, se me cerraron, mirando el rostro cenizo de La Abuela, producto del insomnio. A Ustedes les parecería exagerado. Pero puedo asegurarles, que en varios kilómetros, a la derecha, desde La Casa de La Abuela, nunca conocí Otro Hogar, que fuera tan, diariamente atormentado, como el mio. Asumo tambien, que Ustedes, deben estar pensando, que mis heridas no son tan importantes, como quien las recibe fisicamente en Su Cuerpo. Pero permítanme contarles, que sí. Las Mías son iguales o peores. Por cuanto, las Afecciones Sicológicas, alteran el Comportamiento Humano, de quien las padece. Y, no así tan sencillo. Además, hay una secuela de cosas, que vienen en cadena, una detrás de la otra.

Claro, que son afecciones tratables. Que se pueden controlar, a lo sumo. Tambien curar.

El Tiempo juega un papel importante. Y a veces, se nos puede ir La Misma Vida en esto, sin que haya una solución del Problema. En consecuencia, pienso, que lo mejor en La Vida, es dar, cada quien, lo mejor de Sí. Hacer hogares, donde sobren los afectos, los apoyos, la confianza y el Respeto Mutuo. Si Uno no recibió eso de Sus Padres, al menos, creo, que debemos aprender a manejar Esos Términos. Permitir que fluyan entre las personas que nos duelen. Aquellas que queremos. Aquellas, por las que vivimos y por las cuales sentimos. Por eso, toda mi vida, sin descansar, me he esforzado en hacerlo mejor que Pachanga.Y moriré intentándolo. Con el paso de los años, me he dado cuenta, que a pesar de que no fue, el mentor que yo hubiese querido. Realmente no lo he odiado por eso. Lo que he odiado en aquel tiempo y, todavía lo sigo haciendo, son sus hechos; indefectiblemente despreciables. Dentro de todas las Emociones Humanas que invaden a la persona, ninguna otra podría compararse con El Miedo. Es el miedo pues, en mi apreciación, la más perversa de todas. En Mi Familia aprendimos a asumir El Miedo como conducta. Debimos cargar con Él a fuerza.

Pachanga, se encargó de hacer su más brillante tarea. A fin de que, no quedara dudas en cuanto a que El Terror, que es la máxima expresión del miedo radicaba en Su Persona. Todos nos pusimos Ese Traje que el nos hizo a la medida. Planeado, según su parecer, para estar en consonancia con lo que deseara, de cada cual. ¿Qué mejor modo de paralizarnos? Usándolo, como manera, de exigir un respeto que no merecía. Este Señor, experimentaba placer, cuando veía El Miedo en la Cara de Mi Madre, la Mía, o la de todos Mis Hermanos juntos. Una Especialidad Distintiva, en Él, cuando le daba por pegarnos: el recurso de La Bofetada. Éste era, Su Mejor Golpe Y en su uso continuo, lo volvió parte indispensable de sus reprimendas y castigos, para cuando se trataba de Sus Hijos. Y en lo que respecta a Mi Madre, siempre usaba alternativas mucho más contundentes. Sus ojos, siempre estaban atentos, de los de Aquél que recibiría sus golpes. Cuando ya obtenía, lo que buscaba, en el Rostro de La Víctima, entonces le lanzaba eso. En lo que Él era bueno, hasta dejar la mejilla adolorida. Llevando, El Lado del Golpe, hasta al otro extremo de La Cara. Y, sólo nos quedaba llorar. Pasarnos la mano por la mejilla aturdida. Aguantar en silencio y sin hacer ruidos, para evitar ser golpeado de nuevo. Asumir, que Él tenía la razón al hacerlo. Y a parte de eso, acostumbrarnos, bajo el supuesto, de que carecíamos de motivos para reclamarles. Ya que, era Nuestro Padre y por lo tanto, tenía derecho a eso y más. Así pensaba yo erróneamente. Que estaba en sus dominios, bajo su tutela. Que dependíamos de sus dictámenes. Que éramos niños solamente. Sin capacidad para opinar o hablar, de lo que veíamos y sin más libertad, que Su Voz de Mando. Él era Nene. ¡Nene Irenita!

Un Hombre, a toda prueba. Que, en Los Años del Esplendor de Su Vida, enseñó, a quienes se cruzaban en Su Camino, que a Él había que temerle. Y, el que no le temía, por lo menos, debía Guardarle Distancia. ¡Nadie jugaba con Él. A nadie le aguantaba vaina. Ese miedo, que en sus momentos, pareció divertir tanto a Éste Hombre, tuvo consecuencias desastrozas en Cada Uno de Nosotros. En lo que a Mí concierne, me redujo a Nada. Me llevó, a considerarme menos que otros. Llegué a pensar, que Mis Compañeros de Clases de Primaria, eran superiores a Mí, en cualquiera de los aspectos de La Vida. Que aunque tuviéramos, la misma Condición Social, Yo estaba por debajo de cualquiera…Pensé, muchas veces, que valía poca cosa, por ser, de La Familia que era. Y, que aunque me esforzara, nunca llegaría a destacarme como otros. Si lo hacían.

Tenía temor, de todo y a todos. Este modo de pensar, estaba tan arraigado en Mi craneo, que me costaba levantarme de la butaca, para expresarme con libertad. Aún supiera, Recitar de Memoria, La Tarea del Día. Me sentía seguro, de que, por el simple hecho de levantarme, Mis Condiscípulos de Clases, murmurarían, a Mis Espaldas, sobre el Estado de Pobreza en el que vivía. Me vi, de repente, invadido por una serie de complejos, que no me permitían, en ocasiones, mirar de frente a las personas. Abrumado por inseguridades, carencia de Autoestima, interactuaba tímidamente con Los Muchachos de Mi Edad, durante El Recreo. O estando en El Barrio. Posteriormente.

Esta Condición se extendió, hasta algunos Cursos de La Secun-daria. La situación me hizo su presa, de tal forma, que se reflejó, no sólo en Mi Niñez. Sino también, en Los Mejores Años de Mi Juventud. Así, fue, como fui creciendo, con un aparente Perfil Bajo. Aún, de Adulto Pleno, se me nota. Siendo lo más honesto que puedo ser, no me atormenta confesarlo. A lo largo de Mi Vida, he luchado, afanosamente, por vencer mis miedos. Hasta Al Sol de Hoy, lo sigo haciendo. Aquellas ventajas, que no he podido obtener en el camino, se me han ido de las manos, por aferrarme a Ese Sentimiento Devastador que me ha robado, Mis Mejores Sueños. Puedo afirmar, que las pocas oportunidades que he logrado materializar, las he logrado, con la sensación de que, Mis Miedos, han estado, de cualquier forma, al lado mío. Así como les he contado, de cosas que durante años, me fueron íntimas; ha llegado el momento de contarles tambien, sin que esto me cause pena, sobre La Mujer que más amé por Aquella Época. Vive aún en Vicente Noble. No la traigo a colación, con intención de alardear sobre esto. Sino, más bién, para dejar sentado, de que queriéndolo o no, considero, que forma, Parte Indispensable, de todo lo que, a la postre, es un acto más del extenso drama, que ha sido Mi Vida. Esa Mujer lo llegó a saber, por mis constantes y continuas miradas. También, por los comentarios, que amigos externaron sobre mis sentimientos, a los fines, de que Ésta lo supiera. Jamás me sentí, con el valor y las fuerzas de hacérselo saber con mis propias palabras. Siempre pensé, que me iba a rechazar, porque no encontraría en Mí, al jóven estudioso que debí ser. Pensé, que si no tenía otras cosas, que pudiera brindarle estabilidad, en el sentido más extenso de esa palabra; no valdría la pena que la molestara, con lo que Yo estaba sintiendo. Era, lo que Yo pensaba, durante los años que estuve en Mi Pueblo y aún despues que salí. Entonces, era como, si en cada mujer que yo conocía, la estuviera buscando. Y, así llegué a conocer varias. Sin que, en realidad, pudiera encontrarla. Luego, me di cuenta, que estuve equivocado todo ese tiempo. Porque, más tarde, entendí, que Ella realmente me valoraba. Y me aceptaba, como la persona que era. Cuando ya estaba en La Universidad, me envió tres cartas con un Amigo en Común. En estas cartas, me confesaba todo lo que sentía por Mí. Además, me invitaba a regresar Al Pueblo, para que habláramos al respecto seriamente, en lo que conciernía a los sentimientos que ocultábamos. Sin embargo, a pesar de tener esa información, no volví a darle vida, a lo que ambos sentíamos todavia en la distancia.

No obstante, mis sentimientos, decidí relegarlos para permanecer en Santo Domingo. Pensé, que si formalizaba con Ella, debía ver a fuerzas a Pachanga, cada oportunidad que tuviera que visitarla. Yo no me sentía, moralmente preparado, para tener ningun tipo de reencuentro con Él. Así que, con mucho dolor, tontamente encerré lo que sentia por Ella y arrojé la llave. Yo no odiaba a Ese Señor. En verdad, se lo aseguro. Por más pesadas que sean mis palabras, cuando me refiero a Su Persona. Pero no soportaba, tener que volver a convivír, teniendolo cerca. Podríamos conversar por teléfono. Ayudarlo con sus Problemas Domésticos. Pero siempre a la distancia. Lejos de mis cosas y de Mí.

Una Parte Mía, se negaba rotundamente, a tener Contacto Físico, con Este Hombre, así fuera, un simple Apretón de Mano. Fue en esas circunstancias, que no sólo pasé gran parte de mi vida huyendo de mis temores. Sino que en consecuencia de la misma manera también me oculté del amor; porque en aquella época esa mujer fue especial y determinante en los sentimientos limpios que despertó en Mí. Entonces por mantenerme alejado Del Pueblo, Esa Persona, a la que tanto amé, Con el Pasar de Los Años, Se Comprometió con Otro, casándose, posteriormente y Formó Su Propia Familia. También terminé hacien-dolo Yo, después de algun tiempo. Me enamoré de Una Buena Mujer, con la que me casé y tuvimos a Julio César, Nuestro Vástago. Sin embargo, percibí, que algo raro me sucedió. Faltándome, a penas como séis meses para La Boda, no sabía cómo deshacerme de Aquellas Cartas, Pero, tampoco quería hacerlo. A insistencia de Unos Amigos, participé de una fogata, que me hicieron, a fin, de que, me animara a destruirlas. Recuerdo, que en el mismo momento, que comencé a romperlas, para echarlas al fuego por partes; la Mano Derecha se me entumeció, al arrojarlas a las llamas. Y, con cada pedazo que ardía, Yo sentía, que una parte de mi corazón, tambien se quemaba.

Nunca le reclamé, por la elección que Ésta hizo. No tenía motivos para hacerlo. Porque, en realidad, fui Yo quien le habia fallado, al momento que tomé la decisión, de romper entre ambos, cualquier via de comunicación. Lo que sentí Por Ella, fue muy lindo. La amé con su Eterna Sonrisa. Su presencia en el Salón de Clases, daba sentido A Mi Vida. Y todas las mañanas, me despertaba. Porque, a pesar de las tragedias que ocurrían en Mi Familia, la gracia de sentir Su Compañía, en aquellas horas, hacía, que me llenara de esperanzas. Después, que incineré Sus Cartas, no entiendo, por qué Cosa de La Vida sucedió, que me vi, en la imperiosa necesidad, de agotar Un Período de Luto, que me llevó días. Como si algo me recordara, que, entre todas las Emociones Humanas...no había, una más humana, que la de El Amor. Sin miedo, a que, quizás, olvide todo de repente un dia, por ancianidad o enfermedad, puedo recordar, claramente, de como necesité, de Los Cuatro Elementos de La Naturaleza, para hacer que mis sentidos continuaran normal, al convencerme que Aquella Mujer, ya no sería para Mí.

Al cabo de tantos años que han pasado, Ella y Yo, nos hemos vuelto a reencontrar a través de una Página Social bastante renombrada. Ahora, sólo somos Buenos Amigos. Aquellos Sentimientos se quedaron, con La Muchacha del Campo, la que dejé de ver hace ya, muchos años. Agradezco a La Vida, el haberme dado la oportunidad de contarle a ella, lo qué realmente me pasó en Aquella Época. Fue una plática necesaria que yo presentia que le debía.Todavía, pienso que fue necesario que se lo mencionara a ustedes. Porque es importante, que comprendan que El Miedo nos aconseja mal, si se lo permitimos, cuando le damos espacio en Nuestra Vida. Cuando esa Terrible Emoción, se apodera de una persona, termina destruyendo cosas importantes, para esa persona.

Cuando éramos Estudiantes Universitarios, recuerdo, que siempre que llegaba el Fin de Semana, uno o dos de Mis Primos me invitaba Al Pueblo. Pero generalmente, Yo tenía una respuesta que no variaba nunca. Y, era que estaría trabajando. O que me ocuparía, Haciendo Diligencias, sobre asuntos inherentes a Mi Carrera.

Todas aquellas negaciones, no eran más, que Puras Mentiras. Siempre buscaba excusas, con tal, que no me insistieran. Ambos, llegaron a pensar, que el hecho de no acompañarlos, se debía únicamente, a que no deseaba reencontrarme con La Casa, ya de aspecto decadente. Donde crecí. Que, de alguna manera, me avergonzaba, el recordar que habia crecido Allí. Esa percepción, empero, nunca fue cierta. Puesto que dentro de Mí, ardían las ganas por regresar y disfrutar de Las Fiestas Patronales. O de los actos que hacían durante el el mes de Diciembre. Tardes, con noches divertidas e inolvidables, en la que se gozaba un montón. Cómo no iba yo a querer estar Allí. Claro que deseaba estar. Si también era Mi Pueblo. yo también era jóven como Aquellos. Mi testosterona estaba a Mil, como la de Ellos. O cuidado, si, más. Pero, la verdadera razón, del porqué, no demostraba interés en acompañarles, solamente, Yo la conocía. No estaba listo, en aquel tiempo, para contarle a nadie, sobre Mis Penas Ocultas y las sombras que me acompañaban.

Así que, en más de una ocasión, los dejé que divagaran con absurdas ideas y con tontas imaginaciones, con las que parecían entretenerse. Se pueden contar las veces, que fui obligado a volver Al Pueblo. Cierta vez, después de haber llovido intensamente, durante varios días, sobre la Región Sur del Terrritorio Nacional, debí visitar, de urgencia, a La Abuela Irenita. Vicente Noble se vio muy inundado, a consecuencias, no sólo de las lluvias, sino también, por el desborde de un arroyo salido de su lecho. Todavía tengo en el recuerdo, desde pequeño, cuando Esto Sucedía, se llenaban de agua las viviendas, que estaban ubicadas en Lugares Bajos. La Vieja Casa de La Abuela, era una de Estas. Todavía, puedo verme correr junto otros niños, bajo aquellas lluvias, que parecían cántaros de agua arrojados desde el cielo.Y más tarde, después de estar lloviendo tanto, durante una hora o más, recuerdo haber visto a Mi Abuela, amarrar dos piedras, tamaño regular.

Que luego, pendía de una soga. Después...las colocaba en posición colgante, en la Parte Trasera de la Casa. Acto seguido, pedía insistentemente, a San Nicolas Del Sol, que saliera, para que no continuara lloviendo. Nunca le pregunté, quién era. Pero siempre creí, que Ella veía al Sol, como si fuese un Santo. En lo que, no pude mantenerme en silencio, fue cuando, le hice la pregunta sobre, Las Dos Piedras Colgadas. La respuesta que La Abuela me dio, en aquel momento, fue que:

–¡Esos son Los Cojones de Dios. Se cuelgan de esta manera, para que pare de orinar!–

En los últimos años, con especial continuidad, se les ha solicitado a Las Autoridades Locales, sobre la búsqueda de una solución, a Ese Problema, que podría resolverse, desviando el Cauce de Este Arroyo, por otra parte del Pueblo, que no esté habitable. Y, de esta manera, alejar las consecuencias desastrosas, que estas inundaciones ocasionan, específicamente, entre Los Más Necesitados de La Comunidad. Pero hasta al día de hoy, sólo han contado con Promesas de Los Políticos Ocasionales. Los cuales, sólo contemplan El Asunto en Cuestión, cuando se avecinan Los Comicios Locales o Generales. Recuerdo una vez, que llegué a Mi Pueblo, como quien va pisando despacio, porque no quiere ser escuchado, por nadie que se encuentre alrededor. Ya estaba casado. Y Mi Hijo tendría, algunos meses de haber nacido. Fui a llevarle algunas mantas y provisiones a La Abuela, que pensé, le harían mucha falta, por las circunstancias que atravesaba Vicente Noble, después de Una Tormenta, como hubo de esperarse. Aquel Recuerdo está tan fresco en Mi Memoria, como si la estuviera viendo, con su inseparable paño sobre La Cabeza. Mirando a La Mujer que me acompañaba, desde arriba hasta sus pies. Y, luego abriendo sus brazos, para recibir a Su Bisnieto. Al que, luego de tenerlo entre sus brazos, comento:

–¡Cómo, Indiecito! ¡Y Este Muchacho tan Blanco y tan Buenmozo, es Tú Hijo! ¡Ay, sí! Tiene la nariz de Los Heredia. Él tiene la nariz un poco ancha, como la Mía–.

Al mismo tiempo que lo mecía, daba besos a su cabecita. De la misma manera que estuve Allí, de esa misma manera, salí. Saludando a las personas que me conocían. Y, que por respeto y educación, no podía cruzar entre Ellos, como inadvertido. Así, de ese modo, fueron Mis cortas Idas y Vueltas Al Pueblo. En pos, de atender cosas urgentes, que me eran irremediables. Cuando debía quedarme, a dormir una noche, siempre buscaba casas elegidas al azar. Y hacía un acuerdo, con Los Señores de Esas Residencias. O con quien estuviera a cargo. Acordábamos una cierta Suma. Para que me permitieran dormir tranquilo. Sólo así dormía un poco en paz en Aquel Pueblo Mío. No puedo negar, que le Echo de Menos ahora. Al otro día, temprano, me levantaba lo más silencioso posible. A hurtadillas. De manera, que quienes me hospedaban, o inclusive, Pachanga, si se enteraba, que Yo andaba por Allí. Nadie se daba cuenta, con exactitud, en cuánto tiempo me había ido.

Para el tiempo en que nací, como a la edad, de un año más o menos, y, al decir, de Mi Tía Luz del Alba; en una ocasión, en que Mi Madre se disponía abandonar a Pachanga, porque ya no podía soportarlo más, en un instante, en que iba abordar El Transporte que la sacaría Del Pueblo, Éste le arrojó una piedra. Con la que la hirió en La Cabeza, habiendo tenido la suerte, de no haber muerto ahí mismo, del golpe tan fuerte que recibió. Durante días seguidos, se rumoró mucho, dentro del gentío, que aquella pedrada había sido contundente. Neyda, brotando sangre, cayó al suelo. Dejándome escapar, de sus brazos sin fuerzas, inmediatamente fui a parar a unos arbustos espinosos.

Cuenta La Tía, que, como pudieron me recuperaron de Aquel Lugar. Comenzando a limpiar las heridas, que aquellas plantas habían causado en el cuerpecito del Bebé. Sólo pasó un par de horas después de Aquel Incidente. Y, La Policía del Pueblo, no tuvo más, que una conversación con el Causante de todo Este Mal. Quien siempre tuvo la suerte, de sellar amigablemente con Aquellos, por medio de un Apretón de Manos y Unas Palmadas. Sin embargo, a penas, pasados pocos días de Aquel Altercado y Pachanga, no tardó en Darle Otra Pela a Mi Madre, estando Yo, precisamente, otra vez, entre sus brazos Cerca del Fogón de Tres Piedras que teníamos en La Cocina de La casa.

En el forcejeo, volví a caer rodando, esta vez, sobre la leña encendida, quemándome con las brazas en distintas partes. Con el paso del tiempo, a medida que crecía, fui descubriendo un par de marcas en Mi Cuerpo. Y preguntaba, ¿a qué se debia Las Mismas? Pero nunca obtuve una respuesta de Mi Madre, ni de La Abuela Irenita. En todo momento, evitaban mis preguntas. O simplemente callaban, simulando, que no me habían escuchado. Al cabo de unos años, encontré esa respuesta. No de parte de miembros de Mi Familia. Sinó, de otra persona en particular, que vio de cerca, como sucedieron las cosas en realidad.

Desde muy chico, nunca supe, lo que era disfrutar de una Cena de Navidad en Familia. Siempre me extrañó, que a pesar, de que, Pachanga trabajaba en barbería, nunca le alcanzaba el dinero para que pudiéramos comer, ¡Como Dios Manda! La Estrechez Económica, era notoria en Nosotros. No un día a la semana, sino siempre. En consecuencia, no sólo, en lo mal que comíamos.Se notaba eso, cuando se acercaban Las Festividades Navideñas. Especialmente, 24 de Diciembre celebrado en Mi País, como el Día de Nochebuena. Y tambien, el 25 de Diciembre, conocido internacionalmente, como el Día de Navidad. Hasta donde tengo conocimiento, siempre brillaron por su ausencia, Las Comidas Especiales de Esas Fechas.

CAPÍTULO X

Y, está, de más mencionar, que los regalos, siempre bri-llaron, por su ausencia, en Festividades de Diciembre o demás días que fueran tan importantes.Tanto así, que cuando Uno escuchaba a otros niños, estar alegres, porque Esas Festividades se acercaban; Yo no lo tomaba con igual júbilo. Porque, me era indiferente, lo que pasara en Esas Fiestas. Al contrario, percibía que Mi Tristeza, aumentaba en forma de espiral. Por cuanto, pensaba que no exhibiría ropas nuevas como otros lo harían. Tampoco, tendría Juegos Nuevos. Y el olor, a Comida Buena inundaría Mis sentires, más allá del Olfato. Porque Aquellas Buenas Comidas, no iban a estar En Mi Casa. Estaba, tan seguro, como saber, a la perfección, que no tendría calzoncillos nuevos.

No odiaba La Nochebuena, ni el Día de Navidad, como lo odiaba Chaplín. Pero no deseaba que Ésta llegara. Y si llegaba; mi ansiedad, era que pasara, tan rápido, como el tiempo de Un Abrír y Cerrar de Ojos. Yo no podría olvidar, mientras esté con vida, que Mi Primera Cena de Nochebuena, la tuve, después que cumplí los catorce años de edad. Cruzaba Yo, por el frente de la casa, de Los Esposos, Agustín Cuevita y Ayalibis González. La Casa estaba ubicada, en la Calle Libertad. Justamente, una calle en posición paralela a la calle donde nací. Estando cerca de la Galería de La Vivienda, el Señor Agustín me detuvo. Me invitó a entrar a La Sala y le pidió a Su Esposa, que pusiera otra silla más. Porque Yo comería con Ellos Esa Noche. El Señor no me dio tiempo, a que yo rechazara la invitación. Pero tampoco, en Mí, estaba la intención de negarme, ante un ofrecimiento de tal magnitud. Que marcaba un hito en Mí, como Adolescente con apariencia de arrabal.

Su gesto, fue una gran sopresa, que todavía conservo en Mi Me-moria y en Mis Sentimientos. Pude advertir, que Él Mismo, vio la timidez en Mi Rostro. Por lo que se adelantó, a la manera en que Yo enmudecí, convidándome, a que comiera, de lo que había, con toda confianza, hasta que no tuviera más hambre. Es posible, que haya llegado a darse cuenta, que Yo necesitaba Eso. La Sala de Aquel Hogar, la alumbraba sólamente una bombilla incandecente. El color amarillento de su reflejo, se dejaba sentír enégico, cubriendo la totalidad del área destinada para el Evento Familiar. La Mesa Comedor estaba cubierta, por un mantel con los colores de La Navidad que se celebraría a la siguiente noche. Sobre ese mismo mantel estaban servidos, lo que, ante mis ojos, había sido, el más esplendoroso manjar que tuve tan de cerca, en muchos años. Manzanas Rojas, que siempre quise comer. Uvas verdes y también oscuras. Peras. Variadades de almendras. Una cesta con trozos de panes al estilo francés. Ensaladas diversas. Golosinas Navideñas. Sangría. Y distintas clases de carnes, asadas o fritas.

Básicamente, estaba Allí, El Menú tradicional, que, gran parte de Los Hogares Dominicanos, degustaban en Esa Noche Tan Especial, cuando todos nos congregamos, dando, Gracias a Dios, por la oportunidad de estar vivos. De reunirse, de brindar y comer Entre Familias. Todos Ellos, sentados junto a Mí. Don Agustin, Su Esposa y Sus hijos. Me miraban con ternura. Como si Yo fuese parte de Ellos. A Don Agustin, lo recuerdo con clavicie pronunciada. Bigote piramidal, de ojos marrones y grandes. Con una Personalidad Alegre. Siempre caminando con un Vaso, con ron o cerveza en la mano. Recuerdo, que con mucha amabilidad, le pidió a Su Esposa, que me sirviera a Mí primero, antes que a Los Demás. La Señora, con una amabilidad indescriptible, cual si fuese Yo, El Mayor de Sus Hijos, me sirvió, el Plato de Comida más grande, que me hayan servido alguna vez. Me parece estar viéndola en este instante. Aún conservo en mis buenos recuerdos, la alegría que mostraba su rostro al servirme aquellos alimentos, que probaba por primera vez. No estoy mintiendo. En realidad, se me cumplía, por primera vez, ese privilegio. El poder llevar a Mi Boca, un trozo del Pollo Horneado. Que antes, había visto sólo de lejos en las mesas de otros hogares. A doña Ayalibis, Esa Amable Señora, la recuerdo, como una Ama de Casa diligente.Tez clara y ojos grandes. Cara redonda y sus cejas arqueadas. Siempre respetuosa, y de trato jovial, con Conocidos y Vecinos.

Ella, Su Esposo y Sus Niños, me hicieron entrar en confianza en su propio entorno. Me sentí tan cómodo, que acaricié el deseo, de que, en Ese momento, creí que eran Ellos, Mi Verdadera Familia. No hallaba forma de como agradecerles. El momento en verdad, significó mucho para Este Joven de Catorce Años, que se había sentado, por fin, a la mesa, en Esa Inolvidable Festividad. A penas me retiré del Comedor, di Las Gracias, por esa noche, en que aprendí, lo agradable, que era, cenar del modo en que lo hice. En familia, sin exceso de palabras. Aunque, sí, con una potente dosis, de sentimentalismo solidario, hacia Ese Adolescente. Que, por pura casualidad, fungía, como Su Único Invitado Especial. A partir de Allí, me prometi, que cada vez, que me fuera posible, emularía episodios, que me recordaran Aquel. Por eso, siempre que llega Esta Fecha, he sido incapaz, de sentarme a comer en Mi Hogar, sin antes asegurarme, que Mis Hermanas, hagan Lo Mismo en Sus Respectivas Familias. No me apetece, Llevar La Cuchara*a Mi Boca, y hasta presiento, que, de hacerlo me caerían mal los alimentos, sino confirmo antes, que Ellos también tienen algo para comer.

Jamás, voy a olvidar, Aquella Primera Cena de Nochebuena. Siempre va a estar registrada en Mi Archivo Abstracto. Pese a posteriores Vivencias Culinarias, que La Vida me ha ofrecido. Y que he aceptado con mucha humildad. No pienso más, que en Palabras de Agradecimientos, para el Matrimomio formado entre los Entrañables Señores; a quienes deseo, las mejores bondades, en Esta Vida y en La Otra, por supuesto. Sé, que han pasado varias lunas, desde Aquella Gran Cena. Pero, a veces, enormes Cielos Oscuros, a penas iluminados, por diminutas estrellas, que la Noche de Navidad, suele prestarles a La Nochebuena, enfatizan recordarme a Esta Pareja, que tiene un peculiar apartado en mi corazón. Que sepan, que el transcurrir del Tiempo, nunca me será suficiente, para que Yo los olvide y los abrace a distancia.

No recuerdo, ninguna vez, que me hayan dado un portazo, lite-ralmente hablando. No obstante, asumo, que tal vez, lo haya recibido de otras maneras...Disfrazado quizás, de una expresión entrelíneas. O cuando más, a través de un gesto, que, La Envidia, como Pecado Capital perverso, anida, al asentarse en La Conciencia Humana. Podría, caber la posibilidad, de que haya infinidad de variantes, en que, un portazo, pueda sentirse tan cerca de tu nariz, que no podría negar, que en verdad, te sientas herido o lastimado. ¿Por qué viene esto al caso? Es simple. No hace mucho, que una persona, me hizo una llamada. Y despúes que agotamos La Conversación Inicial, que fue objeto, del asunto que tenía que tratarme. Cuando sentimos, que la llamada se apresuraba a terminar, La Persona me lanzó lo siguiente:

—Julio César, Yo pensaba que Tú eras Un Tíguere de La Parte Arriba del Pueblo. Pero me he dado cuenta, que no—.

Confieso, que me declaro, Pobre de Conocimiento. Porque ignoro, cómo se digiere eso. Desconozco, hasta dónde quiso llegar, con tal aseveración. Esta persona. A quien, algunos consideran, demasiado inteligente. Y, que, por cierto, aunque procedemos de la Misma Comunidad que nos vio nacer, han sido contadas las ocasiones, que hemos compartido, como para conocerme, y saber cómo soy en realidad. Alguna vez, sentí inclinación a ser un Tíguere, en el sentido que lo interpretan Los Dominicanos. Sin embargo, en ese trayecto comprendí, que nunca podía llegar a serlo. Son muchas las implicaciones. Los sacrificios y pérdidas, que intervienen en este proceso, que a la larga, es poco satisfactorio.

Soy la Persona, que soy. Con mis bajas y altas, y no me cambio por sujeto alguno empeñado en aparentar, que es el Único Familiar del Homo Sapiens que sabe mear parado...El que no es Tíguere, tambien lo sabe. Y mientras lo hace, incluso va dibujando imágenes con el gran chorro. Entonces... ¿qué lo que? Como Ente Social, de ninguna manera, me importaría someterme a cualquier clase de Escrutinio Personal. Quien, nada tiene que ocultar en Su Vida, no tiene miedo, a que El Sol salga por donde le dé la gana. Los miedos, de los cuales padezco, ya los conocen Ustedes y están justificados, en parte, en las truculencias tempranas, que inevitablemente, alcanzó Mi Niñez. Ahora, de Adulto, soy el mismo sujeto. Con aquellos mismos principios rancios, que aprendí de buenas personas, en Catequesis. Y en otras enseñanzas en las calles, con fuego, con lluvia y con bastante frío. Que los pulí con el tiempo. Con lecturas y con los cantazos que La Vida depara a Todo Humano, que aprecia la libertad e independencia de criterios.

Tengo el Valor y la Fuerza Moral, de responder sin temor, a cualquier pregunta mordaz que me hagan. Y no respondo con mentiras. Me parece, que así lo hacen, algunos valientes, entre comillas, que veo interactuar como, si fuesen Figuras. Que se crecen entre Ellos Mismos, disfrutando a plenitud, la gracia de sus propias muecas. No soy un tíguere. Es cierto, no lo soy. Ni lo seré, ni tengo porque serlo. ¿Pero me arrepiento de no serlo? No lo creo. ¿Cuáles son las ventajas o beneficios que da, ser tíguere? ¿Qué preeminencia tiene el tíguere sobre aquellos que no lo somos?, ¿Cuántas onzas de intelecto tiene el Tíguere, que no lo tiene el desabrigado, que no cuenta con tal condición? Me parece, que no hay tantas cosas que envidiarle. Por no decir, ningunas. ¿Qué caracteriza, al que se dice, ser un Tíguere?

Mencionaré, sólo algunas de Estas, entre las tantas que tiene El Fulano. Muchas veces, suele presentar sus defectos, como si fuesen virtudes. Se desvive, por contar intimidades, que nadie les pregunta. Pero lo hace, para que, quienes lo escuchen, piensen que Él, es el único que está, en lo que tiene que estar. Se inclina hacia la calumnia, porque no le preocupa tener una verdad acabada, sobre cuestiones que son presuntas. En la mayoría de sus actuaciones, desliza una Doble Moral. Generalmente, arrastra un Yoísmo, en el que abraza la postura de creerse, Que lo Sabe Todo. Que no se equivoca jamás. Que tiene, las mejores cosas para Él. Y, que sólo Él, es capaz de salir bien librado de Situaciones Difíciles, que Otros Mortales no podrían. Eso, sin contar, que Él Mismo, se piensa Especial, por su habilidad de Tíguere. Ignorando, desde luego, que su condición, no es un argumento conclusivo. Yo no podría ser, un individuo así. Y sepan Ustedes, que hay cosas más comprometedoras, que se asocian con el Personaje. Esta Figura tuvo su origen, en los lugares más empobrecidos de Mi País.

Alentó su propia subsistencia, sorteando con mañas, las desgracias que les venían encima. Saliendo, al final, bien librado de cada una de

Estas. Como maniobras, en ciertas acrobacias de La Vida, es posible que les hagan merecedor de algunos aplausos. Y, entre Estos, Ustedes, pueden tener la seguridad, de que, no se encuentra El Mío. Muchos de los tígueres, aún siguen en donde nacieron.Y otros, han cruzado las fronteras. Convirtiéndose en potentados, que no tienen otros dones que mostrar, más que aquellos, que les proporciona La Fortuna. Pero el Tíguere, sigue siendo Tíguere, en cualquier agua, donde se esté dando un buen baño. Esto lo dicen Ellos Mismos, siendo sinceros al destacarlo. La Vida les ha sonreído a Unos y a otros no. Hay quienes, de Ellos, se dan portazos a Sí Mismos. Sin siquiera enterarse del altercado. Una buena parte de Estos, han hecho, de todo, por hacerse de dinero, cuando se han visto en ciudades, que están lejos de La Propia. Algunos, han cumplido Años de Prisión, en distintas cárceles Del Mundo.Y, he visto, con asombro, como, una vez, que han sido deportados de Esos Lugares, retornan Al País, donde son recibidos con aplausos. Las Redes Sociales amontanan saludos de afectos, dando las bienvenidas, a cada cual, por separado.

Incluso, podemos ver, a través de Facebook, cómo El Dominicano se sienta con Estos, a compartir Tragos. Les presentan a Sus Jóvenes Hijas. Y les permiten salír, a tomar cervezas con los Recién Llegados. A los que ya no conocen tanto, porque han cambiado mucho. Son tan diferentes, que tienen sus cabezas abarrotadas de delitos diversos y fechorías mayúsculas, que algunos ignoran adrede. Mientras otros, no saben, realmente, lo que han hecho Estas Personas, en los años que han estado ausentes. Pero esa es La Vida. Y a cada cual, hay que dejarlo que se estrelle contra la pared. Es el único modo, con el que algunos despiertan a la realidad en la que están viviendo. Hoy es, 2 de Noviembre del Año 2018. Es el Día que se ha apartado en El Calendario, para Los Fieles Difuntos. He intentado, en Mis Oraciones, pedir por Ellos. Por todos, los que Se Han Ido* en Mi Familia. Incluyendo a Pachanga, unque Ustedes no me lo crean. Que Dios permita, de alguna manera, que Todos, puedan ver, La Luz de Su Rostro, sin importar sus fallas...

Porque, en Su Infinita Grandeza, El Altísimo sabe, cómo sortear las fallas,que Toda Persona tiene. Tanto en Cuerpo, como en Espíritu. Ya son Catorce Inviernos que me he pasado, Aquí en Nueva York.

CAPÍTULO XI

Puedo decirles, que han sido totalmente fríos y solitarios. No obstante, a los Seres Queridos que han estado Conmigo en todo momento. Es esa Clase de Frío inagotable que se lleva en El Alma. Que te perfora La Piel, sin dar importancia, a que uses las ropas adecuadas, con tal de evitarlo totalmente. Es El Frío de La Mente y sus tantos recuerdos... Del Adiós en los silencios. En los sueños y en las pérdidas que no restablecen las posibles ganancias. Es Ese Frío, que se crece entre El Sonido de Las Nueces. Que se escurre entre La Leña. Cuando no, en el Mismo Fuego, para luego abandonarlo con la misma intensidad. Como si se burlara del Tiempo y también de Uno Mismo. A veces, siento que es así. Recuerdo, que en las primeras semanas que llegué a Estas Calles Neoyorquinas; el Propietario del Segundo Restaurante, en el que trabajaba, se acercó a Mí y me dijo, en un tono indiferente:

–Si realmente quieres progresar. Y tener mucho dinero, debes tener bien presente Esto: Nadie viene a Norte-América, para hacer favores... Si no haces caso de Mi Consejo, no te irás bien en La Vida–.

No sé, si me ha ido bien. Pero trato, de no hacer daño a nadie. Porque me gusta dormír satisfecho, de que, aunque sea poco, el dinero que se me pague. Para compensar mis Horas, de trabajo honrado y no por otra cosa. Lo más que hago en Esta Vida, son favores. Y no sólo, A Los Míos. Sino, a otros, que ni siquiera conozco bien. Pero esto no es aburrido para Mí, ni representa carga alguna. El Ayudar Al Prójimo, está metido en Mi Sangre, desde que tengo Juicio. He sido ayudado por otros, incluso, desde que era muy joven. Una, Dos, Tres y otras tantas veces, que se han prolongado, hasta Estos Actuales Días. El Hacer

Favores, siempre que pueda hacerlo, es algo, que aunque quisiera, no podría evitarlo.

¿Qué sería, de El Mundo, si no ayudáramos a Alguien, que podemos Tenderle La Mano, en un momento de necesidad? Cuando cumplí mi primera semana, de Estar Aquí, un dominicano*que no conocía, me regaló 20 dólares. Estos 20 dolares, son para desearte suerte, me dijo. Este Señor no tenía el porqué hacer eso. Pero lo hizo. No me quedó más, que, Darle Las Gracias. Porque en verdad, no es algo que se pueda ver regularmente a diario. Si embargo, no sé, si para imitarlo, o por lo que fuera. Pero Yo he repetido, con Otras Personas, esa misma acción. Una cosa, que heredé, desde aquellos días que estuve en Mi Pueblo, Vicente Noble. Es que no me gusta el protagonismo. Aunque pudiera tenerlo, en algunos tópicos de Mi Vida Diaria. Tampoco soy dado, a exhibir un Alto Perfil. Como acostumbran otros, que no pueden coexistir, sino muestran ese interés, que parece envalentonarlos para hacer muchas cosas. Pueden creerlo.

No me siento afectado, en lo más mínimo por la escasa visión, que ha demostrado Mi Carácter durante estos años. Recuerdo, una vez, que tuve tantas ganas de explorar, eso, que en El Lenguaje del Tíguere, se considera como: ¡Un Golpe de Suerte!, que por poco me consumo, en una especie de vorágine, en uno de esos sitios, donde he trabajado anteriormente. El Lugar, además de Restaurante, también era Bar y se bailaba Todo Tipo de Música. Había una Mujer Portorriqueña, que no me dejaba concentrarme plenamente en Mi Trabajo Y que, finalmente, con su astucia, me sedujo. Algo, que no es tan difícil, en Este País. Mucho menos, si hace frio y se está solo. Me propuso, que abandonara El Trabajo, a cambio, Ella pagaría todos Mis Gastos Personales, más, los Compromisos Financieros que dependían de Mí. ¡Así como se oye!. En Serio. Nunca antes, estuve aconstumbrado, al Tipo de Vida, que Esta Mujer me ofrecía. Siempre me ha gustado producír mi propio dinero. Pero la oferta era atractiva. Y aunque moralmente, no congeniaba Conmigo, terminé aceptándola.

No voy a negar, que siempre quise saber lo que se sentía, Ser Un Mantenido. De vez, en cuando, supe, por expresiones que salían de la

boca del tíguere o de los tiguerazos; que Todo Aquel que tenía la dicha, de ser pagado por una Mujer Enamorada, era un privilegiado. Han dicho, desde siempre, que tener de todo, Sin Dar, ni un Golpe, no es suerte que se le aparece a cualquier hombre. Sino, sólo Aquél que es escogido por La Divinidad* para El buen vivír. Es lo que se escucha decir, por estos Caminos de Ultramar. Y más, cuando tres tígueres, hacen mesa para hablar sobre estos logros que los mantienen vigentes.
Después de mudarme con Ella, no pude continuar, más allá de un año. Lo que fue, un buen placer, se transformó en sacrificio.

Esta Mujer, no me permitía, mirar libremente, ni hablar con nadie, si no estaba presente y vigilaba hasta mi sueño. Es cierto, que Me Costeaba Todo. Pero, ya no me estaba gustando Aquella Situación. Intenté encontrar trabajo, y los encontré muy bien pagados. Pero Ella se las ingenió, para que Yo los perdiera. Al mismo instante se presentaba a Mi Lugar trabajo y veía a quienes trabajaban Conmigo, siempre procurando que no fueran mujeres. Comprendí, que no deseaba verme ganando dinero. Para que dependiera de Ella, en todo.

Nunca he comprendido, el porqué, Algunas Mujeres Originarias de La Isla de Puerto Rico, tienen tanta hambre de Sexo. Insaciable y permanente. Ésta creyó, que yo era su: Desayuno, Almuerzo, Merienda y Cena. Yo pesaba, 180 libras, la noche que empezamos esa locura. Y una tarde, me alejé por mi propia voluntad. Algunos Excompañeros de Trabajo, ni me conocían, cuando me vieron en 130 libras. Con aspecto cadavérico. Todavía, recuerdo muy bien Aquella Tarde, cuando le dije, adiós para siempre. Me senté en la esquina de La Cama, hablando Conmigo Mismo, sin que Ella imaginara, lo que estaba pensando. Realmente, Necesitaba hacerlo así. Y es, que Los Humanos, casi nunca hacemos caso, a los consejos que otros nos dan. Sólo pensamos, con La Cabeza Fría, en el momento que nos aconsejamos Nosotros Mismos. Ella estaba parada frente al espejo peinándose. Mientras se miraba entera. Tal, como si aparentara ser La Venus de Milo. Estando sentado allí, me aconsejé, lo mejor que pude. Al mismo tiempo, le comunicaba, que me iba. Esta vez, sería para siempre. Como una manera de demostrárselo, me fui quitando, Cosas de Valor que Ella
había comprado para Mí.Y se las devolví, una por una.

Añoraba, ser la persona, que era antes, de conocerla a Ella. Y no la que había hecho, para satisfacer sus caprichos. Esta Mujer me convenció, para abrirme dos hoyos en la Oreja Izquierda. Y, cada quince días, me cambiaba unos Pendientes de Diamante, cuyo precios oscilaban, entre 1, 500 a 3,000 dólares. Lo hizo así, en tres ocasiones. Hasta, queYo le pedí, que no volviera hacerlo más.También, fue cambiando mi Forma de Vestir, hasta deshacerse de la Ropas Formales que había traído de Santo Domingo. Cuando me vine a dar cuenta, no tenía, ni zapatos. Ella sólo quería verme en Tenis y en ropas que me quedaran pegadas Al Cuerpo. Hay quienes suelen ser tígueres, para casos, como ese que viví y para otros, de mucho más envergadura. Recuerdo que, Estas fueron sus palabras, antes de que Yo cruzara el umbral de la puerta para abandonar su casa:

—Por esa misma puerta que saldrás, por esa misma puerta te veré entrar de nuevo--.

Cierta vez, que me fui, se quedó esperándome por varios meses. Porque en Mí, no estaba el regresar a ese Tipo de Vida. Me acuerdo, que me llamaba en el día y por las noches. Hasta que cambié de teléfono. Como siempre sucede, algunas veces, en estos casos; me encontré con personas, que opinaron, que fui Un Loco, al abandonar, a Una Mujer que me compraba de to'. Que, inclusive, pudo haberme dado Los Papeles, entre otras cosas importantes. Pero, lo cierto es que Estas Personas estaban equivocadas. En el chance que tenía para dormir, no encontraba paz en Mi Almohada. Fueron en vanos mis intentos de querer dormir con, El Sueño de Un Tíguere. Ese Macho, que duerme tranquilo. Sin Darle Mente a Ná. En lo que respecta a Mí, nunca se me dio, ese asunto de ser un tíguere, no se hizo para Mi.

Una cosa importante, me ha enseñado El Tiempo, como Gran Consejero. No interesa demasiado, el asunto de ser un Tíguere, machazo o cualquier otra cosa que se le parezca. Lo más importante, es, Ser Sólo Hombre. Con los pies, bien puestos sobre La Tierra. Un hombre, que aunque, no tenga, La Capa de Un Superhéroe,está siempre disponible, para afrontar las circunstancias, que fundamentalmente, les presenta La Vida.

En mis recuerdos, también aún tengo presente, la primera vez que me sublevé ante Pachanga.Y otras dos más, que le llevé La Contraría. Pudiendo salír ileso, de Aquel Atrevimiento, tal vez, por pura casualidad.

Teniendo Yo, como trece años, me paré frente a Él, con todos Los Temores del Mundo, Y eso, era facil percibirlo, porque Yo estaba hecho un Manojo de Nervios, como nunca.

Mis manos, cruzadas y unidas por la parte de Atrás, se humedecieron tanto, en forma extraña. Mientras le hablaba con la mirada perdida, en otras partes de la habitación. Porque, no era fácil mirarlo de frente, por mucho tiempo. Su Rostro, era bastante duro.Y su mirada, penetraba como Rayo de sol quemante. La voz casi no me salía. Por la misma condición, en la que me encontraba; le rogué, que parara de golpear a Mi Madre. Que ya, no la lastimara más. Que, si no se detenía, entonces, yo le iba a contar, la verdad A Todo El Mundo en El Pueblo. Aunque, tal acción, me causara más vergüenza, de la que ya tenía.

Me pareció, que Él prestaba algo de atención, cuando paré de hablarle en tono sentencioso. Pero Yo no sabía, cuál iba a ser su reacción. Y, antes de que dijera, una sola palabra, no le di tiempo. Esfumándome de su vista, con una velocidad, que nunca pude explicarme. Me perdí de los alrededores de La Casa. Me fui a un bosque de árboles de Vayahonda*en las afueras. Allí me interné en ese monte, entre: Tronco, Hierbas y Arbustos. Me disfracé con Su Negrura. No quería volver a la luz. Me sentía mejor, en compañía de Aquella Vegetación Espesa. Con la que me identifiqué, hasta al punto, que la prefería, más, a lo que tenía en Casa. Me escondía, no sólo de Pachanga, sino también de Mí Mismo. No tenía ganas de volver, a lo que era Mi Familia. Imploraba desaparecer. Por un instante, acaricié en mis pensamientos, la idea de que, los arbustos se transfromaban, en una especie de avalancha y que me arrastrara, hacia un cráter, de donde jamás pudiera emerger.

En la soledad de Aquel Monte daba puños a ciegas. Con Mis Manos Huesudas, intentaba aclarar Mis Ojos Una y otra vez limpiaba Mis Lágrimas una y otra vez. Hasta que el barro, mezclado con el ollín, me dieron el aspecto de un Soldado Adolescente. Listo, Para Confundir Al Enemigo Pero el confundido era Yo. Me sentía derrotado. Cansado de no saber pelear. Formando parte de Esa Guerra que Mis Años. No entendían. Deseaba morir y al mismo tiempo, ser rescatado de aquel trance, que no me permitía conocer La Paz. De jugar en Ella. Vivir en Ella.Y soñar los sueños, que otros niños soñaban, pudiendo ser libres. De pronto, sentí que Aquella Naturaleza en la que me encontraba, perdía La Noción del Tiempo.Y, entre la arboleda y Yo, surgió una simbiosis, en la que me beneficiaba de su silencio y de su calma. Después, empecé a preguntarme, por qué no tuve la suerte, de haber nacido en otra casa. Por qué, tuve que tener, Un Padre como el que tenía. Por qué, no podía ayudar a Mi Madre, a salvarse de las garras del Señor Infierno. ¿Por qué? Y Ese Monólogo interpelador, surgido de la impotencia acumulada, fue interrumpido en Mí, cuando lo vi llegar en ese momento. Había llegado Él. El Único Causante de los males habidos y por haber, y los que, posteriormente, se avecinaron. Al verlo, me dio la impresión, de que tenía rato buscándome. No sé quién le informaría, o cómo llegó a saber, que me encontraba dentro aquel desparpajo de ramas.

Es muy posible, que se lo informara alguien. Que tal vez, vio cuando me interné allí. Se acercó, me miró sin decir palabras. Me entraron ganas de huir otra vez. Yo ansiaba, que El Pueblo fuese más grande de lo que era. Para haberme perdido y que no pudiera hallarme como lo hizo. No tenía ánimos de regresar a Esa Clase de Vida. La que siempre vi entre Los Míos. Ya que, no existía en otros hogares. En Otras Familias, siempre reían. Abundaban los abrazos, aunque con precariedades. Si había un Trozo de Pan, se los comían entre todos, en iguales proporciones y eran felices así. Haciendo Planes a Futuro. Con su rostro endurecido, como siempre, pero suavisando El Tono de Su Voz, me llevó de retorno a La Casa. Sin prometerme nada, de lo que me atreví a exigirle. En mi conciencia de Adolescente, pensé que Su Mundo de maltratos había cerrado Ese Capítulo. Y que en en lo adelante, lo pensaría dos veces, antes de volver a desquitarse con La Pobre Mujer que esperaba en Casa. Pero la cosa, no fue así.

Ese Señor, jamás cambió su proceder. Aquello que yo añoraba, sólo sucedió en Mis Sueños. En la segunda ocasión, fue cuando le llevé La Contraria, en algo, que a todas luces, sobrepasaba sus condiciones de Proveedor. De Jefe de Familia. O de Hombre Fuerte. Siempre que llegaba La Noche, se disponía a frotarnos el cuerpo con un ungüento preparado, a base de yerbas rarísimas y de sustancias, las cuales, ignoraba Yo su procedencia. A parte de eso, debíamos tomar una Pócima Amarga que preparaba todo el tiempo. Lo que nos decía, era que teniamos que hacerlo. Porque La Misma, era para librarnos de Algunos Demonios que merodeaban El Rancho, con intención de dejarnos en los huesos. Hasta Matarnos A Todos. Empezando por Mi Madre. Todos debíamos obedecer. Pero llegó una etapa, en Mi Vida, en la que Yo me negué radicalmente. Argumentándole, que, como Cristiano Católico, no creía en las Cuestiones Sobrenaturales, que Él tenía en La Cabeza.

Con todo el miedo del Mundo, el resto de La Familia me miró al mismo tiempo, con caras estupefactas. No sé, por qué Cosa Extraña de La Vida, no me obligó a obedecerle con su proverbial manotazo. De haberme puesto la mano encima, es posible que hubiera sucumbido, a lo que siempre consideré como, Una Necesidad Absurda. La tercera vez, que me negué hacer lo que me pedía, fue, siendo ya, Mayor de Edad. Habiendo terminado La Secundaria, me marché a La Capital, Santo Domingo, sin que se enterara, ni siquiera de la hora en que salí. En un corto diálogo que sostuvimos unas semanas antes, Éste no queria que me marchara, porque no tenía dinero para enviarme a La Universidad.

Me preguntó, qué era lo que Yo iba hacer en La Capital, sin trabajo y sin dinero. Aunque me consideraba liberado, por los años que ya tenía, nunca me confié de eso. Así que, hervía de deseos, por hacerle saber, que ya Él no mandaba en Mí. Que podía, hacer con Mi Vida, lo que me viniera en ganas. De ahí, en lo adelante, me abstuve a Mí. Como cuando tenía menos años. Con la mirada en el suelo, le repliqué, tímidamente, que aún así me iría de La Casa. Sin saber, qué iba a ser de Mí, en La Ciudad, definitivamente me marché. No le di chance, a que pudiera disuadirme.

Es cierto, que mi intención, en principio, era estudiar La Carrera de Derecho, en la menor oportunidad que se me presentara. Pero, en verdad, no era esa la razón, por la que tenía, tantas ganas por esfumarme de los alrededores, en los que Él había impuesto Su Marca. El verdadero motivo era, que a pesar, de no odiarlo, no quería toparme con Él en Mi Camino. Por lo que, pensé, que si seguía en La Misma

Casa, continuaría sometiéndome a Sus Arranques de Ira. La Abuela Irenita, nunca estuvo conforme, con las Andanzas Amorosas de Ese Señor. Mucho menos, con las decisiones que tomaba, por encima de lo que fuera. Pero Ella no podía aconsejarlo en nada, sin que recibiera el peor de sus malos tratos. Cada vez que le contestaba a Esa Pobre Vieja, le abría La Boca, tan grande, como si quisiera tragársela. Ni porque era Ella, La Propietaria de La Casa y que nos daba amparo, Aún así, Ella no pudo imponerles Reglas.

Cierta vez, La Abuela Se Sacó unas Quinielas en la Lotería Nacional Dominicana. Juntó un dinerito extra, por encima de los que obtenía por la venta de Tilapias. El Pachanga, por poco, Se La Come Viva, maldiciéndola. Y vociferando barbaridades, que me da pena repetirlas. La maltrató verbalmente desde lejos. También, de cerca. Y los vecinos escuchaban, todo lo que, Aquel Hijo Malcriado, Falto de Respeto, le reprochaba a la anciana. Sus reclamos, se fundamentaban, según Él, en que, La Abuela, se había Sacado Ese Dinero y no lo había compartido con Él. Que era, Su Único Hijo en Casa. Pero, lo que no vi, que tomara en cuenta Pachanga, era que Su Madre, se encargaba de la manutención de La Casa y demás menesteres, que Él no abastecía, como Padre de Familia. Era un inconsciente, al exigir lo que le exigía. Siendo Un Mantenido de Por Vida, por Ella. Otra persona, en su lugar hubiese sido mucho más consciente y gentil.

Sin embargo, nunca se retractó. Por el contrario, calificaba La Abuela, como una azarosa. Que sólo había destinado el dinero que se sacó, para Sus Otros Hijos, menos para Él. La escuché, jurándole, Por Dios. Que a nadie había dado nada. Porque había sido, muy pírrica la cantidad que se había ganado. Y, porque también, lo necesitaba, para inyectárselo a Su Pequeño Negocio, que ya no andaba tan bien parado. Pero sus palabras fueron en vano...Él, más airado aún, concluyó su disputa, diciéndole, que no creía en sus Cuentos de Camino.

Mi Hermana, Amancia, después de haberle insistido tanto, con mucho dolor, y como lo hizo anteriormente, reconstruyó para Mí, un Suceso Corto. Que le ocurrió, en los primeros días que porsiguieron, al abandono de que fue objeto, cuando Neyda se huyó con Pachanga:

–"Mi Hermano. Yo era aún Pequeña e inocentemente, como te conté antes. Me fui a La Casa de Tu Abuela, porque Mi Tío Senergio, me dijo que Nuestra Madre se encontraba allí. Cuando llegué, toqué la puerta varias veces. Como no me abrían, estaba pensando en regresarme. Al final, la puerta se abrió. Pero fue, en una forma tan delgada, que no se podía ver para adentro. De pronto, sin que nadie me hablara, alguien, desde el interior, me tiró dos monedas de Diez Centavos. Las recogí del suelo. E inmediatamente después, la puerta se cerró por completo. Me fuí de Allí saltando. Como niña al fin. Y al cabo de muchos años, más tarde, cuando ya era una Mujer, Hecha y Derecha, casada, con Siete Hijos; es cuando volví a ver a Mi Madre en Ese Hospital. En el que, algunos días antes de morir, hablamos un poco".

Al escuchar de nuevo a Mi Hermana, pronunciarse con tanta tristeza, no me quedó otra cosa, que hacer con Ella, lo que siempre he hecho con todos Ellos. A Los Primeros Hijos de Mi Difunta Madre, siempre les he motivado a que la perdonen. A que traten de reconfortarse, en el propio dolor que Ésta padeció durante toda Su Vida, por las decisiónes equivocadas que tomó. Ser compasivo con Ella, es lo que Mis Hermanos pudieran ser. Porque, yo estoy más, que seguro, que Ella, no deseaba alejarse totalmente de Ellos. Como siempre he dicho. Sólo Ella es la que sabe, el Infierno Interior que padeció, al no poder tener una vida, que pudiera compartir con Todos Sus Hijos. En conversaciones que he sostenido, con Los Primeros Hijos de Mi Madre; Éstos me han asegurado, que no tienen nada que reclarmarle. Puesto, que hace tiempo, que les vienen perdonando cualquier cosa. Sin embargo, Aún así, siempre que puedo hablarles al respecto, les pido, que Roguemos A Dios por Ella. Porque, a donde quiera que se encuentre, Su Alma necesita de Nuestras Oraciones. Y de que La Recordemos, como La Madre que nos pertenecía.

CAPÍTULO XII

En los Primeros Días, de estar conviviendo Neyda con Pachanga, no tardó mucho, para comenzar, lo que sería, en cuanto a los Maltratos Físicos, su rutina diaria. Los Golpes, pasaron a formar parte del calvario que Ésta viviría, residiendo, en aquella mitad de La Casa de La Abuela. Un Cuarto, que como les he contado, a mi parecer, se volvió siniestro. Él tomó medidas muy drásticas para acorralarla. Todas, cimentadas, precisamente, en esa infidelidad, con la que, los dos habían cargado. Una antigua Cuñada de Pachanga, me contó, que Éste terminó, enemis-tándose con Ella, sin que tuviera ninguna culpa, para que eso pasara. Cuenta, que Su Cuñado petendía, que Ella le asegurara, si alguien, con quien la celaba, cruzaba frente a La Casa, cuando Él estaba ausente. Esta Señora, a quien Yo respeto mucho. Y que en en la actualidad, tiene casi Ochenta Años; me pidió, que no escribiera Su Nombre por Acá*porque Ella es una Mujer Evangélica. Me aseguró, que no le gusta opinar sobre Estos Temas. Y menos, cuando de quienes se habla, son personas que ya no viven en este mundo. Sentada frente a Mí, mientras se tomaba una Taza de Leche Caliente, la vi centrar la mirada en la Taza con cada sorbo, mientras me decía:

–Tú Padre era un hombre que le gustaba buscar problemas... ¡Ooooh!, pero él se puso Enemigo Mío, simplemente, porque quería, que Yo le asegurara una cosa que nunca vi. Ni tampoco tenía conocimiento. Porque, dime Tú. Cómo me pongo Yo a levantar Falsos Testimonios a Ese Señor, que Él culpaba, si Yo nunca vi nada. ¡Nooo... las cosas no son así! Si Yo le hubiera dicho, que vi, sin yo ver, y se produce un enfrentamiento entre Estos Dos, el Cargo de Conciencia hubiera sido para Mí. Tú Pai se convirtió en Mi Enemigo por eso. Porque no le dije nada. Y hasta me acusó, de que, Yo hacía, que enamoraran a Tu Mai. Déjame decirte, que le prohibió que me hablara. Yo sé, que Ella quería saludarme, cuando me veía. Y yo también a Ella. Pero mejor bajaba Mi Cabeza. Porque si Ese Hombre la veía saludándome, era capaz de Matarla"–.

Tengo muy presente, que Mi Madre se abstenía de hacer Sus Diligencias, que les correspondían como Ama de Casa. A veces, llegué a preguntarle: –Por qué, nunca iba a La Bodega por La Compra, sin primero notificárselo a Pachanga. Y por qué, no salía a buscar La Leche, como Otras Señoras, que lo hacían, con regularidad. Nunca me dió respuestas. Todo el tiempo callaba, elevando la mirada hasta al Techo de La Casa. Se mantenía muda. Se le oscurecía el Semblante. Y Sus Ojos, miraban, más Sus Pies desnudos, que hacia arriba. Entonces, me dediqué a observar y a escuchar más, lo que pasaba a Mi Alrededor. Comprendí luego, que Éste señor, le había impedido hasta que mirara libremente. Es increíble. Las Cosas Horribles, que pueden desprenderse, de los celos de una persona, irremediablemente grosera. Como lo era Ese Señor. ¿Qué otras cosas le hubo de prohibirles, que aún, pasado El Tiempo no me he enterado todavía?

Me contaron, que una de esas tardes calurosas, Pachanga se toma-ba una cerveza, en un Bar del Pueblo. Después de haber ingerido Un Par de aquellas botellas, comenzó a decirles a sus contertulios, en tono burlón, que tenía cinco días que no le pegaba a Neyda. Que por eso, sentía en la Mano Derecha, una comezón. Que no se le calmaba, por más que se rascara. Un inidicativo, que le estaba haciendo falta darle Una Buena Golpiza. Proseguía Este Desconsiderado, contándoles a los que le escuchaban, que no soportaba Aquella Pausa Tan Larga. Que le urgía y debía hacer algo al respecto. Para calmar la molestia que lo estaba importunando. Hurdió un Plan. El cual, materializó, sin remordimiento alguno. Lo primero que hizo, fue irse a La Casa. Mandó a Mi Madre a que le planchara Su Mejor Camisa Blanca. Una vez, que Neyda, terminó de plancharla se la puso en un Lugar Especifico del Cuarto. Él fue por detrás, sin que Ésta se diera cuenta.Tomó la camisa de allí y la escondió en otra parte. Minutos más tarde, le procuró la camisa para ponérsela. Cuando Neyda fue al sitio donde la puso y no la encontró. La buscó por Toda La Habitación.

De la manera, más sórdida y vil, él la hizo culpable de la supuesta desaparición de la camisa, a sabiendas de que todo lo había tramado Él, a propósito. Mi Madre comenzó a llorar desesperada. Le juraba, que la había planchado bien y puesta, en el mismo lugar de siempre. Este Señor, no le permitió que le explicara más, sobre lo que Él, previamente sabía. Narró, con Lujo de Detalles, que simplemente, le entró a puñetazos. Hasta que la mano ya le dolió de tanto pegarle. Recalcó, con singular entusiasmo, que sólo por eso, porque sintió dolor en sus dedos, paró de golpearla. Sin embargo, Pachanga, jamás se percató, que sus interlocutores se habían quedado fríos y perplejos, una vez, concluyó Su Relato Macabro. Algunos de Aquellos, fingieron celebrarles Su Proeza. Pero ¡mentiras! Unos a otros, se miraban desconcertados. Sus estómagos temblaban como gelatina. Pues, la narración que escucharon, en forma de chiste, les había caído mal. Tan mal, que con el tiempo transcurrido, no han dejado de recordarlo, con insólita repulsión. Uno de los que me contaron el Inhumano Episodio, cerró los ojos, al tiempo, que me hacía señas, para que no continuara interrogándole al respecto.

Otro, me confirmó, que todo fue cierto. Pero que, no quería entrar en detalles. En vista de que, ya eran difuntos los que estuvieron envueltos en eso.Y sólo el sobreviviente, más joven de todos; fue la persona que tuvo el valor, de contar Esta Historia Escalofriante, tal como la oyó salír, de La Misma Boca de Pachanga.Ése fue, Narciso Vargas. Primo Segundo de Pachanga. Era apena, Un Muchacho, cuando el comentario de Ese Señor lastimó el Tímpano de Su Oído.Todavía recuerdo, que en el diálogo que sostuvimos Narciso y Yo, sus palabras parecían cansadas. Noté, que quería contarme y no contarme. Como si le avergonzara, repetirme lo que había removido sobre aquel momento. Cualquier persona, por poco inteligente que fuera, sería capaz de darse cuenta, que por el modo simple, que trataba de expresarse sobre el Caso, le asqueaba totalmente.

Pasaba el tiempo.Y por cada año que pasaba, también avanzaban las manifestaciones enfemizas de Pachanga, en contra de Esta Mujer apesadumbrada, que se lo soportaba todo. Los Curiosos, a veces se acercaban. Veían lo que sucedía en Nuestra Casa. Los más cercanos, se contaban entre Sí, lo que Mi Madre aguantaba, día por día. Era normal, verlos susurrar acerca de Nuestra Situación como Familia. Decían, que lo lamentaban mucho. Pero, nadie tenía el coraje de tocar la puerta y sujetar la mano que pegaba sin misericordia y a plena luz del día a veces. ¡Pobre Criatura! Que vino Al Mundo, sólo pá pasá trabajo. Eso decía, La Señora más cercana, que vivía contigua del lado izquierdo de La Casa. Más allá, de comentarios discretos como Ese, nunca vi a nadie, de los que nos quedaban al lado, que se envalentonara y diera información, en relación con esa Situación, a los contados Agentes de Policía que teníamos. Aunque, a la postre, Éstos también, se hacían de La Vista Gorda. Como en la mayoría de Los Casos de Violencia de genero.

Todavia, recuerdo muy bien, que cada vez que surgía Un Brote de Violencia entre esposos, lo consideraban, en el Cuartel de Policía, como Un Asunto sin Ton ni Son Que no constituía delito. Por lo mismo, no era alarmente, ver, que Algunos Agentes del Orden castigaran, con Trompones o Pescozadas, cuando les parecía, a Sus mismas Mujeres. Argumentaban, que Ese Tipo de Pleitos, entre Parejas, era solo una cuestión que les quitaba tiempo. Que no merecía la pena, que intervinieran. Dadas las circunstancias, de que, A Corto Plazo, las Parejas en Conflictos se reconciliaban, terminando, Esa misma Noche, de nuevo, en La Cama gozándo de lo Lindo y Haciendo muchachos.

Pachanga repartió golpes, A Diestra y a Siniestra, a las pobres mujeres con las que tuvo relaciones. Pero, de Todas, Mi Madre, fue la que se llevó la peor ración de Maltratos. No sólo creyó ser Su Amo Absoluto. Sino que también, pudo decidir, sobre su Mala o Buena suerte. De hecho, se afirma, que con regularidad, cuando solía golpearla, frente Al Público, en una actitud desafiante, les hacía advertencias*a los espectadores que observaban a Neyda, con pena. Sentenciaba, que al primero que interfiriera, tendría que enfrancarse con Él, en Una Pelea a Muerte. Hasta, que Uno, de los Dos cayera. Advertía, que no se metieran en Sus Cosas. Y en el tono más iracundo; ofendía, a quien en su presencia opinaba. En cuanto a Mi Madre, dejaba caer encima, Rayos y Centellas. Su grito de Amenaza de Muerte, era lo que Neyda, más tomaba en serio. Tan en serio, que se recluía en Su Cascarón, degradándose, hasta donde Éste quisiera. Este Señor, llegó a encerrar abruptamente, a Esta Mujer, en tantas ocasiones, que por la continuidad con que lo hacía, La

Pobre, llegó a creer, que Tal Humillación, parecía ser, Un Designio de Dios. Al Cual, debía agradecer, con bondad infinita.

Para Aquellos Años, Mi Madre sufría de una carencia generalizada…Y más allá, de las constantes rupturas de sus emociones, de su Falta de Paz, carecía, de algo tan simple, como la ropa adecuada para vestirse. En Mi Familia, el dinero siempre brilló por su ausencia. Éso es cierto. Pero Pachanga Se Las Buscaba de cualquier forma, para Comprarse Sus Ropas y Calzados, aunque no fueran de la Mejor Calidad. Sin embargo, nunca le preocupó, que Mi Madre tuviera o no, con qué calzarse o vestirse. En ningun momento, consideró, que, como humana, necesitaba, indumentarias y prendas más pertinentes, para resguardarse con dignidad. Como tampoco, aprobaba, que Ésta abandonara la habitación, en la que pasaba La Mayor Parte del Día. Para Él, no era necesario que Ésta tuviera una vestimenta, que fuese más adecuada.

Así que, mientras menos ropa, tuviera para ponerse, mucho mejor para Él. Puesto que de esta manera, se alejarían sus intenciones de huir para La Capital, cada vez, que Le Sonaba el Látigo en la Piel. En este preciso momento, se asoma a Mi Recuerdo, un Único Vestido y Un Par de Sandalias, con los que siempre la vi, en Aquellos Días, tan calamitosos para Ella ¡Esa Pobre Mujer, no tenía Otra Cosa que ponerse! Era un atuendo de Segunda Mano. La tela era de poliéster, con pequeñas flores verdes, y con el fondo blanco. Lo había comprado a crédito, a una señora que se dedicaba a vender ropas usadas. Que, por el hecho de ser Traídas de Fuera* las compraban con avidez. Y, porque también, costaban menos dinero, que Las Nuevas.

En cuanto, a su Único Calzado, Aquel Par de Sandalias, los usó, todo el tiempo. Eran las que, siempre les conocí. A pesar, que ya no sentía Sus Pies, como antes, Ya no se podía, parar bien, sobre Éstos. Aquellas Viejas Sandalias, fueron las mismas que les pusieron, para llevarla Al Médico. Esa vez, que les hicieron Los Análisis que arrojaron lo que padecía, ¡Mi Pobre Neyda, tan Pobre! Escribiendo en Este Momento, como lo estoy haciendo ahora; me parece, ver pasearse, por La Pantalla de Mi Laptop, Aquel Calzado que perteneció a Ella. Recuerdo, que tenía la Plantilla de Goma, maltratada por el uso, antes de llegar a Sus Manos. Cada Una, tenía dos diminutas Correas en Piel color marrón, que se cruzaban entre sí, por encima de Sus Pies. Buscando a la parte, donde debía sujetarse al talón, ambas tenían evilla Que, por ser viejas, a veces se zafaban de Su Sitio.

Aún hoy, no puedo fingir, que soy un hombre feliz del todo. ¿Cómo podría serio? No le deseo, ni a Mi Peor Enemigo, si es que acaso, lo tengo, el que pierda a Su Madre, siendo un niño, de la forma, que me sucedió a Mí. Tampoco me gustaría, que nadie viva enmedio de las Experiencias de Violencia que me tocó mirar tan de cerca. Y sentirlas, en cada tejido de mi cuerpo. Hay momentos, que me despierto y pienso en Mi Madre, En las tantas carencias que la asediaron y abrumaron. Pienso ahora, que si hubiese estado viva, podría haberle comprado Aquellas Prendas Materiales De las que no pudo suplirse nunca. Una cosa, que me lastima mucho, es el hecho, de haberme perdido de verla con Mi Hijo Julio César, en sus brazos. Pienso, además, que, de no haber estado Muerta, habría dicho presente en Aquellos Actos Míos, en los que, su presencia había sido enriquecedora para Mi Espíritu. Alguna vez, siendo Día Especial de Las Madres, me tropecé con el gentío, que Hacía Filas para hacerse de un regalo en Tiendas de La 5th Avenida. Me he quedado, por minutos hipnotizado. Mirando a través del vidrio los escaparates, con vestimentas que habrían sentado bien en Ella. Parado ahí. Cautivado por la alegría que vi, en el rostro de una mamá. La Abrumadora Nostalgia de Su Recuerdo, me paralizó en plena Vía. Sólo logré volver en Mí, cuando escuché el claxon de un emblemático Taxi Neoyorquino, que atravesaba el condensado tráfico.

Pensarán, que no es verdad. Pero ciertamente es así. No tengo una sola fotografía para mostrársela a Ustedes, ni a cualquiera Otra Persona, que tenga interés, de saber cómo se veía Neyda. Tengo una imagen, en Mi Mente, de La Última Vez que la vi en Su Féretro. Pero no es Esa, la que, suelo traer dentro de Mis Recuerdos. La que Yo pienso, de vez en cuando. Es Una Señora con el cabello bastante corto y disparejo, mientras estaba en La Casa. Nunca la vi ponerle interés a Su Rostro, como lo hacen las mujeres de hoy en día. A veces, pienso que quizás, no lo hizo, por carecer de dinero para comprarse Esas Cosas. Jamás, supe que se arreglara Las Cejas, con la intención, de ocultar un poco, la Fea Cicatriz, que le hizo La Bestia en una de ella. Recuerdo una ocasión, que Neyda necesitaba renovar Su Cédula de Identidad Y, para ello, debía trasladarse, al Ayuntamiento.

La noté, medio confusa, porque no encontraba, qué cosa ponerse. No disponía de ropa suficiente y ajustó un paño a Su Cabeza, que ató bien con dos nudos. Por nada Del Mundo, deseaba que se le fuera a zafar de Allí. Tenía la necesidad, de contar con una Identificación Actualizada, Puesto que, hacía tiempo, que había expirado la que tenía. Le preocupaba, que Pachanga no estaba en La Casa en Aquel Momento, para que le diera el permiso, de ír Al Lugar, en un satiamén. Cuando Pachanga, por fin, llegó a La Casa, ella se fue caminando con mucha prisa. Desechó Aquellas Calles en las que, pudiera encontrarse con personas. Que la conocieran y que pudieran entretenerla entre conversaciones, para las que no estaba dispuesta. No contaba, con esto dentro de Sus Planes, que tal cosa pudiera ocurrirle. En Su Cara, se le veía, que no tenía tiempo para algo así. Y tampoco, le convenía que le fuera a pasar, algo como eso.

Tomaron La Foto, así como estaba. Sin que la obligaran a retirarse la pañoleta de Su Cabeza. Esa fue La Única Fotografía, que le conocí a largo Su Vida. No sólamente Yo. Sino también, los hijos que nacieron después de Mí. El Retrato de Su Última Cédula, es el que siempre se ha quedado archivado en Mi Subconsciente. De la manera, que la vi ahí, de esa misma manera, sigo recordándola, hasta ahora. Cuando terminaron de entregarle el Documento, ni siquiera, se detuvo a revisarlo, a ver como habia quedado. Al contario, se le veía el interés, de regresar a La Casa, lo más pronto, que pudiera caminar. A veces, llegué a pensar, que era tanto el tiempo, que Mi Madre pasaba entre Aquellas Paredes. Que, tal vez, le era difícil mantenerse, fuera algunas horas, cuando se encontraba en libertad. Pero también era posible, que Yo estuviera, en parte, equivovado y que, lo que pasaba, realmente, era, que actuaba de esa forma, para que no fuera a incomodarse, El Hombre, que Ella conocía plenamente.

Porque, tampoco llegué a darme cuenta, cómo fue que Éste, le permitió llegar al Ayuntamiento. Qué condiciones le habrá puesto, para que lo hiciera. ¿Por qué, tanto miedo, en ir y regresar? Sólo Ella sabía cuáles fueron las condiciones.Yo sólamente recuerdo, que me detuve a observar sus reacciones. No haciéndole compañia durante el trayecto. No, Yo iba sólo, en el otro Pasillo paralelo, como si estuviese pendiente de Ella. Quisiera poder, retirar de Mi Mente, Esa Última Imagen que guarda Mi Memoria y plasmarla en El Papel, con la misma facilidad, conque escribo Estas Líneas, que se me dan con fluidez. Pero no tengo, el don, ni tampoco, La Técnica para reconstruir Su Retrato. He hecho diligencias, desde Aquí, trantando de encontrar, en Los Archivos de La Antigua Cédula, Aquella que le pertenecía. Pero, todos mis esfuerzos han sido en vano hasta al momento. La última información, que recibí de una persona que contacté con esos fines, me hizo perder toda esperanza. Pero nada...Llevo en Mi Mente, la Cara que tenía en Aquella Foto. La que le vi, mientras estaba en el Ataúd. Desde Mi Mente, siempre que lo procuro, suelo verla, de vez, en cuando, en Aquella Foto a Blanco y Negro. No es lo mejor. Pero siento, que al menos, es un consuelo.

Las Peleas Diarias, menoscababan, La Salud de La Mujer que me trajo a La Vida. La intimidación, la hacía compartir su realidad, sólo con Ella. Cada mañana, al levantarse, cuando abría La Puerta del Cuarto para Hacer el Café; que su marido tomaba como, si fuese una adicción. Yo la veía salir y cruzar la puerta, que daba, a La Cocina.Y, con una sola mirada, la pesquisaba, desde La Cabeza hasta Los Pies. En más de una ocasión, le pregunté, por un ojo, que a leguas, se notaba, que estaba enrojecido a golpes También, por una Mancha Morada, debajo de Sus Párpados, por otra color Violeta en su espalda. Por Cosas Horribles en Su Cuerpo. Y también, por Su Semblante sin vida. Siempre apelaba Al Silencio con Sus Familiares más cercanos. Su postura, era la misma de siempre, inescrutable. Pero aún, embuída en aquella Mudez Persistente. Sus lágrimas, por más diminutas que fueran, hablaban por Ella. El poco desgano, por La Vida también parecía delatarla. Sus dedos tembloros. O la prisa, por mirar hacia al suelo siempre. Cada vez, que el Infame estaba cerca. Nunca quiso alborotar Las Avispas...

Siempre pensó, que si lo hacía, La Cura, sería peor que La Enfermedad. No pretendió, jamás inmiscuir a otros en Aquel Asunto. Que, al parecer, fue sólo Su Culpa. No buscó, que absolutamente, nadie supiera lo que le sucedia. Cuando Ese Fulano, cerraba la puerta, dejándonos detrás, con inquietantes preguntas: ¿Qué cosas les hará Esta Noche? ¿Con qué le pegarás hoy? ¿Qué motivo buscarás, para ponerla Intranquila? Si Él se enteraba, que Ella había dicho algo, La Malograba con Saña. Le respondía el atrevimiento, con peores torturas, que las de costumbre. Neyda, Mi Madre, nunca estuvo preprada, para soportar mayores zaherimientos. Nadie se siente nunca físicamente preparado para una dosis de flagelación diaria. Como si fuera parte de un extraño ritual. Su Cuerpo ya no era el mismo que al principio Sus ganas por vivr´, tampoco eran las mismas. Llegó al grado, de no saber, qué más hacer para quitárselo de encima. Pues, no le permitía, ni dormir con un poco de paz. Y no era, que no podia conciliar El Sueño, por en un largo momento de placer íntimo. Ojalá hubiese sido por eso. No lo conciliaba, porque a Este Señor, hasta eso le molestaba. El verla descansando un rato. La sacaba de sí, hasta incomodarla, haciendo que abandonara la Cama a toda prisa. Ella no podía dormirse primero que Él.

¿Cuántas veces, se fue de La Casa, a otras provincias, adonde vivían algunos Primos? Y, allí la encontraba, obligándola a regresar Al Pueblo, bajo la promesa de tratarla como persona. Algo, que jamás sucedió. Sólo bastaba volver. Para las mismas penitencias. Ya que, al decir de Él, era "Su Único Macho" hasta Al Último Día que estuviera respirando sobre La Tierra. La última vez, que Yo vi a Mi Madre con poca ropa: su cuerpo parecía, algo así, como Un Mapa de La Antigue-dad. Crucificada por todas partes con áspera cicatrices, que daban la impresión de ser jeroglíficos. Al estar mirando esos jeroglíficos, con Mis Propios Ojos, me causaron una extraña confusión al momento de intentar interpretarlos. Yo no soy la persona más recomendable para presagiar, el tipo de castigo que Este Señor deba recibir en La Otra Vida. Pero, si lo de La Otra Vida es cierto. Como estoy íntimamente convencido, que lo es. Entonces, pienso que Él tendrá que explicar muchas cosas, al instante, que se encuentre rindiendo cuentas ante el Tribunal Celestial. Otra vez, Mi Madre, se marchó a La Capital. Pues, como en otras anteriores ocasiones, quería alejarse de Pachanga. Ansiaba olvidarlo, para poder salvar Su Vida. En sus incansables intentos, por cambiar el mundo, que equivocadamente, se había construido al lado de Él; dio señales claras, de querer arrancarse de la piel, el sello que Este Personaje le había impuesto. Como madre, lloraba incansable, por el dolor que le provocaba a Sí Misma, su partida clandestina. Nunca pudo abrazarnos. Ni explicar a dónde se trasladaba. Aunque ya sabíamos, en Nuestro Interior, cual era la causa. Pero no tenía otro modo de operar, que no fuera, el que siempre usó. De modo, que Ella estuvo mandando señales claras, de que, no quería estar al lado de Ese Señor, en el que, sólo hallaba maldades: puñetazos, pescozones, heridas, puntapiés. Pero Éste, siempre salía a buscarla a donde fuera. Cuando no la encontraba en días, la encontraba en meses. Y cuando no en meses, en años. La verdad es, que siempre daba con su paradero. La última vez, que la halló, le tomó, casi Año y Medio. A partir de aquella a vez, Mi Madre se rindió. No volvió a intentar irse nunca más... Incluso, cuando Uno le pedia, que se largara, en el primer chance que se presentara, sólo bajaba el rostro con señales de cansancio. Sin ningún interés, por pensarlo siquiera. Como mencioné en una ocasión, Pachanga no se detuvo en rastrear los caminos. Una vez que se iba, modificaba su modo de búsqueda,

En un tiempo, dedicó todos los Fines de Semana, exclusivamente, para ir a distintos puntos de la capital que a su entender eran estrategicos para pisar sus talones. Se presentaba en lugares en donde las trabajadoras de Servicios Domésticos eran requeridas con mayor necesidad. Allí estaba Él, preguntando con insistencia, a diferentes mujeres de Nuestro Pueblo, y de Otros Lugares Cercanos. Que se dedicaban a la misma Actividad Laboral. Pero Éstas Damas, que sabían, cómo era Él y para qué quería encontrarla. Pensando en el trato, que le daba toda La Vida a Esa Pobre Cristiana, se unieron Todas, para que no supieran, por boca de Ellas, en dónde estaba trabajando. Si embargo, como, casi siempre sucede; Él era un Viejo Zorro. Y estos, los Viejos Zorros, para atrapar la presa, acechan con insistencia. Sin bajar La Guardia, aparecen y desaparecen. Fingen desaparecer aún estando allí, en el mismo lugar, por donde La Presa suele pasearse.

De modo pues..., que en Una de Esas, estuvo vigilando de cerca y la atrapó saliendo de Su Trabajo, que quedaba al cruzar tres calles.Ya para Aquel Tiempo, Neyda había empezado, a Hacer Vida con Otro Señor.

Y con Éste, había concebido una niña, que a penas contaba, con pocos meses de haber nacido. Intentó convencerlo, de que, era lo mejor, estar como estaban. Separados. Porque Ella estaba haciendo Una Vida Nueva, empujada por la situación, a la que, Él la había forzado. Ella le suplicó, que se vaya. Que, por favor, la dejara vivir. Que terminaría matándola. Que Ella, no le había hecho nunca, ningun daño. Que le permitiera, tener Una Nueva Vida, con alguien, que sí, la respetaba. Pero Mi Madre fue muy ingenua, al tratar de convencer con tales argumentos a Este Macho de Hombre, que se sintió herido en su orgullo. ¿Por qué iba pensar, que la iba a dejar tranquila?, cuando antes de eso, nunca lo hizo. Al confesarle, que se había comprometido con otra persona, Mi Madre, torpemente se autoclavó la daga. El Salvaje que la estaba persiguiendo, no tenía un código que le pautara cosas... Las Reglas con las que jugaba, eran impuetas por Él Mismo. Y, quien no las seguía, debía prepararse a conciencia, para recibír su sanción, aunque Ésta fuera macabra.

El Pachanga testarudo, que Todos conocimos. Y que Ustedes, están conociendo ahora; por intermedio de Esta Obra, sujetó con ciclópea fuerza a Mi Madre. Con odio en sus ojos, como si quisiera tragarsela viva, la contradijo. Le insistió, que nunca la dejaría vivir, con Ese ni con nadie más. Con un grito, que pareció escucharse en Lo Alto, le dejó claro, que si no le obedecía, era capáz de matarlos a los tres. Por lo que, la obligó, a que dejara La Bebé abandonada en el frontispicio de una Casa Capitalina. Tal Mandato significaría para Ella, un terrible dolor, no sólo en el instante. Sino, en todos los dias del resto de Su Vida. Cuando Mi madre regresó a Casa, aquella última vez, llegó en las primeras horas de esa tarde. El simple hecho de verlos llegar, me provocaba flojeras en las piernas... Pues presentía los minutos dolorosos que se avecinaban, para quienes viviámos Allí. Hacía un sol brillante. El Viento levantaba, impetuoso, la polvareda de Nuestra Calle, que, al igual que las otras, carecía del asfaltado.

Yo, con mi Caja de Limpiar Zapatos, todas las tardes, daba vueltas por El Pueblo. Tratando de conseguir algunos centavos para, con estos, comprar las cosas simples que yo necesitaba diariamente. Aquella tarde, le estaba limpiando los zapatos a un cliente. Al que, siempre trataba con respeto. Primeramente, por su ancianidad. Y segundo, por la Estirpe

Familiar a la que pertenecia. En mi inocencia de niño, o por la situación de desajuste emocional por la que se estaba travesando Mi Familia; tuve la confianza de contarle, lo que podría pasarle a Mi Madre al arribar la noche. Le confesé, sobre lo aturdido y nervioso que estaba. Porque Pachanga, en cuanto entrara La Noche iba a cerrar su puerta y comenzaría a maltratar físicamente a Neyda. Como si estuviese sucediendo ahora, recuerdo que mis manos estaban muy nerviosas, se me crispaban al asir el cepillo, con el que quitaba el polvo a los zapatos del Señor. Lo dejaba caer con torpeza. Yo hacía el intento por dejar los zapatos bien lustrados. Empeñado en recibir Mi paga. Pero mi esfuerzo se quedaba en el intento. Miré al Señor a la Cara. Lo hice fijamente. Sin bajar la Cabeza. Yo buscaba una respuesta solidaria, en Aquel Anciano al que siempre había considerado un caballero juicioso.

CAPÍTULO XIII

Mi interés, era que se ofreciera para hablar con Pachanga. Esperando, que de alguna manera, lo hiciera hablandar Su Corazón. Pero no fue así… Las Huellas del Tiempo, en el rostro de Aquel Anciano, no me sirvieron tanto, como Yo pensé. Desde ese momento hasta estos años, he comprendido que no es aconsejable, dejarse llevar por las apariencias de las personas. El apoyo que Ese Cliente creyó darme, me dejó perplejo y desconcertado. Tanto, que treinta y tantos años después; aún rememoro con cierto dejo de desprecio, la respuesta que le dio, a Este Niño Asustadizo que tiritaba de miedo frente a Él:

–Dile a Nene, Tu Padre, que no le dé golpes a Tu Mamá. Que le dé, Esta Noche, una pela bien grande. Y mañana, también otra. Pero con Su güebo–.

Inmediatamente, eché mano a mi Caja de Limpiabotas y me fui de allí. A pesar de necesitarlo como cliente, no volví jamás por Éste. Nunca más, les lustré los zapatos. Para Mí, la sugerencia que había mandado por mi propio conducto, me resultaba asqueante, inadecuada y ofensiva. Más bién, la tomé como si fuese un insulto, no a Mí. Sino hacia La Mujer Desdichada, por la que, inocentemente, abogué ante Él. Desde Aquel Momento, para Mí, El Anciano había caído, para siempre, desde el pedestal sobre el que lo tuve antes. Aunque, prometiera cambiar, Pachanga no variaba en nada su acostumbrada rutina. Siempre decía, que lo haría. Pero eso, sólo formaba parte de un rosario de promesas que nunca cumplió. Y, que con naturalidad, se lo decía a Mi Madre, para convencerla, a que volviera con Él. Según Éste, para estar juntos, en La Familia que había construído A Su Imagen y Semejanza. Su actitud mortificadora, mantenía, a tope de sumisión, a Mi Madre. Sin variar, ni un áspice. Por lo que, su Comportamiento Sádico siempre estaba a La Orden del Día. Y en ese sentido, el lastimarla, por puro gusto, era mal visto, no sólo por Los Familiares Más Cercanos, sino también, por los más lejanos. Había vecinos y forasteros, que no querían ver a Mi Padre, ni en pintura. Por Su Carácter y por lo que hacía.

Ocurrió, muy pocas veces, frente a Mí. Pero llegué a ver a Ciertas Señoras, que lamentaban mucho las torturas, de las que era objeto Mi Madre. Por las polpizas, a puerta cerrada y a plena tarde, que Este Preboste les propinababa. Aunque fuera discreto y silencioso, hablaban mal de Él, De la crueldad con que la azotaba. Y, de la forma áspera, que le gritaba a La Madre de Sus Hijos. Privarla de hablar, o de que otros les hablaran. En más de una ocasión, escuché a Las Señoras, expresarse en esta forma:

¡Ay, Dios Mío! Ese Criminal la está matando ahí encerrada. Para que Uno no vea, las cosas que les está haciendo–.

¡Ese Degraciado está Matando a Plazos a Esa Pobre Infeliz! ¡Oye, como suenan los golpes que le da¡ ¿Por qué no aparece alguien que lo saque de Ahí y lo mate? A ver, si Esa Pobre Mujer, vive tranquila algún día–.

Sé, que tal vez, Ustedes piensan, que he relatado Esto Aquí, para dar la impresión de una ficción. Pero no es así. He conocido, antes, en Mi Propio Pueblo. Y en Barrios Capitalinos, a hombres, que, en alguna forma maltrataban Sus Parejas. Y que sus acciones, llenaron páginas de Impresionantes Revistas y Periódicos. Sin embargo, ni siquiera Aquellos Sucesos podrían compararse, con el modus operandi en el que obraba Pachanga. Cómo poder olvidar una ocasión, en que tomó una Pata de una vieja Silla de madera, que se había roto, más por el uso, que por el tiempo. Mi Hermana, La India y Yo, observamos, que Pachanga, con mucho empeño y dedicación, comenzó a darle forma a la Pata de Silla. Como que iba, hacer un Bate de Baseball.

Al menos, fue lo que pensamos que haría. Lo rapilló de un extremo a otro, con un trozo de vidrio de una botella que se habia roto. Se esmeraba en lo que estaba haciendo. Terminó. Pensamos, que nos iba a regalar el bate para que jugáramos en el patio de la Casa. Pero nada fue, como lo imaginamos. Aquel bate no había sido tallado, para complacer Nuestras Inquietudes Deportivas. Lo guardó debajo de la mesa del Altar. No pasó un par de días sin que le diera uso: Una Pela a batazos a Neyda. Siempre que le apetecía; la doblegaba, disminuyendo Su Espíritu, hasta convertirla, en lo que, al final, la convirtió. ¿A ustedes les parece, algo enfermizo? A Nosotros, también nos pareció igual. Cuando digo, que Este Hombre bien vestido, fue un ser despreciable. Sádico y algo, más allá de La Palabra, Cruel. Creo, que me estoy quedando corto. Si Ustedes, acaso sienten, que estoy exhaltado perdonenme.Pero aún, en todos estos años que han transcurrido, mi propio pasado no encuentra paz por tanta injusticia con tanto horror.

Como anteriormente, mencioné, la Abuela Irenita, no solo padeció directamente por los arranques o mal-genio de su hijo. También lo hizo al ser abusada por su marido. Se dijo que hubo una ocasión en que, El Abuelo Majeño, llegó a La Casa, ataviado con el Traje que más le asentaba a la medida en aquella época. "El Traje de Pato Macho" y, que Él Mismo, requirió ser atendido, con mucha urgencia. La Abuela no pudo hacerlo, en el tiempo que él precisó. Por lo que Éste, le dió un golpe tan fuerte, que la puso a llorar enfrente de los clientes, que esperaban por las órdenes de Tilapias. Pachanga que estaba cerca, en ese momento, le advirtió al Abuelo, que no lo volviera hacer, delante suyo. Porque ya era Mayor de Edad y no estaba dispuesto, a continuar cruzándose de manos, si tal situación, volviera a repetirse, frente a los Ojos de Todos.

El Abuelo, Majeño, Sintió Aquellas Palabras, como si fuera una amenaza, por lo que se "le fue encima" A Pachanga. Y Éste, sin pensarlo, dos veces le devolvió con patadas entre puñetazos derribándolo hasta dejarlo en las peores condiciones. Ese desagradable enfrentamiento, fue el primero de muchos otros, que les siguieron. Este pleito, se llevó a cabo, en La Época Trujillista. Y se corrió tanto la voz entre lugareños, que La Guardia, andaba buscando a Pachanga, hasta en los montes, para arrestarlo. Seguían su rastro, día y noche. Pero, por más esfuerzos que hicieron, no pudieron conducirlo Ante La Ley. Este Hombre, tuvo tanta suerte, que en Aquel Tiempo, contó con la aprobación de su Tía

Mailecasa y doña Noboa Vargas. Quienes, actuando de muy buenafé, y a pesar, de que no se lo merecía, les ayudaron a escapar de la manera más ingeniosa. Como si fueran, Sus dos Hadas Madrinas. Las Damas en cuestión, pusieron mano a la obra y, colocaron una Pañoleta de Colores, en la cabeza del Prófugo, con la que le dieron apariencia de mujer. También, pusieron polvo en Su Rostro. Además, un vestido largo y un par de zapatos de Mujer.

Desde la casa, donde Lo Prepararon,*salieron a oscuras. Tarde en la noche. Caminando con Él, en medio de Ellas Dos. Partieron rumbo Al Pueblo de Tamayo. Que estaba tan sólo, al cruzar El Río Yaque del Sur. Allí, lo dejaron en casa de Una Familia, que previamente contactaron, para que le permitieran pasar la noche. Y siguiera su camino al día siguiente, con destino a Neiba. Una comunidad más grande y mucho más poblada. Donde, las posibilidades de apresarlo eran menos. Las buenas intenciones de Aquel Par de Mujeres tan honradas, dio la factibilidad del plan que habían pensado. Esa misma noche, volvieron a Vicente Noble. Satisfechas de tener en su conciencia, una más, de las buenas acciones que hicieron en vida. Sin embargo, como su regreso se produjo en la madrugada, cuando ya casi todos dormian. Alguien las vio a esas horas y puso a correr el rumor absurdo, de que, ¡Eran Brujas! Y que, tal vez, venían de hacer, alguna actividad, que tuviera que ver con el Supuesto Oficio de Ese Personaje Mítico, que a consideracíon de algunos, se desplaza por el Aire, utilizando, una escoba como transporte.

Aquellos comentarios, fueron tan falsos, tan alejados del interés real, que tuvieron arriesgando su integridad, en pro de que Pachanga no fuera, a parar con sus huesos, tras las rejas de una cárcel Del Trujillato. Después, con el pasar de los años, Esas Mismas Señoras, lamentarían haber hecho tantas cosas, en favor de Este Hombre. Nunca faltaron sus Sabios Consejos, para motivarlo a cambiar su manera de ser ante la vida. Y, ante quienes más lo querían. A pesar de ser, el Ser Humano, incomprensible que siempre fue. Él mismo se encargó de ofenderlas por separado. De tal manera, que Estas Mujeres, jamás quisieron verlo, ni en pinturas. Frente a Mí, Yo Mismo las escuché pronunciarse decepcionadas, por los malos tratos de que fueron objeto, por Este Señor tan malagradecido. Cierta vez, lo vi encontrarse con Ellas, en algunas calles Del Pueblo, sin que se saludaran. Al contrario, Éstas miraban para otro lado, con tal de no verse de frente con Él. Pues, la decisión de Estas Damas, de no dirigirles la palabra nunca más. Se cumplió como ley, hasta que Las Dos, en diferentes circunstancias, se fueron de Este Mundo para siempre.

Como antes mencioné, La Abuela Irenita, le tenía mucho miedo a Su Hijo. Y cuando debía reclamarle algo, lo hacía en voz bajita, muy despacio. Aún así, Él elevaba el tono, para hacerle saber, que aunque era, la Dueña de La Casa, quien mandaba en Esta era Él. Bajo esa premisa, llegó a venderle algunas Cabezas de Ganado. Que La Abuela había adquirido, cuando empezaba su negocio a dar los frutos. Y le iba bien, con la venta de Este Pez tan popular en el sur. Les vendía a sus espaldas, a precio, casi regalado las pocas posesiones que tenía. De esa manera, tambien se fueron, unos solares contiguos a La Casa. Que luego, invirtió en Apuestas y en Parrandas. Cuando se vio sin nada, regresó donde La Abuela por más dinero. Y cuando se negaba a dárselo, la sorprendía ágilmente, por detrás, cortándole una bolsa diminuta con dinero, que habitualmente mantenia amarrada, a un lado de su brazier. Éste señor sabía, que era Allí, donde guardaba, lo poco que tuviera. Así que, tomaba, a fuerza, lo que necesitaba, sin importarle las obligaciones que ella había contraido con anterioridad.

Tampoco, su sufrimiento por lo que le hurtaba a Su Propia Madre, tomándola en ocasiones por los Cabellos, hasta arrastrarla en frente de algunos. Actuaciones como esas, agrandaron, Entre Ellos, la distancia. Distancia que ya existía con mucha ateriioridad. Este tipo de comportamiento, de alguna manera, llegó a los oidos de Mís Tíos, quienes en todo momento, se negaron a limar asperezas con Este Hermano tan despiadado. Yo Nunca lo vi conversar con ninguno de Éstos. Jamás
vi que mis tíos, fueran a la casa a tener una plática armoniosa con él. Todavia, en Estas Páginas. A medidas que avanzo, se me hace cuesta arriba, descifrar el porqué, a Pachanga.

Se le hizo un arte, Golpear Mujeres. Por ende, esta conducta, en Él, se convirtió en un vicio. No puedo, Pasar Por Alto, el nombre de Una

Buena Mujer, que se esforzó, muchas veces, en escudar con su cuerpo a Mi Madre. Para protegerla de los castigos de Este Señor. Se trata de Doña Mailecasa. Hermana de La Abuela Irenita. En consecuencia, Tía de Aquel. Esta Doña, desempeñó un papel importante, en aquellos momentos de angustias, en que, la desesperación misma, casi mataba a Neyda. Su Nombre Real: era Rosa Erminia. Pero todos, en La Familia y el resto del Pueblo, le apodaba, Mailecasa. Su Mote encontraba explicación, por el empeño y los cuidados, con que Ésta se encargaba de Su Propia Familia y de Su Propia Casa.

Para los Días de Mi Infancia. Ya era una Señora Entrada en Edad. Le calculo, algunos Setenta Años. Sino más. Usaba un inseparable paño sobre su cabeza, llámese un Turbante. Era delgada y de una estatura regular. Su piel era del Color de La Noche. Una dentadura blanca, pero postiza. A pesar de Sus Años, caminaba con mucha agilidad. Incluso, realizaba con mucha destreza Sus Quehaceres Domésticos. Solía vestir, como en sus mejores años, ataviada con Mediofondo o Refajo-falda Y a veces, un Vestido de Una Sola Pieza, Todo el Tiempo, impecable.

Era Madre de muchos hijos. El Tipo de Señora, que Uno suele llamar Mamá Pollitos, a todos los había criado, sin la presencia en La Casa, del que fuera, Su único Marido. Nunca la vi sonreir. Pero era diligente. Saludaba a las personas y devolvía cada saludo, con amabilidad. Cuando no estaba trabajando en El Matadero, estaba friendo Trozos de Carnes para venderlos y ayudarse con algo de dinero. Fumaba Cigarro de Tabaco, que Ella Misma preparaba. Cuando fumaba, una parte la Otra Mitad del Cigarro, la ponía encima de Su Oreja Izquierda. Y, pese, a sus pasos rápidos, el cigarro nunca se le cayó. Era una Doña de Principios. No toleraba, que se perdiera tiempo con Ella. De la misma manera, consideraba, que no tenía chances para bromear con el tiempo de los de más. Fue una Mujer de Gran Carácter. No le aguantaba sinverguencerías a los Hijos. Mucho menos, a particulares.

Esta Dama cuidó de su sobrino, Pachanga, cuando Éste era Pequeño. La Abuela Irenita se lo dejaba de camino, cuando debía irse, bien temprano, en las madrugadas, a suplirse del Bien que revendía en la semana. Lo que quiere decír, es, que en Esa Época, el Sobrino pasaba, la mayor parte del tiempo, en compañia de Su Tía. Y, que Ésta, de alguna manera, lo había consentido, con el mismo cariño, conque mimó a Sus Propios Retoños. En tanto, que después que Pachanga llegó a joven, durante ese tiempo, escenificaba una que otra trifulca, con El Abuelo Majeño, la persona, a la que se le pedía auxilio, para que detuviera a Los contendores, era a Ella. No tuvo miedo de meterse en el centro, de aquellas discusiones tan insólitas. Y, no sólo eso. No abandonaba el lugar, hasta no disolver la reyerta. Siendo, la única persona, que en más de una ocasión, sacó del Hoyo de La Letrina, las ropas del Sobrino, cuando El Abuelo se las arrojaba al Lugar Fétido.

Luego, se las lavaba y planchaba, hasta dejarlas en condiciones óptimas, para que volviera a usarlas nuevamente. Esta Señora fue, El Familiar más cercano que cuidó de Pachanga, como el Hijo Mayor de La Hermana ocupada. La que, tantas veces, debió dejarlo a Su Guarda, para que Ella, se fuera, en busca del sustento que les permitiera comer y tener, un techo donde dormir. Asi que, fue Mailecasa, la única persona, a   la cual, Yo ví, con Mis Propios Ojos. Que Pachanga le guardara, un poquito de respeto y consideración. Aún, puedo recordar, cuando Mi Madre, al darse cuenta, de que Pachanga ya estaba deseoso por pegarle; me mandaba con mucha urgencia, a buscar a Esta Doña.

–¡Sólo Ella puede salvarme! –Me decía–.

–¡Sólo Ella, puede evitar, que Éste Hombre me mate!–

–Ve rápido. Tráela. Y dile, que ya casi me va a pegar. Por favor, tráela. ¡Dile, que no deje de venir!

Momento, como el que acabo de describir, se repitieron infinidades de veces, siendo Yo un niño. La vivienda de La Doña, quedaba en la Calle Emórgenes Espejo. La Misma, donde Nosotros vivíamos. Como a Cuatrocientos metros desde La Casa Nuestra. Por lo que, Yo llegaba, en cuestión de minutos. Y después de pasarle el mensaje, La Señora tomaba un garrote y le amagaba al Sobrino. Para ahuyentarlo de Neyda. Se colocaba en el medio de Ambos. Mi Madre, siempre detrás de la señora, con mucho miedo. Escondiéndose sujetada a la cintura de la

Dama. Al mismo tiempo, que Mailecasa, Mantenía a Rayas al Sobrino; le reclamaba, que las cosas no eran así como Él las pensaba. Que debía, parar de golpear a La Madre de Sus Hijos. Y que Ella, no saldría de Aquella Habitación, hasta tanto, no le prometiera que no la tocaría, aunque no estuviera presente. Pero, Este Señor no paraba, de insistirle a La Tía que se apartara y le dejara el camino libre. De modo, que le fuera fácil pegarle a La Mujer, que insegura, se escondia detrás:

–¡Aléjate!–. Déjame darle Una Buena Pela. Como se merece. – Gritaba furioso–. ¡Quítate! Quiero golpearla con Este Hierro. ¡No te metas en Esto! Déjame hacer lo que tengo que hacer. –Eso replicaba Ese Señor–, mientras se movía en diferentes direcciónes, buscando acceso para acercarse a Su Víctima. Y La Doña, sin perderlo de vista, también se movía con rapidez, para enfrentarlo, con su Trozo de Madera. A Éste, la Cara le sudaba. Sus dedos tomaban forma de puño y luego se abrían.

Reaccionaba, como si dependiera de una Fuerza Interior, a la que debía rendirles tributos, repartiéndoles golpes, al Ser Humano indefenso. Que necesitaba la presencia de La Buena Señora, como garantia de Su Vida. Cuando, por fin, estaba seguro que no lograría su proposito, le prometía a Su Tía, que podía irse a Su Casa. Porque ya no la maltrataría más. Algunas veces, cumplió esa promesa. Pero la mayoría de las veces, fueron sólo palabras, que El Tiempo arrastró muy lejos. A partir, de uno de esos eventos, fue ingenioso a su conveniencia. Y, en lo adelante, para no tener a Mailecasa de frente, empezó a golpearla de nuevo, casi todos los días a medianoche. Siempre que amanecía, en las Primeras Horas de La Mañana,

Yo visitaba la casa de Esta Buena Mujer y le contaba, que él le estaba pegando, a esas horas de la madrugada. Ella, con tristeza en los ojos, me hizo saber, que en ese caso, ya no podía hacer nada. Porque a esas horas estaba dormida.Y de ninguna manera, Él no abriría la puerta para que ella entrara a separarlos. Me acuerdo, perfectamente, que Ella calmaba mi impotencia, invitándome a sentar para que comiera. Tiempo después, La Doña, murió, de una enfermedad que la mantuvo postrada a Su Cama durante algunos meses. Ya no era la misma señora que siempre conocí. Fuerte, de armas a tomar. A insistencia de una

Hija Suya, Yo Mismo corte su cabello estando en su lecho. Y contra su voluntad. Pues, no quería. Con gran dulzura, a pesar de su estado, me pidió con un Chorrito de Voz, que apenas le quedaba, que por favor, se lo dejara así. Tal y como lo llevó en toda su vida. Recuerdo también, que el Lamentable Día de Su Deceso, luego de llorarla, mientras Estuvo en Cama, me senti honrado de ayudar a Su Hijo Gustavo. Quien, en compañía de algunos nietos, colocamos Su Cuerpo Sin Vida, dentro del féretro. Fue, un Ser Humano Extraordinario. Importante en Mi Vida, no sólo por ser parte de La Familia. Sino, por lo que representó para Neyda. Fue, por muchas veces, su Tabla de Salvación.

La persona, en la que depositaba su seguridad. La que la hizo sentirse con vida, al menos, en las horas que la protegía de Aquel Sobrino de enorme conducta nefasta. Me da pena confesar, que me quedo Corto de Palabras, para agradecerle, a Este Personaje tan noble. Dama con la piel de ébano. De alma blanca. De acentuado respeto. Poseedora de un coraje, que sólo fue vencido, el día que La Muerte la asaltó.

Con sinceridad, debo exprear, que nunca entendí, cuál fué el concepto que tuvo Pachanga sobre Dios. Valorizó siempre, aquellas creencias, que guardaban relación con Su Altar Y seguía, Al Pie de La Letra, las costumbres que giraban en torno a Éste.

No lo vi jamás, pisar la puerta de una Iglesia. Tampoco a Mí, personalmente, me habló sobre Dios. Sin embargo, creía en Su Exis-tencia. Y parecía, tener temor, de Ese Dios, que supuestamente, castiga al Hombre Injusto. Lo que no entiendo, es cómo, a pesar esto, fue capaz, no sólo de injuriar a Su Propia Mamá, en reiterados momentos. Sino que además, llevó a cabo contra Mi Madre, atrocidades, que sólo pueden alojarse en una Mente Demoniaca. Me doy a la tarea de afirmar, que Pachanga creía en Dios, a su modo, pero creía. Porque una tarde, llegué a La Casa, justamente, en el momento que empezaba a contar una Historia. Estando Yo, parado a pocos pasos detrás de Él comenzó su relato:

–Una vez, que estuve en La Cárcel, Mis Compañeros y Yo teníamos mucha hambre. No había nada para comer. En ese momento, se presentó Un Señor bien vestido, delante del Grupo de Reclusos y, nos brindó, a todos: Pan, Salchichón y Agua.

En el instante, también nos arengaba, diciéndonos, que Él Era, Nuestro Único Dios. Porque teníamos hambre y nos dio de comer. Porque teníamos sed y nos dio de beber. Cuando escuché, que se expresó así, inmediatamente, le devolví completa la Ración de Comida que me había dado. Yo no la había probado todavía. Así que, me preguntó. Por qué razón se la devolvía. Yo le contesté, simplemente, que lo hacía, porque Él no era mi Dios. Que a Mí, no me compraría con ese cuento. Como lo hizo con los demás. Ya que, Dios, solamente, había Uno. Y no era Él–.

Sigo sin entender, cómo, alguien que pensaba así, era tan ingenioso, para llevar a cabo, una diablura sobre otra, sin que le temblara el Pulso. Comprendo, que Todos Somos Pecadores. Pero al menos, hay personas, que cuando entendemos, que algo no está bien, del modo que lo hacemos, nos detenemos ahí.

Tratamos de corregir, lo que hicimos mal. Si es, que aún se puede. Y, nos excusamos con quienes ofendimos. Esa capacidad de reconocer Nuestro Error, nos hace más humanos. Y, por ende, nos diferencia de El Animal.

Qué puedo contar, sobre la relación entre Mi Padre y Yo. Bueno, no sé, ni cómo cotejar las palabras que me resulten pertinentes, para referirme a esto. Pero puedo decir, que le temí, desde que era, a penas un niño. Nunca se me ocurrió, llamarle Padre o Papá. Ya se lo he comentado a ustedes por ahí. En cambio, siempre vi, que Mis Amigos, lo hacían con Los Suyos. Tampoco, me lo llegó a pedir. Es posible también, que, con todas las cosas que hacía, no sentía dentro de Mí, que fuera tan merecedor, que lo llamara mi papá. Hay veces, que como hijos, necesitamos ver ese cariño. Sentirlo, entrar en confianza con Esa Persona, que es Nuestro Viejo, querido.

Necesitarlo. Ansiar verlo siempre. Abrazarlo con fuerzas. Y sentir, que está ahí. Para cuidarnos o protegernos. Yo no sentí esas cosas por Pachanga y es una pena. Porque, a todo niño, en Su Vida, le hace falta un Buen Padre.

Lo cierto es, que no hablamos, veinte minutos completos, nunca. Y Yo buscaba la manera, siempre, de no toparme con Él, cuando estábamos los dos en Casa. No hubo esa relación de Padre a Hijo, como siempre se piensa, que debería ser, Aunque, siempre supe que era Mi Padre y que le debía respeto.Tal vez, no lo merecía. Puesto, que no era Un Padre, que mostraba, abiertamente, sus afectos hacia un hijo. Al menos, en Mi Caso, nunca vi que fuera cariñoso. O que despertara, en Mí, Sentimiento de Cofianza. Cuando hablábamos, más de diez minutos, era porque me llamaba la atención Sobre Algo. Para que quedase asentada, su advertencia. Pues lo más lógico, era hacer situarme frente a Él. Como Mi Juez. Me invitaba a comparecer ante su voluntad.

Su caracter irracional, fue lo que más me alejó. Con el tiempo, comprendí que la manera, con la que se identificaba en Casa, era muy diferente a la que mostraba afuera. Me dejó, siempre, muy claro, que no deseaba que Yo me metiera en problemas. Y que si me metía, esos problemas, no debían alcanzarlo a Él. A veces, me viene a la Mente, una frase que se volvió célebre en Su Boca, por las tantas veces, que me la repetía. Según Él, era la Regla de Oro más grande que podía heredarme: "Recuerda siempre, que el Becerro Manso, se mama Su Teta y la Ajena". En verdad, nunca entendi bien, cuál era el mensaje que quería darme. Ni tampoco, por qué sólamente me repetía eso. Hasta al día de hoy, todavía no estoy claro, sobre lo que quiso instruirme. En verdad, no sé, dónde encajaba.

Siempre que me miraba, Yo sentía, que a esas palabras en Su Boca, les daba un tratamiento, como si Éstas fueran, una Fortuna. Como cualquier hijo, puedo agradecer las buenas intenciones, que pudo haber tenido para Conmigo. Como por ejemplo, cuando trató de Enseñarme A Leer Y Escribir y posteriormente, cuando, por fin, me inscribió en la Escuela "Altagracia H. Perdomo" del Pueblo. Pero las actitudes diabólicas, que luego fue adoptando durante mucho tiempo, hacían que Mi Mente lo despreciara. Porque volvía a verlo, como lo que realmente era: Un Cruel Villano. Debo confesar, que Toda Mi Vida, quise odiarlo. Pero no pude llegar hasta Esa fase. Incluso, hubo una vez, en que, parado delante de Mí, me entraron ganas, de derribarlo y matarlo, por sorpresa, desde atrás. Pero enseguida, borré de Mí esos pensamientos, que no me parecieron sanos ni juiciosos. Luego me arrepentí, Pidiendole a Dios, que no me permitiera, otra vez, concebir en Mi Cabeza, tales ideas.

343

CAPÍTULO XIV

La manera en que nos trataba. Más, el modo en que obligó a vivir a Neyda, me llevó a matarlo. No en físico, claro. Pero sí, en mi corazón. Así que, procuré sobrevivir como pude, tratándolo de la forma que Él quería. Cuidando, de no alterar Sus Reglas ni lo que disponía. Y, por otro lado, esforzándome en trabajar Mis Metas con dedicación, para alejarme de Éste silenciosamente a la menor oportunidad. Siendo aún niño, me prometí, que en los años por venir, no desearía parecerme, en nada, a Él me dije a Mí Mismo, que jamás le pondría Mis Manos encima a una dama, con intención de malograrla. Y que, A Mis Hijos, no los iba a lastimar. Ni los dañaría de ninguna forma. Pensando, justamente, en Aquellas Promesas que me hice de pequeño. Nada me confortaría más, que aspirar a que, si alguna vez a Mi Hijo le tocara hablar sobre Mí.

Pues… Me gustaría, que se expresara, con el respeto y cariño, que Todo Padre, quisiera ver en Un descendiente al que se ama tanto, como Yo amo a Julio César, hijo. No sólo, por ser El Muchacho al que le di La Vida. Sino, porque, como Padre lo he amado desde el Vientre materno. Valga La Redundancia, Con Toda Mi Alma. Eso sería algo hermoso, dentro de Mis Sueños de Padre. El pretender, que Ese Hijo Mío, me devuelva, con sus sinceros afectos, El Amor y La Buena Crianza. No pretendo, tener Mejor Riqueza que Esa, en Mis días de Anciano. O después, cuando ya no me encuentre en Este Mundo. Hoy es, 6 de Abril, del Año, 2017. La última vez, que le puse la mano Al Teclado, para continuar escribiendo sobre Estas Páginas fue en Octubre de 2016. No me había sentido con ánimos de hacerlo, porque en Aquella Ocasión, Mis Lágrimas mojaron El Teclado.

Así que, me detuve. Sólo recuerdo, que me dirigí a las Escaleras Internas del Apartamento donde vivo. Tomé de la pared, una vieja foto de Pachanga, de cuando Éste era joven. Me la hicieron llegar Mis Hermanas, después que murió. La mandé a poner más grande, para que Julio César, a medida que fuera creciendo, supiera que Ése era Su Abuelo Paterno. Ya que, físicamente, no lo conoció. En ese, instante, que quité la foto, lo único que tenía en Mi Mente, era romperla en pedazos. Quería cobrarme, de algún modo, todo lo que me había causado Su Comportamiento Sórdido.Tambien Cosas, que he ido descubriendo, a la vez, que avanzo en Estas Páginas que parezco escribir con sangre, de heridas familiares que aun no cierran. Las Mismas, no han sido, nada facíl para Mí. Ni para quienes me estiman, y lamentan Conmigo la mala suerte que tuvo la difunta Neyda. Yo volví a colocar el cuadro en Su Lugar, optando sólo por reclamarles, cosas mientras lo veía bien vestido. Así que, empecé a pelear con Él, mientras daba golpes a ciegas. Y entre lágrimas, tambien le dije: ¡Que Dios te Perdone!

Luego, de pasarme eso, tuve cinco meses sin poder producír, una sola línea. Me sucedió, lo que a otros, que ya llevan tiempo dedicado a Este Oficio, lo definen, como Bloqueo del Escritor. Me sentaba frente a La Computadora y no me salía nada. Por más que lo intentaba, había perdido el deseo, de continuar relatando. Porque, viéndolo, desde cualquier lado, que se mire, es casi una tortura. Pero Este Día, me he traído la Laptop, a un lugar de La Playa, que está, sólo a Cuatro Cuadras de donde vivo. Aquí estoy relajado. Acompañado por El Sonido de Las Olas. El Olor del Mar, y el graznido de las gaviotas, que se elevan y deslizan, tras los peces pequeños de Rockaway Beach. El aire que se inhala, estando en Esta Parte del Mar, llega a Mí, totalmente puro. Esa misma pureza, la puedo percibir en El Azul de Estas Aguas, que forman olas ladeándose. Acercándose. Llevándose con Ellas Mar Adentro, Mis Pensamientos. Hasta lanzarlos al Río de Mi Pueblo, donde aprendí a nadar, sumergiendo y emergiendo. Tomando tragos de Esa Aguadulce. Así pude aprender a nadar, como un cachorro fuera de sus límites, en un habitat que no era, el propio.

Ahora, siento que El Alma vuelve a Mi Cuerpo. Y, que esta circunstancia, se vuelve placentera, para empezar a relatar, en este momento, como fue Mi Primera Juventud. Esa que pasa por Nosotros, cuando estamos, entre los Dieciocho y los Veinticinco años. De Ésta, precisamente, hablaré en los párrafos que retomo, a partír de ahora. Después de los dieciocho, que es cuando se alcanza, La Mayoría de Edad, en la República Dominicana, Mi Vida se topó de frente, con ciertas novedades, de las que no estaba consciente. Y, tal vez, por eso, de alguna manera, me dejaron mal parado. Al no responder a esas circuantancias, como debía, en el momento, que cada una de Éstas, tocaron a Mi Puerta. Para empezar, lo primero es, que, en EseTiempo, siempre Fui Un Pendejo*. Vivía pendiente de cuidar todo el día mi reputación. De que nadie, en lo absoluto, se atreviera a decir, que Yo andaba en malos pasos. Que me juntaba con personas, que me empujaran a salir del carril, donde se suponía que debía estar. Puesto que era ahí, donde estaban Los Muchachos Tranquilos. Los que no alborotaban el nido de murciélagos. Los que no daban problemas, Al Pueblo ni a Sus Familias.

El hecho, de haber sido Monjiástico. Y de estar, para arriba y para abajo, con Las Monjas y El Sacerdote de La Parroquia, eso me suponía, seguir un Patrón, que no contemplaba el comportarme en terminos afines, con los que no estaban congregados. Y, que, generalmente, seguian Sus Propios Códigos. Todo esto, me llevó a crecer, muy distante, de las cosas reales que Uno encuentra al momento de enfrentarse Al Mundo. No es que suene como un Monjiatico Arrepentido. Muy por el contrario, reafirmo el privilegio que tuve, al contar siempre, con Los Buenos Consejos de Aquellas Mujeres con Hábitos y de los amigos, que hice en Ese Tiempo. Pero ahora pienso, que nunca está de más, tener un poco de Maleante. Con esa astucia, que otros, con edades idénticas a La Mía, adquirieron haciendo Vida Nocturna en las calles. Interactuando con diferentes personas. Incluso, con las que Uno ve y a veces piensa, que nada bueno se aprenderá de Estas. Me explico, así, de este modo, para invitarles, a continuar leyendo estos acontecimientos que me rozaron de cerca, después que pasé a mayor edad. Desde entonces, sólo los recuerdo, como alegres anécdotas que aún me roban risas cuando las pienso.

Ya cursando La Secundaria, con diecinueve años de edad, al llegar el Viernes, con premura marcando el Fin de Semana; salí de Clases y me fui, caminando como siempre, hacia Mi Casa. Llegué; y entré Al Cuarto que compartia con La Abuela. No bien, empecé a quitarme el Uniforme Escolar y, detras de Mí, siento, que me abraza fuerte una mujer, a la cual, conocía desde que éramos niños. De inmediato, me invitó a Tener Relaciones* y accedí nervioso, con mucho interés y una curiosidad enorme, por saciarme. Puesto que nunca antes, me había pasado algo de tal magnitud. Mientras Yo cerraba las puertas, Ella vino hacia mi encuentro, completamente desnuda. Fue aquella, la primera vez, que toqué las Zonas Íntimas de una mujer. Recuerdo, que toqué Sus Senos. Los apreté y los solté. Como si fuese un niño con un juguete desconocido, que ignoraba maniobrarlos. También fue Aquella, La Primera Vez, que sentí lo que era un beso mojado.

Creo, que eso me salió bien. Puesto que, era algo fácil, que Todo el Mundo, sabría cómo hacer, incluyendo, a Un Tonto. Como lo era Yo, antes y después de esos minutos. La Mujer se tiró bocarriba en la cama de La Abuela. Era la única que había en La Habitación. Tenía un cuerpo exuberante. El primero, que Mis Ojos habían visto y manoseado. Me Desnudé y pensé, que Aquella Calentura podría llevarme a em-barazarla. Esa posibilidad, me puso más nervioso. Ella ya había sido madre, producto de ese Tipo de Relación, que otros clasifican como apresurada. Y, entonces pensé, que sería Ella, quien tomaría la iniciativa para el coito. Pero no fue así. Todo el tiempo se mantuvo en Posición Misionera. Esperando que fuera Yo, el que tomara Las Riendas del Asunto. Yo no me atreví a hacer nada. Realmente, no sabía cómo hacerlo. Nunca, antes, había visto una vagina. Ignoraba qué camino tomar para La Penetración. Y encima de eso, tenía una abundante exageración de vellos púbico, que me impedía, apreciar claramente, Las Bondades de Esa Área. Aquel Monte de Venus, era asombrosamente enorme.

¿Qué te sucede? —Me preguntó—.

Nada. —Le respondí—.

—Dime, ¿qué es lo que pasa? —Volvió a preguntarme—, ansiosa.

Y parado frente a Ella, sólo la miraba. Bajé la cabeza e hice silencio. No quería, que Ella supiera, que Yo realmente desconocía, dónde se encontraba su puerta de entrada por donde debía introducirme.Me apenaba que descubriera mi ignorancia Sobre el Tema. Ya que, en Aquel Tiempo, Muchos de Mis Amigos, habían tenido más de un encuentro de Ese Tipo. Así, que como enmudecí y no reaccioné como Ella lo esperaba. Se cansó de estar Allí. Se puso la ropa algo incómoda. Y se marchó, viéndome, tal como se mira a un zoquete. Les fue muy fácil a algunos de Mis Amigos, con quienes compartí el episodio en Mi Primer Año de la Universidad, juzgarme y burlarse. Sin embargo, hasta Yo estuve de acuerdo, conque se rieran. Porque, en verdad, Yo también, aún me río de Mí Mismo, cuando lo recuerdo. Pero el que continúe juzgándome como sé que lo harán, espero que no se exceda demasiado al hacerlo. Puesto, que hay que entender, que Yo no tenía la desemboltura para que una Revista Porno llegara a Mis Manos, con la fácilidad que llegaba, a las de otros chicos más hábiles. Generalmente, Mi Vida se circunscribía, a lo que era, asistír a La Secundaria, La Parroquia, al Grupo de Jóvenes Cristianos. Y más tarde, entrada La Noche, llegaba a Mi Casa, a dormir. Así fue mi rutina, durante muchos años.

CAPÍTULO XV

No tenía, ese despliegue de destrezas que podían exhibír, los que vivían de una vida sin limitaciones. Tanto es así, que, algunos años más tarde, fue que vine a conocer un Condón. Ese Preservativo, que a través de los años, después de su creación, ha evitado, que tantas personas se enfermen. O mujeres se embaracen. Yo no lo conocí en Esa Época. Sin embargo, otros, con Mi Misma Edad, sí. De modo pues, que es comprensible, la pobre actitud que asumí, a principio de Mi Primera Juventud. Otra anécdota graciosa, que ocurrió, una noche que acababa Yo de salir del Grupo Cristiano. Acostumbrábamos a terminar, más o menos, de 9:30 P.M. a 10:00 P. M. No sé, por qué, suele pasar. Pero siempre, que en un conglomerado cualquiera, hay un joven, que es tranquilo. Que no se droga, Que no busca problemas con nadie, como lo era Yo termina llamando la atención de personas, que jamás le pasaría, a Uno, por La Mente, y que querrían, tener algo Contigo. Más allá, de los amigos que he mencionado, Yo no solía hacer amistades, con otras personas que no fueran, Las Mismas, de siempre.

Salvo, quienes llegaban invitados Al Pueblo, a participar de Alguna Conviviencia de La Pastoral Juvenil o cualquier otras que conociéramos, porque Las Religiosas, tuvieran el interés, de que así fuera. Interesadas, únicamente, en que fomentáramos la Fe, a través de los sentimientos amistosos. Volviendo a Esa Noche, en que salía de La Reunión, me esperaba en las afueras del Liceo "San José", una mujer que tenía, al menos, cinco años más que yo. En un Aula del Plantel, era donde se celebraban estas reuniones. Y Esa Noche, Ella se cubrió detrás un arból, evitando ser vista por otros compañeros, que salían en ese momento, platicando Conmigo. Una vez, que estuve sólo Ella, me abordó, pidiéndome, que la acompañara a Compartir un Rato en el Bar Cató. El Lugar, era muy famoso. Los habitantes que ecónomicamente podían hacerlo, se daban citas Allí, Todo el Tiempo. El Establecimiento contaba con tres Pistas de Baile. En el pórtico que daba a la calle, estaba la Primera Pista Y, en Esta, se hallaba el Bar en sí, con todo tipo de alcohol. Incluída, Aquella Bebida Dominicana que enciende los ánimos. Y que pone a bailar, a cualquier individuo con Discapacidad Motora. Me refiero al Ron Brugal. Que al decír de Los Dominicanos, es una Bebida Emblemática, que hace entrar en calor, al cuerpo más helado. Es más, hay quienes exageran y aseguran, que Este Ron, es lo único, que puede salvarte de una Hipotermia Repentina.

Allí estaba también, la Vellonera. Con los distintos Géneros de Música que se escuchaban, a través de las enormes vocinas apostadas en Puntos Estrátegicos, para llevar el sonido a cada oído, sin importar, cuan escondido estuviera.Los parroquianos en sus respectivas mesas del Salón, no buscaban, otra cosa, que no fuera, el compartir amigablemente "Una Ceniza," que en boca de Estos, era lo mismo, que decir: "Cerveza Bien Fría". La Segunda Pista, aún con tantas mesas, no sólo era más amplia. Sino, que era mucho más oscura que La Primera. Entrada ya La Noche, se podían ver Los Cuerpos en movimientos. Y al menos, que no se estuviera cerca, no se distinguian claramente los rostros, de quienes Movían El Esqueleto*. En su Parte Trasera, contaba, además, con una Segunda Entrada. Casi siempre, usaban Esa Puerta, Las Parejas, que no querían ser vistas por nadie. O, que en la generalidad de los casos, procuraban el anonimato de Sus Encuentros Nocturnales.

Una vez, que se estaba en Aquel Salón, se pasaba, con la mayor facilidad, a la Tercera Pista de Baile, que era totalmente oscura. Nadie lograba verse a Sí Mismo Y era mejor, no separarse de la persona, con quien se entraba. Porque podría suceder, que se estuviera abrazando y besuqueando, a otra persona distinta. Aquí, El Sonido de La Música, llegaba sin vida, en su tono más débil. El baile se practicaba de otra manera. En realidad, El Público se adueñó de Este Espacio, para Encuentros Amorosos que concluían en Relaciones Intensas, de las que se escapaban suspiros con Tenues Gritos de Placer. Los Meseros del Lugar, sabían, que cuando alguien de Esa Área, gritaba por un Servicio de Bebida; debía acompañarse de una linterna. O en su defecto, de un cerillo, que le permitiera ver, sólo la mano del que pagaba. Se dijo, en más de una ocasión, en reuniones improvisadas, que hubo momentos, en que, cuando El Mesero exigía, el Pago de La Orden, sólo se escuchaba una voz a lo lejos, que decía algo, como esto:

—¡Deja La Bebida en la mesa! Y toma el dinero, que está en el Primer Bolsillo del Lado Izquierdo del Pantalón, que está sobre la silla—. Desde el momento que La Dama me invitó a Ese Sitio, me sentí, tal como si fuese, Un galán de Telenovelas. Primero, porque me lo estaba pidiendo a Mí entre tantos otros. Y Segundo, porque era un lugar, donde siempre quise compartir abiertamente, sin que antes pudiera hacerlo. En Aquellos Días, el Factor Dinero, me apartó siempre de ese tipo de iniciativa. No me interesaba mucho la Ingesta de Alcohol. Porque, en realidad, nunca me apeticó significativamente. Pero las fiestas que celebraban Allí, con Los Grupos Musicales que estaban de moda, esas siempre llamaban mi atención. Sólo, que jamás pude comprar la Boleta de Entrada, por Mi Inseparable Amiga de Siempre: La Escasez Monetaria. No niego, claro está, que me sentía reticente.Pues, no me alegraba, que alguien, le contase a Las Religiosas, que me vieron Allí. O, que Otro Compañero del Grupo, fuera con el chisme, de que Yo alertaba, sobre tal o cual cosa. Y, no era más, que un Predicador de Lo Moral en calzoncillos.

El sólo pensar, que algo así pudiera suceder, me ponía nervioso. Pero aún así, estuve de acuerdo con La Mujer. Y entramos, precisamente, por aquella puerta de apariencia discreta, que justamente daba a la Segunda Pista. Armamos la gozadera en ese mismo espacio. Pedimos el Servicio de Bebidas. Ella, gentilmente, me entregó el dinero para que sea Yo el que pagara. Esa había sido mi única condición, para que el Camarero, no se diera cuenta, que había sido Ella quien me había invitado. El Servicio: compuesto por una Botella de Ron Brugal, una Coca-Cola y dos Mentas Guardia*. La Mujer, enseguida se dio cuenta, de cuánto disfrutaba Yo, bailar Merengue. También, hizo referencia, a que, veía en Mi Cara, señales de un niño feliz. Realmente, era cierto lo que había imaginado. Fue algo, que le dejé saber, por la emoción que sentía de estar Allí. Nunca llegué a pensar, que su compañía, en Aquel Sitio, fuera, para otra cosa distinta, a lo que era, pasarla sanamente.

Como Buenos Amigos. Nada más. Parezco doblemente tonto ante Ustedes. Lo sé. Pero es cierto, lo pensé así. Luego de bailar a Ritmo de Merengue, Salsa y Bachata, La Mujer, sólo se empeñó en bailar Baladas. Que, como muchos de Ustedes saben, es un baile pausado. Donde Los Cuerpos, generalmente se juntan, aunque Uno trate de evitarlo. Traté de Guardar la Compostura, en las horas que estuvimos Allí. Cuidé de arriesgarme, a que pensara lo contario a mi mesura. Lo hice. Para no echar abajo mis sentimientos, con respecto a la mujer de la que estaba enamorado. Y Esta Dama, conocía bien, esos sentimientos. En lo que estuvimos Allí, bailamos Baladas. Abrazados todo el tiempo. Con la cabeza sobre el hombro de cada cual. Y separados, de la Cintura hacia abajo. ¡Esa es la peor forma de bailar una balada! No tengo temor en aceptarlo. La Balada, se debe bailar, como debe ser. Pero no se baila de otra forma. Porque, quienes bailan, lucen, entonces, sin sazón. Así lucíamos Ella y Yo.

Pero la culpa, no fue de Ella, sino, mía. En ningún momento nos besamos. Sé bien, lo que Ella estaba buscando. Pero, igual me pasó, que como, anteriormente. Me aterraba la idea de embarazarla*Puesto, que, de haber sucedido eso, más adelante, no podría mirar de frente, a la mujer, que realmente me gustaba. Aún así, de manera intencionada, Ésta no perdía oportunidad, para frotar Sus Genitales con Los Míos. En aquel momento, aprendí, por primera vez, que, al frotar Su Sexo contra el Mío, me estaba quemando* Y me lo repetía, una y otra vez ¡Déjame Quemarte aunque sea! El Quemar*, estaba en boga en Aquel Tiempo, en todos los Centros Nocturnos de Santo Domingo. Vicente Noble, aunque era un pueblo apartado, no estaba ajeno a este condimento de la diversión.

Yo reconocí, que Aquella Dama, me llevaba muchas horas de vuelo. Sabía, en qué terreno quería moverse. Sólo, que aguardaba, a que fuera Yo, quien la trasladara, de ese lugar donde estábamos, al otro, a donde se iba, cuando se incendiaba la ropa: ¡A La Pista Oscura! Por supuesto, que unos pocos Principios, me impidieron colocarme, a la posición, donde quería que estu-viéramos. Y, no puedo negar, que desde mi perspectiva, como hombre jóven, con la Testosterona a punto de estallar, hubiera querido aprovechar, la oportunidad que se me había facilitado. Claro que me hubiera complacido hacerlo. Como también, es posible, que me hubiera sucedido, lo mismo que me pasó, con la que estuvo en la cama de La Abuela. Quizá sí, o quizá no. Pero lo cierto es, que La Vida, nos presenta, a veces, chance, que, aunque haya una voz desde dentro, gritando, que tomemos ese chance, por alguna razón, no podemos hacerlo.Y es, que, todas las oportunidades no siempre se aprovechan.Hay cosas, que simplemente, debemos dejar pasar. Al igual, que La Primera, Ésta también, se enojó mucho Conmigo. La verdad, es que queriéndolo, o no, acepto, que El Miedo me ganó en ese momento. Como en otros.

Ha pasado décadas, desde Aquella Noche y jamás me ha vuelto hablar. No nos hemos saludado. A pesar, de que nos vemos, en Las Redes Sociales, casi a diario. No hace mucho, que a través de un amigo, supe, que dijo de Mí, que era un Pariguayo* Quise averiguar más sobre el concepto Pariguayo. Generalmente, es una expresión popular, que mayormente, se emplea, para referirse a la gente boba, poquita y tímida. Después que estudié algunas definiciones coloquiales sobre este vocablo, pienso que tal vez es cierto. Que Ella podría tener razón en parte.Entonces me retrotraigo en el tiempo. Y sonrío, por lo de Esa Noche; ¿qué más puedo hacer?

Pero también, debo aclarar, que el término, pariguayo, tiene otra historia.Y es, que, cuando Los Norteamericanos, estuvieron en Nuestro País, del 1916, al 1924, Estos hacían Sus Fiestas, exclusivas para Ellos. El Pueblo no participaba. La Gente. Sólo podía observar, desde las orillas. De lejitos. Como la palabra, Party, es fiesta en inglés, y Wacht, es vigilante, de ahí, se forma el Compuesto: Partywacht. Que luego, el dominicano, deforma, en Pariguayo. Es por eso, que la palabra, Pariguayo, significa: Tímido, bobo, poquito, etc, etc.

Al cabo de unos años, tuve que viajar a Santo Domingo por segunda vez. Lo hice, acompañando a dos Religiosas de La Caridad. La Primera vez que fui a la Ciudad, Yo era mucho menor. Fue cuando murió Mi Madre. Amancia. Mi Hermana, hizo que me llevaran,a buscar una Ayuda Económica y algunas Enciclopedias que me tenía

los primeros libros en mi haber, en calidad de propios. En esa ocasión, no conocí nada de la Ciudad Capital, Pues que fue un viaje rápido. No hubo chance, de que me llevaran a ninguna parte. El Marido de Mi Hermana, era quien tení una guagua y la utilizaba, diariamente, haciendo acarreos, desde el Mercado. Así, que no disponia de mucho tiempo, para compartir, ni siquiera con La Familia.

Para ese Segundo Viaje, como les contaba, me levanté bien temprano. Y antes de las 9:00 A. M. Yo estaba en el jardín de las Religiosas, esperando que salieran, fuera de La Casa.Todas, desde que tengo conocimiento, tienen, por costumbre, ser madrugadoras. Así que, deseaba que Ellas me vieran esa mañana, esperándolas ahí afuera. En especial, Sor Servia García, que era, a quien íbamos a despedir, porque iba a viajar a Francia, en diligencias expresas de su Congregación. Sor Soledad, que hacía de chofer, en esos viajes largos. Mientras estuvo calentando el Motor de la guagua, me miró al rostro. E inmediatamente, supo que Yo no había probado, más que el jabón sobre el Cepillo de Dientes. Cuando me lavé La Boca, al despertame.

Así que, sin pensarlo dos veces, me buscó de comer, antes de que partiéramos. Se las ingenió y me hizo pasar, por la Parte de Atrás de La Casa que da a la cocina. Allí, me senté en una mesa que Doña Nosa, la mujer que les ayudaba en los Quehaceres Domésticos, me cedió. Aún recuerdo, que Esa Señora, me sirvió la primera Tortilla Española. Que comí, hasta deborarla por completo.Terminé, lamiéndome los dedos, uno por uno.Y mordiendo, afanosamente, los risiduos de Patatas, que sobraba de Aquel Desayuno, que aún, en el recuerdo, sigue estando sabroso. Mientras íbamos en el camino, me reía mucho. Pero, de los dientes hacía adentro.Tenía ganas de soltar una carcajada, pero no quería llamar la atención de aquella Grata Compañía. Mucho menos, que llegaran a preguntarse ¿qué era lo que me causaba risas? La verdad, es que, La Misma, se debía, a que, Sor Soledad, manejaba, mucho más allá, de la Velocidad Reglamentaria. Yo iba en el Segundo Compartimiento, con un poco de temor, por el vaivén del vehículo. Pero, en el fondo confiaba en la destreza de la mujer que iba Al Volante; al frente, Sor Servia, le reclamaba por la forma rápida que llevaba al vehiculo y le exigía, que se fuera más despacio.

Le advirtió, además, que, una cosa, era morirse, por La Voluntad de Dios y, otra cosa, morirse, simplemente, por buscar La Muerte, Como, quien no quiere la cosa. La Otra Hermana, sin apartar la vista de la carretera, le respondió, con una calma inusual, que se estuviera tranquila. Que no se preocupara. Porque Ella sabía lo que hacía. Al llegar a Santo Domingo, Las Hermanas se alojaron en la casa que tienen, al lado del Colegio "San Vicente de Paúl" en el barrio de Los Mina. Al momento que llegó, la hora de cenar, Sor Soledad me llevó a un Comedor ubicado en otra área, distinta al Comedor en donde, Ellas, y las Otras Religiosas que las hospedan, debían compartir La Cena. Es parte de Sus Reglas, el que no hayan hombres presentes, en momentos importantes. En la casa en donde se congregaban, cuando trataban Asuntos Domesticos, que les eran íntimos. Eran ocasiones, estrictamente reservadas para Las Congregadas. Así que, La Misma Religiosa, que se hacía responsable por Mí, en ese viaje, y que, Yo Mismo le había pedido acompañarla; continuó ocupándose de Mí, para cada cosa que necesité.

Cuando llegó la hora, de buscarme un lugar para dormir, contactó a una familia, quienes, con mucha gentileza, me recibieron y mostraron la habitación donde pasé la noche. No sin antes, invitarme a participar de su cena, sin aceptar, un No, por respuesta, por más que insistí en negarme. Aquella Familia estaba compuesta por cinco Miembros. Todos estábamos sentados a la mesa. La Señora de La Casa, sirvió, de cena, una comida, que, en la Gastronomía Dominicana, es conocida, como, Cocido de Pata de Vaca. Algo parecido, a lo que, en la Gastronomía Norteamericana, denominan Estofado. Empezaron a comer. Y aquella delicia, se veía bien. Tenía un olor que estimulaba el paladar. No sólo el de Ellos, sino, también el mío. Que ansiaba comer, completa la ración, que la señora sirvió para Mí. No pude más, que probar un poco, de la Parte Líquida.

Me sentí tímido, por no saber comportarme en la mesa. Y todos tenían, los ojos sobre Mí, A parte, de hacerme preguntas acerca de Mi Pueblo y Sus Gentes. Yo no sabía cómo usar la Cubertería, para apartar el hueso de la carne. Tampoco estaba seguro, si era bien visto, que tomara la carne con la mano. Vi, que Uno de Sus Hijos lo hizo. Pero pensé, que Éste tenía toda la confianza de hacerlo. Porque, no era Un Invitado como Yo. No pude disfrutar La Cena, como en verdad, lo deseaba muy dentro de Mí. No me quedó otra cosa, que decirles, Buen Provecho a Todos. Solicitando, al mismo tiempo, su permiso, para retirarme a La Habitación, fingiendo un cansancio, que no sentía realmente.

Eso sí, en la mañana, cuando me despedí de Aquella Familia, desde que me encontré con Sor Soledad, le conté lo que me había sucedido. Y le pedí, por favor, que Yo no quería, que Tal Cosa, volviera a sucederme nunca más en Mi Vida. Por lo que, le solicité de manera encarecida, que me enseñara A Comportarme en La Mesa. Ésta, prestándome toda su atención, accedió a mi pedido, en la forma que acostumbraba hacerlo. Sin perder tiempo, antes que partiéramos hacia al Aeropuerto, donde debíamos dejar a Sor Servia. A toda prisa me llevó al pequeño Comedor de La Casa. Y, colocando plato y cubertería, empezó, diciéndome lo siguiente:

Oye, Indio, en Este Asunto, hay Dos Estilos: el Anglosajón y el europeo. Partiendo de aquellas palabras iniciales y el poco tiempo que se tenía, aún así, fue capaz de enseñarme lo necesario, para que no se repitiera, lo que me había sucedido, frente Aquella Familia. Y, desde entonces, más, otras lecturas que he hecho al respecto, en el devenir de los años, he compartido muchas mesas, en distintos lugares. Pudiendo salír bien parado, en cada una de estas partes. Pero no fue, únicamente, en este aspecto, en el que obtuve la colaboración de Esta Religiosa de origen Español. Que, por cierto, a Toda La Población Estudiantil, desde el Séptimo Grado, hasta al Tercero de Bachillerato, nos cayó bien desde que la conocimos. Pese a que Las Materias que enseñaba, tenían que ver, Con Números. Algo, que no nos gusta mucho, a los que amamos Las Letras.

Desde Aquel Momento, y con los años que han pasado, estoy consciente, que Ésta debe verse muy distinta a como lo era. Aún así, la imagen, que de Ella conservo, está registrada en Mi Memoria, Y es, la que se quedó Conmigo. Cierta vez, nos vimos en La Capital. A finales del Año 1989. Mientras me ayudaba, a Llenar el Expediente para Aplicar por Una Beca que ofrecía El Gobierno Norteamericano, a través del Ministerio de Educación de Mi País. No fui seleccionado, Aquella vez. No obstante, lo esfuerzos que se hizo. Porque en Santo Domingo, El Elemento Político, cuando quiere, permea todo hasta cambiar Las Reglas preestablecidas, para beneficiar a otro. Como en efecto sucedió, en Aquella Ocasión, estuvo llenando y cotejando los Formularios del Expediente, con el que Yo intentaba ser elegible. Desde que tomé asiento, al lado de Ella, dijo:

—"Indio, llenaremos cada página, Con La Verdad. No mentiremos en nada. Óyeme bien, no mentiremos en nada. Tengo aquí, tres cartas, de Profesores que te han recomendado. Como la Beca lo pide. Responderemos, sólo con La Verdad"–.

Sor Soledad, era una mujer de una Estatura Mediana. De Aspecto Bonachón. Con ese Color de Piel, que generalmente, se distingue siempre, a quienes son europeos. De Ojos Claros y Nariz, aparentemente, Perfilada. Su rostro bien formado. A veces, Sus Mejillas, se tornaban Color Rosa, ante el estrépito del Alumnado, que no absorbía Su Enseñanza, desde un Primer Plano. Teniendo Ésta que repetirla muy seguido. Era apacible. Pero su carácter, adquiría fortaleza, cuando La Situación lo requería. Me acuerdo, que el Paño que formaba parte de Su Hábito Blanco; permitía ver, cerca de la Frente, parte de su Pelo Negro, con leves canas, que parecían estar Allí, más por Herencia, que por Edad. También recuerdo, que La Vestimenta de Su Congregación, nunca pudo esconder, el par de piernas fuertes y hermosas que poseía. Nunca pude atinar... ¿Por qué? Pero siempre que la miré desde cerca. Pude sentír, al través de Aquellos Ojos Claros, la increíble mudez de una tristeza.Hubo una cosa, que me llamaba mucho la atención en Ella, Debo señalar, que fueron los calzados que usaba comúnmente. En cada vez, que me encontraba con Ella, llevaba las mismas sandalias envejecidas. Como si reflejara, con ello, a mi entender, una excesiva humildad, con desapego total a lo banal. No me gustaría ser malentendido. No es, que no fueran humildes, Las Demás Hermanas que calzaban sandalias en mejor condiciones... Lo que intento explicar, es que, de alguna forma, Esta Religiosa, se sentía cómoda, con el mismo calzado de siempre.

CAPÍTULO XVI

Aún recuerdo, que la Matrícula de Estudiantes, que fuimos sus alumnos, cuando la veíamos llegar, disfrutábamos llamarles, no por su nombre. Sino, por un mote, que todos les pusimos en el Liceo: Sor Velocidad. El Estudiantado, en Aquellos Años, justificamos el Alias, porque hablaba muy rápido. Caminaba rápido. Y Sus Materias, que eran: Algebra y Trigonometría las razonaba, en esa misma forma. Para los Días Finales, del Último Año de La Secundaria, se acercó a Mí, en una ocasión, mientras Yo trabajaba en El Jardín de La Casa, me habló y noté en sus palabras, la misma preocupación, que tendría Una Madre, ante la incertidumbre para ayudar a Su Hijo:

–"Indio, Hijo Mío. ¿Qué haremos Contigo? ¿A dónde irás a estudiar Una Carrera? ¿Cómo te ayudaremos para que lo hagas? ¿Qué vamos a hacer Contigo? ¡En verdad, no lo sé! Bueno... Ya vermos"–.

Nos miramos, en ese momento, sin que Yo le respondiera. Me limité, sólo a bajar la cabeza, mientras hacía Mi Trabajo. Pero Ella se alejó entristecida. Como si estuviera pensando. Esa vez, caminaba despacio con la vista hacia al Suelo.

Desesperado, en 1988, por Aquello que fue, como Una Ruta de Escape hacia La Capital. No reparé en despedirme de Ella formalmente. Para agraderle, por las cosas que había hecho en Mi Vida. Pero, al cabo de un tiempo, por pura casualidad, me la encontré en el Parque Enriquillo, en Santo Domingo. Ya no me conocía. Puesto que, Yo había cambiado demasiado físicamente.Tenía algunas libras demás y más años. Primero caminé alrededor de Ésta, esperando que adivinara, quién era Yo. Hasta que Se dio Por Vencida. Entonces, le dije.Y nos dimos un abrazo tan fuerte, que me brotaron las lágrimas. Pasado ese encuentro, no nos hemos vuelto a ver personalmente. Pero sí, conversado muchas veces, por Vía Telefónica. Está asignada, de nuevo, en Vicente Noble. Y en está ocasión, está dirigiendo el Club de Madres Santa Luisa de Marilla. Como en tiempos anteriores. Dando, Lo Mejor de Sí: Su Vida. Su Tiempo. Su Servicio. No espera nada a cambio. Sólo, el bienestar de la gente a la que sirve.

Cuando llegué a Santo Domingo, en 1988, me instalé en casa del señor Francis Torres. Hijo de doña María Torres. La Misma, que muchos años atrás, había ayudado a Mi Madre. No era Mi Primo de Sangre. Pero el trato que nos hemos dado, desde Pequeños es como, si realmente lo fuéramos. Cuando me fui de Vicente Noble, aproveché salír de Allá, en compañía de otros Jóvenes, que nos unimos a la señora Marinita Peralta. Una dama que se movía, todo el tiempo, con las gentes de La Iglesia Católica. Nos alentó, a que la siguiéramos. Porque, tenía, según Ella, conexión con el Ministro de Interior, que podría darnos acceso a la Academia de La Marina. Donde nos convertiríamos en Cadetes, con Rango de Teniente, al final de La Graduación.

Pero eso, no sucedió así. Lo más que llegamos, fue a parar a la Academia de Entrenamiento de Hatillo, San Cristóbal. Al Sur de Santo Domingo. Y Allí, nos prometieron, ser Policías, simplemente. Algunos se quedaron. Mientra que, otros renegamos, de lo que pensamos, que era, una oferta poco alentadora. Me recuerdo, que, de tres, que vinimos juntos Esa Noche, Uno de Estos, que tenía más conocimiento, sobre La capital, que el resto, nos dijo, al llegar, a La Parte del Distrito Nacional, que denominan La Feria; en la Fuente Grande, que está, frente del Palacio del Gongreso De la República, las personas que quisieran, podían darse un baño en Esta. Si lo deseaban.

Me sentía con mucho calor. Y sin pensarlo dos veces, me quedé en calzoncillo. Me metí a restregarme, con toda el agua que veía caer. Estaba tan contento, mirando Aquellos Chorros, que se elevaban hasta arriba y después, volvían hasta abajo. Que no le di importancia, a que, en un instante, los vi riéndose de algo. Ni siquiera, calculé el hecho, que ellos también, tenían calor. Y no se metieron Al Agua, en ningun momento. Después que salí, fue, cuando me di cuenta, que se burlaban de Mí Mismo, por haber hecho caso, de la broma que me jugaron. No, sólo porque se trataba de una fuente, que nunca había visto antes. Sino, porque, el agua no era apta para un baño humano decente. Y, entre otras cosas, porque, de haberme quedado más tiempo, habría sido detenido por La Policía. Pues, La Misma, acostumbraba rondar por Esa Área y acababa de llegar al lugar.

La vivienda del Primo, Francis Torres, era una habitación, donde Éste tenía, una Camita Sandwich, de Esas, que se abren, durante la noche y se cierran durante el día, para hacer más espacio. Había una mesa en una esquina, con libros y platos. Al extremo contrario, un viejo sofá, más raído que destartalado. Con un par de esprines al descubierto, que dejaron su marca en Mi Piel, cada mañana al levantarme. Muy incómodo para dormír. No era momento de pensar en comida. El saber que estaba bajo un techo, cada noche, me hacía sentir bendecido, de no andar en la calle, sin saber adonde ír. Fue una gran suerte, que por el primo Dolore Mamota llegamos a Ese Lugar. Él también andaba en ese Grupo de Muchachos. Y de antes, tenia la experiencia de haberse alojado, en la Pequeña Pensión que Francis Torres rentaba. Tuve muchos meses buscando trabajo.

Desde que empezaba La Mañana, hasta que caía La Noche; tuve varios días buscando. Sin poder encontrar, nada que hacer. Pues, en lo que aparecía algo, decidí matricularme en la Universidad Autónoma de Santo Domingo. Les confieso, que no tenía muchas ganas de asistír Allí. Ya que, se hacían comentarios desalentadores para Los Recién Matriculados que anhelaban terminar rápido Sus Carreras. De todos modos, no pasé mucho tiempo, yendo a Las Clases del Colegio Universitario.

Esto, para Mí, no era más, que haber vuelto al Liceo. Pues, Las Clases, tenían mucha similitud, con Las Materias que impartían en El Bachillerato. Lo consideré, una pérdida de tiempo. Y además, tuve que retirarme, por falta de dinero. Es cierto, que estudiar en la Universidad del Estado, abarataba los Costos en muchas cosas. Pero había, Bienes y Servicios agregados, que el Estudiante necesita autopagarse. Y si el

Factor Dinero, no está a la mano, por más que Uno quiera esforzarse, no podía. Imagínense Ustedes, ¡cómo se puede estudiar sin comer! ¡Cómo, por más que quiera, sino puede uno ni pagarse EL Transporte!

Cuando me vi, en esa encrucijada, me retiré. Y decidí dedicarme, por completo, a buscar trabajo, en un intento por sobrevivír. Relegando, temporalmente, mi imnenso deseo, por sentar las bases para hacerme Abogado. Con el paso de los meses, con la ayuda de un vecino, conseguí, por fín, Un Empleo en una Heladería. Desconocía su funcionamiento. Puesto que era nuevo en Mi Vida. Pero puse todo mi interés, en lo que me enseñaban. Y, aprendí a manejar Todo Aquello, como si lo hubiese hecho antes. No era mucho dinero lo que se pagaba. Pero, con Mi Primera Paga, contribuí a saldar La Renta del Mes. Compré comida. Y con el resto, que eran menos, de cinco dólares, adquirí Mi Propia Cama. Mi Cama Sandwich. Sólo, que, De Segunda Mano. No podía comprarla nueva.

Menos mal, que fue, De Segunda Mano. Porque sino, me hubiera dolido más, cuando tuve que lanzarla al basurero.¿Por qué lo hice? Porque, siempre que me levantaba, me veía al espejo. Con La Piel cubierta de puntitos rojos. Como si fuesen, Picadas de Mosquitos. Desde el Cuello hasta Los Pies. Llegué a pensar, que tenía VIH. Así que, lo hablé con otro Primo que compartía habitación con Nosotros. Él, era el único, entre todos, que estudiaba Medicina. Antes, de que se fuera a tomar Las Clases de Ese Día, lo detuve para que me echara un vistazo. Y, tentativamente, me Diera Un Diagnóstico, aunque fuera, A La Ligera. Salí al Balcón en calzoncillos, buscando más claridad. No podía pasar más horas con la incertidumbre que estaba viviendo. Recuerdo, que, dando vueltas en mi alrededor, Luis Domingo Heredia Torres, observó Mi Piel detenidamente y me comentó:

—"Es cierto lo que dices–. Tienes señales en El Cuerpo, que llaman la atención. Algunos Enfermos de VIH, manifiestan la enfermedad, con señales parecidas. ¿Pero, cómo puedes tener Sida? Tú nunca has tenido Relaciones*con nadie. Ni te drogas. Ni te han hecho Transfusión de Sangre. ¡Esto está bien raro! Vamos a ver Tú Cama, un momento".

Había cerrado bien, mi Cama Sandwich al levantarme, cuando Él la volvió abrir. Sujetándola fuerte, con ambas manos, la dejó caer contra El Piso. Al mismo tiempo que chocó, el Piso se inundó de una cantidad inmensa de Chinches, que corrían desesperadas por todas partes. Yo no pude creer, que Conciliaba el Sueño, durmiendo en compañia de Aquellos Insectos, que me succionaban, hasta hecerme pensar Lo Peor

—¡Tú ves, ahí están Las Causantes de la enfermedad que tú piensas que tienes!—.

El Primo salió de La Habitación riéndose a carcajadas. Al despejar mi duda, me sentí bien. Y tomé la decisión, de botar, Aquella Desgracia, lo más lejos que pude, Mientras tanto, decidí dormir sobre El Piso, hasta que reuniera con paciencia, el dinero, y hacerme de una cama, que fuera mucho más amistosa y confortable. A pesar de todo, me sentí bien en El Trabajo. Pues El Dueño, a las semanas, de Yo estar laborando Allí, despidió al empleado que tenía, Porque, según Él lo pilló, robándole dinero.Y en el caso mío, cada vez, que Hacía El Inventario, se alegraba. Porque, al decír en sus propias palabras, con mi llegada Al Negocio, sus ganancias se habian estabilizado.

Lo único, que no estuvo bien Conmigo, fue que El Trabajo, me impedía asistír a la Universidad. No podía salir a ninguna otra parte. Tenia que entrar, temprano en la mañana, y salía a la 11:P.M. Los Seis Días de La Semana. En mi cabeza, me hice la idea, que vivía en La Heladería. Pues, encerrado allí, pasaba todo mi tiempo. No disponía de chance para Hacer Vida Social, ni en calles ni en patios capitalinos. La Heladería, estaba ubicada en Bella Vista. Una Urbanización céntric a de la Ciudad de Santo Domingo. Ubicada, justo, al lado de la calle. Quienes cruzaban al frente, así como, las personas que caminaban por el pasillo; ya sea, por tentación o curiosidad, entraban a Esta.Y cuando se marchaban, salían comiendo. Con una bolsa repleta de helados en su mano.

Por su parte, La Casa del Propietario, estaba situada en La Parte Trasera de La Heladería. Encima de un tumulto cultivado de pasto verde. Con Un Jardín de Rosas bien cuidadas. Era una Mansión, de aspecto Señorial. Bucando hacía atrás, separada de la Gran Casa, había otra casita, donde se alojaba La Servidumbre. La Servidumbre la integraban, dos muchachas jóvenes, procedentes de La Región Norte del País. Las Mismas, tenían edades oscilantes entre, los veintidos y ventiseis años. Con el pasar de los días, nos hicimos Buenos Amigos. Ninguna tenía derecho a comer helados gratis. Yo, tampoco tenía permiso para comer en la casa. Y mucho menos, para acercarme a Esta. A menos, que no fuera, llamado por El Propietario, para comunicarme algún asunto, estrictamente de Su Negocio. No obstante, cuando alguna de La Muchachas quería helado, Yo se los daba clandestinamente. Y, para restribuirme en algo, Éstas me daba: Desayuno, Almuerzo y Cena.

Nuestro Jefe, el que nos pagaba por Nuestro Trabajo, era Un Señor, de algunos, Setenta Años de Edad. Había enviudado, hacía algún tiempo. y a pesar de Sus Años, llevaba una vida de bohemio. Vivía La Vida a Mil. Paraba muy poco en La Casa desde que llegaba La Noche. Había veces que llegaba, antes de que Yo cerrara El Negocio. Y le detecté, en más de una ocasión, Besos de Pintalabios por toda La Cara. Siempre andaba oliendo a alcohol. Cuando no iba a llegar a tiempo, para contar el dinero de La Venta del Día frente a Mí, me hacía una llamada. Para que cerrara bien El Local y dejara el dinero escondido, en una Zona del Patio, que sólo Él y Yo conocíamos. Así al estar cruzando, cada noche, hacia la parte trasera de la residencia; las muchachas de la servidumbre me vieron merodeando por Allí.

Una noche, me invitaron a pasar. Para que Yo pudiera entrar, primero debieron mudar de lugar, un perro grande y blanco, que custodiaba habitualmente la entrada de donde dormían. Por una causa similar, en Enero de 1990, a mis veintidos años de edad, fue que perdí mi virginidad de manera insólita, llenándome de temores, en las horas posteriores al suceso. Desde luego, en Aquella Ocasión, fue inverso. Una mujer se me metió en la casa. Y en esta vez, me metieron a Mí en una casa. Las Muchachas del Servicio se pusieron de acuerdo. Me metieron Allí, para Tener intimidad Conmigo cada noche. Cuando terminaba de trabajar. Así, que, para que El Perro no ladrara, cuando me viera llegar, quedamos, en que lo mudarían a otro sitio. Desde que Éstas veían, que faltaban 10 minutos para cerrar la tienda, se ponían felices. Pues, al ser Yo, virgen. A Ellas les parecía gracioso. Sabían, que, En Asuntos de Cama, mis conocimientos, eran equivalentes a los de un niño.

Precisamente, esa era la parte que más las excitaba. De acuerdo con sus propios testimonios. Porque, partiendo de esto, era más grande el placer que sentían, al visualizarme, como un alumno al que debian entrenar. Enseñándome y dirigiéndome. La menos avispada de Las Dos, al menos en apariencia, por reflejar en la carita, que Sabía Muy Poco de La Vida, fue la que me sedujo. Para que nos quedáramos, Ella y Yo en un Motel. Sin La Otra. Un domingo sí y otro no. Se advertía, que había planeado muy bien sus cosas, a partir de la segunda ocasión, que estuvimos en Aquel Lugar. Eso le fue suficiente, para que Esta Chica, materializara, lo que tanto deseaba.

Por aquellos días, estando en Mi Pueblo, algunos amigos me contaron, haber Perdido Su Virginidad, masturbándose. Y que, El Asunto había sido doloroso. El hecho de pensar, que a mi me sucedría lo mismo, lo presagiaba de una manera terrible. Que, en ningun modo, deseaba que me pasara. Por lo que, al tener la facilidad, de Estos Encuentros Noctunos, me sentía esperanzado, de que, sería cómodo, distinto y palcentero. Sin ningun percance, que me catapultara a recurrir a la búsqueda de recursos de curación. Que, al fin y al cabo, serían desconocidos para Mí. Recuerdo, que a Esa Joven, del Hotel, le agradaba llevar El Control de La Situación. Se afanaba en Colocarse Encima. Y dirigir todo, desde Allí. Yo, con mi poca experiencia, no podía hacer más, que facilitarles los medios, para que se desenvolviera con libertad. De repente, sobre Mí, la vi quedarse serena. Y, sin que Yo lo esperara, como quien organiza silenciosamente un ataque por sorpresa, se dejó caer hacia abajo. Les pido a Ustedes, que eviten reir hasta hacerse Pipí, al instante que lean, lo que aconteció, a partir de la maniobra, que Esa Hábil Mujer llevó a cabo.

Sin que, pudiera controlarme, se me escapó un grito, producto de aquel dolor tan grande que experimenté. Fue tan fuerte, que se escuchó, en toda la habitación. En los pasillos, y es posible, que más allá de las paredes. Le pedí, que se levantara inmediatamente. Y, al instante, que se deslizó, ahí mismo, se disparó un chiguete de sangre, que ensució la cama con todos sus accesorios.Tuve que darle, Una Propina Extra, al Trabajador de Turno. Que se quejó, del desorden que habíamos hecho. Mientras, que, con discreción, Éste no paraba de mirar, la Parte Delantera del vestido de La Muchacha. Imaginando, tal vez, que Ésta tuviera, algún Trastorno Menstrual. Aquel Empleado, jamás le pasó por La Mente, que toda esa sangre, había venido de Mí. Pero la cosa, no quedó ahí. Al día siguiente, que era lunes, estaba Yo, cumpliendo con Mi Trabajo. Como de costumbre. Me di cuenta, que seguía sangrando mucho Pues, se me ocurrió, sujetar una Bolsa Plástica a mi pene.

Mientras estuve trabajando, en tales condiciones, no me percaté de algo, que Mi Jefe vio en Mí, cuando fue a llevarme Las Provisiones de La Semana. Cuando observó, en el frente de mi pantalón, una enorme Mancha de Sangre, que cubría toda el Área. Me incitó, a que me desabrochara. Ambos, estuvimos pasmados con lo que vimos. La bolsa que me había puesto, estaba totalmente llena. Parecía Una Pinta* de las que se requieren, para donarla a la Cruz Roja Dominicana. En ese momento entré en pánico. Temiendo, que algo peor me fuera a pasar. Me vi en la necesidad, de contarle a Mi Jefe, sobre lo sucedido. Claro, sin revelarle la identidad de la persona que había sido responsable. Mientras, que Él, por su propia cuenta, determinó, dejar cerrado El Negocio, para llevarme a un Centro Médico. Allí, me atendieron y estabilizaron mi situación. Se me detectó, haber sufrido Un Desgarre. Por Mi Mente, jamás pasó, que Todo Esto, desembocaría, en tales consecuencias. Convivir con Ellas, fue una experiencia interesante. Puesto, que Aquellos Encuentros furtivos, despertaron, al Joven Acomplejado, que todavía se escondía en Mí. Conminándolo, de plano a marcharse. Recuerdo, que toda vez, que me vi envuelto en aquel tipo de Encuentro Pasional, con dos mujeres simultáneamente, no podía creer, que fuera Yo, el que estaba en Eso. Pude darme cuenta, que a pesar, de mi aspecto escuálido, tenía cosas que ofrecer y me buscaban. Algunas lo hacían, porque, Yo era como, un recién llegado del Campo… Otras, hablaban, de que les atraía la inocencia que encontraban en Mí. Sin embargo, no me sentía seguro de todo. Llegué a pensar, que quizá, les gustaba, porque eran muchachas simples de Pueblo como yo. De modo, que no fue, hasta que conocí a otra persona, mucho más ubicada. Por encima de Mí, socialmente. Bastante hermosa y elegante. Pero de gustos, al parecer, muy simples. Es lo que pienso Yo. Cierta tarde, se presentó a La Heladería, un cliente, Que era Encagado de instalar los Sistemas de Alarmas, a los Diplomáticos que laboraban en la Sede de un País Importante. Estaba buscando a alguien, que pudiera ser Su Ayudante. Me habló del sueldo a pagar. Y me comprometí trabajar con Él. Pensé, en comunicárselo al Dueño de La Heladería. Tres días después, lo hice.

Me fui a trabajar con Mi Nuevo Jefe, para aprender otro oficio que desconocía totalmente. Este Nuevo Jefe, llegó a decirme, que desistiera del Estudio del Derecho. Que en República Dominicana, había tantos Abogados que hedían a Barco Viejo. Que, de aprender El Oficio, que me estaba enseñando, iba a llevar una vida con mejores posibilidades. Y, hasta era posible, que con, Un Golpe de Suerte, llegara a conocer, a otras personas y a otros mundos. Bueno, en cuanto a la petición, de que desistiera de estudiar Derecho, lo escuché gentilmente. Haciéndole creer, que le iba a poner caso. Pero, nadie me apartaría del Derecho. Puesto que, me gustaba tanto, que todavía está metido en Mi Cabeza. Era, como Fiebre Alta, eso de que, yo quería ser Abogado.

Estaba claro, que Ese Trabajo, sería Temporal, para ayudarme con mis necesidades. Y, porque, además pensé, que podría inscribirme en una Universidad Privada. A la que podría asisitír, después de las 5: P.M. Me llevaba bien con Su Esposa e Hijos de Mi Nuevo Patrón. De vez, en cuando, me invitaban a almorzar con Ellos. Y, un día, me pidió, que lo llevara, a donde vivía con Mis Primos. Allí, vio, con Sus Propios Ojos, las precariedades en las que vivíamos.

Era un Señor, que debía tener, en edad, por lo menos, sus Cincuenta y Nueve Años. Bastante humilde, no obstante ganar buen dinero. Prosopográficamente, era: Alto, Delgado. Con Ojos Verdes. Tez Clara. Originario de Santo Domingo. Pero había adquirido La Nacionalidad, de las gentes, para las cuales trabajaba. De vez, en cuando, presentaba, Problemas Estomacales. Por lo que se veía obligabado, a ofrecerme, el Desayuno que la esposa le preparaba. Pese a eso, era un asiduo bebedor de cerveza. Preferiblemente, la Quisqueya*. Tomaba, aunque se estuviera muriendo. Algo, me llamaba la atención, era, que siendo, un Trabajo Técnico, que requería, tener contacto con el piso, Él vestía, casi siempre, con Traje y Corbata. Yo, iba para Cuatro Meses, trabajando con Él, cuando nos presentamos, en una de Aquellas Casas enormes, a resolver un problema de Cableado.*

Una vez, que estuvimos, revisando el Área, de la avería, se presentó frente a Nosotros, una mujer hermosa, que tendría, quizás, algunos Cuarenta Años. De buen garbo. Delgada. Con Ojos Azules y el Cabello Rubio. Piernas Fuertes y Tez blanco-bronceada. Después de sonreir y saludar, en Su Idioma, Mi Jefe le respondió cortésmente. Dio la impresión, de que se conocían. Noté, que La Mujer, no paraba de mirarme sonreída. Se había quedado cerca de Nsotros y nos veía trabajar. Me preguntó algo, siempre en Su idioma. Y Yo, no entendía. Mi Jefe me tradujo:

—Ella te está preguntando. Que si, Eres Casado.

—No. Le contesté.

Mi Jefe le tradujo. Ella volvió a preguntar, y Mi Jefe volvió a traducirme:

—Dice, que si no eres casado, por qué llevas ese anillo en el dedo de Tu Mano Izquierda.

Se refería, a una baratija, Color Oro, que Yo usaba. Y, que la había comprado, cuando cobré Mi Primer Sueldo en el Nuevo Trabajo. Le pedí, que le dijera, que lo llevaba puesto ahí, por pura ignorancia. Que, cuando lo compré, no me detuve a pensar en ello. Entonces, Ella volvió a hablar. Mi Jefe, otra vez, me tradujo:

—Dice Ella. Que Tú, no sabes, de las mujeres que te estás perdiendo, por llevar el anillo en Ese Lugar.

Me sentí halagado. Pues, Ella no paraba de sonreír. Y me miraba, de reojo. Continué trabajando y ya, no volví a ver, en ese rato, a Mi Jefe. Lo busqué por donde pude. Su Guagua, no estaba donde la dejamos. Volteé y volví a ver, que La Dama, venía a mi encuentro. Me tomó de la mano con mucha libertad. Siempre, sin dejar de mirarme y sonreír. Su sonrisa tenía gracia, porque era constante. Me condujo hasta Su Habitación. Y, después de devestirse, frente a Mis Ojos, me fue quitando La Ropa. También, me quitó La Baratija y la introdujo en un bolsillo, de Mi Viejo Pantalon de Corduroy. Me notó, que estaba nervioso. Aunque, no le entendía mucho, sus palabras, comprendí, que lo que trataba de decirme, era, que no me preocupara. Que todo iba a estar bien. Que me relajara. Me besó, por todos lados. Yo, también, lo hice. Al menos, con los besos, nunca tuve problemas, ahora ni antes. Eso, se me daba bien.

Nos comportamos, como si no hubiera, peligro alguno para nin-guno de Los Dos. Pasó, más o menos, como una hora, en las que, nos olvidamos de responsabilidades. No volví a preocuparme sobre el paradero de Mi Jefe. Ni, qué sucedría, si me encontraba, en aquella escena, de la que de seguro, no tendría explicación. Y, para ser sincero, no estaba preocupado, porque me la dieran tampoco. Pero, en un momento, que hicimos pausa, llegó a La Casa, La Persona, que parecía ser Su esposo. Me puse tan nervioso, que pensé, que ya no iba, a contar con vida. En Aquel Instante, hasta mis sueños se vinieron abajo. El Señor quiso golpearme y Ella se puso al frente. Para protegerme de Aquel. Y le hablaba al mismo tiempo. Más o menos, entendí, que Ella, le contaba que no era Mi Culpa. Sino, Suya. Que me dejara en Paz. Fue, lo que me imaginé, por los gestos que acompañaban, la discusión que me mantuvo en vilo.

El Señor se retiró a otra sala y Ella empezó a ponerme La Ropa, primero que la Suya. Luego, me tomó de la mano, como si yo fuese un adolescente. Cruzamos por el frente de Él, que ya aparentaba, estar controlado. Pero Su Rostro, parecía estar encendido, como fuego ardiente. Una vez, que cruzamos el césped, hasta el estacionamiento; me invitó a entrar a Su Carro. Y durante el trayecto, manejaba, me miraba y sonreía, no tanto como antes. Pero lo hacía. Y deslizaba, con frecuencia, Sus Dedos sobre Mi Cabeza. Jugando con Mi Pelo Duro,*el cual, le llamó la atención desde que me conoció.

Me dejó, en una Avenida concurida. Donde, me era fácil, tomar El Transporte, para llegar a Casa. Antes de bajarme, me volvió a besar, más de una vez. Y me entregó algunos dólares. Me sentía alegre,Y al mismo tiempo, mucho más nervioso, que cuando estuve en la habitación, ocultándome tras Su Espalda. Porque no sabía, lo que podría pasar Conmigo, después de Esa Tarde. Pues, se trataba, de La Mujer de Un Hombre Importante. Me quedé ahí, parado. Dando tiempo, a que Ella doblara en U, para regresarse. Cuando lo hizo, volvió a mirarme. Y se despidió, otra vez, alzando su mano por encima del auto. Desde que llegué, a los alrededores del Barrio, busqué un Teléfono Plúbico y llamé, varias veces, a La Casa de Mi Jefe. Pero Éste, no llegó hasta en la noche. Al regresar, me citó. Para que nos encontráramos, a la entrada de mi barrio. Fue, entonces, cuando me contó, que, de haber sabido, que eso iba a pasar, no me hubiese llevado a Esa Casa.

Se disculpó Conmigo. Pues ya, Yo no podía seguir trabajando para Él. Me pagó El Mes Completo. Con, algo más, del Dinero Acordado. Y, sonriéndose un poco, me dijo:

–"¿Por qué, crees Tú, que me ves, vestido tan formal, como me has visto otras veces? Es por eso, Amigo Mío. En Este Trabajo, suelo encamarme, con Mujeres del Servicio Doméstico, que estén lindas.Y lo hacemos siempre, cuando Sus Jefes, no están en La Casa. O, cuando salimos, a otros lugares, para estar tranquilos"–.

Luego, nos despedimos, Deseándonos Suerte. Unos años, antes de venír para Acá, me dio, por llamarle y saber de Él. Pues, aún, conservaba el Número de Teléfono de Su Casa. Su Señora, me respondió.Y me dio, la Lamentable Noticia, de que, hacía muchos meses, que había fallecido, como causa, de una Afección Hepática. De la que, padecía, desde cuando, Yo trabajaba con Él. Pero, lo que me urge decir, Al Contar Esto, es que, fue a partír de Esta Mujer, cuando en verdad, perdí mis miedos, para dirigirme, abiertamente, a Otras Mujeres. Poco me importaba, La Posición Social o Económica, que Éstas ocupasen.Tenía, la plena confianza, de que, Yo podía, con la que fuera que viniera de Ese Lado. A veces, sentía, que me había liberado de cadenas, que Yo mismo había tendido, sin saberlo, a mi alrededor. Ese Nuevo Julio, adquirió luego, tanta soltura, que descubrió, lo importante que era, interactuar con personas, sin imponerse bloques al frente. Recuerdo, que Mi Círculo de Amistades, se amplió. Me di cuenta, también, que podía conversar, con quien fuera, en un conglomerado cualquiera. Y, de los Distintos Temas, que pudieran surgir, olvidándome de aquel apabullante Miedo Escénico que antes me limitó.

Partiendo, de esa perspectiva, me propuse, no volver a callar mis sentimientos. Y expresarlos, siempre, sin temor alguno. En Enero de Año, 1991, con la experiencia, que ya tenía, en la Preparación y Venta de Helados, pasé a trabajar en una Tienda mucho más grande. Con un Menú, que además, del glaseado, brindaba otras opciones Al Público.Y, por consiguiente, una Paga Mejor. Con Horario más cómodo. Esto me permitió, registrarme en una Universidad Privada. Conocida, en República Dominicana, como: Organización y Método, (O&M). Que era, la oferta en Esa Línea, más asequible para Mi Situación. Ya que contaba, con un Horario Fijo. En Esta, La Docencia, empezaba, de 5:00 P. M., a 10:00 P. M. Salía de Mi Trabajo, a las 3:00 P. M.Tenía tiempo, de llegar a La Pensión a ducharme. Y llegaba a Mis Clases, a tiempo. Porque no vivía lejos. Estaba, a Media Hora, caminando, desde allí, al Campus Universitario. No me detuve a pensar, en Los Pagos. Ni cómo, iba a seguir, enviando dinero, para el Campo, a Mi Familia. Cómo comprar, Los Libros, que me exigía La Carrera que aspiraba. La que, siempre soñé, desde el mismo día, que escogí, hacerme Bachiller en Filosofía y Letras.

CAPÍTULO XVII

Me matriculé, porque, hervía en Mi Sangre, un deseo intenso de estudiar. De pasar hacia ese Otro Nivel Académico, en el que, Yo escuchara las personas, no sólo llamarme por Mi Nombre. Sino también, Por Mi Profesión. Lic.Heredia: Abogado de Los Tribunales de la República. En el País, hay quienes, nunca han dado importancia, a la obtención de un Título Universitario. Ya que, han perdido sus esperanzas, partiendo del hecho, de que, a veces, el Título no es suficiente, para lograr una Posición Cimera en la Administración Gubernamental o en Compañías con Capital Privado. Sin embargo, estas cosas, son altamente importantes, partiendo de que, todo aquel, que estudia Una Carrera, quiere ejercerla en algun momento. Y obtener frutos de Esta. En lo que, a Mí, particularmente, respecta, me considero un triunfador, desde el mismo momento, en que se me aseguró, que el Título me pertenecía, hasta que me quede, algún soplo de vida. Así que, sentí una gran felicidad, cuando precisamente, en esos momentos, que tomaba decisiones importantes en Mi Vida.

Recibí la llamada, de la buena amiga Sor Servia García. Conti-nuábamos manteniendo una cercana comunicación, cada vez que las posibilidades de trabajo se lo permitían. Porque, siendo justo, reconozco, que Estas Religiosas, a veces, no tienen tiempo, ni para dedicarlo a Ellas Mismas. Desde que oí, aquel Timbre de Voz.Tan suave, como el terciopelo rozando mi Oreja Izquierda, sonreí, como un bebé de meses. La saludé. Me respondió. Después, vino una pausa. Y como si estuviera escogiendo las palabras, que Ella conocía, que me harían feliz; muy calmada y despacio, me comunicó la buena noticia. Haciéndome saber, que un Matrimonio Español se había sentido sensible, cuando le contaron, sobre mis ansias de hacer una Carrera Universitaria. Y que, al conocer, la imposiblidad material que me impedía avanzar en mis intenciones, se motivó a respaldarme en esas aspiraciones. Don Sotero Sainz y doña Victoria García. Esta última, por cierto, hermana de La Religiosa, Sor Fausta García. Quien, no hace mucho, falleció. Y de dos hermanos más, que eran Sacerdotes Católicos.

Fueron, quienes se ocuparon de Mí. Eligieron a La Religiosa que me había llamado, para que administrase La Ayuda. De manera, que no me faltara nada, hasta cumplir con la culminación del Pensum. La única vez, que nos conocimos personalmente, fue, cuando Yo estaba en el Segundo Año de La Carrera. Ya había muerto Sor Fausta. Que vinieron al País, a cumplir con Las Honras Fúnebres dedicadas a Esta. Se hospedaron en el Hotel Embajador, Distrito Nacional.

Mientras estuvieron Aquí, compartí de cerca con Ellos. E incluso, los llevé, algunas tardes, a la residencia de Mi Prometida. La que, posteriormente, sería la Madre de Mi Hijo. La entonces Señorita, Daisy Correa Baldera. Gracias a la bondad de Ese Matrimonio, así como, a la solidaridad, del Nuncio Apóstolico de Su Santidad: Mons. Fortunato Baldelli, posteriormente, (Cardenal Baldelli). Quien, a Solicitud Mía, me concedió una audiencia en sus Oficinas de La Nunciatura. Allí, me hizo platicarle sobre Mi Familia. Sobre el Pensum de La Carrera
y sobre Mi Tesis de Grado. Con la que me apoyó, asumiendo su coste, conjuntamente con el coste de La Fiesta de Graduación. Cumplida esta diligencia, para el proposito de graduarme, pude ver materializado Ese Sueño, cuando, el 29 de Julio, de 1994, recibía el Diploma en mis manos. Y La Madrina, movía la borla, de un lugar al otro. Todavía suelo recordar Aquel Día. Por la profunda satisfacción, que me estremeció, al vivir Aquel Momento. Estuvieron invitados, esa tarde, al Salón de Graduación. A compartir la Ocasión Menorable, Conmigo: Sor Servia García y Mi Prometida. Únicamente Ellas. Para la Fiesta de Graduación, también invité a Los Primos, con los que antes compartí habitaciones. Y
a algunos Colegas que se habían graduado junto Conmigo.

Al Cardenal Baldelli, lo recuerdo como un Alto Dignatario del Vaticano. Que siempre tuvo los pies, bien puestos sobre La Tierra.

Humilde y afectuoso. Padeció de Unas Dolencias, que requerían, que fuese Intervenido Quirúrgicamente. Y no salió bien parado, de Aquella Operación. Unos meses, antes de morír, lo llamé al Vaticano. Su Secretaría lo puso al teléfono, despues de hacerme saber, que estaba delicado de salud. Cuando escuché Su Voz, me confirmó, lo que me había dicho la Señorita Grimaldi. Me pidió, que lo mantuviera en Mis Oraciones. Nos despedimos, Dando Gracias Por Nuestra Amistad. Supe, algunas semanas más tarde, que ya no pudo levantarse de Su Cama. Y se despidió de Este Mundo, consciente de haber hecho lo correcto. Y con las ansias, de haber querido hacer más, Por Su Prójimo. Su Muerte aconteció, el 20 de Septiembre, del Año, 2012. Sin embargo, siempre le recordaré. Por haber permitido, que Yo entrara, al Salón de La Nunciatura. Y porque, Él Mismo, se adelantó a recibirme con un abrazo, en el Frontispicio de La Sede Diplomática. A la vez, que me acompañó, hasta al Interior de La Misma. Ese gesto, por si sólo, me dejó convencido, del Gran Ser Humano que era, por encima del Hábito y de Sus Altas Funciones.

El Matrimonio Español, que se constituyó en Mi Salvavidas, desde que nos reunimos, en en el Año 1992, hemos mantenido semanalmente, Comunicación Telefónica. Doña Victoria, ya tiene 85 años. Y aún, empaca Comestibles, en la Iglesia de Su Comunidad, para las Personas Desamparadas. Don Sotero, a Sus 83, todavía corre varios kilómetros a diario, en Su Bicicleta. Ambos, conservan, tanta lucidez, que abordamos, Cualquier Tema, cuando estamos al teléfono. ¡Recordamos Tantas Cosas! Siempre, me alegro mucho por Ellos. Porque llevan una vida tranquila, en Santander, la Ciudad donde nacieron.

Me casé, el día, 31 de Agosto, de Año, 1996. Con Mi Prometida. A la edad, de Veintiocho Años. Después de un Noviazgo Extendido, en una Boda Canónica. En la que puse, a Todo el Mundo a esperar. Y no, porque así lo planeara. Ese Día, salí con Pachanga, a mostrarle la Ciudad. Para que viera, las Edificaciones Nuevas, que se habían construido en Santo Domingo, durante los años que Él estuvo ausente. En realidad, no tenía intención de mostrarle nada. Simplemente, consideré esa alternativa, esperanzado en compartir una conversación, de siquiera, treinta minutos. Lo único que Yo buscaba, con cierta exactitud, era que, como estaba a pocas horas, de asumir un compromiso tan importante, añoraba que alguien me diera Un Buen Consejo. Ya, que Uno, no siempre, se Las Sabe Todas…Yo no quería, que Pachanga fuera Mi Invitado. Pero algunas personas, consideraron, que Él, debía estar presente. Me convencieron. Hasta que decidí llamarlo. Cuando me vi junto a Éste, pensé, que ya que estaba ahí, siendo, el Familiar Más Cercano, que me superaba en años y experiencias; me dije, vamos a ver, si a lo mejor, me aportaba Alguna Nota Interesante. Si me estimula, con alguna Opinión Positiva, en Esta Nueva Etapa, que estoy a punto de emprender

Inclusive, a pesar de las cosas amargas que recordaba de Él, por tratarse del momento que me aprestaba a vivir, las dejé de lado y me mostré accesible. No congeniábamos. Pero, al fin, era el responsable, de haber fecundado el óvulo que me dio vida. Mientras estuvimos paseando, entre Plazas y Restaurantes, no hablaba nada. Me puse a ponerle Temas Diversos, con tal de motivarlo. Y quizás, aprovechando el chance, hasta pudiéramos limar las asperezas, que nos distanciaba. Fueron en vano mis diligencias. Ninguno de mis intentos, logró, que por su propia iniciativa, salieran de Su Boca, las palabras, que a gritos yo parecía necesitar. Asimismo, como nunca me felicitó, cuando me gradué de la Universidad, tampoco lo hizo para esta fecha. Entonces decidí, que regresáramos a Mi Apartamento. Porque teníamos La Ceremonia encima. Eventualmente, en ese instante, fue cuando empezó un Diálogo Breve:

—Me han dicho, que han inventado una Pastilla Azul. Que pone La Cosa de Uno bién, fuerte. Dicen, por ahí, que se llama Riara–.

Yo le corregí: –No, su nombre es Viagra–.

–¿Tú crees, que puedas conseguírmela? Yo estoy un poco flojo. Ya No lo Levanto,*con la misma fortaleza que tenía antes–.

—Eso no es así. Primero, hay que hacerles Chequeos a Tú Corazón. Y luego, El Médico, te dirá, si puedes tomarla–.

–¡Ah, bueno, conque es así!–

–Sí, es la forma correcta en que debe hacerse, apunté–.

Una vez, que me manifestó, la única cosa de interés, que tenia para platicar Conmigo, dí por terminada la conversación. Fui a vestime, como ansiaba verme en aquella ocasión tan importante. Mientras lo hacía, me invadió la nostalgia, de no poder caminar hacia Al Altar, del brazo de Mi Madre. Estoy seguro, que Ella se habría sentido muy feliz. Lo ayudé a vestirse a Él, haciéndole, también, el Nudo de La Corbata. Mi Novia y Su Familia, me esperaron, afuera de La Iglesia. Tenían rostros impacientes. Pensé, que era respetuoso, de Mi Parte, disculparme con Ellos, por la tardanza. Así lo hice. Inmediatamente, concluyeron, Los Actos del Protocolo Nupcial, me fui de La Recepción, a la Luna de Miel. Lamento, no haberme despedido de algunos Invitados Importantes. Que sí, merecían, que Yo les Diera Las Gracias, por su asistencia.Y, tambien, Un Hasta Huego. Pero, tenía tantas ganas de abandonar el Club donde celebrábamos; que, no fue importante para Mí, despedirme de Pachanga. A pesar de que me esforzaba, para tratarlo Como Familia. No lo sentía así. Para Mí, era, solamente,"Alguien que estuvo ahí, por pura Casualidad".

En ese escape inesperado, sólo recuerdo, verme tomando, de Una Copa, un sorbo, tras otro. Saludando a los invitados, soriente y feliz. No estaba dispuesto, a que nada me estropeara La Ocasión. Había una Mesa Especial. En la que estaba una Representación de Las Monjas que siempre he amado: La dominicana Sor Servia García y la española Sor Milagros Cantón. Esa Noche, las Dos Religiosas, estaban más contentas que Yo. Ambas andaban, Pelando el Diente, con su inagotable alegría. Hubo un instante, que La Española dijo:

–¿Qué me le hicieron a Indio? Casi no lo conozco. Parece, que me lo escondieron, y me trajeron a otro–.

La Monja, se refería, a que, ya no era El Muchacho Delgaducho, que conoció en Vicente Noble. Sino, que Sus Grandes Ojos Verdes, presenciaban a un hombre, que empezaba ascender entre los espirales de su madurez.

Después de Ese Año 1996, que fue, la primera vez, que caminamos, tantos minutos, Uno al lado del Otro. Llegué a tomarles a Pachanga llamadas, que me hizo, a fin, de que le ayudase con algún dinero. Aunque, nunca me lo pedía directamente, sino entre líneas. Pues, era un hombre orgulloso. Y, a lo más cercano que llegaba, fue cuando le pregunté, una vez que, cómo estaba. Respondiéndome enseguida, que: –Aquí, respirando, porque el Aire es gratis–. Lo escuché, cierta vez, pavonearse, enfatizando, que no necesitaba de Sus Hijos. Que Éstos, sí los necesitaban a Él. Ni después, que Mi Madre murió, lo vi cambiar. Siempre fue, La Misma Persona. Con los mismos hábitos. La misma forma de pensar. El mismo modo de actuar, ante Nosotros y ante La Vida.

A excepción, de Mis Hermanos más Pequeños, que sólo recuerdan, Episodios Cortos de sus repetitivos maltratos; los que crecimos en La Misma Casa, sabemos, con plena conciencia, que Pachanga no era una Perita en Dulce. Al cabo de un tiempo, después que Mi Madre Pasó A Mejor Vida, de la misma manera, que Yo, Mis Hermanas no se sentieron a gusto, cuando sabían, que Él se hallaba cerca. Por eso se desbandaron, huyendo despavoridas. Se asilaron, en el primer escondrijo que encontraron a su paso. A lo mejor, queriendo escabullirse del Individuo que tenían como Padre. El que les hacía La Vida, imposible. Hoy, esas decisiones, Yo no se las reprocho a Mis Hermanas. No me creo con ese derecho. Pues, es mucho más soportable, encantar a Los Demonios de un Infierno propio, que intentar encantar aquellos demonios de Un Infierno, que no es el Nuestro. Cada una de Ellas, tambien tiene, Su Propia Historia Que Contar. De la misma manera, que Ustedes han podido enterarse de La Mía.

También Ellas, tienen Las Suyas. Claro, que con distintos matices. Y contadas, desde otro ángulo. Pero, arrastradas, Las Tres, por los vientos de una misma impetuosa tempestad. A veces he escuchado, sin querer, rumores que hablan, la manera, de como Éstas han enfrentado, Esa Vida que les ha tocado vivír. Hay quienes las han juzgado, sin ninguna misericordia. Suelen echarles la culpa, porque están llenas de hijos, los cuales, no pueden mantener. Sé, de personas, que se han burlado de Ellas. Porque no han tenido suerte con Las Parejas que han elegido.Y, porque además, se han permitido, A Sí Mismas, ser maltratadas. Lo mismo, que permitió Nuestra Madre.

A pesar de eso, pienso, que aunque en algo tengan razón, todavía son doblemente injustos.Yo invito a sus jueces gratuitos, a que se pongan en su pellejo. A que vean, las cosas que ellas vieron. El modo en como las vieron. Y luego, vivan con eso. Como Su Hermano Mayor, no niego que me han alterado, muchas de las decisiones, que han asumido a lo largo de Su Vida. Pero luego reflexiono.Y comprendo, que Sus Metidas de Patas, no fueron más, que las consecuencias de los horrores que han vivido injustamente. Son Adultas y las sigo viendo, en Mi Mente, como las niñas indefensas que abandoné a su suerte, aquel día que me fui. Sé, que sólo, son Mis Hermanas, que no son Mis Hijas. Y, en ocasiones, he tenido momentos, que me entran ganas de cambiar mi Número Telefónico. Para perder contacto con Ellas, Para no verme envuelto en Sus Asuntos. Pero al final, no puedo. Porque, de alguna manera, me siento responsable por Ellas. Pienso, que ser perfecto, es lo que todos quisiéramos. Empero, estoy más, que seguro, que nadie en Esta Vida, lo es. Ni lo será. Todo el tiempo, me he preguntado, ¿por qué, cuando veo a Mis Hermanas, así sea por fotos, siento tanta pena por Estas?. Nunca he conocido esa resolución al respecto. Aunque, tal vez, en el fondo, siempre he sabido la respuesta. Yo sólo sé, que forman parte de Mí. Y que las quiero aún, de la forma, que Ellas son.

En mi Primer Año de la Universidad, siempre que salía de La Casa, caminando hasta Allá.Tomaba el pasillo del Lado Derecho de la Avenida Churchill. Justo, el que da, a la entrada del Paque Mirador Sur. Adonde Éste, converge con la Avenida. Que, no hace tanto tiempo, fue renombrada Avenida de La salud. Por eso, al comienzo del Segundo Año, también lo hacía de la misma manera. Recuerdo, que bajando una tarde, en esa misma dirección, en los alrededores de Aquel Viejo Edificio, donde se alojaban las Oficinas Administrativas de la Corporación Dominicana de Empresas Estatales; precisamente, cuando pasaba frente A Esa Entrada, me saludó, muy amable, una joven, cuya edad ocilaba, entre 25 y 28 años. Me preguntó el nombre y La Carrera que estudiaba. Respondí a su pregunta, a sus dos preguntas, en una, mejor dicho. Ella me extendió Su Mano para saludarme. Y, al tiempo que se la sujetaba, le pregunté por lo mismo, su nombre, y si estudiaba. Me contestó, y explicó, que no estudiaba por el momento. Que estaba tomándose una pausa, en lo que pensaba, qué estudiaría para el Próximo Año. Que es, cuando realmente, pensaba matricularse en La Misma Casa de Estudios Superiores, a la que Yo asistía. Desde el momento, que Ella me saludó, me dio la apariencia, de que estaba esperando a alguien. O de que, al menos, escogería a alguien, al azar, dentro de los que pasaban por Allí. ¿Por qué pienso eso? Porque la impresión que tuve, fue, de que, quizás estaba haciendo una encuesta. Fue, lo que inmediatamente se me ocurrió, cuando Me Echó El Ojo, antes de cruzarme frente a Ella y hacer Contacto Físico.

Como, se me estaba acercando, La Hora De Entrar a Clases. Quedamos en lo que era, Una Cita Informal. A petición de Ella. No Mía. No es que estoy Privando en Buenón, no. La verdad, es que nunca he sido tan espléndido, para ser Ese Individuo, que es capaz, de tomar la iniciativa. He sido malo en eso, toda Mi Vida. Me suelto y me vuelvo conversador. Pero es, después que La Hembra me ha dejado La Pista Abierta, para que Yo continue. Así que, quedamos en encontrarnos pasadas las 10:00 P. M. Cuando Yo saliera. En "El Acordeón Night Club" Que estaba ubicado, en la esquina formada entre las Avenidas: Churchill y Correa y Cidrón. Tal como lo pautamos, Allí nos encontramos. Y entre habladeras, de un poco de Esto y un poco de Aquello, nos llegamos a tomar, entre, Siete u Ocho tragos de Cuba Libre.* Que era, el más barato en el Menú de Bebidas. Al momento que dieron las 12 Meridiano, ya estábamos, de Abrazos, Besos, y Manos que se propasaban. El Ron Brugal, como siempre, Estaba Haciendo de Las Suyas en Aquel Par de Cabezas, que parecían arder. Eso sí. En un instante, Ella me aclaró, que Nos íbamos a Enredar. Pero sin compromiso serio. Sino, que cuando me necesitara, me lo haría saber antes. Y, que de la misma manera, cuando Yo deseara Estar con Ella, debía avisárselo con anticipación. Yo le dije, que más claro de ahí, no cantaba un Gallo. Que Yo tenía la idea, de lo que Ella deseaba.Y que estaba de acuerdo.

Entonces, Ella me invitó, a donde, supuestamente, era Su Casa. Subimos, de nuevo, la Churchill. Como quien, viene de vuelta, Al Barrio en donde Yo vivía. Nos detuvimos frente a una casa grande. Que tenía otra casa igual, en el Segundo Piso. Allí funcionaba un Colegio, del cual, Su Mamá, era La Propietaría y Directora del Mismo. Subimos las escaleras, tratando de que no se escucharan los pasos y abrió una de las Aulas, donde nos quitamos las ropas. Para que la narración de Este Episodio, sea menos larga, abreviaré los detalles. Estuvimos Pasándola Bien. Hasta que llegó el momento, que Ella alcanzó Su Orgasmo. Nunca conocí, a ciencia cierta, qué fue lo que le pasó en ese instante. Sólo recuerdo que cayó de bruces. Desmayada, encima de Mí. Completamente nervioso, como pude, me la quité de encima. Me vestí, en Un Dos por Tres. Yo estaba desesperado y realmente creía, que se había muerto. Pensé irme de Allí y planeaba, cómo lo haría, sin que me sintieran bajar por donde subí. Pero en el instante, que me decidía hacerlo, Ella reaccionó. Me preguntó, que, ¿qué le había pasado?

Yo le expliqué, con detalles y Ella me calmó, diciéndome que sufría de una especie de Ataque, desde que era chiquita. Que no me preocupara por eso. Que lo que pasó, fue, que se había olvidado, tomar el medicamento. Le reclamé, que, cómo era posible, que Ella me hiciera Eso. Que, a Mí, por poco, que me da Un Patatús. Al ver Aquella Escena, donde creí verla muerta, Ella me pidió, que, por favor, no quería, que eso fuera motivo, para dejar de vernos en días futuros. Le prometí, que no había problemas. Que seguiríamos viéndonos. Pero de mi parte ya no sería así. En la tarde del día siguiente, la vi en El Mismo Lugar. Como si estuviera esperándome. Yo tomé el Lado Opuesto de La Avenida y me mezclé con el gentío. De manera, que no pudiera encontrarme. Y, así seguí haciéndolo, en los posteriores días, hasta que Ella se cansó de mirar, si Yo venía. Meses después, la alcancé a ver. Tenía el vientre muy crecido. Y según me contó alguien, estaba saliendo con Un Fulano, que la dejó, el mismo día, que se dio cuenta, que ella esperaba una niña.

Sé, que Ustedes, se preguntarán. Por qué escribo Estas Anéc-dotas. Y no hay cosa, más placentera para Mí, que responderles tal inquietud. Es posible, que Mi Respuesta, no les satisfaga en lo más mínimo. Comenzaré, diciéndoles, que en verdad, no me habría gustado comentarlas por Aquí. No soy tan dado, a exponer tantas historias, que se han topado Conmigo en el camino, durante Este Medio Siglo. Pero, queriéndolo, o no, Estas Anécdotas, forman parte de mis experiencias de vida. Aunque quisiera, no puedo variar las circunstancias en que Las

Mismas surgieron. Algunas, son jocosas, otras no tanto. Pero, eso no es lo que importa realmente. Lo fundamental del porqué las describo, es, porque son Éstas, las que de alguna manera, han oxigenado, Este Relato tan asfixiante. Procurando, que se vuelva respirable la historia, ante el mismo espanto conque Ustedes podrían sentirlas.

CAPÍTULO XVIII

Para el Año 2000, Mi Hermana Bolivia me trajo a Pachanga a Santo Domingo. Estaba muy enfermo. Nunca fue gordo. Pero se veía flaco y demacrado. Se cansaba, con sólo, dar un paso. Lo interné en una Clínica donde comenzaron a hacerle los Estudios Pertinentes. Para así, tener un diagnóstico del Problema de Salud que lo estaba afectando. Recuerdo, que una tarde, me llamó a Casa, la Enfermera de Turno que lo estaba atendiendo. Lo que me comentó en esa llamada, me produjo, pena y risas al mismo tiempo. Aunque no lo di a entender a la Enfermera, porque la decisión que había tomado, iba en serio:

–Señor Julio, Buenas Tardes. Es, de la Clínica que les hablamos. Yo soy la Enfermera de Turno, que atiende a Su Padre.

–Fíjese. Su Padre no puede fumar y lo está haciendo a escondidas. Le acabo de descubrir, una Cajetilla de Cigarrillos.

–¡No me diga eso Señora! Tómela y escóndala, donde no la encuentre, Le dije Yo.

–Otro asunto, Señor Julio. Yo iba a bañar a Su padre. Pero, ya no lo voy a hacer.

–¿Pero, por qué no, Señora? Él no puede hacerlo Solo. Ayúdelo.

–Lo siento mucho, Señor Julio. Pero La Cosa* de Su Papá, es muy grande. A Mí, me asusta–.

–Que lo haga otra persona. Pero Yo no puedo. Lo siento.

–¡Buenas Tardes!– Concluyó la Enfermera, cerrando La Llamada, sin que Yo pudiera pedirle, que fuera más específica. Ya que, aunque me imaginaba, a qué se refería Ella. Pensé, que no era motivo suficiente, para que dejara de hacer Su Trabajo.

Apenas, dos días después, el Médico que lo atendía, tenía un pronóstico acabado, en torno a su salud. Se me informó, que padecía de Cardiopatía Isquémica por un lado. Y, por otro, padecía de Gastritis Aguda. Dijo, de la Cardiopatía Isquémica, que era: Un conjunto de Alteraciones Cardíacas que ocurren, por un desequilibrio entre el Flujo Sanguíneo de las Arterias Coronarias. Le pregunté Al Doctor, la razón de, ¿por qué se cansaba, sólo con moverse de la Cama? Éste me explicó, que todos teníamos el corazón, del tamaño de un puño. Y, que el Suyo, doblaba ese tamaño, ante la imposibilidad, que tenía La Sangre, de no circular, por exceso de grasa. Al pricipio, no me quedó muy clara su versión, de lo que quiso que entendiera. Porque El Enfermo, en ningún momento, tuvo sobrepeso. Muy por el contario, caminaba a pie, largas horas. Lo que le permitió, conservarse en forma. No quise llevarle la contra, al Médico. Pues se supone, que es El Entendido en la Materia. Aunque, me vio algunas muestras de dudas en la Cara. Por lo que, en seguida, me preguntó, que, si a caso, El Enfermo. ¿Había sido un Fumador de mucho tiempo?, Le contesté, que sí. Que fumaba, desde que tenía Doce Años. Ahí está la respuesta,–sentenció él–. Confirmando, también, que:

"La acumulación de grasa en Las Arterias, es por el cigarrillo".

Así que, hizo el papeleo necesario, para darle De Alta. Ya que, me había confesado, que no se podía hacer nada al respecto. Mi Hermana Bolivia estaba sentada, no lejos de Su Cama. Al verme venir, se me acercó al oído, para preguntarme lo que tenía. Y le conté, cómo estaban las cosas. Después, me acerqué Al Enfermo. Haciéndole saber, que ya se iba de vuelta Al Pueblo. Lo vi alegrarse un poco. Ni siquiera se enteró, de lo que tenía. Tampoco preguntó. Y si lo hubiese hecho, no se lo habría dicho. Él llegó al Hospital, con la clara certeza, de que estaba siendo consumido, por Un Espíritu Maligno. Que alguien, con desafecto a Su Persona, le había mandado tras un conjuro. Con esa misma certeza, se iba. Sabiendo, que Una Fuerza Sobrenatural lo acechaba, para causarle dolores intensos en el estómago. Para impedirle que comiera. Y para dejar, Su Cuerpo Esquelético, poco a poco. Como estaba sucediendo irremediablemente. El Galeno, fue tan explícito, cuando habló Conmigo, que sin pretenderlo quizás, aparentó tenerme compasión, por un lado. Y, por el otro, la forma, en que sentenció la última frase, un tanto apático:

–¿Para qué, tenerlo más Aquí? Llévatelo A La Casa. Le queda poco tiempo. ¡Ya no se puede hacer más nada!–.

–Entiendo, Doctor. Muchas Gracias– le dije–.

Y en ese mismo instante, con desinterés, se dió vuelta para hablar de Otro Tema, con alguien más que pasó a su lado. Pachanga y quien, Esto Escribe, teníamos muchas diferencias. Mas, eso, en ningún momento, pudo significar, que deseaba Su Muerte. Mucho menos, que alguien, en Mi Propia Cara, precisamente a Mí, me asegurara, como si fuese Dios Mismo, que Tenía Sus Días Contados. Que no pasaría de sus Sesenta y Tres Años. Eso, en modo alguno, me daba alegría. Porque, a pesar, de que, nunca fuimos unidos, me habría bastado, con tener conciencia, de que Él estaba lejos de Mí. Pero vivo. El hecho, de que, Yo no simpatizara con sus creencias. O, que Nuestras Relaciones estuvieran, por siempre rotas, no me incitaba a desearle La Muerte. Ni que fuera Un Anciano Decrépito. Que en realidad, no lo era todavía. Me recuerdo, perfectamente, cuando fui con Ellos. Aquella Tarde, que Pachanga regresaba Al Campo. ¡Cómo olvidar Aquel Día! Bolivia, Mi Hermana, no podía manejar sola, la situación. Así que, me uní, para ayudarle en el trayecto, desde Santo Domingo hasta Vicente Noble.

Entonces, Me cercioré, que volvía Al Pueblo. Acompañando a la persona, que fue precisamente, la causa, de que Yo emigrara de Allí. ¡Qué mofa nos hace La Vida! Estando ya en El Sur, nos detuvimos en un lugar donde podíamos comer. Tomar agua. También, usar El Baño. La única cosa, que Él quería, de Aquel Establecimiento, era Hacer Pis. Y al intentar, moverlo de Su Asiento, en ese instante, Se Hizo en Sí Mismo. Recuerdo, Su Mirada de Vergüenza. Tengo que confesar, que En

Ese Momento, me dio mucha lástima. Me pareció, casi imposible, creer que Aquel Hombre, de Voluntad Férrea, y Carácter Aguerrido, fuera el mismo, que ahora, frente a Mí, languidecía con aspecto decadente. Después que llegamos a La Casa, lo instalamos en Su Cama. Donde tendido bocarriba, fijó la mirada en la pared del frente. Y, descansó, el Lado Izquierdo de La Cara, en el antebrazo de Ese Mismo Lado. Al otro día temprano, antes de volver a La Capital, adonde tenía mis propias eventualidades con Mi Vida y con Mi Familia; instruí a Bolivia en su cuidado. Señalándoles, una a una, las cosas que debía hacer, antes de llamarme, cuando ocurriera el inevitable desenlace.

Mientras tanto, me mantuve, yendo y viniendo, los Fines de Semana. Cada vez, que podía hacerlo. Él, siempre tuvo Su Memoria, lúcida. Con conciencia, de que no sabía, a Ciencia Cierta, lo que lo afectaba. Pero sí, comprendía, que, lo que era, lo estaba matando. Porque Su Cuerpo, ya no era el mismo. Tampoco tenía Aquellas Fuerzas. Pues, al no poder ingerír los alimentos, se estaba quedando sin forma. Las pocas personas, que iban a verles, llegaron a pensar, que estaba sufriendo de VIH. Por la imagen, que tenían de Él, antes de que enfermara. Y el modo que se veía, después que enfermó. No estuve allí. Para verlo con Mis Propios Ojos. Pero he sabido, de lugareños que se acercaron a donde El Enfermo, con la única preocupación de percatarse, por Sí Mismos. Sin que nadie se lo contara. Querían saber, si era cierto, que Aquel Hombre Vigoroso, que conocieron una vez, se hallaba en las condiciones, que decían las Comadres Murmuronas. Por Su Cama de Enfermedad, se les vio pasar a Antiguos Amigos. Otros, que fueron Sus Clientes durante años. Y alguna que otra muchacha, de las que piropeaba en los años, cuando tuvo Mejor apariencia.

Un fin de Semana, de esos, que fui a verle, lo dejé un momento a solas. Recuerdo, que Hacía Mucho Calor. Hacía un sol fulgurante. Era un verano, terrible. De La Casa, crucé la calle hasta una pequeña Tienda de Abarrotes. Donde compré una Bebida Fría. Era, más o menos, las 2:00 P. M. Me dio, por tomarme una cerveza, tratando de mitigar la Alta Temperatura. Mientras ingería La Bebida, mi situé en un lugar justo. Desde donde pudiera ver, a quienes entraran o salieran de La Casa. En el instante que descansé la botella, después de un trago largo, ví, que se formaba una fila de niñas, entre 12 y 14 años. Tratando de entrar a La Casa. Dejé la cerveza a la mitad, indicándole a la Propietaria de la Tienda, que por favor, me cuidara La Botella. Que yo regresaba enseguida. Luego, de cruzar La Calle, entré a La Vivienda. Al momento, que las visitantes, advirtieron mi presencia, salieron. Corriendo despavoridas, amontonándose en la puerta, por la que entraron, aparentemente, ansiosas. Entonces, pensé en lo peor. Y me dije a Mí Mismo, que ¡La Hora Había Llegado!

Me fui, directo a La Cama. La cobija, que antes lo cubría, ahora se encontraba en el Piso. Estaba, completamente, desnudo. Me fui acercando más a Él. E inmediatamente comprendí, de una vez y para siempre, la curiosidad de la Manada de Mocosas que se alejó cuando me vieron llegar. También comprendí, las tantas historias que escuchaba, desde cuando Yo era más niño. El Enfermo, que estaba tendido Allí, no era más, que Piel y Huesos. Un Despojo Humano, que respiraba con signos visibles, de más muerte que otra cosa. Excepto, la imponente apariencia, de Su Pene. Que yacía, recostado a su Pierna Derecha. Y, que parecía, esperar, El Final de Una Larga Trayectoria. Tan pronto, se dio cuenta, que estaba Yo ahí parado, giró con lentitud, la cabeza, hacia mi encuentro. Me pareció, verlo medio sonreírse. Al tiempo, que me miraba con aquellos ojos grandes, que se mostraban cansados. Pero tan cansados, que ya no hacía ningún esfuerzo, para evitar que se cerraran.

-EPÍLOGO-
11 DE SEPTIEMBRE DEL AÑO 2000

Posterior a Aquel Día, todos los demás días, fueron, De Mal en Peor…No tenía fuerzas para caminar, solo ni ayudado. Se arrastraba por el Piso, de un lado a otro. Con tanta dificultad, que parecía, que toda Su Vida, había sido un inválido. De repente, en Esos Días, se le vio sentír mucho temor, de una Pintura colgada de la pared, que representaba a Jesús. Insistió, tanto como pudo, para que Esta, fuera movida, del frente de Su Cama, a otro lugar, en donde La Imagen, no aparentara estar mirándolo a Él. Como, si en alguna forma, estuviera pidiéndoles cuentas, por lo que había sido Su Impronta. En el Ocaso, de sus Últimas Horas, a veces, Soñaba con Visiones y, en algunos momentos, dizque, las veía venir, con Mandatos Escritos, de causarles más daños del que ya les habían hecho.

El Hombre, que se jactaba en decir, que no le temía, Ni Al Señor de Las Tinieblas. Tanto miedo sintió, en el estertor de Aquellas Horas que precedieron a Su Muerte, que no se contuvo y mandó a buscar Al Sacerdote de La Parroquia. Nunca entró a la Iglesia del Pueblo antes. Porque, de alguna manera, consideraba, que tenía La Suya en Su Casa. Mientras dialogaba A Puerta Cerrada, con El Párroco, a Mi Hermana Bolivia, se le ocurrió escuchar, a través del agujero de una de las ventanas. Ella logró, oír muy bien, la parte, donde afirmaba, que estaba Casado con Alguien, que hasta Al Día de Hoy, desconocemos con quién fue. No sabemos, quién fue, La Misteriosa Mujer. Tal vez, nunca sepamos qué llevó a Este Hombre, a Un Matrimonio, que jamás se hizo, de Conocimiento Público. ¿Cuál habrá sido la razón? ¿Habrán tenido hijos? ¿Habrá sido en Su Pueblo o fuera de Este? Son interrogantes, que estarán en El Aire, hasta que, cada Uno, de los que fuimos Su Familia más cercana, aún estemos con vida.

Así que, después de confesarse. Y después, que se le administrara La Unción de Los Enfermos, hizo llamar, una por una, a las personas que creyó haber lastimado, cuando era un Hombre Fuerte. Dentro de Estas, la Anciana, que fue Su Madre. Mientras le pedía, Perdón, por el mal proceder, que tuvo con Ella, y, que La Hizo llorar, tantas veces; Ésta le aseguró, que, De Su Parte, estaba perdonado, en Esta Vida y, en La Otra. Porque, para Una Madre, Ningún Hijo era Malo. Así, se expresó La Abuela, mientras lo miraba con ternura. Y, al mismo tiempo, en Sus Ojos, la delataba una tristeza, por el estado en que se encontraba El Enfermo. Que a fin de cuentas, era Su Hijo Mayor.

Allí, se les vió llorar, tanto Al Hijo, como a La Madre. Como si fuera, lo único que necesitaba, para cerrar los ojos por siempre. Horas más tarde, despues que escuchó las palabras, con las cuales, Su Mamá lo descargaba de antiguos daños. Daños, que para otros, eran imperdonables, Pachanga expiró sin mayores penas. Poniendo fin, a un padecimiento detectado en pocos meses. Ese Día, fue, 11 de Septiembre del Año 2000. Acababa de cerrarse, para siempre, Aquella Puerta. Dejándolo Sólo, de ese lado en el que estaba. Con una carga de conciencia. Una cadena de yerros y un extenso listado de preguntas por responder...No ante las personas, que en algún modo, padecimos las heridas de su lengua irresponsable. Sino, más bien, tal vez, ante otra magnitud desconocida, que, en nada tenía que ver, con el entorno de los Elementos Paranormales que tanto amó. Ni siquiera Aquellos Misterios* lo socorrieron esta vez. Ninguna Adoración*fue bastante, para que, Algunos de Estos, pudiesen dar la cara por Él. Ante el deceso de Aquella Vitalidad, que La Naturaleza nos da. Y de la cual, nos priva cuando le parece. De Esta Vida, nadie se va, sin que se le recuerde... Siempre queda un olor, bueno o malo. Pero queda.

En este caso, es malo el olor que ha quedado. Y, no es así, nadamás, porque sea Yo quien lo diga. No se necesita, ser tan inteligente. Ustedes Mismos, son capaces de sentirlo. ¿Por qué, entonces, tengo que dulcificar las cosas que pasaron? ¿Las que quedaron, o las que vendrían después, como consecuencias? Es La Vida pues, la que nos invita a destacar el carácter, haciendo El Bien.También, a hacer lo contrario. Pero, no A Punta de Pistola. Por lo que, depende de Uno, el tomar la decisión más adecuada. Porque, qué es la vida sino, un puñado de aciertos y desaciertos, que con un poco de suerte nos hacen crecer. O, en el peor de los casos, doblan nuestro espíritu, lo mismo que le sucede al hierro cuando se somete al fuego. No me llamó en lo más mínimo la atención, que No muchas personas lloraron Su Muerte. Ni siquiera Yo, puedo asegurar, que en verdad, lloré como debía. Aunque me dolió Su Partida, creo, que nadamás lo hice, para que, quienes estaban Allí me viesen. Simplemente. Hay personas, que ni eso, hicieron. Otras se alegraron y no quise esforzarme por entenderlas.

Precisamente, el día que murió, emergió, de entre los muertos, más vivo que nunca, el recuerdo de Mi Difunta Madre.Todavía había mucho dolor regado en La Atmósfera. Las magulladuras, aún causaban molestias. Como que habían cobrado vida, Las Marcas Añosas, en quienes todavía recordaban a Neyda. Sí, Esa Infortunada Mujer, que llevaba tiempo, sepultada Siete Pies bajo tierra. Ellos estaban totalmente confiados, de que, El Hombre, que acababa de morir, ¡por fin, había pagado! Recuerdo, como ahora mismo, que El Último Día de Su Novenario, llegó a verme un anciano.Y no fue, con intención de presentar sus respetos, por La Pérdida. Se acercó y se paró al frente. Mirándome Al Rostro, me manifestó que Su Familia no estaría presente. Porque El Difunto, en su opinión, era quien había matado a Mi Madre. No abrí la boca para refutarlo, Porque, quién, más que Yo, estaba consciente, que ciertamente, hay muchas formas de matar a un Ser Humano. Habiendo completado sus palabras, con aquel gesto tan frío, sin importarle, que los curiosos oyeran. Me dio la espalda, con esa misma frialdad conque se me había acercado. Después se alejó, acomodándose el sombrero. Como si deshiciera sus propios pasos, al tiempo, que caminaba.

Al instante, que el Anciano se alejó, no sé, por qué cosa, recordé Aquel Día que contraje matrimonio. Como antes relaté, era 31 de Agosto del 1996. Mientras caminaba hasta Al Altar, se me acercó Una Señora.Y bajando La Voz, me dijo al oído: —Sólo te quiero pedir un favor... No le des golpes. No la maltrates.— Le asentí, con la cabeza y continué caminando hacía Mi Destino. Pero recuerdo, que tal petición, en ese justo momento, tan especial para Mí, por más que he querido, no puedo negar, que me dolió. De hecho, desde Aquel día, hasta hoy, ha pasado Veintidós Años. Y todavía, parece que Mi Memoria lo registra, como si esa persona me lo hubiera dicho ayer. Sin embargo, siempre respeté lo que le aseguré con mi gesto. No por La Persona. Sino por la salud de Mis Principios. En otro sentido, no quería presentarme solo, al inicio de las exequias. Me sentía invadido por una timidez desoladora. Que se justificaba, en mi creencia, de que, nadie estaría con Nosotros Allí, por tratarse de quien fue.Teniendo eso en cuenta, convidé a Algunos Amigos, de La Capital y les conté, sobre mis temores, para que me acompañaran. Así, que viajaron Conmigo. Pero mi sorpresa, fue más grande que la de Ellos, cuando vimos la cantidad de personas que se habían juntado.

Eso que ví, me puso a pensar, que El Ser Humano, olvida con tanta facilidad, lo que no ha padecido en carne propia. Pero también, imaginé que quienes estaban sentados por ahí, acompañándonos; tal vez, lo hacían como un gesto de Buena fé, hacia los parientes que les sobreviven. En realidad, aunque parezca increíble, la mayoría estaban allí, única y exclusivamente, para despedirse del difunto. Yo dialogué con algunos. Y me comentaron, afligidos, que lamentaban Su Muerte. Pues, para muchos, de los Allí presentes, fue un hombre amable, cortés, y conversador. Miré circunferencialmente a toda la concurrencia.Y además de conocidos, vi antiguos vecinos. Incluso, a gentes, con las que antes, no se llevó bien. Y otras, que nunca había visto.

A Treinta y Cinco Años, de haber muerto Mi Madre. Y, a Diez y Ocho, de haberlo hecho Pachanga, no me gustaría que se piense que he pasado por alto, todo aquello, que Este Último nos hizo. Eso sería, como mentirme a Mí Mismo y a los demás, que conocieron sus comportamientos. El perdón, no es algo que llega de repente. Tampoco se obtiene, de un día para otro. Confio plenamente, que es Una Gracia, que debo trabajar, paso por paso. Hasta sentirme dispuesto y en confianza, para que surja libremente. Mi Espíritu, tendrá una responsabilidad importante en esa tarea. Y, por consiguiente, será Mi Propio Espíritu, quien me señalará, el momento adecuado, en el que estaré listo para perdonar. Pienso, que la peor barrera, para que algo no suceda, es no querer intentarlo. Y, aunque fuera, de la manera que lo estoy haciendo; estoy dando muestra, de que, estoy Poniendo de Mi Parte para lograrlo. Pienso, a veces, que al mismo momento que lo haga, me estaré perdonando también. Llevo tiempo caminado, con un Sentimiento de Culpa que no me pertenece. Sin embargo, No sé, por qué persiste, con torpeza en Mí.

Una cosa, sí es bastante cierta. Que, al contar, lo que, pasó dentro de Aquella Habitación Sombría, refleja un intento de perdón. Es más, creo, que es un buen comienzo. Me he esforzado en hacerlo, en lo que me ha sido posible. De conformidad a mis circunstancias y los bloqueos que se han asomado, procurando impedir que suceda. En ese mismo sentido, también pienso, que es importante que se sepa, que a traves de todos estos años, he aprendido algunas cosas, que, para Mí, han sido muy importantes... Entre estas, por ejemplo: Que no importa, quienes hayan sido Nuestros Padres. Que tampoco importa, el lugar de donde vengamos. Sino, que lo que realmente interesa, es lo que queremos ser o hacer con Nuestra Vida y hacia dónde queremos llevarla. Nadie podrá pensar, que me he enfrascado en Este Proyecto, solo con el objetivo de herir sensibilidades...Para agrandar yagas que no han sanado del todo. Incluidas, Las Mías.

Siempre he sostenido, desde el comienzo, que no tengo intención de abusar del Lápiz, por el mero hecho de escribir sobre Estos Episodios tan desagradables. Y darlos a conocer y que mis compatriotas lo vean, como algo, de interés particular. No estoy empeñado en eso. Estoy convencido, que sólo me mueve, el propósito, de crear consciencia.Y, quizás, alivianarme un poco, si es que se puede en todo caso, cerrar un capítulo y empezar otro nuevo. A veces pienso en encontrar el modo, de cómo regresar a Aquellas Calles que fueron Mías. E intentar la forma de hacer las paces Con Mi Pasado. Si es que se dan las condiciones para ello. Me gustaría, Cumplír Una Promesa que hice un tiempo atrás: Caminar descalzo, desde Aquel Antiguo Parque, hasta Al Viejo Rancho de La Abuela. Que ya se está cayendo encima de Sí Mismo. Caminar y caminar. ¿Por qué descalzo? No es por ninguna superstición o cosa rara en particular... Es simplemente, porque quiero volver a sentír, el polvo que se pegue A Mis Pies mientras atravieso el sendero. Una buena manera, de saber que He Vuelto A Casa. Es, como si en verdad, me fuera A Sentír En Casa, rodeado de Mis Antiguos Vecinos. Para Mí, En consecuencia, no habrá sido en vano lo que he compartido aquí. Si, al menos, Mi Historia representa Una Toma de Conciencia. De manera, que se rompan patrones establecidos. Para que Estas Cosas desagradables, no resurjan, en familias, que apenas empiezan a gestarse. Después de las horas que he dedicado a Distribuír Estos Recuerdos, me he dado cuenta, que, ya no deseo tanto, las cosas que ayer creí que quería. Que, ya, con Medio Siglo tras Mi Espalda, siento, como que voy barranco abajo. Prácticamente a la puerta de Mis Años Invernales. Y, en consecuencia, ya no pretendo cosas, que parezcan extraordinarias ni relevantes. Lo que más anhelo, no es ganarme la admiración y el respeto, de las personas, que han sido solidarias por lo que me ha pasado. Aunque, no niego, que eso suena agradable, la verdad, es que, en Mi Propia Opinión, sería pedír mucho. Sí, es que algo me hace falta, En Este Mundo, luego de terminar Esta Prosa. Que, a juzgar por Su Contenido, ha sido, más gris que blanca, es que, con un Golpe de Suerte, se me haga realidad, en el menor tiempo posible: La intención de visitar a Mi Madre. A la que, no llevo Rosas Blancas, desde la última vez, que estuve Allí. Ha pasado años, desde entonces. ¡Cómo me gustaría, volver a entablar una conversación con Ella, mientras le doy, Una Mano de Pintura a Su sepulcro!

Parece mentira... Pero no deseo, de La Vida, otra cosa.

¡Con Esto, Me basta!

−FIN−

NOTA SOBRE EL AUTOR:

Además de esta publicación, el autor ha publicado:

1- "Un Chin de Aquí, Un Chin de Allá", 2015.

2- "Tomy Macarrones, El Híbrido", 2016.

Es uno de los escritores que forma parte de la diáspora de dominicanos en tierras extranjeras.

Made in the USA
Lexington, KY
12 November 2019

56892614R00216